학현 변형윤 교수 근영

학현 변형윤 전집 5

한국의 산업구조

학현 변형윤 전집 간행위원회 엮음

지식산업사

학현 변형윤 전집 간행위원회

고　　　문 : 박우희 안병직 김세원 이경의 정기준 김수행
간행위원장 : 강철규
편 집 위 원 : 정일용(위원장) 김태동 이근식 장세진 이정우
　　　　　　　박순일 신상기 윤진호 장지상 김용복 원승연
후 원 위 원 : 홍용찬(위원장) 이종태 성기학 이종기

학현 변형윤 전집 5
한국의 산업구조

─────────────────

초판 1쇄 인쇄　2012. 10. 10.
초판 1쇄 발행　2012. 10. 15.

지은이　변 형 윤
펴낸이　김 경 희
펴낸곳　㈜지식산업사
　　　　본사 • 경기도 파주시 교하읍 문발리 520-12
　　　　　전화 (031)955-4226~7 팩스 (031)955-4228
　　　　서울사무소 • 서울시 종로구 통의동 35-18
　　　　　전화 (02)734-1978　팩스 (02)720-7900
　　　　한글문패　지식산업사
　　　　영문문패　www.jisik.co.kr
　　　　전자우편　jsp@jisik.co.kr
　　　　등록번호　1-363
　　　　등록날짜　1969. 5. 8.
책값은 뒤표지에 있습니다.
ⓒ 변형윤, 2012
ISBN 978-89-423-3098-0 (94320)
ISBN 978-89-423-0066-2 (전9권)

─────────────────

이 책을 읽고 지은이에게 문의하고자 하는 이는
지식산업사 전자우편으로 연락 바랍니다.

발간사

　　이 전집은 우리나라 경제학계의 큰 별인 학현 변형윤 선생이 1955
년 9월 서울대학교 상과대학 교수로 부임한 뒤 지금까지 경제학자로
서, 교육자로서, 실천적 지성으로서 활동하면서 쓴 글과 선생의 사회
활동에 관한 기록을 모두 모은 것이다. 이 전집은 선생께서 50여 년
동안 학문 활동 및 사회 활동을 하면서 발표한 학술 논문, 다양한 매
체에 기고한 에세이, 칼럼, 서평, 좌담 및 대담, 강연문, 기념사 등을
주제별로 나누어 모두 아홉 권으로 정리하였다. 이와 함께 대담 형식
의 학현 선생 대화록을 출간하였다. 전집과 대화록을 통해 학현 선생
의 깊은 학문세계와 치열했던 사회 활동의 전모를 처음으로 한 자리
에서 살필 수 있도록 하였다.

　　학현 선생에게는 여러 가지 별칭이 붙어 다닌다. '학현학파의 창시
자'라는 말 이외에도 '서울 상대의 산 증인', '한국경제학계의 거목',
'진보경제학계의 대부', '대쪽 선비', '만년 야당', '이 시대의 마지막 의
인' 등이 그것이다. 모두 학현 선생의 삶과 학문의 한 면모를 드러내는
말이라고 할 수 있다.

　　교육자, 학자, 실천적 지식인으로서 선생의 일생은 그대로 굴곡진

우리 현대사의 굽이굽이를 반영하는 것이기도 했다. 선생은 지금은 북한 땅이 된 황해도 황주에서 유교 가문의 장손으로 태어나 경기중학교를 거쳐 1945년 서울대학교 상과대학의 전신인 경성경제전문학교에 입학하였다. 그 뒤 지금까지 60여 년의 세월 동안 학생으로서, 교수로서, 학장으로서, 명예교수로서 서울상대와 떼려야 뗄 수 없는 관계를 가져온 '영원한 상대인(人)'이다. 선생은 1955년 서울상대 교수로 부임하여 1992년 정년퇴임하기까지 37년 동안 제자들 교육에 진력하였다. 선생은 무엇보다도 4·19 학생혁명 뒤 걷잡을 수 없는 소용돌이에 휩싸여 있던 서울상대를 손수 재건하였고 교무과장으로서, 또 학장으로서 서울상대를 한국 최고의 인재의 산실로 발전시킨 주역이었다. 학현 선생은 제자 교육에는 무서울 정도의 엄격함과 열정으로 임하셨지만 또 한편으로는 끝없는 자상함과 배려로 제자와 후학을 돌보아 주기도 했다. 1970년대 선생께서 서울상대 학장직에 있을 때, 민주화 운동 과정에서 제적될 위기에 처한 제자들을 보호하기 위해 학장직을 내던지면서까지 애썼고, 경찰에 연행되거나 구속된 제자들을 위해 몸소 경찰서와 법원을 드나들었던 일은 지금도 많은 졸업생들의 기억에 뚜렷이 남아 있는 일화이다.

학현 선생은 경제학자로서도 경제학의 여러 분야에서 선구적인 업적을 남겼다. 선생은 1950년대 후반기에 당시로서는 아직 생소했던 경제수학, 통계학, 수리경제학, 그리고 계량경제학을 한국경제학계에 도입하여 새로운 학문을 일으켰다. 1960년대에는 누구보다 앞서 경제발전론과 경제변동론의 최신 동향을 한국경제학계에 소개하였다. 무엇보다도 선생은 일생에 걸쳐 앨프리드 마셜(Alfred Marshall, 영국의 경제학자)의 학문을 연구하고 소개하는 일에 헌신했을 정도로 '마셜학파'의 대가이기도 했다. "냉철한 머리, 따뜻한 가슴"이라는 마셜의 경구는 지금까지도 학현 선생의 좌우명이 되고 있을 정도로 선생은 마셜을 사표로 삼고 있다. 그러나 역시 학현 선생의 최대의 학문적 업적은 '한국경제학' 또는 '학현경제학'의 체계를 제시한 데 있다. 학현 선생은 일찍이 "한국경제의 현실과 밀착된 한국적 경제학의 정립"을 자신의 경제학 연구의 목표라고 밝힌 바 있다. 선생은 늘 경제학을 추상적인 이론의 틀에 가두어 두지 않고, 우리 현실에 바탕을 둔 연구이자, 곧 인간에 관한 연구로 승화시키고자 노력하였다. 이를 위해 현실분석의 수단으로서 통계학, 계량경제학 등 방법론 과목에 대한 학습이, 경제개발에 필요한 이론적 뒷받침을 위해서는 경제변동론, 경제성장론, 경제발전론에 대한 연구가, 그리고 경제발전의 가치와 방향 정립을 위해서는 경제학사, 경제철학 및 경제사상사에 대한 공부가 필요함을 역설하고 있다. 이 가운데서도 선생은 인간을 모든 가치의 중심에 놓은 '인간 중심의 가치'에 기초해서 한국경제의 발전 방향을 제시하고 한국경제를 분석하였다. 그러한 점에서 선생은 경제학을 실증과학의 범주에서 도덕과학의 범주로 끌어올리고 있다고 할 수 있다.

선생의 대표작에 속한다고 할 수 있는 《한국경제의 진단과 반성》(1980), 《한국경제연구》(1986), 《한국경제론》(1989) 등의 저서에 명시적으로 또는 묵시적으로 전제되어 있는 경제발전의 가치는 첫째, 평등과 분배의 정의, 둘째, 균형적 경제발전, 셋째, 자립경제 등이다. 또한 이 세 가지 가치가 실현되는 과정을 경제 민주화로 파악하고 있다. 학현 선생을 분배주의자, 평등주의자, 구조주의자, 그리고 민족주의자, 민주주의자로 규정하는 것은 선생의 이러한 가치지향성에 말미암는다 하겠다. 이로써 학현 선생의 '한국경제학'은 한국적 현실에서 진보적 경제학의 새 지평을 열었다고 할 수 있다.

학현 선생은 이러한 학문적 업적을 토대로 하여 이를 널리 전파하고 계승하는 일에도 진력하였다. 선생이 1980년의 민주화 운동으로 말미암아 서울대 교수에서 강제로 밀려나 해직교수 생활을 하던 시절 창립한 '학현연구실'은 이후 서울사회경제연구소로 확대, 개편되면서 우리 사회의 진보·개혁적 경제학자들이 모여드는 중심 구실을 하여 왔다. 그뿐만 아니라 선생은 한국의 대표적인 진보적 경제학자들의 모임인 '한국사회경제학회'와 주류경제학에 비판적인 개혁적 경제학자들의 모임인 '한국경제발전학회'를 직접 창립하였고, 회장 및 이사장으로서 후배, 제자들의 든든한 보호막 구실을 하고 있다. 이렇게 하여 선생의 뜻을 따르는 진보적, 개혁적 경제학자들이 선생의 큰 그늘 아래 모여드니 언론에서는 이를 '학현학파'라고 부르고 있다. 학현학파는 '인간 존중'을 핵심적 가치로 삼으면서, 경제정의와 균형발전의 실현을 도모하는 경제학파라 하겠다. 오늘날 학현학파는 우리 사회의 여러 곳에서 활동하면서 민주화와 경제정의 실현을 위해 연구하고 실천하는 학자들의 집단으로 성장하였다.

학현 선생은 결코 상아탑에 안주하는 학자는 아니다. 지성인으로서 사회적 실천을 매우 중시하였다. 옳지 않은 일에는 끝없이 분노하고 저항하였다. 1960년 4·19 학생혁명 당시 자유당 독재체제에 저항하던 다수의 학생과 시민이 경찰의 발포로 희생되자 선생은 분연히 궐기하여 4·25 교수데모에 참여함으로써 4·19 혁명이 성공하는 데 결정적 계기를 만들었다. 선생은 또한 1980년 이른바 '서울의 봄' 시절에는 서울대 교수협의회 회장으로서 민주화를 촉구하는 시국선언에 앞장섰다가 군부정권에 의해 중앙정보부 남산분실로 끌려가 고초를 당하였고 드디어 4년간 해직교수 생활을 해야만 했다. 서울대 교수직에 복직한 뒤에도 학현 선생의 민주화를 위한 활동은 더 넓어지고 더 깊어졌다. 선생은 1987년의 민주화 운동 이후 창립된, 우리나라 시민운동의 효시

라 할 수 있는 '경제정의실천시민연합'의 초대 공동대표로서 경제정의
와 경제민주화를 위해 노력하였다. 선생은 또 이 시대의 스승으로서
경제민주화, 사회민주화, 언론민주화, 학원민주화 그리고 민족 통일을
위한 다양한 활동을 이끌었다. 선생은 그야말로 언행일치의 삶, 학문
과 생활이 일치하는 삶을 사셨다고 할 수 있다. 독자들은 그 구체적
내용을 이 전집과 선생의 대화록을 통해서 확인할 수 있을 것이다.

　학현 선생의 가르침을 따르는 제자들은 선생의 회갑 기념으로《한
국경제론》(1987), 서울대학교 교수정년퇴임 기념으로《경제민주화의
길》(1992), 그리고 고희 기념으로《한국경제의 구조개혁 과제》(1997)를
출간한 바 있다. 7년 전 선생의 팔순을 앞두고 서울사회경제연구소의
제자들을 중심으로 기념논문집 발간 문제를 논의하였으나 선생께서
극구 말리는 바람에 그냥 넘긴 일이 있다.

　이 전집을 본격적으로 준비하게 된 계기는 한국사회경제학회, 한국
경제발전학회 그리고 서울사회경제연구소 공동 주최로 2009년 8월 대
구에서 열린 공동학술대회였다. 세계 경제위기가 확산되고, 한국 사회
의 양극화가 심화되어 가고 있으며, 민생과 민주주의가 후퇴하고 있는
정치·경제의 현실을 극복하기 위해서는 새로운 가치, 새로운 접근방법
이 필요하다는 데 학술대회 참가자들은 인식을 같이하였다. 그리고 그
러한 새로운 가치, 새로운 접근방법을 실천하기 위한 첫 걸음으로 경
제정의, 균형발전, 그리고 자립적 국민경제의 실현이라는 과제를 끌어
안고 평생 연구하고 실천하신 학현 선생의 삶과 학문을 되돌아보는
것이 필요하다는 데도 의견이 모아졌다. 이리하여 선생의 전집 발간을
위한 간행위원회가 꾸려져 작업에 착수하게 되었다. 이후 3년간에 걸
친 노력 끝에 마침내 학현 선생의 학문과 삶의 전모를 모은 전집 발간
에 이르게 되었다.

이 전집은 9권으로 구성되어 있다. 대화록을 합하면 모두 10권이 되는 셈이다. 제1권은 경제사상과 경제철학에 관한 선생의 연구를 모았다. 아담 스미스, 앨프리드 마셜, 존 메이너드 케인스, 조지프 슘페터, 그리고 군나르 뮈르달 등의 경제학자에 대한 선생의 연구를 이 책에 모았다. 독자들은 이를 통해 한국 경제발전의 가치 형성에 이들의 이론적, 철학적 논의가 어떤 영향을 미쳤는지 알게 될 것이다.

제2권은 경제학 각 분야, 특히 경제변동론, 경제성장론, 경제발전론, 경제체제론, 그리고 수리경제학, 계량경제학에 대한 선생의 이론적 연구를 수록하였다. 이를 통해 독자들은 선생의 경제학 연구가 얼마나 광범하고 또 선구적인 것인지를 확인할 수 있을 것이다.

한국경제에 관한 선생의 글은 제3권에서 제7권까지 다섯 권으로 나누어 정리하였다. 제3권에는 경제개발계획과 개발전략에 관한 글을, 제4권에는 한국 경제성장의 역사적 과정과 성장의 모순에 관한 글을, 제5권에는 산업구조와 인구구조의 분석에 관한 글을, 제6권에는 세계경제와 한국의 무역구조, 그리고 대외경제정책에 관한 글을, 그리고 제7권에는 경제민주화와 한국경제의 과제에 관한 글을 수록하였다. 통일, 경제윤리, 환경문제에 관한 글도 제7권에 포함시켰다.

제8권에는 학현 선생이 일상 생활에서 느낀 감상을 서술한 가벼운 에세이를 모았다. 주제가 일정하지 않은 짧은 글들이지만 오히려 세상사에 관한 선생의 높은 식견과 인품의 향기를 읽을 수 있을 것이다.

제9권에는 학현 선생의 '삶의 발자취'라는 제목으로 선생의 다양한 사회활동 가운데 쓴 강연, 기념사, 축사, 치사뿐만 아니라 대중매체에 보도된 선생에 대한 평, 그리고 각종 화보를 포함한 활동 보도 내용도 함께 실었다.

요즘처럼 사회가 어지럽고 나아갈 방향이 잘 보이지 않을수록 큰 가르침을 주고 올바른 방향을 알려줄 수 있는 큰 스승의 존재를 우러르게 되는 법이다. 따라서 학현 선생의 학문과 인품을 직접 보고 배울 수 있는 기회를 가졌던 우리 제자들은 이를 참으로 행운이라 여기고 자랑으로 삼지 않을 수 없다. 선생께서는 여든을 훌쩍 넘긴 연세에도 불구하고 요즈음도 매일 서울사회경제연구소에 나와서 글을 읽고, 사색하며, 집필 활동도 하고 있다. 우리 모두 선생의 건강과 장수를 기원해 마지않는다.

이 전집을 발간하는 과정에서 수많은 사람들의 열성과 노력이 있었다. 전집 발간을 위해 애써준 전집간행위원회 위원 여러분, 전집 발간을 재정적으로 후원해주신 분들, 그리고 기꺼이 출판을 맡아 수고해주신 지식산업사 김경희 사장과 직원 여러분에게 깊은 감사를 드린다.

2012년 9월
학현 변형윤 전집 간행위원회 위원장
강 철 규

12

차 례

제2편 인구와 산업구조

학현 변형윤 전집 차례

제1편
산업구조의 변화와 과제

산업연관표에 관하여

1. 서 언

산업연관분석(inter-industrial relations analysis)이라든가 투입-산출분석 (input-output analysis)이라든가 또는 레온티예프 시스템이라든가 하는 것은 국민경제의 구조를, 특히 산업 상호 간의 연관이라는 관점에서 분석하려는 것을 말한다.

이 산업연관분석은 1941년에 미국 하버드대학 교수인 레온티예프 (W. W. Leontief)가 그의 저서 《미국경제의 구조》(*The structure of American Economy*)를 발간한 뒤부터 현재에 이르기까지 이론적 진미와 실제상의 응용에 있어서 비약적인 발전을 이룩했으며 또 앞으로도 더욱 발전할 것이다.

그러나 산업연관분석의 이와 같은 눈부신 발전은 결코 일조일석에 실현된 것은 아니고 1944년부터 이 분석을 이용하기 시작한 미국의 노동통계국이 이 분석을 응용하여 행한 두 가지 예측, 즉 1946년 여름에 1946년에 대해서 행한 동일한 예측의 결론이 적중한 것이 계기가 되었다.

현재 미국에서는 육·해·공군, 각 관청 및 많은 대학이 이 분석의 연구를 하고 있으며 또 영국, 캐나다, 프랑스, 네덜란드, 이탈리아, 이스라엘, 노르웨이, 일본 등에서도 이 연구가 진행되어 이미 상당한 결과에 도달하고 있다.

그런데 이 산업연관분석이 전제로 삼는 것이 바로 산업연관표(inter-industrial relations table)라든가 투입산출표(input-output table)라든가 또는 레온티예프표(Leontief's table)라고 하는 표다. 따라서 이하에서는 이 표의 윤곽을 알릴 정도의 해설을 목적으로 해서 극히 개략적으로 그것을 설명하기로 한다.

2. 산업연관표의 의미

어떠한 국민경제이든 그것은 상호연관 되어 있는 각종 산업의 체계·조직으로 볼 수 있다. 여기서 상호연관이란 각 산업 사이에 각종의 물자와 서비스가 부단히 흐르고 있음을 말한다.

따라서 어떤 특정 산업의 생산을 변경하는 사태가 일어났을 때 그 효과를 빠짐없이 측정한다는 것은 쉬운 일이 아니다. 왜냐하면 그 산업은 타 산업으로부터의 구입량을 변경시키고 타 산업은 또 다른 산업으로부터의 구입량을 변경시키는 바와 같이 연쇄반응을 일으키면서 그 파문을 크게 간접적으로 확대시키기 때문이다. 예컨대 지금 어떤 정책으로 말미암아 새로이 자동차 몇 만 대의 수요가 생겼다고 가정하고 이에 기인해서 일어나는 노동수요를 측정한다고 할 때, 자동차 생산을 위해서 이용되는 노동자의 수를 추정하는 것만으로써는 정확치 않다. 왜냐하면 이런 직접적인 효과 외에 많은 간접적인 효과가 있기 때문이다. 즉 이 밖에 강재, 유리, 타이어, 도료, 기타 무수한 생산자재의 생산증가로 인해서도 더 많은 노동력이 필요하게 되며 또 이용증가의 파동은 이들 자재의 제조용 원료를 생산하는 산업, 예컨대 강재 생산용의 석탄, 유리, 타이어 및 도료 제조용의 화학제품 등의 산업과 같이 점차로 광범하게 파급되기 때문이다.

따라서 비중의 효과를 더 정확하게 파악하고 평가하기 위해서는 비록 간접적일 망정 사실상 영향을 받는 모든 분야를 무시하지 않고 국민경제 전체의 주요한 윤곽을 한눈으로 볼 수 있는 방법을 고찰하면 된다.

이 문제에 해답을 부여하는 것이 국민경제에서 물자와 서비스의 흐름을 복식부기적 계산요령으로 기술한 산업연관표다.

3. 산업연관표의 구조

산업연관표의 구조를 모형표에 따라서 간단히 설명하면 다음과 같다. 우선 국민경제 전체는 몇 개의 산업 또는 부문으로 나뉜다. 그들은 물자와 서비스의 공급자로서 표의 좌단에 상에서 하로 배열되어 있으며 또 동시에 물자와 서비스의 수요자로서 표의 상단의 좌에서 우로 배열되어 있다. 따라서 종으로 배열되어 있는 숫자는 모두 투입고(input)의 배분관계를 나타내며 횡으로 배열되어 있는 숫자는 모두 산출고(output)의 배분관계를 나타낸다. 그리고 그들의 총합계는 각각 하단과 우단에 표시되어 있는데 이들은 금액으로 측정되어 있으므로 투입고의 합계는 그 부문의 총매상액 또는 총수취액이 되는 셈이다. 물론 이 투입고는 타 산업으로부터의 구입에 의하지 않는 지출액을 포함하고 있으며 산출고는 각 산업 이외의 부문에 대한 판매액을 포함하고 있다. 전자는 수입, 재고소비분, 세금, 임금, 급료, 이자 및 이윤

〈표 1〉 산출고의 배분관계

		농업	공업	광업	상업	운수	재고(증)	수출	정부	민간자본형성	가계	계
투입고의 배분관계	농 업	60	30	20	20	10	0	30	10	10	60	250
	공 업	40	80	40	20	20	10	60	30	20	30	350
	광 업	10	30	–	–	–	–	–	–	–	–	–
	상 업	10	20	–	–	–	–	–	–	–	–	–
	운 수	20	30	–	–	–	–	–	–	–	–	–
	재고(감)	0	0	–	–	–	–	–	–	–	–	–
	수 입	30	40	–	–	–	–	–	–	–	–	–
	정 부	20	30	–	–	–	–	–	–	–	–	–
	감가상각	10	20	–	–	–	–	–	–	–	–	–
	가 계	50	70	–	–	–	–	–	–	–	–	–
	계	250	350	–	–	–	–	–	–	–	–	–

주: 실제 공란에 해당 숫자가 있으면 각각 기입되지만 여기서는 생략한다.

등이며 후자는 수출, 재고증가, 민간자본형성분(건물, 기계, 설비 등), 정부지출, 가계소비다. 그러나 후자의 부문에서 수요는 상품을 생산하기 위한 수요는 아니고 직접 각각 그 부문에서 소비하고 사용하기 위한 것이므로 이것을 구별해서 최종수요(final demand)라고 부른다.

상기 표는 농산물의 총매상액이 250이고 이것을 농업부문에 60, 공업부문에 30, 광업부문에 20, 상업부문에 20, 운수부문에 10을 팔고 30을 수출하고 정부수요에 대해서 10을 납입하고 설비의 신 증설 등에 10을 팔고 가계소비를 위해서 60을 판 것을 표시하고 있으며, 또 농산물의 총비용액이 250이고 이것을 농업부문에서 60, 공업부문에서 40, 광업부문에서 10을 구입하고 상업부문과 운수부문에 각각 10과 20을 지불하고 외국에서 30을 수입하고 정부에 세금 등의 공과로서 20을 납입하고 설비 등의 감가상각에 10을 지불하고 임금 및 이윤으로서 50을 가계에 지불한 것을 표시하고 있다.

이러한 방법으로, 예컨대 철강이 전 산업계에 외국수출용으로 또는 가정용으로—철강업 자체에서 사용하는 철강도 포함하여—얼마큼 사용되고 있는가를 표시할 수 있으며 마찬가지로 국민경제의 전 체계를 물자와 서비스의 흐름으로 한눈에 살펴볼 수 있다.

이 산업연관표를 작성하는 것이 산업연관분석 중 가장 곤란하며 또 매우 수고를 요하는 일이다.

4. 산업연관표의 두 가지 조건

전술한 바와 같이 산업연관표는 국민경제에서 물자와 서비스의 흐름을 기술한 것인데, 이에는 두 가지 이론상의 기본조건이 존재한다. 제1의 조건은 균형의 조건이며 제2의 조건은 각 산업부문의 구조상 특질을 표시하는 기술의 조건이다.

균형의 조건이란, 어떤(갑) 산업의 산출물의 전체는 타(을, 병, 정, 등) 산업이 이 산업에서 구입하여 그 생산과정에 사용한 투입물의 총합계와 같다는 조건을 말한다. 그리고 기술의 조건이란 어떤(갑) 산업이 그 생산과정에 투입하는 타(을, 병, 정 등) 산업의 산출물과 이 산업의 총산출고 사이에는 일정의 관계가 존재한다는 것을 말한다. 예컨대 석탄업의 총산출고가 만약 배가되었다고 하면 이 생산에 필요한 투입물인 철강업부문, 기계제조업부문, 전력부문 등의 산출물에 대한 수요는 증가할 것이다. 또 만약 거꾸로 석탄업의 총산출고가 반감했다고 하면 그들의 투입물은 더 적어도 무방할 것이다. 동일한 관계가 국민경제를 구성하고 있는 다른 산업 전체에 대해서 존재함은 명백할 것이다.[1] 이때 만약 어떤 산업의 산출물 1단위의 생산에 필요한 각 투

---

1) 경제이론에서는 이러한 산출물과 투입물 사이의 기술적 관계를 일컬어 각기 산업의 생산함수(production function)라고 한다.

입물의 양이 기술적으로 일정하다면 그 산업의 산출물의 배가는 투입물 전체의 배가를 필요로 한다. 이 산출물 1단위당 필요한 각 투입물의 수량을 흔히 생산계수라고 부르지만 산업연관분석에서는 보통 이것을, 기술적 투입계수 또는 간단히 투입계수(input coefficient)라고 하고 어느 정도 이것을 가정한다.

상기 표에 따르면 농업부문의 투입계수는 타 산업부문에서의 구입액을 농업부문의 총생산액(총지출액에서 재고소비분을 차감한 것)으로 나눔으로써 농업 0.24(60÷250), 공업 0.16(40÷250), 광업 0.04(10÷250)이며 마찬가지로 해서 공업부문의 투입계수는 농업 0.086, 공업 0.229, 광업 0.086이다.

이것은 예컨대 공업부문에서 1억의 생산의 증가를 위해서는 농업부문에서 860만, 공업부문에서 2,290만, 광업부문에서 860만의 생산의 증가가 필요함을 표시하고 있다. 동일한 관계는 농업부문에서 860만의 생산 증가를 행하는 경우에도 이러하다. 그리고 이 관계가 점차로 관련산업에 널리 파급해 감은 물론이다.

지금 가령 이차적인 파동만을 취해 보기로 하고 농업부문이 그 총지출액 중에서 광업부문에 4퍼센트(0.04)를 지출한다고 하면 이때에는 지출의 비율(투입계수)이 변하지 않는 한 공업부문의 산출물에 대한 최종수요가 1억 증가하는 것은 전술한 바와 같이 1차적 효과로서 광업부문의 생산을 860만 증가시키는 외에 또 농업부문을 통해서 간접적으로 광업부문의 생산을 0.344퍼센트(0.086×0.04)만큼 즉 33.4만 만큼 증가시키게 되는 셈이다.

이러한 1차적 효과 및 2차적 효과 외에 또 3차, 4차의 간접적 효과도 추계할 수 있다. 그리고 이들 간접적 효과는 산업부문의 수만큼의 연립일차방정식을 만들어 그들을 풂으로써 정확하게 계산할 수 있다.

이상과 같은 이론과 계산방법에 의해서 산업연관표에서 각 부문별로 투입계수표가 작성되며 또 이것을 기초로 해서 만들어진 연립방정식을 풀어냄으로써 최종수요 1단위당(예컨대 백만당) 소요액표가 작성된다. 산업연관분석에서는 이 최종수요 1단위당 소요액표가 주로 사용되는데 이것은 투입계수표의 역행렬(역매트릭스)[2]이며 특정 산업에의 최종수요 지출이 1단위(예컨대 백만) 증가할 때마다 타 산업 전체에 미치는 직간접의 영향을 양적으로 표시하고 있는 것이다. 이 역행렬의 계산은 산업연관표의 부문분할이 많으면 많을수록 매우 복잡하며 기계의 힘을 빌리지 않고서는 단기간에 행할 수 없다. 미국에서는 이 계산을 전자계산기의 힘을 빌려서 셈하고 있으며 예컨대 하버드 대학에서는 이 계산기에 의해서 38행 98열의 역행렬을 구하는 데 겨우 56시간밖에 걸리지 않는다고 한다. 만약 이것을 입력에 의한다면 아마 수년이 걸릴 것이다.

5. 산업연관표의 용도

그러면 상술한 산업연관표는 어떻게 이용되고 있는가.

첫째로, 이 표는 케네(F. Quesnay)의 경제표(Tableau Economique)에서 발단한 경제구조 표식화의 최근의 기술적 표시이므로, 이 표에 따라 국민경제의 구조를 해명할 수 있다.

둘째로, 이 표는 각 기업 간의 이질화에 착안하여 산업구조의 변동을 표시함으로써 이 표에 의해서 특정 산업이라든가 특정 상품이 타 부문에 미치는 영향의 분석을 쉽게 행할 수 있다. 예컨대 석유연료의

---

2) 역행렬의 설명을 생략했으니 수학서적을 참조하기 바란다.

일부를 석탄으로 대체한 경우에 석탄·광업의 수요의 증가분에 대한
계수뿐 아니라 직간접으로 타 부문에 파급하는 영향을 측정할 수 있
는 바와 같다.

　셋째로, 어떤 군수품의 생산계획을 세우는 경우에 그것과 상호의존
관계에 있는 산업부문의 생산수준은 이 표에 의해서 계산되며 결정될
수 있다. 또 군수품에 대한 수요가 감소한 경우에 당해 군수품 생산부
문을 비롯해서 이와 직간접으로 관련하는, 예컨대 석탄·철강부문의 생
산수준이 어떠한 영향을 받는가, 또 각 산업의 이용에 얼마큼의 변화
가 일어나는가를 측정할 수 있다. 레온티예프는 이 표를 사용하여 각
산업부문에서 임금을 10퍼센트 상승시킨 경우에 직접·간접의 가격등

〈표 2〉 이스라엘에 있어서의 계획산업연관표(1953년 목표)

(단위: 백만, 이스라엘 파운드)

산출 ＼ 투입	농업	공업	건축 건설	상업	운수	서비스	정부	수출	연료	국부	소비세 및 직접세 지불	계
농　　업	20.8	3.7	－	－	0.5	－	－	10.0	－	8.7	59.4	113.1
공　　업	7.0	61.0	31.7	4.5	6.1	2.0	4.8	22.2	－	35.8	118.7	293.8
건축·건설	－	－	－	－	－	－	－	－	－	136.3	－	136.3
상　　업	2.5	8.2	5.5	－	3.3	－	0.8	2.4	1.8	7.6	60.0	92.1
운　　수	1.3	3.9	11.7	1.6	0.8	1.1	4.0	18.0	0.5	1.6	18.4	62.9
서 비 스	1.0	4.0	－	6.0	0.6	1.4	18.0	11.1	－		52.0	94.1
정　　부	－	15.2	－	4.6	6.7	1.0	－	－	2.6	1.7	76.2	108.0
수　　입	11.4	49.6	12.5	－	5.9	0.8	7.0	－	6.1	23.2	19.8	136.3
연　　료	1.1	6.0	－	－	2.0	－	－	－	－	－	1.9	11.0
국　　부	6.3	12.6	－	1.6	5.5	－	13.0	－	－	－	16.0	55.0
국민소득	61.7	119.6	74.9	73.8	31.0	87.8	40.3	－	－	－	－	489.6
계	113.1	293.8	136.3	92.1	62.9	94.1	87.9	63.7	11.0	214.9	422.4	

귀는 생계비에 37퍼센트의 영향을 주므로 노동자의 실질임금은 약 63퍼센트 증가된다고 추계하고 있다. 이와 같이 정부기관이 하나의 정책을 고려한 경우에 그 효과를 측정할 수 있다고 하는 실천적 역할을 갖고 있다.

넷째로, 장기에 걸치는 경제개발계획을 작성하는 경우에도 이 표의 원리는 매우 유효하다. 최종년차에서의 최종수요량이 결정되어 있고 각 부문의 투입계수가 명백히 되어 있으면 각 부문의 투입·산출량은 계산할 수 있다. 앞 표는 이스라엘 경제개발 4개년계획에 의거하는 최종년차에서의 이스라엘 국민경제의 구조를 표시한 것이다.

다섯째로, 외국무역이 중대한 역할을 하고 있는 나라에서는 각 산업부문의 무역의존도를 명백히 알 필요가 있는데 이것은 이 표에 의해서 상세히 파악할 수 있다. 따라서 이 표는 최우선적 수입품이 무엇일 것인가 또 어느 정도까지 수출이 감소하면 필수품의 수입이 위태롭게 되는가, 특정액의 추가수출을 하기 위해서는 얼마만큼의 추가수입이 필요한가 등 무역정책상의 문제들의 결정에 유용할 것이다.

여섯째로, 개개의 기업가는 이 표에 따라서 단순히 자기의 생산물의 직접수요자(고객)를 알 뿐 아니라 거꾸로 경제변동이 이들 수요자 자신의 생산물에 대한 수요에 미치는 영향의 정도도 알 수 있으므로 이 표는 기업경영상 극히 유용한 지침을 준다.

끝으로 격년마다의 산업연관표가 있으면 국민경제의 구조상 변화가 각 산업의 생산활동과 그 제품가격에 어떠한 영향을 끼치는가를 분석할 수도 있다.

6. 산업연관표의 한계

5절에서 산업연관표가 어떻게 이용되고 있는가를 알았다. 분명히 이 표는 경제정책상 또는 기업경영상의 중요한 분석 무기다. 그러나 페니실린이 그 독특한 기능에 의해서 획기적인 치료 효과를 갖고 있다고는 하되 모든 병에 듣는 만능약이 못 되는 것처럼, 이 표도 만능의 경제분석 무기는 못 되는 것이다. 이것은 상술한 이론구조의 응용이 허용되는 범위 안에서만 이용될 수 있는 것이다. 따라서 이 분석무기에 의해서 예컨대 금융긴축의 영향을 측정하는 것은 곤란하다. 왜냐하면 이 표는 '물'(物)의 흐름을 기술한 것이지 '화폐'의 흐름을 표시한 것이 아니기 때문이다.

또 이 표를 작성하기 위해서는 국민경제를 구성하고 있는 전 산업에서 상호연관을 표시하는 모든 생산, 유통, 소비에 관한 통계자료를 수집하고 정리하고, 그리고 그것에 의거해서 필요한 계산과 추계를 행한다. 따라서 이 표를 작성하는 전제조건은 정확하고도 상세한 생산, 유통, 소비에 관한 여러 통계조사가 되도록 정비되어 있는 것이라고 하겠다. 따라서 이 표의 응용은 통계조사의 정비 정도에 의해서 제한을 받게 될 것이다.

부 기

(1) 이상은 정학모형의 산업연관표에 대한 개략적인 설명이다. 그러나 이 밖에 투자를 도입하여 그것이 산출물의 변동에 미치는 효과도 아울러 분석하는 동학모형의 산업연관표가 있다. 이 표에서는 종래의 투입계수 외에 자본계수(capital coefficient)를 계산할 필요가 생긴다. 이 표는 자본축적의 효과를 고려하는 점에 특징이 있으며 그 결과 국

민경제를 동태적으로 분석할 수 있다.

　(2) 이 산업연관표의 연구의 발전은 여러 통계자료의 정비를 통해서 국민소득추계의 발전을 가져오고 있다.

《국민대학학보》(1958. 9)

한국의 산업구조
: 제2차산업을 중심으로

1. 문제의 제기

저개발국에서 경제개발의 궁극적인 과제는 여러 경제부문들 사이에서의 구조적 불균형성과 기형성을 개편하는 문제로 요약될 수 있다. 물론 선진경제의 경제정책도 장기적으로는 구조정책적인 의미를 갖지 않는 바 아니나 일시적인 경기대책의 성격을 한층 강하게 띠고 있어 구조개편이라는 정책과제는 후진경제의 경우만큼 중요하고 절실한 문제로 되고 있지는 많다.

대부분의 후진경제는 선진경제와의 관계 속에서 정치적·경제적 피지배라는 그들의 역사성으로 말미암아 자주적인 성장과정을 밟지 못하고 극심한 구조적 불균형성을 나타내고 있다. 따라서 후진국의 산업구조개편문제 나아가서 경제개발문제는 선진국과의 국제경제관계라는 관점에서 고찰되지 않으면 안 되는 것이다.

한국경제가 당면한 정책과제도 이러한 시각에서 다루어져야 할 것임은 다시 말할 필요도 없다. 한국경제는 일제의 식민정책과 해방 후의 타율적인 경제논리에 의하여 심한 구조적 불구 기형성과 파행성을 면치 못하고 있다. 생산에서 소비에 이르기까지의 모든 국민경제의 순환이 통일적으로 질서 있지 못할 뿐 아니라 각 부문 간, 지역 간, 계층 간의 구조적 불균형성은 오늘날 한국경제의 체질을 이루고 있다. 순환과정에서는 만성적인 과소공급과 과다수요로 인한 국민경제의 절대적인 적자현상이 누적되고 있으며, 산업부문별로 보면 농업과 비농업 간, 대기업과 중소기업 간, 생산재공업과 소비재공업 간 등에 극심한 불균형성이 나타나고 있다.

이러한 여러 가지의 불균형성을 각 산업부문 사이의 불균형성으로 좁혀서 보면 후진경제의 특성은 일반적으로 여타 산업부문에 비하여 제2차산업의 구조적 취약성으로 나타나며 제2차산업 중에서도 소비재생산부문에 비하여 생산재생산부문의 구조적 취약성으로 나타나고 있다. 따라서 경제구조 또는 산업구조의 개편이라고 하면, 전 산업 중 제2차산업의 구성비중을 제고시키는 것으로 요약되며 제2차산업 중에서도 생산재생산부문의 구성비중을 높이는 것을 주요 내용으로 한다. 결국 구조개편이라는 정책과제는 대부분의 경우 제2차산업의 조속한 개발육성에 목표를 두게 된다.

경제구조 또는 산업구조를 논의할 때 파악과 측정의 문제가 반드시 따르게 된다. 일반적으로 산업구조의 측정은 그 산업에 취업하고 있는 노동력의 크기와 그 산업에서 산출되는 소득 또는 부가가치의 크기를 기준으로 하여 이루어지고 있다. 그러나 이러한 측정방법은 비록 측정기술상의 제약이 인정되기는 하나 양적 분석의 테두리를 벗어나지 못하고 있다. 비록 취업노동량이 늘고 부가가치 구성비가 확대되었다고 하더라도 산업구조가 질적으로 개선되었다고 볼 수는 없다. 즉 산업 간 구성비의 변동이 바로 산업 간 불균형의 개선과 동일한 내용을 가질 수는 없을 것이기 때문이다. 특히 각 산업마다 발전단계가 서로 다른 이중구조 내지 복합구조적인 경제체제를 띠고 있는 후진경제의 산업구조를 파악하는 데는 논리적으로 동질적인 경제조직을 전제하고 있는 구성비에 의한 양적 측정방식은 그 이론적 한계에 봉착하지 않을 수 없으며 때로는 문제의 핵심을 그르칠 위험조차 안고 있다.

그러므로 산업구조 변동에 대한 질적 고찰을 위해서는 국가 산업활동의 지주가 되는 생산물 및 생산요소의 수급관계와 그 수단이 되는 화폐자본의 조달 및 유통에 대한 분석이 동시에 이루어져야 한다. 즉 산업구조를 더 실질적으로 파악하기 위해서는 산업내부적인 구조는 물론 외부적인 일반경제구조까지도 분석대상에 넣어야 할 것이다.

그 밖에도 우리나라와 같이 국민경제의 대외의존적 성격이 강한 후진경제의 산업구조를 측정·파악하기 위해서는 국내산업이 외국경제 또는 외국자본과 어떠한 상관관계를 맺고 있는가를 분석의 대상으로 하지 않으면 안 된다.

이 글에서는 이러한 시각에 입각하여 한국산업구조의 추이와 현황을 특히 제2차산업의 구성을 중심으로 하여 분석하고 그 특수성을 도출하고자 한다. 그리고 이러한 분석을 토대로 하여 현재 추진 중인 경제개발계획의 주요 정책목표에 관한 타당성을 검토해 본 뒤 한국 산업구조 개편의 방향설정을 위한 전제를 모색코자 한다.

2. 한국 산업구조의 추이와 제2차산업의 발달

1) 해방 전 산업구조의 추이
(1) 일제의 식민정책과 제2차산업의 발달
1876년 강화도조약을 계기로 한국은 타율적으로나마 폐쇄적인 봉건

경제질서를 개방하기 시작한 이래 1910년 한일합방에 이르기까지 식민주의 열강의 경제적 침략의 대상으로 되었다. 한일합방 때까지 한국은 의제적인 토지공유제도를 기초로 하는 봉건적 경제질서를 존속해 왔으나 합병과 동시에 일제는 원료채취와 제품판매라는 기본적인 식민주의 경제정책을 강력히 전개함으로써 한국의 자본주의적 산업체제는 처음부터 구조적 기형성을 띠고 생성되지 않을 수 없었던 것이다.

즉 일제는 한국의 봉건적 농업경제체제를 미곡생산 중심의 모노컬처적 농업체제로의 개편정책과 함께 지하자원개발 및 임업개발 정책을 우선적으로 추진하였다. 이러한 경제정책에 따른 주요 광물 채굴량의 급격한 증대는 〈표 1〉에서 보는 바와 같다. 식민정책의 초기단계인 1910~21년 동안 한국 산업구조의 변동은 산업부문의 급속한 신장으로 나타났다.

한편 공업부문에서는 1917년의 조선방직과 1918년의 겸이포제철소 등 몇 개 근대식공장의 설립을 제외하면 식민통치의 초기단계에서는 농산물 가공을 위한 정미소 및 식료품공장, 그리고 토착적인 연와 및

〈표 1〉 주요 광물 채굴량의 추이

(단위: M/T)

연 도	석 탄	철 광	흑 연	은(kg)
1910(A)	78,453	140,365	798	178
1912	127,870	122,503	1,034	225
1914	183,262	182,034	654	571
1916	190,760	245,418	786	777
1918	188,623	199,697	7,041	1,347
1920	289,036	447,247	11,212	24
1921(B)	310,590	242,225	7,214	92
B/A(%)	396.0	172.6	904.3	51.7

자료: 조선은행 조사부, 《조선경제연보》, 1948년판.

석회공장 등이 지배적인 지위를 점하였다. 따라서 제2차산업의 구성은 아직 전근대적인 상태를 그대로 지니고 있었다.

1920년대에 들어서면서 일제의 식민정책은 우리나라 산업구조를 농공병진체제로 개편하기 위하여 비록 임기적이고 파행적이었기는 하나 공업부문의 발흥을 촉진하였다. 그 경제적인 배경은 1929년의 세계대공황을 계기로 한 농산물가격의 하락과 이로 인한 농업의 생산성 저하였다. 농업공황에 따른 저렴한 농업노동력의 유휴화는 한국에 대한 일본 독점자본의 유리한 투자유인으로 되었다. 1927~35년간의 일본자본의 진출상황을 보면 조선질소비료공장, 조선맥주, 고노다(小野田)시멘트(승호리공장), 동양방직, 가네보(鍾紡) 등을 위시하여 유수의 근대식공장이 잇달아 생겨났다. 이 기간의 공업진흥은 토지수용령에 의한 공업용토지가격의 통제, 각종 보조금제도, 조선미곡증식계획의 중지 및 남면북양(南綿北羊)정책의 추진을 통한 공업원료산물의 지원 등 적극적인 제도적 뒷받침을 통하여 더욱 강화되었던 것이다.

1936년 이후 중일전쟁의 발발과 태평양전쟁의 준비를 위하여 군비산업체제로 전환되면서 일본은 한국의 산업체제에 있어서도 군수산업으로서의 중공업부문의 개발을 필요로 하게 되었다. 중공업부문의 주요 공장 건설상황을 보면 1936년의 조선기계(현 한국기계), 관동기계(현 대한중기), 1941년의 조선중공업(현 대한조선), 1943년의 조선연금속(현 인천중공업), 1943년의 삼화제철소 등이 거의 동시적으로 건립되었다. 또한 이러한 정책전환에 따라 생산 면에서뿐만 아니라 유통 면에서까지 통제를 강화하였는데, 그 법제적 뒷받침은 1937년의 자금조정법 및 외국위체(환)관리법 등이었다. 이들 법규를 통하여 전시산업에 대한 중점적인 융자조치와 저축장려가 강행되는 한편 수입제한과 수출통제를 거쳐 한국경제의 현지자변(現地自辨)체제가 조성되었던 것이다.

그러나 이러한 현지자변체제의 조성은 어디까지나 국민경제를 형성하는 각 산업 간의 자생적인 구성으로 이루어진 것이 아니라 전쟁수행을 위한 식민정책의 강압에 의한 소비구조의 기형화를 통하여 극히 비정상적으로 이루어진 것이기 때문에 그것이 참된 의미에서 산업구조의 변혁 또는 개선을 뜻하는 것으로 볼 수는 없다.

(2) 해방 전의 산업별 구성비 추이

이상에서 살펴본 바와 같이 해방 전의 우리나라 산업경제의 전개과정은 첫째 1910년 한일합병으로부터 1920년까지 일본 독점자본을 위한 공업원료산업의 개발기간과 둘째 1921년 이후 1935년에 이르는 농공병진체제의 수립시기 그리고 1936년부터 해방이 될 때까지 전시 산업체제로의 개편에 따른 중공업화 및 산업체제의 통제시기로 대별할 수 있을 것이다.

그러면 가용자료에서 산업별 생산액구성과 산업별 취업구성을 지표로 하여 해방 전 우리나라 산업구조의 변동추이를 살펴보기로 하자.

먼저 해방 전의 취업노동력의 구성추이를 살펴보면 〈표 2〉에서 보는 바와 같다. 1930년과 1940년의 국세조사 결과에 의한 산업별 취업구성비율은 농림업과 공업이 동 기간 중 80.6퍼센트와 5.5퍼센트에서 74.8퍼센트와 4.8퍼센트로 각각 하락한 반면에 수산업, 광업, 상업 등의 구성비율은 상승하였다. 특히 전술한 바와 같은 적극적인 지하자원 채굴정책에 힘입어 산업부문의 취업구성비율이 동 기간 중 0.3퍼센트에서 1.9퍼센트로 크게 늘어난 것은 특기할 만한 일이라 할 수 있다.

한편 공업부문에 근대적인 공장건설이 상당히 이루어졌음에도 그 취업구성비가 오히려 하락하고 있는 이유는 다음의 두 가지 측면에서

〈표 2〉해방 전 산업별 고용구조 추이

(단위: %)

연 도	농 림	수산업	광 업	공 업	상 업	교통업	기 타	계
1930	80.6	1.2	0.3	5.5	5.1	0.9	6.4	100.0
1940	74.8	1.5	1.9	4.8	6.0	1.2	9.8	100.0
1941	69.2	1.7	2.0	4.4	7.3	1.4	13.5	100.0
1942	66.2	2.0	2.1	5.0	7.3	1.5	15.9	100.0

주: 1. 1930, 1940년은 국세조사(단, 조선인인구)치임.
　　2. 기타에는 공무 및 자유업과 무직 및 무신고자가 포함됨.
자료: 산업은행 조사부, 《한국산업경제십년사》(1945~1955)
　　　 조선은행 조사부, 《조선경제연보》, 1948년판

찾아볼 수 있을 것이다. 첫째, 동 국세조사의 대상이 한국인만에 한하였으며 신규 공장건설에 따른 공업부문의 취업노동력의 증가는 일본인에 의존하는 비율이 높았기 때문에 상대적으로 한국인의 취업구성비율은 적었다는 사실이다. 둘째로는 기계화된 근대적 공장의 건설은 종래의 토착적인 수공업부문의 취업량을 크게 감소시켰다는 사실이다.

이상과 같은 취업구성비의 변동을 다시 제1차산업(농림·수산업), 제2차산업(광공업) 및 제3차산업(상, 교통업)으로 구분하여 1930~42년간의 구성비 추이를 살펴보면 제1차산업은 81.8퍼센트에서 68.2퍼센트로 크게 하락한 반면 제2차산업은 5.8퍼센트에서 7.1퍼센트로 그리고 제3차산업은 6.0퍼센트에서 8.8퍼센트로 각각 증가하였다.

해방 전의 산업별 소득구성비에 관한 제3차산업부문의 통계는 극히 미비하다. 따라서 1, 2차산업부문의 생산액에 한하여 산업별 소득구성비의 추이를 고찰해 보고자 한다. 〈표 3〉에서 합병 직후인 1912년의 산업별 생산액 구성을 보면 농산물이 전체의 87.7퍼센트를 차지하여 압도적인 비중을 나타내었다. 여기에다 임·수산업의 생산액을 포함한 제1차산업의 동 구성비는 약 95퍼센트에 달한다. 이 비율은 당시 한국이 얼마나 제1차산업 위주였는가를 보여주고 있다. 이와 달리 산업과

<표 3> 해방 전 산업별 생산액 추이

(단위: 천 원)

연 도	농 업		임 업		어 업	
	금 액	구성비	금 액	구성비	금 액	구성비
1912	403,609	87.7	20,372	4.4	13,072	2.8
1931	702,855	63.1	59,413	5.3	77,562	7.0
1935	1,208,911	51.8	118,064	5.1	164,003	7.0
1939	1,644,413	42.1	192,603	4.9	327,000	8.4
1940	2,052,562	42.8	236,673	4.9	350,000	7.3

연 도	광 업		공 업		계	
	금 액	구성비	금 액	구성비	금 액	구성비
1912	6,185	1.3	17,153	3.8	460,391	100.0
1931	21,741	2.0	252,924	22.6	1,114,495	100.0
1935	110,429	4.7	730,806	31.4	2,332,213	100.0
1939	240,000	6.2	1,498,000	38.4	3,902,016	100.0
1940	280,000	5.9	1,873,634	39.1	4,792,869	100.0

주: 1939년 이후의 어업, 광업은 추정치임.
자료: 조선은행 조사부, 《조선경제연보》, 1948년판.

공업의 동 구성비는 각각 1.3퍼센트와 3.8퍼센트라는 지극히 낮은 수준을 벗어나지 못하였다.

약 20년 후인 1931년에 와서는 동 구성비율에 많은 변동이 초래되었다. 농업은 87.7퍼센트에서 63.1퍼센트로 대폭적으로 하락된 데 반하여 공업은 3.8퍼센트에서 22.6퍼센트로 크게 상승하고 있다. 다시 약 10년 후인 1940년에는 농업이 42.8퍼센트로 떨어지고 공업이 39.1퍼센트로 높아져 양 산업부문의 생산액은 비슷한 비율로까지 접근하게 되었다.

각 산업별 생산액의 구성 추이를 1차산업과 2차산업으로 구분하여 고찰해 보면 제1차산업은 1910~40년간 94.9퍼센트에서 55.0퍼센트로 하락한 반면에 제2차산업은 5.1퍼센트에서 45.0퍼센트로 상승하였다.

〈표 4〉 해방 전 공업부문별 생산액 구성비 추이

(단위: %)

산업＼연도	1936	1938	1940	1943
중 화 학 공 업	29.7	41.0	46.4	49.5
금 속 공 업	4.9	8.0	9.2	14.6
기 계 공 업	1.9	2.0	3.6	5.6
화 학 공 업	22.9	31.0	33.6	29.3
경 공 업	70.3	59.0	53.6	50.5
식 료 품 공 업	28.8	24.0	22.0	19.5
방 직 공 업	14.3	15.0	13.4	16.8
요 업	3.2	3.0	2.6	4.4
제 재 공 업	1.4	1.0	1.4	5.9
인 쇄 · 제 본	1.9	2.0	1.3	1.2
기 타 공 업	20.7(5.8)	14.0(2.0)	13.9(2.0)	2.7(1.5)

주: ( ) 안은 전기·가스업임.
자료: 조선은행 조사부, 《조선경제연보》, 1948년판

이와 같이 양적인 측정방식에 따르면 해방 전 한국의 산업구성은 장기적으로 농업과 공업을 중심으로 많은 변화를 일으켰다고 하는 사실만은 분명하다.

다음으로 괄목할 양적 성장을 가져온 제조업부문에 대하여 살펴보자. 생산액을 기준으로 한 각 업종별 구성비를 살펴보면 〈표 4〉와 같다. 1936~43년간에 있어서 금속공업, 기계공업 및 화학공업을 포함하는 중화학공업이 29.7퍼센트에서 49.5퍼센트로 무려 20포인트나 증대되고 있다. 이러한 추세는 특히 1938년에 들어서면서 비약적인 상승을 보였는데 이는 주로 일제의 군수산업체제로의 전환정책에 따라 산업생산활동이 금속 및 기계제품을 중심으로 하는 군수품 생산에 치중하였기 때문이다. 따라서 〈표 4〉에서 보는 중화학공업부문의 구성비 증대가 평화산업체제하에서 생산재공업부문의 성장을 의미할 수는 없다.

이렇게 볼 때 호프만 방식3)에 의한 생산재공업과 소비재공업 간의 구성비관계의 변동이라는 지표만을 가지고 해방 전 공업구조의 고도화, 나아가 전체적인 경제발전을 논의할 수 없다는 것은 명백한 일이다.

2) 해방 후 산업구조의 추이

(1) 남농북공(南農北工) 산업체제의 단절과 6·25로 인한 산업피해

일제의 식민주의 경제정책에 의하여 파행적이며 불구 기형적으로 생장해 온 한국의 산업체제는 8·15해방과 더불어 그 파행상이 더욱 가중되었다. 원래 제반 경제여건에 비추어 남농북공적인 특질을 강하게 가지고 있는 한국의 산업체제에 있어서 타율적인 국토양단은 단일경제체제의 기능을 완전히 상실케 하여 하나로의 독자적인 성장을 불가능케 하고 말았다.

먼저 생산액을 기준으로 해방 전 광공업부문의 남북한 구성비율을 살펴보기로 하자. 〈표 5〉에서 보는 것처럼 1940년 현재 공업부문에서 화학·금속·요업 등은 약 80퍼센트가 북한에 소재한 반면, 방직·인쇄제본·식료품공업 등은 남한에 소재한 비율이 압도적으로 높았다.

특히 금속공업의 남북한 소재비율이 약 10퍼센트 대 90퍼센트였는데 반하여 기계공업의 그것은 오히려 72퍼센트 대 28퍼센트를 나타내어 양 공업 간의 관련산업의 관계는 완전히 단절되고만 형편이었다. 광업부문에서도 1936년 현재 철광·석탄 등 주요 광물은 물론 기타 비철금속류도 북한에 소재한 비율이 대단히 높았을 뿐만 아니라 전력도 92퍼센트가 북한에서 발전되고 있었다.

다음에 해방과 국토분단에 이은 혼란기에서 생산의 위축상황을 살

---

3) W. Hoffmann, *Stadien und Typen der Industrialisierung*, 1931.

<표 5> 해방 전 남북한 광공업 생산액비율 대비

(단위: %)

공 업(1940년 현재)			광 업(1940년 현재)		
	남 한	북 한		남 한	북 한
화 학	17.9	82.1	금 (사 금)	29.3	70.7
금 속	9.9	90.1	금 은 광	27.3	72.7
기 계	72.2	27.8			
방 직	84.9	15.1	철 광	0.1	99.9
요 업	20.3	79.7	선 광	–	100.0
목 제 품	65.3	34.7			
인 쇄 · 제 본	89.1	10.9	텅스텐 및 수연광	21.5	78.5
식 료 품	65.1	34.9	흑 연	29.0	71.0
기 타	78.1	21.9			
전 ┌ 출 력	14.0	86.0	유 연 탄	0.5	99.5
력 └연평균발전력	8.0	92.0	무 연 탄	2.3	97.7

주: 전력의 구성비율은 해방 직전임.
자료: 조선은행 조사부, 《조선경제연보》, 1948년판.

펴보자. 먼저 공업부문에서 1939~46년간의 생산 위축상황을 보면 식료품공업이 약 83퍼센트, 화학공업이 약 76퍼센트의 감소율을 보였으며 그 밖에 방직·기계 및 제재공업을 합한 주요 제조업 생산감소율이 평균 71퍼센트에 이르렀다.

이와 같이 해방과 더불어 우리나라의 산업체제는 중요한 지하자원과 중공업부문의 생산시설이 거의 북한에 편재되고 남한은 제1차산업과 경공업부문만이 남게 되었다.

이처럼 기형적이고도 취약한 한국(남한)의 산업체제는 다시 6·25사변으로 인하여 막대한 산업시설의 피해를 입게 되었다. 제조업부문에 대한 피해상황을 살펴보면 수복 직후인 1950년 10월 현재 섬유공업 58퍼센트, 인쇄공업 65퍼센트, 기계공업 38퍼센트 등 제조업평균 37퍼센트의 피해율을 보이고 있다. 다시 1951년 8월 현재를 기준으로 하여

〈표 6〉 주요 공업부문별 생산 위축상황(생산액 기준)

(단위: 천 원)

	1939(A)	1945(B)	감소액 (A−B)	감소액 (A−B)/(%)
방 직	170,985	1,645,453 (67,855)	103,130	60.3
기 계 기 구	38,405	2,156,173 (15,154)	23,251	60.5
화 학	91,171	3,089,697 (21,714)	69,457	76.2
제재 및 목재품	13,746	1,566,826 (11,012)	2,734	19.9
식 료 품	213,628	5,186,549 (36,457)	177,171	82.9
합 계	527,935	13,634,698(152,192)	375,743	71.2

주: 1. ( ) 안 수치는 1939~46년 기간 중 평균물가지수(742.28)에 의한 수정치임.
  2. 1939년의 생산액은 남한 9도의 집계임.
자료: 조선은행 조사부, 《조선경제연보》, 1948년판.

〈표 7〉 6 · 25사변으로 인한 공업부문 피해상황(원상에 대한 피해율)

(단위: %)

	1950년 10월 현재			1951년 8월 현재		
	건 물	시 설	평 균	건 물	시 설	평 균
식 료 품 공 업	20	30	20	30	30	30
섬 유 공 업	56	61	58	64	64	64
인 쇄 공 업	65	65	65	75	75	75
요 업	15	10	15	25	20	24
화 학 공 업	16	12	13	20	20	20
금 속 공 업	19	15	18	25	25	25
기 계 공 업	46	23	38	60	60	60
총 계	40	35	37	−	−	−

주: 1951년 8월 현재 피해율 중 섬유공업은 면방직공업, 화학공업은 유리공업, 금속공업은
  철강공업, 그리고 기계공업은 조선공업의 수치임.
자료: 한국산업은행 조사부, 《한국산업경제십년사》.

본다면 〈표 7〉에서 보는 바와 같이 건물 및 시설 모두 더욱 심한 피해
를 입었다.

(2) 외원(外援)의존경제체제와 산업구조의 변동

해방과 동시에 남농북공의 단일경제체제의 단절과 함께 정책 부재

로 인하여 일반산업생산활동은 전반적으로 마비 또는 위축되었고 이로 인한 물자수급의 불균형성은 전후경제의 공통된 현상인 격심한 인플레이션을 결과하여 국민경제생활의 혼란은 가히 극에 달하였다.

이러한 속에서 국민경제의 혼란을 어느 정도나마 완화 존속케 한 지주는 미국의 대한(對韓) 원조였다. 미국의 대한 원조는 해방 이후 특히 휴전 이후부터 1962년의 제1차 경제개발 5개년계획이 집행되기까지 한국의 산업생산활동뿐 아니라 국민경제생활을 규정하는 주요한 요인의 하나로 되어왔음은 명백한 사실이다. 따라서 대한 미원조의 규모와 내용을 검토해 보는 것은 이 기간에 국내 산업구성의 변동을 파악하는 데 매우 유용한 접근이 될 것으로 보인다.

해방 후 대한 미원조는 전후 점령지역에 대한 응급구호물자의 공급을 목적으로 한 GARIOA(Government & Relief in Occupied Area)원조로부터 시작된 이래 그 후 국제정세의 변동과 미국경제 자체의 요청에 따른 미국의 원조정책의 변천으로 대한 미원조의 형식은 유동해 왔다.

〈표 8〉에서 보는 바와 같이 1966년까지 도입된 총원조액은 3,967.8백만 달러에 이르고 있다. 그 구성을 보면 GARIOA, ECA & SEC, CRIK 등 순수한 구호물자 공여가 전체의 26.9퍼센트에 해당하는 1,068.6백만 달러이었고, PL480호에 의한 잉여농산물 도입액이 525.2백만 달러(13.2%)에 이르렀으며, 방위지원적인 성격과 산업건설을 동시에 도모하기 위한 AID원조 총액은 2,251.8백만 달러에 이르렀다. 다음으로 본격적인 수원(受援)기간으로 볼 수 있는 휴전 직후부터 제1차 경제개발 5개년계획이 시작되기까지의 1954~61년 동안을 대상으로 하여 동 원조의 도입부문별 내용을 검토해 보자.

AID원조는 크게 시설재부문(계획원조)과 원자재부문(비계획원조)으로 구분된다. 〈표 9〉에서 보는 바와 같이 그 중에서 산업시설의 복구

〈표 8〉 해방 후 외국원조 수입총괄

(단위: 천 달러)

연 도	합 계	USA				CRIK		UNKRA
		GARIOA	ECA & SEC	PL480[1]	AID	SUN	SKO	
1945	4,934	4,934	–	–	–	–	–	–
1946	49,496	49,496	–	–	–	–	–	–
1947	175,371	175,371	–	–	–	–	–	–
1948	179,593	179,593	–	–	–	–	–	–
1949	116,509	92,703	23,806	–	–	–	–	–
1950	58,706	–	49,330	–	–	–	9,376	–
1951	106,542	–	31,972	–	–	74,448	–	122
1952	167,327	–	3,824	–	–	10,299	145,235	1,9–
1953	194,170	–	232	–	5,571	8,365	150,422	29,580
1954	153,925	–	–	–	82,437	14,049	36,142	21,297
1955	236,707	–	–	–	205,815	4,950	3,761	22,181
1956	326,705	–	–	32,955	271,049	24	307	22,370
1957	382,893	–	–	45,522	323,268	–	–	14,103
1958	321,272	–	–	47,896	265,629	–	–	7,747
1959	222,204	–	–	11,436	208,297	–	–	2,471
1960	245,393	–	–	19,913	225,236	–	–	244
1961	199,245	–	–	44,926	154,319	–	–	–
1962	232,310	–	–	67,308	165,002	–	–	–
1963	216,446	–	–	96,787	119,659	–	–	–
1964	149,331	–	–	60,985	88,345	–	–	–
1965	131,441	–	–	59,537	71,904	–	–	–
1966	103,261	–	–	37,951	65,310	–	–	–
계	3,973,781	502,097	109,164	525,216	2,251,842		457,378	122,084

주: 1) 미공법 480호에 의거한 도입잉여농산물 판매대금의 일부는 미측이 사용하므로 이
　　는 원조로 간주할 수 없으나 편의상 도입 총액을 게재함.
자료: 한국은행, 《경제통계연보》, 1967년판.

와 건설에 직접 투입되는 시설재부문의 도입비율은 1955년의 47.4퍼
센트를 최고로 하여 연평균 20~30퍼센트의 수준에 머물고 있다. 이
중 광공업부문에 대한 공급액은 1954~61년 기간 중 132.9백만 달러로
서 전 시설재도입액의 27.7퍼센트에 불과하고 나머지는 대개 철도차량
도입을 중심으로 한 교통부문과 기타, 교육후생부에 대한 도입액이었

〈표 9〉 AID원조 도입부문별 내용(1954~1961)

(단위: 천 달러)

	1954	1955	1956	1957	1958	1959	1960	1961	계
1.시설재부문(계획원조)									
농업 및 자연자원	198	3,404	1,784	5,947	4,549	6,876	4,981	1,862	29,601
광공업	6,338	18,660	23,765	25,335	20,049	9,366	15,997	13,414	132,924
교통	1,334	64,532	44,292	5,729	22,525	13,138	12,298	9,328	213,176
보건위생	255	2,106	2,099	2,741	3,786	3,079	3,165	602	17,833
교육	-	33	982	3,491	3,172	3,692	4,245	2,255	17,870
공공행정	-	-	124	396	1,437	1,170	1,462	1,941	6,530
사회후생 및 주택	1,570	7,330	9,003	6,266	4,927	2,492	4,014	2,872	38,474
일반 및 기타	470	1,395	3,341	2,825	3,445	3,798	4,368	3,814	23,456
소계(A)	10,165	97,460	85,390	92,730	63,890	43,611	50,530	36,088	479,864
2.원자재부문(비계획원조)									
농업물자	23,405	28,443	37,747	73,758	41,736	32,426	36,807	16,962	291,284
연료	11,712	10,471	23,473	24,000	35,395	20,625	24,539	20,346	170,561
원료 및 반제품	30,518	54,937	107,171	105,638	97,960	88,895	76,933	55,223	617,275
판매용 투자재	6,637	14,504	17,268	27,142	26,648	22,740	36,427	25,700	177,066
소계(B)	72,272	108,355	185,659	230,538	201,739	164,686	174,706	118,231	1,256,186
합계(A+B)	82,437	205,815	271,049	323,268	265,629	208,297	225,236	154,319	1,736,050
A/A+B(%)	12.3	47.4	31.5	28.7	24.1	20.9	22.4	23.4	27.6

주: 시설재부문에는 기술원조분 포함함.
자료: 한국은행,《경제통계연보》, 1966년판.

다. 뿐만 아니라 이러한 광공업부문에 대한 도입시설재 내용도 발전시
설의 복구 및 건설을 위한 것이 전체의 약 40퍼센트를 점하였다는 사
실을 감안하면 제조공업에 대한 시설재도입 비중은 더욱 적었을 것임
은 말할 나위도 없다. 이처럼 비록 규모상으로는 막대하였으나 그 내
용으로 보면 원조물자의 대부분이 원자재로서의 소비재로 이루어져
있었다.

이러한 원조의 소비재 중심의 성격에 따라 국내산업의 성장도 도입

원자재를 제조·가공하는 소비재산업부문이 생산재산업부문보다 앞질러 발달하게 되어 동 산업부문은 이른바 삼백산업(설탕, 밀가루, 광목)의 호경기를 구가하게까지 되었다.

한편 생산재공업에서는 1953~59년 기간 중 UNKRA자금에 의한 판초자(판유리)공장, 제지공장 및 시멘트공장의 복구 및 확장사업과 장항제련소 복구 및 중소규모의 철광, 탄광개발사업 등을 손꼽는 데 불과하였다.

이러한 사실을 기초로 하여 볼 때 1953~61년의 본격적인 수원기간 중에서 외국원조를 주된 동인으로 한 한국 산업구성의 개편은 국민경제의 자립적 성장이란 입장에서 본다면 소망스런 실적을 거두지 못하였다는 것을 알아챌 수 있다. 물론 일반적으로 후진국에 대한 선진국의 원조에서 정치적·군사적인 성격이 경제적인 고려에 선행되며, 경제적으로는 수원국의 구매력 조장을 통한 공여국의 잉여상품 처분이란 내용을 가지고 있는 것이다. 따라서 공여국의 무상원조가 수원국의 경제적 요청과는 무관하게 이루어져 왔다는 것은 당연한 논리에 속하는 일이다.

이러한 관점에서 우리는 대한 미원조가 한국의 산업구조를 어떻게 개편시켰는가를 보자. 먼저 제1차산업에서는 자본주의적인 생산양식이 제대로 성립되지 못한 바탕 위에서 PL480호에 의한 미국 잉여농산물의 대량도입으로 말미암아 생산성의 정체와 구조적인 피폐가 초래되었다. 제2차산업에서는 국내 원료산업과는 전혀 관련도 맺지 못한 채 소요시설 및 원자재를 거의 외국에 의존하는 소비재공업부문의 급속한 발달은 외국의존적인 산업체제의 심화와 생산재공업부문의 상대적 침체를 초래하였다. 이 결과 소요재화와 용역의 상당한 부분이 외국노동력에 의존하게 되기 때문에 생산이 없는 재화의 유통은 유통부문만을 팽대시켜 제3차산업의 비정상적인 비대화를 가져오게 되었다. 요컨대 외원에 의한 산업구조의 변동은 농업의 피폐와 국내 각 산업 사이의 유기적 관련성의 결여에 의한 외국의존성의 심화로 요약될 것이다.

(3) 외자도입과 산업구조의 변동

한국에서 외국차관 도입의 효시는 1959년 1월 동양시멘트회사의 시설확장을 위한 DLF자금 2,140천 달러의 차관협정에서 찾아볼 수 있다. 그 후 1961년까지는 통신시설의 확장과 충주수전 건설 등 몇 개 사업을 제외하면 외국차관의 도입은 산업은행을 통한 중소기업 육성사업 정도에 지나지 않았다.

1960년대에 들어오면서 미국의 무상원조는 줄어드는 한편 1962년에 시작된 제1차 경제개발 5개년계획의 수행에 따라 외자의 필요성은 크게 증대되었다. 또 1965년 한일국교 타결은 외국자본의 도입을 본격화하는 계기를 마련하였다.

1959~66년간 총외자도입 확정분에 대한 재원별·연도별 내역을 보면 〈표 10〉과 같다. 1966년 말까지 확정된 외자 총액은 외국인의 직접 합작투자분을 포함하여 약 724백만 달러에 이르고 있다. 이에 대한 산업별 내역을 살펴보면 공공차관에서는 전체의 56.3퍼센트인 180,873천 달러가 사회간접자본의 형성을 주 내용으로 하는 3차산업 부문에 중점적으로 투입되고 있으며 상업차관과 투자등록은 일반제조공업인 2차산업부문에 거의 치중되고 있다. 즉 1966년 말 현재 총상업차관 확정분 330,921천 달러 중 약 79퍼센트에 해당하는 261,833천 달러가 2차산업부문에 투하되고 있다. 다시 이를 업종별로 보면 화섬공장 건설을 비롯한 섬유공업이 73,562천 달러(28.1%)로 수위를 점하고 있으며

〈표 10〉 외자도입 확정분 재원별·연도별 내용(1966년 12월 말 현재)

(단위: 천 달러)

	계 금액	계 비율	1959~61	1962	1963	1964	1965	1966
1. 재 정 차 관	350,266	48.4	20,477	52,481	9,500	37,930	76,550	153,328
미 국	267,878	35.6	20,477	29,731	9,500	31,350	71,800	95,020
일 본	45,808	6.3	−	−	−	−	−	45,808
서 독	31,180	4.3	−	8,750	−	5,180	4,750	12,500
기 타	15,400	2.2	−	14,000	−	1,400	−	−
2. 상 업 차 관	330,921	45.7	−	1,819	54,681	61,840	83,723	128,858
미 국	45,633	6.3	−	−	33,795	6,298	4,066	1,474
일 본	169,432	23.4	−	−	−	380	75,562	93,490
서 독	52,898	7.3	−	1,250	16,016	14,938	−	20,694
기 타	62,958	8.7	−	569	4,870	40,224	4,095	13,200
3. 투 자 등 록	42,936	5.9	−	579	5,442	809	22,587	13,519
미 국	36,271	5.0	−	579	5,138	365	21,285	8,904
일 본	5,429	0.7	−	−	−	−	1,200	4,229
서 독	239	−	−	−	−	220	−	19
기 타	997	0.2	−	−	304	224	102	367
4. 합 계	724,123	100.0	20,477	54,879	69,623	100,579	182,860	295,705
미 국	339,782	46.9	20,477	30,310	48,433	38,013	97,151	105,398
일 본	220,669	30.5	−	−	−	380	76,762	143,527
서 독	84,317	11.6	−	10,000	16,016	20,338	4,750	33,213
기 타	79,355	11.0	−	14,569	5,174	41,848	4,197	13,567

자료: 경제기획원.

시멘트공업(21.9%), 비료공업(20.7%) 등의 순으로 되어 있다.

이와 같이 일반적으로 상업차관이 가장 투자수익성이 높은 2차산업 부문에 치중될 때 외국자본 도입에 의한 산업건설은 수취국의 산업구성을 어떻게 변동시킬 것인가?

1957년을 고비로 한 대한 미국원조(무상공여)의 점감추세와 유상차관방식으로의 전환은 재화의 유통 측면에서 보면 소비재 도입으로부터 생산재 도입으로의 전환을 의미한다. 한편 선진경제의 처지에서 본

다면 자국의 유효수요의 창출을 통한 투자기회의 조성이라는 점에서
는 원조나 차관은 동일한 경제적 의의를 갖는 것이다. 따라서 외자도
입이 도입국의 산업구조에 미치는 영향은 공여국의 경제적 이해에 따
라 단초적으로 제약을 받지 않을 수 없는 것이다.

〈표 11〉 외자도입 확정분 산업별 구성(1966년 12월 말 현재)

(단위: 천 달러)

	공공차관		상업차관		투자등록		계	
	금 액	비 율	금 액	비 율	금 액	비 율	금 액	비 율
제 1 차 산 업	3,300	1.0	46,003	13.9	128	0.3	49,431	7.1
어 선 도 입	–	–	46,003	13.9	–	–	46,003	6.6
수 리 간 척	3,300	1.0	–	–	–	–	3,300	0.5
기 타	–	–	–	–	128	0.3	128	0
제 2 차 산 업	137,343	42.7	261,833	79.1	42,308	98.6	441,484	63.5
시 멘 트 공 장	9,172	2.8	57,519	17.4	224	0.5	66,915	9.6
비 료 공 장	48,800	15.2	54,208	16.4	22,600	52.6	125,608	18.1
정 유 공 장	–	–	20,000	6.0	4,819	11.3	24,819	3.6
P V C 공 장	–	–	15,180	4.6	–	–	15,180	2.2
제 철 압 연 공 장	–	–	15,257	4.6	–	–	15,257	2.2
섬 유 공 장	10,591	3.3	73,562	22.2	51	2.2	85,104	12.2
식 품 공 장	–	–	–	–	3,420	8.0	3,420	0.5
중 소 기 업 육 성	42,000	13.1	–	–	–	–	42,000	6.0
탄 광 개 발	14,680	4.6	–	–	–	–	14,680	2.1
기 타	12,100	3.7	26,107	7.9	10,294	24.0	48,501	7.0
제 3 차 산 업	180,873	56.3	23,085	7.0	500	1.1	204,458	29.4
전 력 시 설	63,476	19.8	20,970	6.3	–	–	84,446	12.1
교 통 운 수 시 설	76,596	23.8	2,115	0.7	–	–	78,711	11.3
통 신 시 설	25,391	7.9	–	–	–	–	25,391	3.7
상 수 도 시 설	9,910	3.1	–	–	–	–	9,910	1.4
기 타	5,500	1.7	–	–	500	1.1	6,000	0.9
합 계	321,516	100.0	330,921	100.0	42,936	100.0	695,373	100.0

주: 공공차관 중 AID원자재차관 25,000천 달러와 MRO자재차관(서독) 3,750천 달러는 산
   업분류 불명으로 제외함.
자료: 경제기획원.

도입국의 처지에서 볼 때 외국차관은 직접생산활동이 국내에서 이루어지기 때문에 국내의 고용량이 늘고 관련국내산업의 진흥을 가져온다. 그러나 고이윤의 추구를 목적으로 하는 민간외자는 단기간 내의 원리금 회수와 자본의 안전성을 으뜸가는 원칙으로 할 것이다.

외자가 도입될 수 있는 산업분야는 수입국의 경제여건에 따라 달라질 것이지만 일반적으로 다음과 같은 조건들이 요청될 것이다. 첫째, 해당 산업의 제품이 시장에서 독점적 가격을 형성할 수 있어야 한다. 이 점에서는 소수의 기업만이 존재해야 한다거나 시장점유율이 지배적이어야 한다는 적극적 조건이 반드시 충족되어야 한다는 것은 아니다. 그러나 다만 가격형성 과정에서 토착기업이나 정부의 작용에 의하여 계획이윤율의 실현에 결정적인 방해를 받지 않아야 한다는 소극적 조건은 반드시 충족되어야 한다는 것이다. 참고로 주요 외자사업체에 대한 시장점유율을 살펴보면 〈표 12〉와 같다.

둘째, 이와 결부하여 해당 제품이 생활필수품적인 성격을 띠어야 하는, 즉 바꾸어 말하면 수요의 가격탄력성이 작아야 한다는 조건이다. 이 조건은 수입국의 객관적인 경제여건의 변동으로 인하여 기업의 성쇠에 영향을 받지 않을 수 있기 때문이라는 소극적 의미를 넘어서 제품공급을 통하여 수입국의 수요구조에 영향력을 행사함으로써 이윤목적을 안전하게 달성시킬 수 있게 하는 적극적 의미를 내포하고 있다.

셋째로 열거해야 할 조건은 원자재의 조달에 독점권을 행사할 수 있거나 관련산업에 미치는 영향력이 커야 한다는 것이다. 이 조건은 얼핏 보아 부수적인 문제에 속하는 것 같으나 실은 수입국의 산업연관관계 즉 원료산업과 제품산업 또는 생산재산업과 소비재산업 사이의 상호연관성 문제에 있어서 중요한 의미를 함축하고 있다.

이상의 조건들은 대개 상호 복합적으로 충족되고 있다. 그 일례로

〈표 12〉 주요 외자사업의 제품별·사업체별 시장점유율(1966년)

제품별	시장점유율	사업체별	시장점유율
F . 나 일 론 계	23.9	한 국 나 일 론 주 식 회 사	23.9
비 스 코 스 인 견 사	100.0	홍 한 화 학 섬 유 공 업(주)	100.0
저 마 사	100.0	한 국 마 방 적 주 식 회 사	100.0
신 문 용 지	11.0	삼 풍 제 지 주 식 회 사	11.0
세 미 케 미 칼 펄 프	11.4	삼 양 펄 프 주 식 회 사	11.4
페스탈 Streptomycin	100.0	한 독 레 메 디 아 공 업(주)	100.0
P V C	66.0	대 한 프 라 스 틱 공 업(주)	46.4
시 멘 트	39.8	쌍 룡 양 회 공 업(주)	39.8
전 력 케 이 블 류	100.0	한 국 케 이 블 주 식 회 사	48.1
라 디 오	66.7	금 성 사	57.9
전 화 기	75.0	한 영 공 업 주 식 회 사	42.8
E M D 교 환 기	50.0	구 일 정 공 주 식 회 사	62.5
전 력 변 압 기	58.6		

주: 사업체별 시장점유율은 각 제품의 시장점유율을 평균한 것임.
자료: 한국생산성본부, 《외자도입 및 차관기업체 운영실태 조사보고서》, 1966.

전후 조인트벤처(Joint-Venture)의 전형적 산업인 석유산업을 들어 현재 대한석유공사와 미 걸프(Gulf)석유회사 간에 합작으로 운영되고 있는 울산정유의 현황을 살펴보자. 걸프사는 20,000천 달러의 차관과 약 5,000천 달러의 투자를 하고 있으며 유공은 1964년 4월에 정상조업에 들어가 1965년에는 연간 무려 21억 원(약 8백만 달러)의 순이익을 올렸다. 유공과 걸프 사이의 원유공급계약을 보면, 가동 후 15년간 또는 200백만 배럴의 원유를 소모할 때까지 걸프사는 원유공급독점권을 갖게 되어 있으며 그 밖에도 용선계약, 분배 및 판매계약, 일반석유제품 공급계약 등 수많은 계약을 체결함으로써 우리나라 석유산업에 대한 독점권을 공고히 하고 있다. 이렇게 볼 때 한국에서 대표적인 차관 및 합작투자기업체인 유공은 위에 열거한 세 가지 조건을 모두 지니고 있으며, 특히 대체관계에 있는 석탄산업이 1964년부터 채탄율의 둔화

를 겪고 있는 것도 셋째의 조건과 결부하여 중대한 의미를 띠고 있다
고 하겠다.

　이러한 사실에서 우리는 선진국으로부터 외자도입을 통한 후진국의
산업구조 개편은 양적으로는 2차산업 중심으로 또는 생산재공업 중심
으로 괄목할 만한 개선을 가져올 수도 있으나 질적인 의미에서 산업
구조의 개편 내지 발전을 외자도입만을 통하여 기대한다는 것은 그릇
된 논리이며, 여기에 따르는 명백한 제약성을 인정하지 않을 수 없는
것이다.

(4) 해방 후의 산업별 구성비 추이

　각 산업 간의 소득 및 취업노동력의 구성비 추이를 통하여 살펴본
다면 해방 후 한국의 산업구조는 많은 변화를 가져왔다.

　먼저 1953~65년간의 산업별 부가가치 구성비의 추이를 살펴보자.
휴전 당시인 1953년의 산업별 구성비는 1차산업 41.4퍼센트, 2차산업
12.1퍼센트 그리고 3차산업이 46.5퍼센트로서 3차산업이 수위를 점하
였다. 그 후 1960년에는 동 비율이 35.2퍼센트, 19.8퍼센트 및 45.0퍼
센트로서 1차산업은 6.2포인트가 줄고 2차산업은 7.7포인트가 늘어났
다. 다시 1965년에 와서는 1차산업과 3차산업이 32.3퍼센트와 42.1퍼
센트로 각각 줄어든 반면 2차산업은 25.6퍼센트로 대폭 상승하고 있
다. 이처럼 1953~65년 기간 중 한국의 산업별 구성의 변동은 2차산업
구성비의 증가를 통하여 양적인 개선을 가져왔다고 하겠다.

　다음으로 산업별 취업인구의 구성비 추이를 살펴보자. 1949년의 국
세조사의 결과에 따르면 취업인구의 산업별 구성은 1차산업 79.9퍼센
트, 2차산업 3.7퍼센트, 3차산업 16.4퍼센트였다. 약 10년 후인 1960년
의 동 조사에 따르면 그 구성은 각각 65.7퍼센트, 9.5퍼센트 및 24.0퍼

〈표 13〉 산업별 부가가치 구성비의 추이(1960년 불변가격)

(단위: %)

연 도	1차산업	2차산업	3차산업	국민총생산	연 도	1차산업	2차산업	3차산업	국민총생산
1953	41.4	12.1	46.5	100.0	1960	35.2	19.8	45.0	100.0
1954	42.0	13.4	44.6	100.0	1961	37.4	19.8	42.8	100.0
1955	40.5	14.8	44.7	100.0	1962	33.4	22.4	44.2	100.0
1956	37.4	16.2	46.4	100.0	1963	32.5	23.8	43.7	100.0
1957	37.9	17.3	44.8	100.0	1964	35.1	23.1	41.8	100.0
1958	38.5	17.6	43.9	100.0	1965	32.3	25.6	42.1	100.0
1959	36.4	18.7	44.9	100.0					

주: 1차산업에는 농업·임업·어업, 2차산업에는 광업·채석업·제조업·건설업·전기가스업,
   3차산업에는 기타 산업이 포함됨.
자료: 한국은행, 《경제통계연보》, 1966년판.

〈표 14〉 산업별 취업인구의 구성비 추이

(단위: %)

산 업	1946	1960	1962	1963	1964	1965	1966
제1차산업	79.9	65.7	50.9	48.5	44.4	43.5	44.6
제2차산업	3.7	9.5	15.1	17.6	18.1	19.6	18.4
제3차산업	16.4	24.0	34.0	33.9	37.5	36.9	37.0
계	100.0	100.0	100.0	100.0	100.0	100.0	100.0

주: 1949년 및 1960년 수치는 제1, 2회 국세조사 결과치이며 그 외는 표본 조사치임.
자료: 경제기획원 조사통계국.

센트로 변동되었다. 그 후 1966년 말 현재에 이르기까지 1차산업은 계속 하락하여 44.6퍼센트를, 2차산업은 계속 상승하여 18.4퍼센트를, 그리고 3차산업은 37.0퍼센트를 각각 차지하고 있다(〈제14표〉 참조).

〈표 13〉와 〈표 14〉를 대비하여 산업별 부가가치 구성비 추이와 취업노동력 구성비 추이와의 관계를 고찰해 보면 1차산업은 부가가치 구성비의 하락 비율보다 취업노동력 구성비가 더욱 크게 하락하였으며 2차산업은 전자보다 후자가 더욱 큰 비율로 상승하였다. 그리고 3차산업은 부가가치 구성비가 줄어든 반면 취업노동력 구성비는 오히

〈표 15〉 제조업 부문별 부가가치 구성비 추이

(단위: %)

산 업		1958	1960	1961	1962	1963	1964	1965
중화학공업	화 학 공 업	7.4	8.6	12.6	14.4	13.9	15.6	15.0
	금 속 공 업	6.6	5.8	6.7	6.3	6.8	5.3	7.4
	기 계 공 업	7.5	7.4	6.4	8.3	9.2	8.7	9.1
	소 계	21.5	21.8	25.7	29.0	29.9	29.6	31.5
경공업	식품·음료품	20.2	18.9	22.1	21.6	20.9	20.9	16.9
	방 직 공 업	27.4	23.6	21.5	19.4	20.1	18.8	17.5
	유 리 · 토 석	8.5	9.1	7.7	8.6	7.0	8.3	6.7
	기 타 공 업	22.4	26.6	23.0	21.4	22.1	22.4	27.4
	소 계	78.5	78.2	74.3	71.0	70.1	70.4	68.5
합 계		100.0	100.0	100.0	100.0	100.0	100.0	100.0

주: 화학공업은 석탄 및 석유제품업을 포함함.
자료: 산업은행, 《공업센서스보고서》 및 《표본조사보고서》.

려 늘어났음을 찾아볼 수 있다.

한편 광공업센서스 결과에 의거하여 1958년 이후의 공업별 구성비 추이를 살펴보자. 먼저 한국표준산업분류상의 화학공업, 석탄 및 석유제품공업, 제1차금속, 금속제품, 수송용기기, 전기기기 그리고 일반기계 등 7개 공업을 중화학공업으로 포괄하고, 여타 공업을 경공업으로 하여 중·경공업 간의 구성비 추이를 살펴보면 〈표 15, 16〉과 같다. 즉 동 표에서 보듯이 중화학공업부문은 1958~65년 기간 중 부가가치 구성비는 21.5퍼센트에 31.5퍼센트로, 취업노동력 구성비는 19.9퍼센트에서 26.9퍼센트로 각각 늘어나고 있다. 이와 같은 중화학공업부문의 구성비 증대를 유도한 업종은 금속, 기계공업보다도 석유 및 석탄제품공업을 포함하는 화학공업이었다. 한편 경공업부문의 구성비가 하락한 것은 주로 방직공업에 의하여 유도되었다.

끝으로 1960년 이후의 제1, 2차산품의 수출구성비 추이를 살펴보면 〈표 17〉과 같다. 제1차산품의 구성비는 1960년의 85퍼센트에서 1966

〈표 16〉 제조업 부문별 취업 구성비 추이

(단위: %)

산 업			1958	1960	1963	1965
중화학공업	화 학 공 업		6.6	8.1	10.3	8.8
	금 속 공 업		6.0	6.5	7.2	7.3
	기 계 공 업		7.3	8.6	11.5	10.8
	소	계	19.9	23.2	29.0	26.9
경공업	식 품 · 음 료 품		15.5	16.4	13.2	14.1
	방 직 공 업		33.3	29.6	27.8	27.2
	유 리 · 토 석		7.3	6.0	6.0	6.8
	기 타 공 업		24.0	24.8	24.0	25.0
	소	계	80.1	76.8	71.0	73.1
합		계	100.0	100.0	100.0	100.0

〈표 17〉 제1, 2차산품별 수출 구성비 추이

(단위: %)

연 도	제1차산품	제2차산품	계
1960	85.0	15.0	100.0
1961	83.0	17.0	100.0
1962	78.8	21.2	100.0
1963	55.3	44.7	100.0
1964	52.0	48.0	100.0
1965	40.1	59.9	100.0
1966	42.6	57.4	100.0

자료: 한국은행.

년의 42.6퍼센트로 크게 하락하고 있는 반면에 제2차산품의 구성비는 급증하고 있음을 보여준다. 그러나 제2차산품의 증가는 1962년 이후 정부의 수출진흥정책에 따른 합판, 아연도철판, 면직물, 인견직물 등 가공수출분의 괄목할 증대에 주로 기인하고 있기 때문에 동 수출구성비의 증대가 바로 한국에서 2차산업의 질적 발전을 의미한다고는 볼 수 없을 것이다.

3. 한국 산업구조의 특징

마츠바라 후지요시(松原藤由) 교수는 1950년대 후반기 일본 산업구조의 특수성을 다음과 같이 지적하였다. 즉 ① 농업의 비근대적인 영세경영의 다수 존재 ② 국가자본과 재벌의 독점적 대경영 ③ 중소기업 존재의 양적 우위 ④ 경공업의 지배적 지위 ⑤ 공업의 군사형적인 발전과 중화학공업의 후진성 ⑥ 고도의 무역의존성 ⑦ 외국자본에의 종속성 등이 그것이다.[4]

이상과 같은 마츠바라 교수의 일본 산업구조에 대한 소설(所說)은 비록 그 정도의 차이는 있겠으나 오늘날 한국의 산업구조상의 특징을 이해하는 데서도 적지 않은 암시를 준다. 한국의 경우에는 일본에 비하여 제1차산업(특히 농업)이 여타 산업에 견주어 더욱 정체되어 국민경제의 이중구조적 성격이 더욱 강하게 나타나고 있으며 또한 제2차산업에서 중화학공업부문의 상대적 취약성과 중소규모 기업의 양적 우위성 그리고 고도의 무역의존성과 외국자본에의 종속성 등은 한국의 경우가 더욱 강하다. 이와 달리 국가자본과 재벌의 독점적 대경영체제나 공업의 군사형적인 발전양상 등의 측면에서는 일본이 더욱 강하다고 하겠다.

그리고 오늘날 후진경제는 클라크의 소론(所論)[5]에 의한 제3차산업의 발달과는 다른 제3차산업부문의 기형적인 비대증을 나타내고 있는 것이 하나의 두드러진 특징을 이루고 있다. 그러면 한국 산업구조의 특징을 각 산업별로 나누어 더욱 상세히 고찰해 보기로 한다.

---

4) 松原藤由, 《經濟政策の展開と産業構造》, p. 326.
5) C. Clark, *Conditions of Economic Progress*, 1951.

1) 제1차산업(농업중심)의 정체성

봉건적 경제질서 속에서 오랜 세월 동안 생산력 발전이 억압되어온 한국농업은 근대화과정에서도 일제의 식민정책과 외국의 잉여농산물 도입정책에 의하여 자체 내의 확대재생산을 가능케 할 자본축적을 이룩하지 못한 채 농업생산성이 매우 정체되어 왔다.

한국농업을 둘러싼 이러한 역사적 사정은 ① 생산력의 정체 ② 전기적(前期的)인 가족경영방식 ③ 경작지의 협소와 영세경영규모 ④ 미곡편중의 단일경작체제와 적자경영 ⑤ 비생산적인 잠재실업군의 대량 포함 ⑥ 농산물 가공업의 미발달 등 구조적 특성을 결과하였다.

이러한 현상들은 국민경제의 순환과정에서 볼 때 농업부문과 비농업부문 간의 유기적 연관성의 결여, 즉 비농업부문에 식량 및 원재료 공급과 비농업부문으로부터 농업용품 및 가계용품 구입에서 상호연관성의 결여 또는 불원활에서 오는 이중구조적 성격을 짙게 하고 있다.

먼저 해방 후 미곡을 비롯한 주요 곡물의 생산력 추이를 살펴보면 〈표 18〉에서 보는 바와 같다. 미곡의 단당 수확고는 1945년에 175kg이었던 것이 1965년에는 283kg으로 기간 중 약 62퍼센트의 생산력 증대를 가져왔으며 맥류는 동 기간 중 165퍼센트의 증대로 나타나고 있다. 그러나 1945년은 해방을 전후한 전쟁과 사회적 혼란기로서 생산량이 격감한 해였으므로 비교의 기준년도로 잡는 것이 타당치 못하다. 따라서 농업생산력이 어느 정도 회복된 1955년을 기준으로 하여 과거 10년 동안 곡물의 생산력 증가율을 산출해 보면 미곡이 39.4퍼센트 증(增), 맥곡이 34.2퍼센트 증을 실현한 데 불과하다. 그 외 두류, 서류 등 곡물의 생산력 증가율은 한층 더 미약하였다.

다음 연도별 농가호당 고정자본 구성비 추이를 통하여 농업경영방식의 변동을 살펴보자. 〈표 19〉에서 보는 바와 같이 농기구가 총고정

〈표 18〉 곡류 단당 수확량 추이

(단위: kg)

연 도	미 곡	맥 류	두 류	서 류	잡 곡
1945(A)	175	40	50	566	30
1950	192	86	49	621	33
1955	203	79	54	840	42
1960	203	100	47	703	39
1963	237	28	54	784	53
1965(B)	283	106	55	986	56
B/A(%)	161.7	265.0	110.0	174.2	186.7

자료: 농업협동조합중앙회, 《한국농정이십년사》.
　　　농업협동조합중앙회, 《농업연감》, 1966년판.

〈표 19〉 연도별 고정자본 구성비(호당 평균)

(단위: 원)

	1960		1961		1962		1963		1964		1965	
	금 액	%	금 액	%	금 액	%	금 액	%	금 액	%	금 액	%
건 물	7,523	44.6	8,530	42.5	9,211	47.7	13,425	57.6	12,132	56.1	11,863	48.4
대식물	1,620	9.6	2,060	10.3	853	4.4	630	2.7	992	4.6	1,116	4.6
대동물	6,230	36.9	7,680	38.2	7,536	38.8	6,908	29.6	6,940	32.1	9,802	40.0
농기구	1,500	8.9	1,820	9.0	1,804	9.1	2,336	10.1	1,551	7.2	1,725	7.0
계	(100.0)		(119.1)		(115.0)		(138.1)		(128.1)		(145.2)	
	16,873	100.0	20,090	100.0	19,404	100.0	23,299	100.0	21,615	100.0	24,506	100.0

주: ( ) 안 수치는 1960년을 기준으로 한 연도별 증가지수임.
자료: 위와 같음.

자본 중에서 차지하는 구성비는 1960년의 8.9퍼센트에서 1965년에 와
서는 오히려 7.0퍼센트로 낮아지고 있다. 이는 한국농업의 경영방식이
종래의 수(手)노동에 의한 초보적인 방식으로부터 전혀 진전이 없었다
는 것을 반증하고 있다.

이와 더불어 대표적인 공업원료작물이라고 할 수 있는 면화 생산량
은 1945년의 6만 5,526M/T으로부터 1949년에는 8만 3,453M/T으로

〈표 20〉 PL480호 잉여농산물 도입실적

(단위: 천 달러)

연 도	합 계	밀	보 리	수 수	옥수수	쌀	원 면	기 타
1956	32,955	7,504	12,419	–	–	–	8,184	4,848
1957	45,522	1,520	4,608	–	–	26,840	1,807	10,747
1958	47,896	29,941	14,104	2,226	672	–	448	505
1959	11,436	3,623	140	6	575	–	6,986	106
1960	19,913	18,576	–	–	574	–	763	–
1961	44,926	20,162	2,141	90	247	–	21,492	794
1962	67,308	26,167	6,071	470	1,702	–	31,291	1,607
1963	96,787	55,670	5,170	538	1,193	–	31,766	2,450
1964	60,985	24,726	3,261	1	1	–	30,541	2,450
1965	59,537	28,394	1,293	–	–	–	29,717	133
합계	487,265	216,283	49,212	3,331	4,964	26,840	162,995	23,640
	(100.0)	(44.4)	(10.1)	(0.6)	(1.0)	(5.5)	(33.5)	(4.9)

주:( ) 안은 구성비임.
자료: 한국은행, 《경제통계연보》, 1966년판.

증대하였다가 1965년에 와서는 겨우 1만 1,817M/T으로까지 감소하고 말았다. 따라서 오늘날에서는 원면의 국내수요를 거의 전량 외면(外棉)에 의존하고 있는 실정이다.

　이상과 같은 곡물류의 생산력 정체 또는 공업원료작물의 파멸의 원인 가운데 가장 중요한 것의 하나는 외국 잉여농산물 도입에서 찾지 않을 수 없을 것이다. 1956년 이후 미공법 480호에 의한 잉농물의 도입규모는 〈표 20〉에서 보는 바와 같다. 품종별 미잉농물의 도입실적은 1963년의 96,787천 달러를 으뜸으로 하여 1956~65년 기간 중 총 487,265천 달러에 달하고 있다. 그 중 소맥과 원면은 각각 216,283천 달러 및 162,995천 달러에 이르러 총도입액의 44.4퍼센트 및 33.5퍼센트를 차지하고 있다.

　다시 잉여농산물 도입에서 가장 큰 비중을 차지하는 소맥과 원면 두 품목의 1960년 이후의 실물도입실적을 보면 〈표 21, 22〉에서 보는

〈표 21〉 소맥 생산량과 도입량 대비표

(단위: M/T)

연 도	생산량 (A)	도입량(B)					A+B	B/ A+B (%)
		소 계	PL480	KFX	민간 구상무역	증여 기타		
1960	114,139	332,498	332,498	−	−	−	446,637	74.4
1961	123,684	329,579	329,579	−	−	−	453,263	72.7
1962	118,524	377,064	377,064	−	−	−	495,588	76.1
1963	54,091	788,757	732,952	41,805	−	14,000	842,848	93.6
1964	136,675	545,438	456,317	64,837	24,284	−	682,113	80.0
1965	132,477	440,954	435,950	−	−	5,004	573,431	76.9
합계	679,590	2,814,290	2,664,360	106,642	24,284	19,004	3,493,880	80.6

자료: 농림부, 《농림통계연보》, 1966년판.
　　　한국산업은행, 《한국의 산업(상)》, 1966년판.

〈표 22〉 원면 생산량과 도입량 대비

(단위: 표)

연 도	생산량(A)	수집량	도입량 (B)				B/A+B (%)
			소계	PL480	KFX	군납면	
1960	27,910	856	248,335	243,571	4,764	−	89.9
1961	40,476	2,619	223,627	204,910	1,509	17,208	84.7
1962	25,898	2,223	279,568	249,257	11,536	18,775	91.5
1963	17,506	423	301,351	256,596	25,265	19,490	94.5
1964	16,956	73	328,862	262,120	52,149	14,593	95.1
1965	17,683	59	279,588	216,586	45,841	17,161	94.1
합계	146,429	6,253	1,661,331	1,433,040	141,064	87,227	94.3

자료: 대한방직협회.

바와 같다. 소맥은 연평균 약 444천M/T에 달하여 국내 총공급량의 약 80퍼센트를 차지하여 왔는데 특히 여름 흉작이 심했던 1963년에는 무려 733천M/T을 도입하여 총공급량의 90퍼센트 이상을 점하였던 것이다. 그리고 원면 도입실적에서는 총도입량 중 PL480호에 의한 도입량이 약 86퍼센트에 이르러 전체 원면 공급량의 약 79퍼센트를 차지하였다. 또한 총도입원면에의 의존율은 연평균 94.3퍼센트에 이르러 현재 국내 면방공업에서 소요하는 원면은 완전히 외면에 의존하고 있음을 보여준다.

그러면 이와 같은 방대한 외국 잉농물의 도입이 한국농업에 어떠한 영향을 미쳤는가. 일부에서는 대한 미잉농물의 도입이 한국농업에 끼친 공과를 따지면서 다음과 같은 이유를 내세워 그 공로를 치하하고 있다.[6] 즉 "이는 해방 후 절대적으로 식량공급이 부족한 상황 속에서 식량수급의 조절과 곡가폭등을 방지함으로써 재정안정정책의 구현과 농업의 안정적인 성장에 기여하는 한편 제분, 제당, 면방공장 등 관련 가공공장의 건립을 촉진하여 제조업의 육성에도 크게 이바지하였다"고 주장하고 있다.

그러나 이러한 논의는 일면적인 설명에 불과하다. 즉 비록 단기적으로 볼 때 식량공급이 절대적으로 부족하여 수요를 따르지 못한 것이 사실이라고 할지라도, 어디까지나 그 건전한 해결은 생산증대를 통하여 수급균형을 도모하는 한편, 되도록 불요불급한 수요를 억제하는 방향에서 찾았어야 할 것이다. 그러나 잉여농산물의 계속적 도입정책은 이와는 달리 부족한 식량을 외국에 의존함으로써 국내의 증산을 통한 해결을 저해하여 왔다. 그뿐 아니라 때로는 정부가 더 많은 외원(外援)을 들여오기 위하여 국내수요 규모를 의식적으로 과대 책정하기까지 하였다. 사실상 미잉농물은 국내공급 부족량을 초과하여 도입되었으며 이는 농산물 가격형성에서 저곡가정책을 통한 저물가 수준의 유지라고 하는 경제논리를 가능케 하였고 다른 한편 필연적으로 농민의 생산의욕을 떨어뜨림으로써 농업생산성의 정체를 가져왔다. 나아가 이러한 정책의 지속은 농업의 비농업부문에 대한 불균형적인 성장을 불가피하게 한 근본적 원인이 아닐 수 없다. 그러므로 한국농업의 정

---

6) 德業協同組合中央會, 《韓國農業의 諸問題》의 〈美國의 剩餘農産物處理와 韓國農業〉.

체성이나 이중구조를 논의함에 있어서는 일제의 한국농업정책과 함께 외국 잉농물 도입으로부터 문제를 제기하지 않을 수 없다.

2) 제2차산업의 취약성

앞에서 지적한 제2차산업의 여러 특수성 가운데서도 여기서는 중소 규모 기업의 존재양태와 주요 2차산품의 원자재에 대한 수입의존도를 통한 2차산업의 대외의존성에만 국한하여 고찰해 보고자 한다.

먼저 광공업센서스 결과에 의하여 제조업의 규모별 내용을 살펴보면, 〈표 23〉에서 보는 바와 같이, 1963년 현재 소비재공업부문은 종업원 5~49인의 소규모 기업의 생산액이 전체의 31.1퍼센트, 50~199인의 중규모가 21.5퍼센트, 그리고 2백인 이상의 대규모가 47.4퍼센트를 차지하는 데 반하여 생산재공업부문은 소규모가 41.7퍼센트, 중규모가 25.9퍼센트, 대규모가 32.4 퍼센트를 차지하고 있다. 따라서 한국에서는 소비재공업보다 생산재공업이 기업규모가 훨씬 작다는 것을 알 수 있게 된다.

그런데 일반적인 경향은 선진경제일수록 규모의 경제성에 의하여

〈표 23〉 제조업의 규모별 생산액과 구성비(1963년, 종업원 수 기준)

(단위: 백만 원)

	합 계		소규모 (5인~49인)		중규모 (50인~199인)		대규모 (200인 이상)		(A) +(B) +(C)
	생산액	구성비	생산액	구성비 (A)	생산액	구성비 (B)	생산액	구성비 (C)	
전 제조업	166,857	100.0	58,273	34.9	39,377	23.6	69,207	41.5	100.0
소비재공업	107,721	64.5	33,499	31.1	23,415	21.5	50,807	47.4	100.0
생산재공업	56,189	33.7	23,430	41.7	14,551	25.9	18,208	32.4	100.0
기타공업	2,947	1.8	1,345	45.7	1,411	47.9	191	6.4	100.0

주: 생산재공업에는 화학, 석유 및 석탄제품, 유리 및 토석, 금속 및 기계공업이 포함됨.
자료: 한국산업은행, 《광공업센서스보고서》, 1963년판.

〈표 24〉 주요 제품 원자재 수입의존율

(단위: %)

	1963							1965						
	국 산			수 입			계	국 산			수 입			계
	주요재료	보조재료	소계	주요재료	보조재료	소계		주요재료	보조재료	소계	주요재료	보조재료	소계	
면 사	0.6	9.8	10.4	89.5	0.1	89.6	100.0	0.1	8.7	8.8	90.9	0.3	91.2	100.0
모 사	0.9	6.1	7.0	88.4	4.6	93.0	100.0	0.5	3.5	4.0	91.3	4.7	96.0	100.0
합 판	1.8	5.6	7.4	88.7	3.9	92.6	100.0	7.2	5.8	13.0	82.7	4.3	87.0	100.0
타 이 어	14.7	2.4	17.1	75.0	7.9	82.9	100.0	22.7	4.6	27.3	69.4	3.3	72.7	100.0
고 무 화 류	25.2	21.4	46.6	51.2	2.2	53.4	100.0	22.4	15.3	38.7	58.5	2.8	61.3	100.0
판 유 리	28.6	49.6	78.2	18.3	3.5	31.8	100.0	20.5	49.1	69.6	26.5	3.9	30.4	100.0
시 멘 트	21.6	63.1	84.3	5.8	9.5	15.3	100.0	30.3	43.3	73.7	7.4	18.9	26.3	100.0
아연도철판	-	3.9	3.9	77.5	18.6	96.1	100.0	-	1.7	1.7	71.3	27.0	98.3	100.0
전 동 기	63.8	11.8	75.6	24.2	0.2	24.4	100.0	66.3	8.2	74.5	24.9	0.6	22.5	100.0
선 박	34.0	11.7	45.7	54.3	-	54.3	100.0	35.9	8.0	43.9	56.1	-	56.1	100.0

자료: 한국은행, 《조사월보》, 1966년 12월호.

소비재공업보다 생산재공업이 기업규모가 크게 나타난다. 이러한 일반적 경향과는 달리 한국에서는 중소규모 기업이 소비재공업부문에서보다도 생산재공업부문에서 더욱 지배적이라는 사실은 하나의 중요한 특징이 아닐 수 없다. 이는 한국의 산업이 비정상적으로 성장하였다는 것, 바꾸어 말하면 소비재공업이 국내 생산재공업의 발달에 기초하여 성장한 것이 아니라 대부분의 소비재공업이 소요시설재를 외국의 생산재공업에 의존하고 있음을 나타내고 있다.

이러한 대외의존성은 기본적으로 전 산업의 기초가 되는 생산재공업부문의 구조적 취약성으로부터 설명되지만 이를 현상적으로 보면 시설재와 원자재의 높은 수입의존성에서 나타난다. 시설재에 있어서는 외자도입 방식에 의하여 기계시설은 말할 것 없이 설치 및 운영에 따르는 기술에 이르기까지 외국에 의존하고 있다. 한편 주요 원자재 수입의존율을 살펴보면 〈표 24〉에서 보듯이 판유리·시멘트 등 국내산 주원료를 갖고 있는 몇 개 업종을 제외하고는 대부분 높은 수입의존율을 나타내고 있다. 물론 여기에는 천연자원의 부존문제가 대두되고 그 대외의존성이 시설재의 의존성에서처럼 바로 외국자본에 대한 종속성으로 나타나지는 않지만 산업구조의 취약성을 규정하는 하나의 주요한 지표로 될 수는 있을 것이다.

3) 제3차산업의 비대성

오늘날 후진국 대개가 그러하듯이 한국 또한 1, 2차산업의 비중에 비하여 3차산업의 구성비가 비정상적으로 높다고 하는 것은 두말이 필요 없다. 기술한 바와 같이 1965년 현재 3차산업의 구성비는 부가가치 기준으로 42.1퍼센트, 취업노동력 기준으로 36.9퍼센트라는 압도적 비중을 나타내고 있다. 이러한 3차산업의 부문별 구성내용을 살펴보면 〈표 25〉와 같다. 1965년 현재 우리나라 3차산업의 구성은 부가가치를 기준으로 하여 도·소매업이 전체의 31.2퍼센트로 수위를 차지하고 있으며 다음 서비스업(23.4%), 공공행정 및 국방(13.9%), 주택소유(13.1%), 운수·보관업(12.3%)의 순으로 되어 있다.

또한 1953~65년간의 구성비 추이를 보면 동 기간 중 통신업이 0.6퍼센트에서 2.7퍼센트로, 운수·보관업이 4.6퍼센트에서 12.3퍼센트로, 도·소매업이 22.5퍼센트에서 31.2퍼센트로 각각 신장된 반면 주택소유가 18.0퍼센트에서 13.1퍼센트로, 공공행정 및 국방이 29.7퍼센트에서 13.9퍼센트로 각각 감소되었다.

경제가 성장함에 따라 통신업이나 운수보관업의 구성비가 증대한다는 것은 정당하고도 긍정적인 귀결이라고 할 것이다. 그러나 아직 한

⟨표 25⟩ 제3차산업 부문별 구성비 추이(부가가치 기준)

(단위: %)

	1953	1955	1957	1959	1961	1963	1965
수 도 · 위 생 업	0.2	0.2	0.2	0.2	0.3	0.3	0.3
통 신 업	0.6	0.8	0.9	1.3	1.7	2.4	2.7
운 수 · 보 관 업	4.6	6.1	7.3	8.4	9.0	10.1	12.3
도 매 · 소 매 업	22.5	25.3	27.1	29.2	31.0	32.0	31.2
금융·보험·부동산업	2.8	2.4	2.5	3.1	3.2	3.4	3.1
주 택 소 유	18.0	17.3	16.7	15.2	15.5	14.0	13.1
공 공 행 정 · 국 방	29.7	25.0	20.4	16.8	16.0	14.9	13.9
서 비 스 업	21.6	22.9	24.9	25.8	23.3	22.9	23.4
합 계	100.0	100.0	100.0	100.0	100.0	100.0	100.0

주: 1960년 불변가격기준임.
자료: 한국은행,《경제통계연보》, 1966년판.

국의 3차산업이 도·소매업, 서비스업 및 주택소유 등을 중심으로 구성
되어 있다는 것은 건전한 3차산업의 구성내용이라고 보기는 어렵다.

그러면 이와 같은 재화의 유통부문과 용역부문의 구성비가 높은 원
인은 어디에 있는가. 혹자는 자본주의적 후진경제가 높은 3차산업부문
을 가지고 있는 원인을 잠재실업 상태 속에서 별다른 자본장비 없이
취업이 쉬운 한편 최저한의 생계유지가 가능하기 때문이라고 한다. 물
론 이는 타당한 논리이기는 하지만 피상적인 관찰에 불과하다.

그 근본적인 원인은 1, 2차산업의 구조적 특수성, 즉 그 취약성과
함께 대외경제관계, 즉 원격지상업 문제로부터 구명되어야 할 것이다.
따라서 한국에서 3차산업의 비대성은 2차산업을 중심으로 한 높은 대
외의존성과 외국자본에 종속성이란 산업구조의 특수성 속에 그 뿌리
를 박고 있다 할 것이다. 이러한 관점에서 본다면 후진국의 3차산업의
비대성은 오히려 국내 생산구조와 소비구조의 괴리를 심화시켜 산업
구조의 건전한 개편을 저해하고, 다른 편으로는 외국상품의 소비시장

화를 통한 대외의존성을 더욱 가중시키는 구조적인 원인으로까지 되고 있다.

4. 산업구조의 개편 방향

1) 산업구조의 책정방법과 그 한계

일반적으로 경제개발계획의 핵심은, 분배문제를 일단 제외한다면, 자원의 조달과 조달된 자원의 배분문제라고 할 수 있다. 그런데 후자 즉 자원의 배분은 투자문제를 의미하는바, 한정된 자원을 어떻게 투자할 것인가 하는 것은 결국 투자의 순위책정문제로 귀결될 것이다. 이 투자순위 책정은 산업 간의 관계에서 본다면 산업별 또는 공업별 육성순위의 책정문제가 된다. 이를 바꾸어 말하면 산업구조 책정문제는 자원의 배분문제로 규정된다.

오늘날 투자순위의 책정방법은 산업연관이론이 도입된 이래 여러 사람으로부터 많은 방식이 발표되었지만 아직 합리적인 일반론은 정립되지 못하고 있다. 투자순위의 책정에 공통의 일반론이 정립되지 못하고 있는 것은 각국의 경제적 여건과 자원개발 수준의 상이함에 기인하는 것이기도 하다.

파레토(V. Pareto)의 최적기준[7]이 발표된 이후 지금까지 수많은 학자들에 의하여 갖가지 투자기준이 제시되어 왔다. 먼저 일반기준으로서 체너리(H. B. Chenery)[8]의 사회적 한계생산력기준과 선형계획기준이 있으며, 개별적 기준으로서는 자본계수기준을 비롯하여 자본집약

7) P. A. Samuelson, *Foundations of Economic Analysis*, 1947.
8) H. B. Chenery, "The Application of Investment Criteria," *Quarterly Journal of Economics*, Feb. 1953.

도기준, 국제수지기준, 비교생산비기준, 균형성장기준, 불균형성장기준
등 대단히 많다.[9]

이 중에서 체너리는 정부개입에 의하여 각종 용도에 대한 사회적
한계생산력(Social Marginal Productivity, SMP)을 균등화할 것을 시인하고
그 균등점을 모색한다. 그에게 SMP는 '자본회전율, 사회적비용률(사회
적 가치와 비용과의 차액) 및 무역차이득'이라고 하는 세 가지 함수관계
로 나타나게 된다. 따라서 체너리의 투자기준 설정은 부문별 기준상에
있어 자본기준이나 국제수지기준의 종합적인 관계로 이해된다.

이러한 체너리의 SMP 기준 외에 개별적인 투자기준으로서 가용자
본의 한정성이 인정되는 후진국에서는 자본계수나 자본집약도가 낮은
산업이 우선되어야 한다는 기준은 모두 주어진 물적자원의 효율을 극
대화하는 방향에서 규정되고 있다.

그리고 국제수지기준이나 비교생산비기준 등은 대외무역관계에서
얻는 이득을 기준으로 하고 있으며, 허시먼(A. O. Hirschman)에 의하여
제기된 불균형성장기준은 특정 산업에의 투자가 타 산업에 미치는 파
급효과(전후방)를 기준으로 하고 있다.

이들 몇 가지 투자기준 선정에 관한 이론이 동일하게 기초하고 있
는 점은 가격기구를 매개로 하는 경제체제 아래서 인적자원에 비하여
물적자원이 부족하다는 경제여건을 전제로 하고 한정된 자본의 효율

---

9) H. B. Chenery, "Development Policies and Programmes," *Economic Bulletin for Latin America*, 1958.

J. J. Polak, "Balance of Payments Problems of Countries Reconstructing with the Help of Foreign Loans," *Quarterly Journal of Economics*, Feb. 1948.

R. Nurkse, "Problems of Capital Formation in Underdeveloped Countries," 1953.

T. Scitovsky, "Two Concepts of External Economics," *Journal of Political Economy*, Apr. 1954.

A. O. Hirschman, "The Strategy of Economic Development," 1958.

적 사용을 그 궁극 목표로 하고 있다는 사실이다.

이러한 체제와 가정이 오늘날 후진국의 경제개발에서 타당성이 있는가. 일반적으로 후진경제의 가격체계에서는 여러 경제부문들의 어려움으로 말미암아 가격의 파라미터적 기능이 부분적으로밖에 이루어지지 못하고 있다. 더욱이 자본주의의 독점화에 따른 가격경직성으로 인하여 가격기구에 의한 합리적인 자원배분기능이 부정됨에 따라 인위적인 자원배분의 필요성이 제기된 사실을 고려한다면, 그러한 가격체계 위에서 나타나는 양적효과를 기준으로 투자순위를 책정한다는 것은 엄연한 논리의 상충이 아닐 수 없다.

그리고 넉시(R. Nurkse) 이후 후진국의 경제발전을 저해하는 가장 기본적 요인으로서 자본부족을 들고 부족한 자본의 효율적인 사용방도의 모색을 이론의 주축으로 삼고 있다. 그러나 근본적인 문제는 부족한 자본이 아니라 사회적 생산관계일 것이다. 또한 근래 경제성장에서 일반적으로 축적자본보다는 기술의 발달 및 개선이 더욱 중요한 비중을 점하는 것으로 알려지고 있다. 즉 일본에서의 연구조사[10]에 따르면 생산성 향상에서 기술혁신의 기여도는 전 산업에서 60퍼센트, 기계공업에서 70퍼센트라는 높은 비중을 보였다.

자본이란 사회적 잉여가치의 축적분을 의미할진데 아무리 자본의 유기적 구성도가 낮아 잉여노동부문이 적다고 할지라도 자본부족이 경제발전을 규제할 결정적인 요인으로는 될 수 없는 것이다. 오히려 경제발전을 제약하는 주요인은 축적된 자본이 왜곡된 경제논리에 의하여 비생산적으로 낭비·오용되는 데에 있다고 보는 것이 타당할 것이다.

---

10) 韓國經濟人協會, 《民間經協의 方向과 展望》, 1966, p. 98.

그러므로 자본부족 현상을 타개하기 위한 가설 위에 정립된 투자기준의 설정은 그 한계성을 인정하지 않을 수 없다.

2) 한국 산업구조 개편방향의 음미

한국에서도 해방 후 만성적인 국제수지의 역조와 대외의존경제체제의 시정 그리고 파행적인 산업구조의 개편을 위하여 1962년부터 제1차 경제개발 5개년계획이 편성·집행되었고 또한 1967년부터 제2차 5개년계획이 수행되고 있음은 주지하는 사실이다.

이 글에서는 동 1, 2차 계획의 편성지침이나 집행경과 그리고 실적의 공과에 대한 전반적인 평가를 논의할 계제는 아니나 다만 산업구조 개편문제와 관련한 범위 안에서 중공업화 방향과 수출우선주의 방향에 대한 촌평을 할까 한다.

먼저 제2차 경제개발 5개년계획은 기본목표를 산업구조를 근대화하고 자립경제의 확립을 더욱 촉진시키는 데 두고, 목표년도인 1971년에 가서는 광공업의 산업상 점하는 비중을 1965년의 21.7퍼센트에서 26.8퍼센트로까지 끌어올릴 것을 계획하고 있다. 그리고 우선적으로 개발할 전략산업부문을 철강 및 기계공업과 석유화학공업에 두고 중화학공업과 경공업과의 비율도 1965년의 27.8퍼센트 대 72.2퍼센트부터 1971년에는 33.6퍼센트 대 66.4퍼센트까지 개선하는 것으로 편성되어 있다.

한편 대외거래관계를 보면 상품수입이 1965년의 462.0백만 달러로부터 1971년에는 893.5백만 달러로 기간 중 93.4퍼센트가 증가하는 데 비하여 상품수출은 1965년의 175.1백만 달러에서 1971년에는 550.0백만 달러로 증가하여 기간 중 214.1퍼센트나 급증하는 것으로 계획되어 있다. 뿐만 아니라 수출입구조에서도 수입은 정부보유 달러에 의한 수

입구성비가 크게 증가하는 데 반하여 수출은 광산물 비중이 줄고 공
산물 비중이 크게 늘어나는 것으로 책정되어 있다.

이상과 같이 우리나라 경제개발계획의 특징은 산업구조 내지 공업
구조의 고도화와 수출우선주의를 통한 수출입구조의 개선이라고 하는
두 가지 면에서 찾아볼 수 있다.

그런데 이 공업구조 고도화방향과 수출입구조의 고도화방향은 상호
보완되는 점이 있기도 하지만 상호배반적인 성격도 동시에 함유하고
있다. 그러므로 이 두 정책목표를 동시적으로 추구하기 위해서는 상당
히 고차적인 정책수단이 요청되는 것이다.

이를 좀더 구체적으로 살펴보기로 하자. 원래 공업구조의 고도화는
우회적 생산도(生産度) 또는 자본의 유기적 구성도의 관점에서 경공업
부문과 중화학공업부문의 비율에 의하여 측정될 수도 있고(Industry
Output Approach), 한편 재화의 경제적 사용목적에 따라 소비재공업과
투자재공업 사이의 비율관계에 의하여 측정될 수도 있다(Economic Use
Approach). 물론 후자를 기준으로 공업구조를 분석하는 것이 문제에 더
욱 접근하는 길일 것이다. 그러나 실제에서는 분석상의 기술적 제약성
으로 말미암아 대부분 경제용도별 접근방법을 취하지 못하고 업종별
접근방법에 의거하지 않을 수 없다. 그 예로 호프만의 공업화단계설도

〈표 26〉 제2차 경제개발 5개년계획에 책정된 경제성장률과 산업구조

	성장률(%)		부가가치 (10억 원)		구성비(%)	
	1962~65	1967~71	1965	1971	1965	1971
농림·수산업 서비스업	4.8	5.0	296.44	397.26	38.0	34.0
광공업	15.3	10.7	168.94	314.16	21.7	26.8
사회간접자본·기타서비스업	7.1	6.6	314.02	458.25	40.3	39.2
전 산업	7.6	7.0	779.40	1,169.67	100.0	100.0

자료: 대한민국정부, 《제2차 경제개발 5개년계획》.

이론상으로는 후자에 속하고 있으나 실증적 분석에서는 전자를 채택하였기 때문에 결국 경공업과 중화학공업과의 비율로 돌아가고 만다.

따라서 공업구조의 고도화는 중화학공업부문의 중점적 육성을 의미하게 되는데 이러한 중화학공업부문은 한마디로 자본의 유기적 구성도 또는 자본장비도가 높은 업종이다. 그러므로 이러한 업종의 육성에는 필연적으로 외자소요액이 더 클 것이다.

한편 수출지향적인 산업구조 내지 공업구조의 개편은 이와 같은 중공업화에 따르는 소요외자를 조달할 수 있는 기초가 된다는 면에서 두 정책목표가 상호조화적인 관계를 형성한다고 볼 수 있을 것이다. 물론 현 한국의 실정과 같이 수출실적과 원자재의 수입실적이 상호병행하는 구조하에서나 또는 수출과 인기품목의 수입이 연계되어 있다면 이상의 상호조화적인 관계는 일의적으로 긍정적인 것만은 못 된다.

다음 후진경제의 수출구조상의 비교우위성은 무엇보다도 저렴한 노동력에 바탕을 둔 경공업부문에 놓이지 않을 수 없다. 따라서 이는 중공업화의 방향과는 완전히 이율배반적 성격을 띠고 있다. 즉 중공업화의 방향은 자본집약적인 업종의 우선적 개발에 놓이는 데 반하여 수출지향주의는 노동집약적인 업종의 개발에 그 우위성이 놓이기 때문이다. 그러므로 중공업화 개발방향과 수출지향적인 개발방향은 서로 배반되는 한계성에 봉착하게 되는데 수출지향의 목적을 어디까지나 국내 산업개발에 둔다면 수출지향적 정책목표는 중공업화라는 정책목표의 수단적인 성격을 띠지 않을 수 없다.

따라서 수출지향적 방향이 현재와 같은 원자재수입을 통한 가공수출적인 성격에서 벗어나 중공업화에 필요한 시설재 및 원자재의 수입대체적인 입장에서 추구되지 않는다면, 이는 산업구조 개편을 위해서는 어떠한 정책적인 의의도 발견할 수 없을 것이다.

3) 한국 산업구조 개편의 방향

산업구조를 어떠한 방향으로 개편할 것인가는 결국 주관적인 가치판단 문제에 속한다.

경제계획의 내용이 산업구조의 개편을 의미한다면 계획수립의 목적 자체는 위정자의 가치판단에 의하여 이루어지기 때문이다. 그러므로 정책목적에 따라 개개의 계획기준은 상이하게 될 것이므로 공통적으로 적용할 기준의 설정은 있을 수 없다.

그러면 앞절에서 살펴본 바와 같이 구조적 특질을 갖고 있는 한국의 산업구조는 어떠한 방향으로 개편되어야 할 것인가. 결코 간단한 문제는 아니지만 이 글에서는 다음과 같은 목적의식 아래서 평가되어야 할 것을 지적하면서 결론에 대신하고자 한다.

첫째, 자립경제의 달성, 곧 경제적 자주성의 확립이다.

일반적으로 경제자립이라고 하면 국제수지의 균형이나 재정수지의 균형을 기준으로 하여 논의되고 있다. 또한 완전고용의 달성을 그 충분조건으로 내세우기도 한다. 그러나 이러한 논의는 구조적인 질적 측면을 무시한 도식적인 이론에 지나지 않는다. 왜냐하면 비록 국제수지가 양적으로 균형되었다고 하더라도 만일 시설재나 원자재의 대외의존도가 높아 수출국의 수출제한조치 여하에 따라 국내 생산활동 및 수출실적에 지대한 영향이 초래된다고 하면 이는 진정한 의미의 자립경제로 볼 수 없을 것이기 때문이다. 다음 재정수지 문제에서도 소요 산업투자에 대한 지출을 외국자본에 의존한 채 축소균형적으로 재정수지가 균형되었다고 하더라도 이 또한 참된 의미의 재정수지균형 또는 자립경제라고 볼 수는 없을 것이다.

바꾸어 말하면, 앞에서 살펴본 우리나라 산업구조상의 여러 특징들 가운데서도 각 산업 또는 각 공업 간의 유기적 연관성이 결여되고 경제의 대외의존적인 성격이 강한 경제적 바탕 위에서 국제수지 또는 재정수지, 나아가 노동력수지가 형식적으로 균형되었다고 하여 그것이 바로 경제의 자립문제와 동일시될 수는 없는 것이다.

그렇다고 하여 국민경제의 자립이라는 의미가 대외거래 없이, 즉 봉쇄경제체제 내에서 국민의 생활자료를 완전히 충족시킬 수 있는 상태를 뜻하는 것은 아니다. 절대적인 의미의 단위경제 내의 분업체제의 확립을 뜻하는 것이 아니라 비교생산비이론에 입각한 국제분업원리를 인정한 연후의 소론임은 분명하다. 그러므로 자립경제체제의 달성은 단위경제 내에서 상대적인 분업체계의 확립이라고 규정할 수 있을 것이다. 단지 특정국으로부터의 수입재화 또는 기술의 단절(제한)이 기본적인 국민경제생활에 중대한 영향을 초래해서는 안 된다는 사실만을 강조해야 할 것이다.

둘째로 산업구조의 개편방향은 사회경제적인 이중구조의 해소라는 관점에서 이루어져야 할 것이다. 외국의 자본과 기술이 도입되어 있는 후진경제의 경우 자본주의적 발달과정에서 필수되는 선도산업부문과 낙후산업부문 또는 도입자본 및 기술과 연계된 산업부문과 그렇지 못한 산업부문 사이의 이중성의 심화는 후진경제의 발전을 저해하는 구조적 요인으로 되고 있다. 산업구조 개편의 궁극적 목적이 국민경제를 형성하고 있는 각 산업부문의 균형적 발전에 두어진다고 하면 산업 각 부문에 존재하는 이러한 이중구조적 성격을 해소치 못하는 한 그 열매를 거둘 수 없다는 것은 명백한 일이다.

그러나 이중구조적 성격을 해소한다는 산업구조의 개편방향이 넉시나 스키토프스키(T. Scitovsky)류의 균형성장이론과 동의적인 것은 아니다. 주지하는 바와 같이, 균형성장이론은 봉쇄체제하에서 공급 면에서나 수요 면으로부터의 어려움을 타개하고자 각 산업을 동시병행적으로 개발하자는 주장이다. 그러나 이중구조를 해소한다는 것은 안팎을 가리지 아니하고 선진산업부문이 후진산업부문을 수탈하는 부등가교 환관계를 불식함으로써 전체적인 국민경제 발전의 저해요인을 제거하 자는 뜻이다.

《경제논집》(서울대, 1967. 12)

공업구조의 현실과 개선방향

한국경제는 1960년대에 들어서서 연평균 7.8퍼센트라는 비교적 높은 성장을 이룩하였으며, 특히 1966년과 1968년에는 각각 13.4퍼센트와 13.1퍼센트의 높은 성장률을 보였다. 이것은 전기 수도업, 건설업, 운수·보관 및 통신업 등의 사회간접자본부문의 높은 성장에 뒷받침된 제조업의 높은 성장에 주로 기인한다.

저개발국 개발이론에 따르면 한국과 같은 과잉인구형 저개발국에서는 제1차산업에 정체해 있는 방대한 잠재실업자군의 흡수를 공업화 즉 제조업의 신장을 통해서 해결함으로써 경제개발을 이룩하는 것이 하나의 정석으로 되어 있다. 한국의 제1차 및 제2차 5개년계획은 바로 이 정석을 따르고 있다.

사실 제조업은 산업은행의 최근 자료에 따르면 1967년 현재로 1960년에 비하여 부가가치에서는 3.7배, 사업 건수에서는 1.6배, 종업원 수에서는 2.3배나 성장했으며, 특히 중화학공업의 성장이 현저하다. 1967년 현재로 부가가치에서 석유 및 석탄제품 공업은 18.3배, 화학공업은 7.6배, 제1차 금속공업은 6.9배, 전기기기 공업은 6.2배, 수송용기기 공업은 5.0배, 일반기계 공업은 4.5배나 성장하여 전 제조업의 3.3

〈표 1〉 중화학공업화의 추이

구분＼연도	1960	1967
전　　　제　　　조　　　업	100.0	100.0
경　　　　공　　　　업	84.6	72.6
중　　화　　학　　공　　업	15.4	27.4
화학(기본화학약품 및 비료)	0.6	2.1
정　　　　　　유	0.0	7.0
시　　　멘　　　트	3.5	2.9
제　1　차　금　속	2.1	4.0
금　속　제　품	2.8	2.3
기　계　(　일　반　)	2.6	2.8
전　　기　　기　　기	1.1	2.3
수　송　용　기　기	2.7	4.0

자료: 한국산업은행, 《조사월보》, 1969, p. 38.

〈표 2〉 외자도입의 산업별 구성(1967년 말 현재)

(단위: 천 달러)

산　업	금　액	구성비
농　림　축　산　업	4,515	0.5
어　　　　업	63,734	6.7
광　　　　업	16,180	1.7
제　　　조　　　업	500,192	52.7(100.0)
식　　　품	4,334	(0.9)
섬　　　유	34,061	(6.8)
화　　　학	247,696	(49.5)
잠업(蠶業)	73,008	(14.6)
금　　　속	23,093	(4.6)
기　　　계	64,229	(12.8)
기　타　제　조　업	53,771	(10.8)
전　　　　력	145,660	15.3
사　회　간　접　자　본	162,394	17.1
기　　　　타	56,462	6.0
계	949,137	100.0

자료: 한국산업은행, 《우리나라 공업의 발전과 과제》, p. 35.

〈표 3〉 제조업의 고정자본형성에서 외자도입이 차지하는 비중

(단위: 10억 원)

	1962	1963	1964	1965	1966	1967
고정자본형성(A)	10.01	15.17	19.23	30.46	64.94	63.87
외자도입액(B)	1.22	2.54	4.05	6.60	35.72	31.01
B / A (%)	12.2	16.7	21.1	21.7	55.0	48.6

자료: 한국산업은행, 《우리나라 공업의 발전과 과제》, p. 36.

배를 크게 상회하고 있다.

그리하여 제조업에 관한 구성비도 1967년에는 1960년의 13.7퍼센트에서 23.4퍼센트로, 그리고 제조업 중에서 중화학공업이 차지하는 비중도 〈표 1〉에서 보는 바와 같이 15.4퍼센트에서 27.4퍼센트로 증가하였다.

이제 상술한 1960년대의 공업화 과정에서 나타난 몇 가지 사실을 들면 다음과 같다.

첫째로 우리나라의 공업화는 외자의존형이다.

위의 〈표 2〉에서 보는 바와 같이 1967년 말 현재로 확정된 외자도입액은 949,137천 달러인데, 산업별구성을 보면 제조업이 52.7퍼센트를 차지하고 있다. 그리고 이와 같이 큰 비중을 차지하고 있는 제조업의 고정자본형성 중에서 외자도입이 차지하는 비중은 〈표 3〉에서 보는 바와 같이 1967년에 48.6퍼센트나 되며, 또 제조업의 그것을 100으로 할 때 중화학공업이 차지하는 비중은 66.9퍼센트나 된다. 결국 도입외자는 특히 중화학공업에 집중 투자된 셈이다. 자금원천별·상품형태별 자료가 발표되어 있지 않는 관계로 딱 꼬집어서 말하기는 어렵지만 발표되어 있는 자금원천별·산업별 구성으로 미루어 보아 이 도입외자가 주로 시설재라는 것은 대체로 알 수 있다.

둘째로 수출확대와 수입상품의 국산화 즉 수입대체의 촉진이라는

슬로건에서 알 수 있는 바와 같이 공업화는 의식적인 국제수지 개선
지향형이다. 1963년에 국제수지가 극도로 악화되었던 일이 있은 것과
종래에 무역수지의 적자를 메워주던 미국의 경제원조가 감소하기 시
작한 것을 생각할 때 이것은 당연한 일이라고 할 수 있다.

잘 알려져 있는 바와 같이, 수출은 1차산품 위주에서 2차산품(공산
품) 위주로 완전히 전환되었다. 그리고 그 2차산품은 직물용사(絲), 직
물류 및 섬유제품, 목제품 및 코르크 제품, 기계류 및 운반용 기기가
주로 되어 있다. 한은 자료에 따르면 1968년에는 원료별 제품의 88퍼
센트는 섬유제품과 베니어합판이며, 잡제품의 42퍼센트는 의복류이고,
월남 수출로 해서 한때 1천만 달러를 상회하던 철 및 철강은 1967년
부터 격감하고 있다. 그리고 기계류 수출은 그 비중이 작으며 대부분
이 라디오를 중심으로 하는 전기기기이다.

또 잘 알려져 있는 바와 같이, 수입품은 기계류 및 운반용 기기, 비
식용원료, 원료별 제품이 주로 되어 있다. 한은 자료에 따르면 1968년
에는 기계류 및 운반용 기기수입의 38.7퍼센트가 산업용 기계이며, 약
23퍼센트가 선박이고, 비식용 원료수입의 33.4퍼센트가 원면과 합성섬
유를 중심으로 하는 직물섬유이며, 원료별 제품수입의 42.4퍼센트가
직물용사, 직물류 및 섬유제품이며, 28.6퍼센트가 철 및 철강이다.

그리고 또 〈표 4〉에서 보는 바와 같이 비경쟁수입액의 비중은 1966
년에는 1960년의 64.5퍼센트에서 39.9퍼센트로 크게 감소하고 있다.
비경쟁수입액은 국내생산이 안 되고 있는 상품의 수입액을 말하므로
일반적으로 비경쟁수입액의 비중 감소는 총체적인 수입대체의 크기를
표시해 준다고 할 수 있다. 그러므로 한국에서도 그간 상당한 정도의
수입대체가 이루어진 셈이다. 중요한 수입대체품으로서는 정유, 화학
비료, 시멘트, 화학섬유, 일부 중간화학제품, 내구소비재 등의 중화학

〈표 4〉 비경쟁수입액의 비중

(단위: 10억 원)

	1960	1963	1966
수 입 총 액 (A)	43.17	90.51	227.75
비 경 쟁 수 입 액 (B)	27.86	38.20	90.87
B / A (%)	64.5	42.2	39.9

자료: 한국은행, 《조사월보》, 1968.

〈표 5〉 기계공업의 중간수요 구성비

(단위: %)

	1960		1963		1966	
	중간수요	최종수요	중간수요	최종수요	중간수요	최종수요
일 반 기 계	–	–	40.4	59.6	13.1	86.9
전 기 기 계	44.8	55.2	44.2	55.8	36.6	63.4
수 송 용 기 계	–	–	42.9	57.1	22.5	77.5
기타의 제조업	35.2	64.8	47.4	52.6	37.5	62.6

자료: 한국은행, 《산업연관표》.

공업제품이 있다.

수출입 상품구조는 한 나라의 공업화의 정도를 반영하는 것으로 볼 수 있다. 상술한 바에 따르면 한국에서 무엇이 공업화 과정에서 확대 된 제조업부문인가는 명백해질 것이다. 의식적인 국제수지 개선지향 형의 공업화는 직물공업과 편물공업, 합판 및 베니어 공업, 비료공업, 정유공업, 시멘트공업, 제1차 철강공업, 기계류공업, 통신기기 및 유사 품공업, 자동차공업 등의 수출공업, 수입대체공업을 크게 발전시켰다. 앞에서 말한 중화학공업의 높은 성장은 바로 이와 같은 의식적인 국 제수지 개선지향형의 공업화의 소산으로 볼 수 있다.

그러나 이미 본 바와 같은 외자도입에서 중화학공업의 높은 비중에 도 아직 종합제철이라든가 석유화학 등의 기초생산부문이 미개발 상 태에 있고, 또 중간수요비의 격감을 나타내고 있는 〈표 5〉에서 짐작할 수 있는 바와 같이 기계공업은 중요 부분품 도입에 의한 소비재형 기기 중심으로 되어 있다. 따라서 의식적인 국제수지 개선지향형의 공업화는 소비재공업 중심, 중간생산부문의 미개발, 소비재형 내지 경기계형 기계공업의 발전, 중기계형 기계공업의 미개발을 초래하여 공업구조를 기형화했으며, 또 연쇄효과를 고려할 여지를 주지 않았다.

셋째로 공업화는 해외원료 의존형이다. 〈표 6〉에서 보는 바와 같이 국내 생산이 안 되고 있는 원당, 고무, 원모, 유연탄, 원유 등은 전량 수입되고 있으며 국내 생산이 되고 있는 소맥, 원면, 원목 등도 수입 비중이 각각 67.2퍼센트, 88.4퍼센트, 75퍼센트라는 높은 수준에 이르고 있다. 이와 같은 현상은 물론 자연자원의 결핍에 주로 기인한다. 그러나 〈표 7〉에서 알 수 있는 바와 같이 그것은 또 공업원료의 주공급원으로서 역할을 하는 종합제철이라든가 석유화학 등의 기초생산부문의 미개발에도 기인함을 잊어서는 안 된다.

〈표 6〉 주요 원료의 공급(1967년)

(단위: %)

	국내생산(A)	수입(B)	합계(C)	B/C(%)
원 면	11,861	90,764	102,625	88.4
소 맥	309,843	635,718	945,561	67.2
원 당	–	143,055	143,055	100.0
생 고 무	–	18,211	18,211	100.0
원 목(fm^3)	675	2,030	2,705	75.0
원 모	–	4,922	4,922	100.0
유 연 탄	–	56,811	56,811	100.0
원 유(bbl)	–	18,369	18,369	100.0

자료: 한국산업은행, 《우리나라 공업의 발전과 과제》, p. 44.

〈표 7〉 주요 원료의 수입

(단위: 천 달러)

	1962	1966	1967
소 맥	26,053	40,482	46,294
원 당	3,804	5,434	8,964
생 고 무	6,854	9,371	10,208
목 재	18,414	43,131	58,437
원 모	8,006	6,735	11,149
원 면	34,179	42,774	49,328
유 연 탄	2,214	1,813	2,118
원 유	539	30,288	38,046
연 지	2,737	4,651	5,327
화 학 중 간 제 품	32,004	45,627	69,098
고 철 및 반 제 품	2,737	20,030	26,134

자료: 한국산업은행, 《우리나라 공업의 발전과 과제》, p. 44.

〈표 8〉 수요의 성장률

(단위: %)

	1958~1961	1962~1967
민 간 소 비	2.9	6.8
정 부 소 비	1.3	5.1
국 내 총 고 정 자 본 형 성	1.7	29.4
수 출	25.5	28.7
수 입	-6.6	31.8
국 민 총 생 산 에 대 한 지 출	4.1	8.3

자료: 한국은행, 《한국의 국민소득계정》.

끝으로 공업화는 취약한 연관구조형이다. 〈표 8〉에서 보는 바와 같이 그간 고정자본형성 즉 설비투자의 큰 증가가 있었다. 그러나 앞에서 본 바와 같이 그 증가에서 외자도입이 큰 비중을 차지하고 있는데 그 외자도입이 시설재 도입 위주였기 때문에 설비투자는 국내 시설재공업 즉 국내 중기계공업의 수요 조성에 별로 기여하지 못하였다. 다

〈표 9〉 중화학공업의 구조괴리계수

(단위: %)

	연 차	계 수
한 국	1962	0.51
	1964	0.66
	1966	0.57
	1967	0.25
미 국	1961	1.32
영 국	〃	1.28
서 독	〃	1.33
이 탈 리 아	〃	1.10
일 본	1965	1.00

자료: 한국산업은행, 《우리나라 공업의 발전과 과제》, p. 49.

시 말해, 그것과 유기적인 관련을 갖지 못하였다.

또 앞에서 말한 바와 같이 중화학공업은 의식적인 국제수지 개선지향형의 공업화의 소산이다. 그러나 아직 국내 공업의 중공업화는 수출구조의 변화에까지 그 효과를 미치지 못하고 있다. 아직 수출총액 중에서 중화학공업제품 수출액이 차지하는 비중은 작으며, 상공부 자료에 따르면 1967년에는 4.5퍼센트에 지나지 않는다.

〈표 9〉에서 보는 바와 같이 미국과 기타 선진국은 생산과 수출구조의 구조괴리계수가 1 이상으로 되어 있다. 이 계수는 중화학공업제품의 수출비중을 그것의 생산비중으로 나눈 수치를 말하며, 이것이 1 이상이면 일정한 공업화 수준에 도달한 것으로 간주한다. 그런데 한국의 경우에는 그것이 1에 훨씬 미달하며 1965년에는 0.25에 지나지 않는다. 이것은 한국의 중화학공업이 아직도 수입대체 단계에 머물러 있다는 것을 말해 준다.

체너리(H. B. Chenery)가 밝힌 바와 같이 중화학공업은 대체로 연쇄효과가 크다. 그렇다면 그간의 투자와 수출의 증대는 국내 공업에 별로 큰 연쇄효과를 못 미쳤다고 할 수 있다.

이상의 네 가지는 1960년대의 공업화를 특징짓는 지표인 동시에 공업화의 약점의 지표라고 할 수 있다. 따라서 이 네 가지 약점의 극복, 바꾸어 말하면 지나친 외자의존형으로부터의 탈피, 해외원료 의존형으로부터의 탈피, 무리한 국제수지 개선지향형의 지양, 연관구조의 강화 도모가 바로 공업구조의 측면에서 본 한국 경제체질의 개선방향이라고 할 수 있다.

그러기 위해서 우선 외자를 엄선하도록 하여야 할 것이며, 다음에 종합제철과 석유화학 등의 기초생산부문, 중기계형 기계공업 즉 중기계공업 같은 중화학공업의 육성을 서둘러야 할 것이다.

중화학공업의 육성은 구색을 갖춘 공업구조를 갖게 할 뿐 아니라 공업원료의 국내공급을 통해서 해외원료 의존도를 낮추게 하며, 생산과 수출구조의 연관도의 제고를 통해서 수출확대를 가능케 할 것이다. 알려져 있는 바와 같이 현재의 세계무역은 선진국 상호 간의 무역확대의 방향으로 나가고 있다. 선진국 상호 간의 교역품은 다름 아닌 중화학공업제품이다. 또 기계공업은 비교적 노동사용적인 공업이기 때문에 알차고, 구색을 갖춘 기계공업의 육성은 고용증대의 면에서 보아도 소망스러운 일이라고 할 수 있을 것 같다. 정부가 재정자금에 의해서 계속해서 적극적으로 기계공업제품에 대한 수요를 조성하는 한편, 기계화 운동 등을 적극적으로 전개함으로써 기계공업으로 하여금 시장의 확보를 가능케 하는 것도 기계공업 육성의 한 방법이 될 것이다.

《비지네스》(1969. 6)

농업정책의 기조와 반성

1. 농정의 기본문제

우리나라의 제1차 및 제2차 5개년계획은 양적으로 볼 때 총량규모, 그리고 광공업 부문과 사회간접자본 및 기타 서비스 부문에서는 계획목표를 초과 달성하여 고도성장을 기록하였으나 농업 부문에서는 계획목표를 달성하지 못하였다. 농업 부문과 비농업 부문 사이의 불균형성장은 경제의 이중구조를 심화시켜 이제는 농업문제의 해결 없이는 경제개발 그 자체가 크게 저해될 위험한 단계에까지 도달하였다. 이제 고도성장을 지속하기 위해서도 제3차 5개년계획기간에서는 농정에 대한 반성과 정책의 일대 전환이 필요하게 된 것이다.

농업 부문에서 실적이 계획목표에 크게 미달된 채 두 차례의 경제계획이 끝나게 된 것은 농업 부문의 기본문제가 어디에 있는가를 충분히 인식하지 못하였거나 아니면 그것을 알고서도 실제에서는 계획목표의 실현과는 '구조적으로 모순된' 농정이 전개되었기 때문이라고 이해된다.

국민경제의 지속적 고도성장을 유지하기 위해서는 그 필수적 전제조건으로 농업이 공업 부문에 대하여 (1) 식량 공급, (2) 원료 공급, (3) 노동력 공급, (4) 자본 공급, (5) 시장 공급(공산물에 대한 시장 형성) 등의 기능을 수행하도록 개발되어야 한다. 이 다섯 가지의 기능 중에서 종래 우리 농업이 비교적 원활하게 수행해온 역할은 노동력 공급뿐이었다. 이것은 이중구조의 존속으로 말미암아 두 차례의 계획기간 동안 노동력의 무제한 공급을 잠정적으로 가정할 수 있게 하여 루이스(A. Lewis)의 2부문 모델의 적용을 가능하게 하였다. 그 밖의 네 가지 역할은 어느 하나도 충분히 수행하지 못하였다. 이 네 가지 역할이 모두 중요하지만 현 단계에서 볼 때, 이 중에서도 특히 (1) 식량 공급과 (5) 시장 공급의 역할은 한국경제가 앞으로 고도성장을 지속하기 위하여서 가장 긴급하게 해결하지 않으면 안 될 과제임에도, 우리는 아직 전혀 이것을 해결하지 못한 상태에 있는 것이다. 물론 나머지 (2) 원료 공급과 (4) 자본 공급의 역할도 해결하여야 할 과제임은 말할 나위도 없으나 여기서는 논의의 초점을 모으기 위하여 잠깐 접어두기로 한다.

한국농업이 지금 당면하고 있는 첫째의 과제는 식량증산을 통하여 식량의 자급화를 실현하는 것이다.

정부는 제1차 5개년계획 때부터 식량 자급화를 계획의 기본목표의 하나로 설정하였고, 이것이 실패하자 제2차 5개년계획에서도 다시 이것을 계획의 제1목표로 설정하여 1971년에는 기필코 식량 자급화를 달성하려고 다짐하였다. 그러나 실적은 〈표 1〉에서 볼 수 있는 바와 같이 상승되지 않고 제1차 5개년계획이 끝나는 1966년에는 56만 7천 M/T의 외곡을 도입하여서 6,113만 5천 달러를 지출하였으며, 식량 자급률은 87.0퍼센트에 불과하였다. 제2차 5개년계획이 끝나는 1971년에서도 식량은 계속 부족하여 313만 1천M/T의 외곡을 도입하고, 식량

<표 1> 양곡 도입과 식량 자급률

(단위 도입량: 천M/T, 도입가액: 천 달러, 자급률: %)

연 도	도입량	도입가액	자급률
1960	476	20,558	89.1
1961	543	30,207	87.6
1962	488	33,553	90.3
1963	1,213	107,234	70.9
1964	854	60,779	91.1
1965	650	54,443	93.1
1966	567	61,295	87.0
1967	1,100	76,566	81.9
1968	497	129,349	82.5
1969	2,336	250,344	75.2
1970	2,115	244,777	82.4
1971	3,131		72.2
1972*	3,090		71.4

주: *은 계획치.
자료: 농림부 및 한국은행.

자급률은 72.2퍼센트에 불과하였다.

양곡 도입을 위하여 지출하여 온 외환은 우리나라의 경제규모, 국제수지, 외환보유액, 자본부족 상태를 고려할 때 실로 막대한 액수이다. 일시적 재난도 아니고 매년 2억 5천만 달러 이상의 외환을 부족 식량의 도입에 지출한다는 것은 급속한 경제개발을 위하여 가장 큰 저해요인의 하나로 작용하고 있다.

어떻게 하여 제1차 및 제2차 5개년계획은 식량 자급을 계획의 제1 목표로 설정하고도 이를 달성하지 못하였는가? 그것은 무엇보다도 생산목표를 식량 자급화가 실현될 수 있도록 설정하여 놓고서도 그 생산계획을 지원하는 농정을 체계적으로 시행하지 못한 농정의 모순에서 찾지 않을 수 없다.

왜냐하면 생산과정에 도입 가능한 주어진 기술수준 아래서도 경지

단위당 산출량(토지생산성)을 증대시킬 여지는 아직도 크기 때문이다. 예컨대 우리나라 쌀의 토지생산성은 FAO 통계에 따르면 1969년의 경우, 일본의 75.7퍼센트에 지나지 않았다. 뿐만 아니라 우리가 계획 기간 중에 보급하려고 해온 새로운 농사기술(예컨대 종자 갱신, 심경다비, 조식(早植), 시비방법 개선 등)을 도입하고 생산기반 조성을 위한 농업용수 개발과 토지개량을 시행하는 경우, 우리나라에서 얻을 수 있는 증수효과는 주곡생산에서도 식량 자급을 실현할 수 있었을 것이라고 보고되었다. 문제는 식량 자급화의 생산계획을 실현할 모순 없는 농정이 뒤따르지 못한 데에 있었던 것이다. 그 중에서도 가장 중요한 세 가지 농정상의 기본문제를 우선 지적하지 않을 수 없다.

첫째는 농산물 저가격정책이다. 식량 자급화를 위한 생산목표를 달성하기 위해서는 농업생산에 충분한 자극을 줄 수 있는 합리적인 가격정책이 반드시 수반되어야 한다. 화폐시장경제에서는 가격에 대한 농산물의 공급탄력성이 플러스(+)기 때문이다. 예컨대 농협이 계측한 가격에 대한 쌀의 공급탄력성은 +0.29이며, 보리쌀의 공급탄력성은 +1.80이다. 이것은 만일 가격을 10퍼센트 더 올려주면 다른 조건을 변화시키지 않아도, 가격정책의 효과만으로 쌀은 2.9퍼센트, 보리쌀 18.0퍼센트의 생산이 증가할 수 있다는 것이다. 또한 이것은 역으로 가격이 상대적으로 떨어지는 경우 공급량이 줄어들고 생산이 침체된다는 것을 시사하는 것이다. 그럼에도 과거의 우리 농정은 한편으로는 식량 자급화를 위한 생산목표를 세우고 증산정책을 시행하면서 다른 한편으로는 그에 모순되는 농산물 저가격정책을 장기간 시행하여 왔다.

농산물 저가격정책을 가장 안이하게 뒷받침해 온 것이 외곡의 과잉도입이었다. 외곡 도입량은 대체로 부족량을 크게 웃돌았으며, 이것은 국내 농산물 가격을 떨어뜨리는 가장 효율적인 수단으로 작용하였다.

미(美) 잉여농산물 도입도 여기에 중요한 몫을 차지하였음은 물론이다. 장기간에 걸친 농산물 가격의 하락은 증산을 위한 화폐적 유인을 완전히 소멸시켜 버리고, 농업생산을 상대적으로 정체시키는 가장 중요한 요인의 하나가 되었다.

식량 자급화를 위한 증산목표를 달성하기 위해서는 농업생산에 충분한 자극을 줄 수 있는 합리적 가격정책의 지원이 절실히 요청되어 왔으나, 도리어 외곡 과잉도입을 통한 농산물 저가격정책을 무절제하게 적용하는 모순된 농정을 시행하여 왔으니, 아무리 기술적으로 합리적인 증산계획을 수립하였다 할지라도 화폐적 유인을 소멸시킨 상황에서 이것을 충분히 실현할 수는 없는 것이었다.

둘째로 지적하여야 할 것은 정부의 농업생산에 대한 과소 투융자이다. 제1차 5개년계획에서는 총투자의 17.1퍼센트를 제1차산업에 배분하도록 계획하고 그 중 73.8퍼센트는 정부가, 나머지 26.2퍼센트는 민간이 담당하도록 하였다. 또한 제2차 5개년계획에서는 총투자의 16.3퍼센트를 제1차산업에 투자하도록 계획하고 그 중 58.7퍼센트를 정부가, 나머지 41.3퍼센트를 민간이 담당하도록 배분하였다. 그러나 이러한 투자배분은 제1차산업 특히 농업에 관한 한 너무 적은 것이다. 왜냐하면 농업에는 자본제한(capital rationing)이라는 현상 때문에 민간자본의 투자가 계획과 같이 쉽게 실현되지 않기 때문이다.

더욱이 우리나라 농업이 가진, 기후조건에 의한 수확의 불확실성, 가격의 불안정성, 경영 규모의 영세성, 그에 따른 수익률의 저수준(또는 부재) 등의 요인으로 말미암아 한편으로 농민은 자금차입을 거의 할 수 없거나 또는 스스로 절제하여 내적 자본제한 현상이 나타날 뿐아니라, 다른 한편 외적으로도 자금은 상대적으로 수익률 높고 안정적인 제2차 및 제3차산업으로 집중되고, 제1차산업에 속하는 농업부문에 대해서는 자금이 이동하지 않아서 외적 자본제한 현상이 나타나게 되는 것이다. 더구나 이미 농업 내부에 자본 축적이 없고 도리어 농민이 고리대에 의하여 부채농으로 바뀌었으며, 이자율이 높은 우리나라의 경우에는 영농자금은 외부의 조달에 의존할 수밖에 없는데, 여기에 내외적 자본제한으로 말미암아 민간자본의 농업부문으로 이동이 제한되므로 실현 가능성 있는 투자의 재원은 정부의 투융자뿐이라고 보아야 하는 것이다.

그럼에도 제1차 및 제2차 5개년계획은 농업 부문에 대한 투자의 재원을 민간자본에 크게 의존함으로써 계획 자체를 실현성이 낮은 것으로 만들어버렸다. 실제로 제1차 및 제2차 5개년계획의 농업 부문에 대한 투자실적치는 계획치에 훨씬 미달하였으며 많은 사업이 완성을 보지 못하고 또 부진하였다. 이것은 정부자금이 방출되었으나 그에 호응하여 일어나리라고 예측한 민간자본의 투자가 상술한 내외적 자본제한으로 말미암아 시행되지 않았기 때문에 주로 나타난 현상이었다.

결국 지금까지 우리 농정은 한편으로는 식량 자급화를 위한 높은 증산 목표를 수립하여 놓고, 다른 한편으로는 그 목표 달성에 소요되는 자금은 과소 투자하는 모순된 농정을 시행하여 온 것이라고 볼 수 있다. 따라서 식량 자급화를 위한 증산 목표가 달성되지 못하였음은 오히려 당연하다 하지 않을 수 없다.

여기서 주목해 둘 것은 과소 투자를 격화시키는 자본제한 현상이 농산물 저가격정책과 직간접으로 밀접히 관련되어 있다는 점이다.

셋째로 최저변의 농민에 대한 신기술의 보급 부진을 들 수 있다.

농업 부문에서 신기술의 보급은 제조업 부문과는 달리 매우 어려운 작업의 하나이다. 특히 우리나라와 같은 영세농 체제 아래서는 더욱

그러하다. 신기술의 보급은 그 개발을 맡은 농업시험장 연구원의 연구
와 그 전달을 맡은 농촌지도원의 지도, 그리고 농민의 수용 태도와 직
접 관련되어 있는 것이다. 그런데 우리나라의 경우에는 농산물 저가격
정책으로 신기술 수용의 화폐유인이 존재하지 않고, 자금 부족으로 낮
은 자본집약적 기술에 대해서도, 또 심지어는 노동집약적 기술에 대해
서도 수용도가 낮아지며, 또한 이것은 농민의 신기술에 대한 미숙련과
보수적 태도로 말미암아 더욱 강화된다.

우리나라의 농정은 시험장에서의 기술적 성과에 기초하여 증산정책
을 시행하면서 다른 한편으로는 생산의 직접 담당자이며 책임자인 농
민에 대한 신기술의 보급을 등한시한 문제점을 가지고 있음을 주의할
필요가 있다.

2. 공업화와 농업소득 증대

식량 자급의 역할 다음으로 논의하여야 할 것이 농업의 제조업 부
문에 대한 시장 형성의 역할이다. 우리는 오늘까지 농업 부문을 주로
식량 공급 부문으로 주목하여 왔으며 시장 형성 기능을 등한시하여
왔다. 우리나라의 농업은 그 저소득으로 말미암아 구매력이 결핍됨으
로써 시장 형성 기능에서는 거의 소외되어 온 것이다.

우리나라의 공업화는 지금까지 제2차산품에 대한 수요를 주로 (1)
도시 소비자 및 제2차산업 내부의 수요와 (2) 수출수요에 의존하여
왔다. 그러나 도시 수요와 수출에 의존하는 공업화는 오늘날의 저개발
국에서는 장기적으로 고도성장을 유지할 수 없으며 건전한 공업구조
를 수립할 수 없다. 왜냐하면 도시 수요는 크기가 제한되어 있고 사치
성이 강하며, 수출수요는 불안정하며 교역 조건이 불리하기 때문이다.

특히 오늘날과 같이 각국이 해외무역을 경제개발계획 안에 포함시켜 직간접적인 정부통제 아래에 두거나 보호무역주의의 경향이 짙을 경우에는 수출에의 의존에는 큰 한계가 있는 것이다. 이러한 경우에 타개해야 할 것이 농업부문을 제조업에 대한 수요부문으로 개편하여 내포적 공업화를 추구하는 방향이다. 즉 농업개발 투자와 농업소득 증대를 통하여, (1) 농업생산 부문은 중화학공업에 대한 수요를 형성하고, 농가는 경공업제품에 대한 수요를 형성하도록 경제정책을 전환시키는 길이다.

여기서 우리가 주목할 것은 현재의 우리나라 농민의 농업소득이 매우 낮은 수준이며 도시 근로자의 노동소득보다도 더 낮다는 사실이다. 예컨대 1969년의 농가구원 1인당 가처분소득은 전국 근로자 가구원 1인당 가처분소득의 60.7퍼센트에 지나지 않았으며, 서울 근로자 가구원의 1인당 실질소득의 51.5퍼센트에 지나지 않았다. 농민의 농업소득이 이 정도로 낮은 상태에서는 농업소득을 늘리지 않고서는 농민을 경영주체로 한 어떠한 농업개발정책도 성공할 수 없음은 극히 명백한 것이다.

농업소득을 늘리기 위해서는 적어도 다음과 같은 세 가지 기본문제가 해결되어야 한다.

첫째는 농산물의 판매가격을 높이는 문제이다. 이것은 오늘날까지의 농업의 저소득의 주요 원인의 하나가 낮은 농산물 가격이었으므로, 농업생산에 충분한 자극이 될 수준까지 농가의 농산물 판매가격을 높여줌으로써 실질 화폐소득을 증대시키는 것이다. 이에 대한 논의는 식량 자급의 문제와 중복되어 있으므로 생략한다.

둘째는 생산성을 높이는 일, 특히 노동생산성을 높이는 문제이다. 이것은 농업의 생산과정에 신기술과 경(輕)기계를 도입함으로써 노동단위당 생산성과 수익을 증대시키는 것이다. 특히 장기적으로 볼 때는 농업소득은 노동생산성 증대를 통하여 가장 확실하게 증대될 수 있다.

부문별 상대적 노동생산성을 비교해 보면 제1차 5개년계획기간 초에는 농림수산업, 광공업, 사회간접자본 및 기타 서비스 사이의 격차가 컸으나 제2차 5개년계획기간 중에는 광공업과 사회간접자본 및 기타 서비스업 사이의 격차가 현저히 줄어들어 거의 차이를 보이지 않았다. 그러나 농림수산업은 매우 낮은 수준에서 출발하여 1964년까지는 약간의 상승을 보였으나 그 후에는 계속 하락하다가 제2차 5개년계획기간에는 광공업과 사회간접자본 및 기타 서비스업의 30~40퍼센트밖에 되지 않은 낮은 수준에 이르렀다.

이것은 양차 계획기간 중 농림수산업 인구의 절대적인 감소, 그리고 타 부문 취업자의 현저한 증가를 감안할 때 농림수산업의 상대적인 1인당 소득이 오히려 감소하고 있다고 하는 기현상을 나타내는 것이다. 이에 대한 설명은 농가의 경제활동 인구가 어떤 구성을 하고 있는가로 설명될 수 있는 것이라고 생각된다.

〈표 2〉에 따르면 1963~1970년 기간 중 평균하여 총경제활동 인구 중 56.6퍼센트가 농가경제활동 인구인데, 성별로는 부녀자의 비중이 남자의 그것보다 높고 성별·연령별로는, 남자의 경우에는 가장 활동적인 20~54세 인구의 비중이 가장 낮으며, 여자의 경우에도 가장 활동적인 15~49세 인구의 비중이 가장 낮은 편이다. 이것은 농촌 노동력이 경제개발 과정에서 부녀자 중심으로, 그리고 유노년층 중심으로 약화되어 왔음을 말해 주는 것이다.

이러한 조건 위에서 노동생산성을 증대시키기 위하여 현실적으로 가장 긴급한 과제는 생산과정에 개량된 농기구를 공급하고 경기계를 도입하는 것이다. 이것은 약체화한 농촌 노동력의 결함을 보충하여 노

〈표 2〉 총경제활동 인구 중 농가경제활동 인구 비중(1963~1970년 평균)

(단위: %)

연 령	총인구	남 자	여 자
평 균	56.6	53.8	61.8
14세	64.2	68.8	58.9
15~19세	58.4	62.8	52.7
20~49세	54.0	50.3	62.3
50~54세	61.7	44.0	70.6
55~59세	66.6	62.9	73.8
60세	76.0	74.9	77.7

자료: 경제기획원, 《경제활동인구연보》.

동생산성의 제고와 농업소득의 증대에 크게 기여할 것이다.

셋째로 경제작물(cash crops)과 축산의 도입 등에 의한 영농의 다각화는 농업 내부에서 비중이 작으므로, 이 부문의 개발과 동시에 절대적 비중을 차지하는 주곡생산에서의 수익성 보장과 소득증대의 정책이 선행되어야 함을 강조하지 않을 수 없다.

지금까지 우리나라의 농정은 농업소득 증대와 관련하여 이 영농의 다각화만을 일면적으로 강조하여 온 느낌이 있다. 예컨대 〈농어민 소득증대 특별사업〉(1968~1971)이 경제작물과 축산의 단지조성을 내용으로 한 것과 같은 것이다. 그러나 소득증대 사업은 농업생산의 대종인 주곡생산에서 소득증대가 이루어지지 않고서는 농업소득의 증대문제는 전혀 해결되지 않는다는 것에 주의할 필요가 있다.

우리는 지금까지 식량공급과 내포적 공업화를 위한 농업소득 증대를 중심으로 하여 우리나라 농정이 당면하고 있는 몇 가지 기본문제들을 지적하였다. 이제 이러한 기본문제의 해결과 관련하여 제1차 및 제2차 5개년계획기간 동안에 농업 부문 계획이 어느 정도 진전되었으며, 또 앞으로 제3차 5개년계획기간에 농업문제는 어떻게 진전될 것인가를 간단히 개괄해 보기로 한다.

3. 경제개발계획과 농정

제1차 5개년계획은 국민총생산을 연평균 7.1퍼센트씩 성장하도록 계획했으며, 산업별로는 제1차산업이 5.7퍼센트, 제2차산업이 14.8퍼센트, 제3차산업이 4.4퍼센트씩 성장하도록 책정하였다. 그리고 이를 위하여 소요되는 총투자 3,214억 원은 제1차산업에 17.2퍼센트, 제2차산업에 34.0퍼센트, 제3차산업에 48.8퍼센트를 배분하도록 계획하였다.

한편 이 제1차 5개년계획의 농업 부문의 주요 목표는, (1) 식량자급을 위한 양곡 증산 (2) 공업용 및 수출용 농산물의 중점적 증산 및 (3) 농가소득 증진에 두고, 그를 위한 정책수단으로서 (1) 농경지 확대 (2) 토지생산성 향상 (3) 영농의 다각화 등을 채택하였다.

이제 제1차 5개년계획의 실적을 보면, 농업 부문에서는 목표를 달성하지 못하고 총량규모와 비농업 부문에서는 모두 목표를 초과 달성하였다.

즉 국민총생산은 1960년을 100으로 할 때 1966년의 계획 140.7에 비하여 실적은 157.3을 달성함으로써 계획된 수준을 16.6퍼센트포인트 초과하였고, 1962~1966년의 연평균 성장률이 8.3퍼센트에 이름으로써 계획보다 1.2퍼센트포인트나 높은 성장률을 나타냈다. 이것을 산업별로 보면, 제2차산업은 15.0퍼센트에 달하여 계획보다 0.2퍼센트포인트 높은 성장률을 달성하였고, 제3차산업은 8.1퍼센트에 달하여 계획보다 3.7퍼센트포인트나 더 높은 성장률을 달성하였다. 제1차산업의 성장률만이 5.5퍼센트로 계획보다 0.2퍼센트포인트가 낮았다. 또 계획기간 중의 투자배분 실적도 계획치 17.2퍼센트의 절반도 못 되는 8.5퍼센트에 불과하였다.

농업 부문의 계획은 다음의 몇 가지 사실에서 성공하였다고 말하기 어려우며, 또한 앞서 논의한 농업의 기본문제들도 해결하지 못하였다.

첫째, 식량 자급화를 달성할 만큼 양곡 증산이 이루어지지 않았다. 예컨대 쌀의 연평균 증산율은 3.5퍼센트, 보리쌀은 4.7퍼센트로서 주곡인 쌀의 증산이 목표에 이르지 못하였다. 식량 자급화의 목표는 처음 계획에서는 농업 부문의 제1목표로 설정되었다가 계획기간 중 포기되어 1965~1971년의 식량증산 7개년계획으로 수정되고, 식량 자급 달성의 목표연도도 제2차 5개년계획의 최종연도로 이월되기에 이르렀다.

둘째, 산업생산이 자연조건에 지배되어 매우 불안정하였다. 농림수산업의 성장률이 1962년에는 7.5퍼센트, 1965년의 경우 1.14퍼센트의 마이너스 성장을 보일 만큼 농업생산이 불안정하였다. 특히 쌀에 있어서는 1962년의 증산율은 -12.9퍼센트, 1965년은 -11.5퍼센트였으며, 맥류는 1962년에 -6.3퍼센트, 1963년에 -30.0퍼센트였다. 이러한 양곡생산의 불안정성은 농업생산이 아직도 날씨에 지배되는 단계를 벗어나지 못하였음을 나타내는 것이다. 이러한 농업생산의 불안정성이 제1차 5개년계획기간의 경제성장의 가장 큰 불안정 요인으로 작용하였다.

셋째, 농업생산의 증가는 주로 식부(植付)면적의 증가에 의하여 이루어졌으며, 토지생산성 증대는 크지 못하였다. 쌀의 경우, 연평균 3.5퍼센트의 생산량 증가는 식부면적의 연평균 증가율이 1.8퍼센트였다는 사실에서 이에 의존하고 있음을 알 수 있다. 토지생산성(단당 수확량)의 연평균 증가율은 1.7퍼센트였다. 이것은 증산이 주로 개간, 간척 사업을 중심으로 한 경지면적의 확장에 의하여 이루어진 것임을 나타내고 있으며, 이른바 신기술의 보급을 통한 생산성 증대는 큰 진전을 이루지 못하였음을 나타내는 것이다.

　넷째, 농가의 상대소득은 계획기간 중 하락하였다. 1965년의 가격을 기준으로 한 농가 판매가격지수와 구입가격지수의 비율(패리티율)을 보면 흉작의 영향으로 인한 1963년의 112.3을 정점으로 그 이후는 1964년에 110.9, 1965년에 100.0, 1966년에는 94.5로 급격히 감소하고 있다.

　제1차 5개년계획 중 농업 부문 계획이 성공한 부문은 (1) 개간 (2) 서류(薯類) 생산 (3) 일부 경제작물 생산 정도였다고 볼 수 있다. 어떻게 하여 광공업 부문과 사회간접자본 및 기타 서비스 부문의 고도성장과는 대조적인 이러한 결과가 나타나게 되었는가? 그 가장 중요한 원인은 계획목표의 달성과 모순되는 농정을 계속 시행하여, 우리가 앞서 논의한 농업 부문의 기본문제를 전혀 해결하지 못하였기 때문이었다. 앞서 논의한 순서대로 세 가지 점만 들어도 이것은 명백하게 이해될 것이다.

　첫째로 들어야 할 것은 정부의 과소 투융자이다. 제1차 5개년계획의 투자의 산업별 배분 실적을 보면, 제1차산업에 8.5퍼센트, 제2차산업에 34.1퍼센트, 제3차산업에 57.6퍼센트가 배분되었다. 계획의 산업별 배분비인 17.2퍼센트, 34.0퍼센트, 48.8퍼센트와 대비하면 제1차산업에 투자를 대폭 줄이고 제3차산업에 투자를 확대하는 모순된 투자배분을 하였음을 명백히 알 수 있다.

　둘째로 지적하여야 할 것은 농업증산을 위한 신기술의 도입에 대한 투자의 불충분이다. 계획보다 훨씬 적은 투자자금조차도 종자 갱신, 농업기술 지도, 생산자재 공급 등에는 전체 정부 재정투자의 겨우 11.2퍼센트가 투자되었고, 정부자금의 대부분이 개간·간척 사업에 집중 투자되어 버렸다.

　셋째로 농산물 가격정책의 불합리성을 지적할 수 있다. 1962년의 흉작과 잉여농산물 도입분의 지연으로 1963년까지는 농산물 가격이 폭등하여 인플레이션의 요인을 이루다가 1964년부터는 잉여농산물의 초과 도입으로 저농산물 가격정책이 실시되어 증산을 위한 화폐유인이 소멸하고 농업의 상대소득이 떨어졌다.

이처럼 모순된 농정 속에서 농림수산업이 연평균 5.5퍼센트의 성장이나마 이룬 것은 오히려 기대 이상의 성과라고 말해도 좋을 것이다.

제2차 5개년계획에서는 농업 부문과 비농업 부문과의 불균형 성장은 더욱 확대되었다. 제2차 5개년계획의 목표는 연평균 실질성장률을 7.0퍼센트로 계획하고, 이것을 부문별로는 농림수산업 5.0퍼센트, 광공업 10.7퍼센트, 사회간접자본 및 기타 서비스 부문 6.6퍼센트로 계획했다. 그리고 경제성장에 소요되는 계획기간 중의 총투자를 9천8백억 원(1965년 가격)으로 추계하고, 산업별로는 농림수산업에 16.3퍼센트, 광공업에 30.7퍼센트, 사회간접자본 및 기타 서비스 부문에 53.0퍼센트의 비율로 배분하도록 계획하였다.

또한 제2차 5개년계획의 농업 부문 계획은 기본목표를 식량자급과 농어민소득의 증대에 두고, 이의 실현을 위하여 경지 확장 및 정리와 수리시설의 확충에의 투자를 중심으로 한 농업 부문의 투자계획을 수립하였다.

농업 부문 계획의 몇 가지 중요한 부문별 전략을 보면, 수리시설의 확충과 경지 확장 및 정리 사업에 가장 중점을 두어 계획기간 중 양수장, 지하수 시설, 보 및 저수지 등을 건설하여 수리면적을 14만 정보 확대함으로써, 수리안전답을 1965년의 72만 3천 정보에서 1971년에는 91만 4천 정보로 확대하여 수리안전답 비율을 56퍼센트에서 70퍼센트로 높일 것을 목표로 하고 있다. 또한 계획기간 중 개간 및 간척 사업으로 22만 정보의 새로운 경지조성을 계획하고 있으며, 수자원의 효과

적 이용과 배수의 개선을 위하여 20만 정보의 경지정리사업을 추진할
것을 목표로 하고 있다.

또한 단위당 생산성을 증대시키기 위하여 종자 갱신, 지력 증진, 재
해 대책, 경지 이용도의 제고, 주산지 조성 등 종합적인 시책을 추진하
고 신영농 기술을 보급하여 이를 지원하도록 하였다. 이와 같은 사업
의 수행을 가정하여 곡물의 생산은 목표연도인 1971년에 자급자족할
수 있는 905만 3천M/T을 생산할 수 있도록 계획하였다. 또한 농업소
득증대사업으로는 수익성이 높은 공업원료작물과 원예작물의 증산으
로 영농의 다각화를 촉진하여 농가소득을 증대시키기 위한 〈농어민
소득증대 특별사업〉(1968~1971)과 축산을 기업화하는 방향으로 육성
하는 〈축산진흥 4개년계획〉(1968~1971)을 수립하고 있다.

그러나 실적은 계획과 거리가 있는 것이었다. 최종연도인 1971년의
통계가 아직 발표되지 않았기 때문에 1970년까지의 결과와 1971년의
추계치를 종합하여 보면, 제2차 5개년계획의 실적도 제1차의 경우와
마찬가지로 농업 부문에서는 계획목표를 달성하지 못하였으나 총량규
모, 제2차산업 및 제3차산업 부문에서는 계획목표를 달성하였다.

제2차 5개년계획기간의 국민총생산의 연평균 성장률은 11.6퍼센트
를 기록, 계획치인 7.0퍼센트를 훨씬 상회하는 고도성장을 보였다. 광
공업 부문은 연평균 20.6퍼센트, 사회간접자본 및 기타 서비스 부문은
연평균 13.2퍼센트의 고도성장을 달성하여 각각 계획치를 훨씬 능가하
는 실적을 보이고 있다. 이와 달리, 계획기간의 농림수산업 부문의 연
평균 성장률은 3.0퍼센트에 불과하였다. 이러한 낮은 성장률은 이 부
문의 목표 성장률인 5.0퍼센트의 절반밖에 되지 않는 것이다. 이것은
제2차 5개년계획이 총량규모를 비롯한 다른 부문에서 제1차 때보다
좋은 실적을 올렸으나 농림수산업 부문에서는 제1차 때에 비하여 실

패했다는 것을 말해 준다.

농업 부문의 전략적 투자사업의 실적은 아직 최종연도의 농업통계가 발표되지 않아서 실수(實數)를 비교할 수는 없으나, 제4차년도(1970년)까지의 실적에서 보면 성공적으로 계획이 달성된 사업은 집중적으로 재정투자가 이루어진 수리시설 확충사업이다. 민간투자 의존도가 비교적 높았던 경지확장 및 정리사업, 생산성 증대사업 등은 제4차년도까지는 계획목표에 미달하였다. 식량자급도 제3차 5개년계획으로 다시 이월하지 않을 수 없게 되었다. 농가의 상대소득도 계획기간 중 상승되지 않고 정체되었다.

4. 농정의 구조적 모순과 그 전망

제2차 5개년계획기간의 농업 부문의 상대적 침체는 1970년의 기상재해로 인한 흉작을 제외하고는 전적으로 농정의 모순으로 말미암은 것이라고 말할 수밖에 없다. 제1차 5개년계획기간에 경험한 구조적으로 모순된 농정을 제2차 때에도 그대로 답습하여 되풀이한 결과 더욱 심각한 농업생산의 상대적 정체현상을 나타내게 된 것이다.

첫째로, 농업 부문에 대한 과소 투자도 다시 되풀이되었다. 제2차 계획기간 중 국민총생산에 대한 총투자율의 계획치는 연평균 19.1퍼센트였으나 실적은 1967년에 21.8퍼센트, 1968년에 24.5퍼센트, 1969년에 30.0퍼센트, 1970년에 26.1퍼센트로서 모두 계획치를 훨씬 웃돌고 있다. 여기서 우리는 계획치를 훨씬 웃도는 고도성장의 비밀이 높은 투자율에 있음을 발견할 수 있다. 그러나 이러한 높은 투자율은 사회간접자본 및 기타 서비스 부문과 광공업 부문에서 이루어진 것이며, 농업 부문에 대해서는 도리어 계획치를 훨씬 밑도는 낮은 수준에 멈

추고 말았다.

둘째로, 새 기술의 보급사업에 대한 과소 투자도 여전히 되풀이되었다.

셋째로, 농산물 가격정책의 불합리성도 답습되었다. 제2차 5개년계획의 시작과 함께 가격정책을 전환시키지 못하고 고식적인 정책을 답습, 그 결과 초년도부터 농업 부문의 생산실적이 계획목표를 밑돌자 비로소 농산물 가격정책에 대한 재검토가 시작되었다. 1968년부터는 추곡수매가격을 매년 일정률로 인상하는 정책을 수립, 1970년에는 33.9퍼센트, 1971년에는 25.0퍼센트의 비율로 인상하였다. 그러나 워낙 오랜 기간에 걸쳐 낮았던 농산물 가격이 생산에 자극요인이 될 만큼 인상된 것은 1971년에 와서야 겨우 이루어졌다고 볼 수 있다. 결국 제2차 5개년계획기간에는 농산물 가격정책은 생산을 자극하지 못한 상태로 끝난 것이다.

오직 하나 얻은 것이 있다면 제2차 5개년계획기간에 의외로 농업생산이 저조하여 농산물 가격정책에 대한 반성이 광범위하게 대두되었다는 점이다. 이러한 반성의 결과를 적용, 농산물 가격정책의 합리화가 실현된다면 농정의 일대 전환을 맞을 수도 있을 것이다.

제3차 5개년계획에서는 농업의 개발과 이를 위한 농정의 전환이 명백히 시도되기 시작하였다.

제3차 5개년계획은 국민총생산의 연평균 목표성장률을 8.6퍼센트로 하고, 부문별로는 농림수산업의 성장률을 4.5퍼센트, 광공업은 13.0퍼센트, 사회간접자본 및 기타 서비스 부문은 8.5퍼센트로 책정하였다.

이를 달성하기 위하여 소요되는 총투자는 4조 5,250억 원으로 농림수산업에 11.8퍼센트, 광공업에 28.8퍼센트, 사회간접자본 및 기타 서비스 부문에 59.4퍼센트의 비율로 투자하도록 계획하고 있다. 농림수산업에 배분된 5,360억 원은 제2차 5개년계획 때보다 183.6퍼센트가 증가한 액수이며, 이로써 농림수산업의 생산수준을 1970년의 9,310억 원에서 1976년에는 1조 2,540억 원으로 3.47퍼센트 증가시키려고 계획하고 있다. 또 이러한 생산수준의 제고는 쌀과 보리쌀 등 양곡, 경제작물, 소채 및 축산물의 생산증대에 의존하고 있다.

제3차 5개년계획기간 중의 농업 부문의 몇 가지 기본적인 사업목표를 보면 다음과 같다. 첫째로 제3차 5개년계획이 두 차례의 계획에서 연이어 밀려온 숙제인 식량 자급화를 목표연도인 1976년에는 주곡 부문(쌀, 보리)에서는 꼭 실현할 것이라는 점이다. 즉 〈표 3〉과 같이 1976년의 쌀의 수요를 482만 5천M/T로 추계하고, 생산을 같은 해에

〈표 3〉 제3차 5개년계획의 식량 자급 계획

(단위: 천M/T)

	1970		1976		계획기간 중 연평균 증가율(1972~1976)	
	수 요	생 산	수 요	생 산	수 요	생 산
쌀	4,400	3,939	4,825	4,860	1.5	3.5
보 리 쌀	1,880	1,974	2,406	2,406	3.3	3.3
밀	1,559	357	1,989	488	4.1	6.5
옥 수 수	335	68	805	149	20.1	9.4

자료: 경제기획원.

〈표 4〉 제3차 5개년계획의 주요 축산물 수요와 생산

	단 위	1970		1976		계획기간 중 연평균 증가율 (1972~1976)	
		수 요	생 산	수 요	생 산	수 요	생 산
쇠 고 기	1천M/T	37.3	37.3	73.9	64.0	11.3	10.2
돼 지 고 기	1천M/T	78.5	79.2	135.0	144.3	10.0	10.0
우 유	1천M/T	41.5	40.1	112.0	114.0	16.2	17.2
달 걀	1백만 개	2,560	2,560	4,305	4,305	9.9	9.9

자료: 경제기획원.

486만M/T로 증가시켜 쌀의 자급을 달성하려 하고 있으며, 보리쌀의 경우도 목표연도에는 수요예측치인 240만 6천M/T의 생산을 달성하여 수급균형을 얻으려고 하고 있다. 이를 위하여 쌀의 연평균 생산증가율을 3.5퍼센트, 보리쌀은 3.3퍼센트로 높일 것을 계획하고 있다.

둘째로 축산진흥을 위하여 계획기간 중 343억 원을 투자하여, 〈표 4〉와 같이 1976년에는 쇠고기 64만M/T, 돼지고기 144만 3천M/T, 우유 114만M/T, 달걀 43억 5백만 개를 생산하도록 계획하고 있다.

셋째로 양잠 진흥을 추진, 1970년의 2만 1천4백M/T를 1976년에는 4만 7천2백M/T로 증대시키고, 유럽지역 등 수출시장의 다변화로 1976년에는 7천9백만 달러의 생사수출을 계획하고 있다. 이를 위하여 계획기간 중 233억 원을 투자하도록 계획하고 있다.

넷째로 수리시설이 가능한 전 면적을 수리안전답으로 만들어 농업용수 문제를 계획기간 중 완전히 해결할 것을 계획하고 있다. 또 4대강 유역 등 대하천 유역의 종합개발로 수원을 보강하여 한수해(旱水害)를 극복하는 농경지를 조성하도록 계획하고 있다.

다섯째로 경지정리사업을 추진하여 1976년에는 정리가능면적 60만ha의 75퍼센트인 45만ha까지 경지정리를 확대하려고 계획하고 있다.

과연 제3차 계획기간에는 이러한 계획목표들이 차질 없이 달성될 수 있을까? 특히 지난 십 년 동안 경제개발계획의 기본목표였으나 이루지 못한 식량의 자급화가 이번에는 과연 달성될 수 있을까? 이에 대한 대답은 한마디로 종래와 같은 구조적으로 모순된 농정을 답습하면 달성하기 어렵고, 농정을 과감하게 전환시켜 모순 없이 통합·조정한다면 충분히 가능한 것이다. 이를 위하여 적어도 다음과 같은 몇 가지 문제점이 재검토되어야 할 것이다.

첫째로, 투자액의 증대를 위한 유동적 대책이 필요하다고 본다. 전보다는 농업 부문에 대한 투자액이 증대되기는 하였으나, 아직도 사회간접자본 및 기타 서비스 부문에 대한 중점적 투자에 비하면 과소하다. 특히 식량증산에 대한 투자액이 과소하게 계상되어 있으므로 계획집행 과정에서 투자 소요액이 증가할 경우 이를 공급할 대책을 세워둘 필요가 있다. 그리고 997억 2천5백만 원의 민간자본의 투자는 자본제한으로 말미암아 계획대로 조달되기 어려울 것이다. 사회간접자본 및 기타 서비스 부문에 대한 투자비율이 매우 높은데, 이를 수정하여 농업 부문의 투자로 돌리는 방향도 검토해 볼 필요가 있다.

둘째로, 농업생산에 충분한 자극을 줄 수 있는 농산물 가격정책을 실시하여야 할 것이다. 식량 자급화의 실패의 주인은 바로 생산정책과 가격정책의 모순으로 말미암은 결과였다. 이러한 가격정책은 고미가 정책일 수 있고 이중가격 정책일 수도 있겠으나, 종래와 같은 저미가 정책이어서는 다시 농정의 파탄이 일어날 것은 명확한 일이다.

셋째로, 농업소득 증대를 위한 보다 적극적인 정책이 있어야 하겠다. 제3차 5개년계획의 농어민소득 증대사업 계획은 주로 과수, 소채 등 경제작물과 축산, 양잠 등의 단지조성을 통하여 30만 농가를 이에 참여시킴으로써 이룩하려고 하고 있다. 그러나 농업소득 증대를 특수품목의 생산을 통하여 실현하는 것은 한계가 있으므로 가격정책과 생산성 증대의 양면에서 접근하여 주곡을 포함한 전 농업부문에서 구조적으로 실현하도록 농업소득 증대계획을 확대·개편하여야 할 것이다.

넷째로, 제3차 5개년계획에서는 경지정리와 기계화에 대한 투자배분이 현저히 늘어났다. 이것은 농정의 큰 진전이다. 영세경영체제가 기계를 놀리지 않도록 기계 이용의 효과를 높이는 구체적인 대책이 보완되어야 할 것이다.

다섯째로, 제3차 5개년계획도 전처럼 농업기술 보급사업에 대한 투자가 부족하다. 특히 식량증산을 위하여 한편으로는 IR667 등 신품종의 보급을 계획하고, 경제작물·축산·잠업의 비중을 높이며, 기계화를 촉진하는 등의 계획을 세우면서, 다른 한편으로는 기술보급 사업에 대한 투자가 여전히 낮은 수준에서 맴돌고 있는 것은 정책 자체가 통합 조정되지 못한 때문이다. 과감한 정책의 전환이 있어야 할 것이다.

《신동아》(1972. 3)

자립경제와 국내자본 확보

1. 자립경제의 의의

자립경제란 무엇인가를 알기 위해서는 우선 현재 한국경제의 어떠한 문제점이 자립경제란 말을 낳게 하였고 사용케 하였는가를 생각해 볼 필요가 있다. 왜냐하면 대부분의 역사적 용어가 역사적 현실에 비추어 그 의미가 규정되기 때문이다. 이런 점에서 자립경제란 말은 바로 한국경제의 대외의존성에서 나왔다고 할 수 있다. 따라서 대외의존에서 탈피한 경제를 일단 자립경제라고 볼 수 있다. 그러므로 대외의존에서 탈피한 경제가 갖는 의미는 국민경제가 그 자체의 진로에 대해 자주적인 의사결정권을 갖고 있는 것을 가리킨다. 따라서 자립경제란 자체의 발전진로에 대해 자주적인 의사결정권을 갖고 있는 경제라고 말할 수 있다.

한국경제의 대외의존성은 물가, 경기 그리고 국제수지의 세 가지 측면에서 나타나고 있다. 이 세 가지 측면에서 한국경제의 대외의존성은 1차적으로는 한국의 무역구조의 특성과 연관시켜 설명될 수 있으나 한국 무역구조의 특성을 낳은 것은 한국의 산업구조이며, 또한 한국의 산업구조를 낳은 것은 한국경제의 경제개발 과정에서의 자본구조인 것이다. 물가, 경기, 국제수지 그리고 무역은 현상이며 산업구조와 자본구조는 원인인 것이다.

2. 한국경제의 대외의존성

우선 한국경제의 대외의존성을 무역과 연관시켜 살펴보자. 한국경제의 대외의존 현상은 물가, 경기 그리고 국제수지의 세 가지 측면에서 파악될 수 있다. 이 세 가지 측면에서 한국경제의 대외의존 현상은 우선 한국의 무역구조의 특성과 연관시켜서 그 원인을 찾을 수 있다.

한국의 무역구조의 특성으로서 우선 들 수 있는 것은 높은 무역의 존도이다. 한국의 무역의존도는 1963년의 16.7퍼센트에서 1965년 25.6퍼센트, 1970년 42.7퍼센트, 1972년 50.8퍼센트, 1973년 70.6퍼센트, 1974년 75.3퍼센트로 계속 급속히 높아졌다. 어느 정도의 무역의존도가 적정한 수준의 무역의존도이냐는 구체적으로 답하기 곤란한 문제이나, 한국과 경제성장 유형이 비슷한 일본의 무역의존도가 1973년에 18.2퍼센트에 불과한 것에 비교하면 한국의 무역의존도가 얼마나 과도한 것인가를 알 수 있다. 이처럼 높은 한국의 무역의존도는 한국경제가 해외경제에 크게 의존하지 않을 수 없음을 말하는 것이다. 무역의존도를 수입의존도와 수출의존도로 나누어 고찰해 보자.

한국의 수입의존도는 1960년의 12.6퍼센트에서 1970년의 26.2퍼센트, 1973년 37.3퍼센트 그리고 1974년 44.2퍼센트로 계속 높아졌다. 이처럼 높은 수입의존도는 한국의 물가가 해외물가 곧 수입물가에 크게 영향을 받지 않을 수 없음을 말하고 있다. 실제로 우리나라의 물가구조는 1960년대 이후에 수입물가의 변동이 물가의 상승폭을 결정하는 수입물가주도형 물가변동구조로 고정되어 있다.

한편 한국경제 수출의존도도 1960년의 4.1퍼센트에서 1966년 11.9 퍼센트, 1970년 16.5퍼센트, 1972년 22.6퍼센트, 1973년 33.3퍼센트 그리고 1974년 31.1퍼센트로 급증하였다. 이와 같이 높은 수출의존도는 한국산업, 특히 제조업이 그 시장을 해외에 크게 의존하고 있음을 나타내고 있다. 즉 이는 한국의 경기가 해외에 크게 의존하고 있는 것을 나타내고 있는 것이다. 1970년대 초의 놀라운 경제성장이 수출의 급증에 의한 것이었으며 1973년 하반기 이래의 국내경기의 하락이 수출감소에 기인한 것임은 주지의 사실인 것이다.

높은 무역의존도 다음으로 한국의 무역구조의 특징으로 들 수 있는 것은 무역수지의 지속적 적자이다. 수출의 급증에도 불구하고 수입의 동시적인 증가로 인해 무역수지는 계속적인 적자를 벗어나지 못하고 있다. 무역수지 적자폭은 1969년의 3억 1천만 달러에서 계속 늘어나 1968년에는 10억 7백만 달러로, 그 후 1973년까지는 10억 달러를 오르내리다가 1974년에는 24억 8천4백만 달러로 대폭 확대되었다. 이와 같은 무역수지의 계속적인 적자는 한국의 국제수지가 적자를 벗어날 수 없도록 하는 기본요인인 것이다. 한국의 국제수지 적자 요인으로 또 하나 중요한 것은 외자의 원리금상환 및 과실송금으로 인한 대외지불이다. 경제기획원에 따르면 이 대외지불은 1970년에 1억 8천만 달러, 1971년에 2억 5천4백만 달러, 1972년에 3억 6천4백만 달러, 1973년에 4억 8천2백만 달러, 그리고 1974년에는 6억 6천6백만 달러에 이르렀다고 한다. 이와 같은 국제수지의 적자를 메우기 위해 한국은 계속 막대한 외자를 도입하지 않을 수 없는 것이다. 이는 바꿔 말해서 국제수지면에서 한국이 대외의존적이라는 것이다.

이처럼 한국경제가 과도하게 높은 무역의존도를 가지며 또한 대폭적인 무역수지 적자를 면치 못하는 것은 무엇 때문인가. 이는 한국 무역구조의 세 번째 특징인 상품별 무역구조와 관련되는 문제이다.

한국의 수출품은 주로 소비재인 경공업제품과 중화학공업제품 중의 전자제품 및 철강으로 구성되어 있다.

1974년의 경우 전체 수출에서 경공업제품이 차지하는 비중을 보면 54.1퍼센트로 반을 넘고 있으며 강판이 5.2퍼센트 그리고 전자제품이 8.5퍼센트이다. 반면에 수입은 주로 자본재 및 원자재 즉 중화학공업제품, 식료 및 직접 소비재(거의가 양곡과 원당) 그리고 원·연료로 구성되어 있다. 1974년의 한국의 상품별 수입구성비를 보면 중화학공업제품이 47.0퍼센트, 원·연료가 33.4퍼센트, 식료 및 직접 소비재가 12.1퍼센트(이 중 양곡 및 원당이 거의 전부인 11.1%)이다.

즉 한국무역은 해외에서 원자재와 자본재를 수입하여 이를 가공수출하는 패턴이라고 볼 수 있다. 이는 경공업제품의 수출의 경우에만 해당하는 게 아니라 중화학공업제품인 철강이나 전자제품 그리고 선박의 경우에도 그대로 해당된다. 1972년에 한국에서 생산된 전자제품 중에서 68.5퍼센트가 수출되었는데 그 생산에 소요된 원자재의 68퍼센트가 해외에서 수입된 것이었다. 외국인 직접투자기업 제품인 경우에는 원자재의 100퍼센트가 수입된 것이었다. 이와 같은 상품별 무역구조는 한국이 원자재와 자본재의 조달 및 그 가공품의 시장을 해외에 의존하고 있음을 말해 주는 것이다. 이로 인해 한국은 경제성장과 수출신장을 이룩할수록 그만큼 수입도 더 빨리 증가하게 되어 무역의 존도도 과도하게 높아지고 또한 외화가득률도 낮아 무역수지의 적자를 벗어나지 못하게 되는 것이다.

한국의 산업구조의 취약성은 원자재 및 자본재를 생산하는 농업, 광업 그리고 기초중화학공업이 낙후하여 산업이 불균형적으로 성장하여 왔다는 사실에서 찾아볼 수 있다.

그간의 경제개발 과정에서 천연원자재를 생산하는 농업 및 광업은 말할 것 없고 가공된 원자재와 자본재를 생산하는 기초중화학공업도 낙후되었다. 한국의 중화학공업이 그간의 경제개발과 더불어 경공업보다 더 빨리 성장하여 온 것은 사실이다. 전 제조업 중에서 중화학공업이 차지하는 비중이 1960년의 19.0퍼센트에서 1972년에는 35.6퍼센트로 증가하였다. 그러나 중화학공업 중에서도 기초중화학공업 즉 1차 및 중간생산부문의 중화학공업의 발전은 미약하여 1971년에 전 중화학공업 중에서 이 부문이 차지하는 비중은 1963년의 25.2퍼센트에서 14.6퍼센트로 오히려 감소하였던 것이다. 이처럼 원자재 및 자본재를 생산하는 기초중화학공업이 취약함으로 인해 원자재와 자본재를 해외에 의존하지 않을 수 없게 되어 국민경제의 규모 확대와 수출의 신장에 따라 수입이 늘지 않을 수 없게 된 것이다.

농업, 광업 그리고 기초중화학공업의 낙후는 원자재 및 자본재만이 아니라 제품시장의 해외의존도도 높이고 있다. 왜냐하면 이러한 부문의 낙후는 그만큼 국내시장을 협소하게 만들고 있기 때문이다. 또한 이는 원자재 및 자본재에 대한 구매력을 해외에 유출시킴으로써 산업간의 수요와 공급을 통한 상호 가속적 발전의 효과 곧 산업연관효과를 해외에 유출시켜 경제의 자립적이며 가속적인 발전을 저해하는 것이다.

이와 같이 우리나라의 산업구조가 불균형하게, 따라서 비자립적으로 형성된 이유는 어디에 있는가. 이의 가장 큰 이유는 그간의 경제개발 과정에서 자본이 주로 외국자본에 의해 조달되었다는 데 있다고 볼 수 있다. 왜냐하면 그동안 외자는 농업, 광업, 기초중화학공업에는 거의 투자되지 않았고 거의 대부분이 경공업, 최종재생산 중화학공업과 사회간접자본 부문에 투자되었기 때문이다. 외자가 투자된 이러한 산업들은 원자재와 자본재의 조달만이 아니라 그 제품의 시장까지 해외에 크게 의존하고 있는 산업들인 것이다. 외자가 이처럼 원자재와 자본재의 조달 및 시장을 자기들의 모국에 의존하는 산업에만 투자하는 것은 외자로서는 당연한 일이다. 왜냐하면 이를 통해 외자는 원자재와 자본재에 대한 시장을 확대할 수 있으며 또한 한국의 저렴하고 풍부한 노동력을 이용하여 자신의 이익을 높일 수 있기 때문이다. 따라서 현재와 같이 한국경제가 해외의존적으로 되었다는 것은 그동안 우리의 경제개발이 외자에 의해 수행되었다는 사실이 낳은 필연적 결과라고 할 것이다.

이상에서 살펴본 바와 같이 한국 경제개발 과정에서 외자의존적 자본구조가 한국의 비자립적 산업구조를 낳았고 이 비자립적 산업구조가 대외의존적 무역구조를 낳았으며, 이 비자주적 무역구조가 한국경제로 하여금 물가, 경기 그리고 국제수지의 국민경제생활에 가장 중요한 세 가지 현상적 측면에서 대외의존적으로 되지 않을 수 없게 하고 있는 것이다.

3. 자립경제 확립을 위한 대책

따라서 한국이 자립경제를 확립하기 위한 가장 기본적인 문제는 자본조달 문제인 것이다. 즉 지금까지 외자를 통한 경제개발을 지양하고 내자를 통해 경제개발을 추진하여야 한다는 것이다. 흔히들 저개발국에서는 자본이 부족하여 외자의 도입이 불가피하다고 말한다. 그러나 저개발국에서 부족한 것은 자본이 아니라 낭비되는 사회의 인적·물적 자본을 생산적인 투자자본으로 활용시킬 수 있는 제도적 장치인 것이다. 우리 주위에서 흔히 볼 수 있는 부동산투기나 환물(換物)투기 그리고 각종 사치성 유흥오락산업, 호화주택 건설 등에 투자되는 자본 등을 생산적 자본으로 활용할 수 있다면 국내자본 부족이란 문제는 해결될 것이다. 이는 현재의 사회적 여건 아래서는 어려운 문제이나 반드시 해결되어야 할 문제이며 이 문제의 해결 없이 자립적 경제를 확립할 수는 없을 것이다.

이렇게 조달된 내자는 자립적 산업구조를 확립할 수 있도록 농업, 광업 그리고 기초중화학공업에 투자되어야 할 것이다. 왜냐하면 이러한 자립적 산업구조의 확립을 통해서만이 원자재 및 자본재의 국내자급도의 제고와 국내시장의 확대를 이룩할 수가 있기 때문이다. 이러한 원자재 및 자본재의 국내 자급도의 제고와 국내시장의 확대를 통해서만 무역의존도의 감소, 무역수지의 개선, 상품별 무역구조의 개선을 기할 수 있고 또한 물가, 경기, 국제수지의 대외의존을 탈피할 수가 있는 것이다.

《동아일보》(1975. 4)

산업구조와 전환능력

1. 서 언

경제성장에 따라서 산업구조, 공업구조, 무역구조 등이 변화한다는
것은 잘 알려져 있는 사실이다. 그러나 이들 구조의 변화를 커다란 마
찰 없이 순조롭게 이룩한 또는 이룩하는 국가가 있는가 하면, 그렇지
못하고 심한 진통을 겪거나 저개발국의 상태로 머물러 있는 국가가
있다.

킨들버거(C. P. Kindleberger)의 전환능력이라는 용어를 빌린다면, 전
자는 전환능력을 구비하고 있는 국가의 경우이고, 후자는 그것을 구비
하고 있지 못한 국가의 경우라고 할 수 있다.

따라서 이 글에서는 경제성장에 따른 산업구조, 공업구조, 무역구조
의 변화와 전환능력을 다루기로 한다. 3항과 5항이 그것에 해당한다.
그러나 그 구조의 변화과정을 설명해 주는 이론 내지 접근을 다루는
것도 필요함은 말할 나위도 없다. 바로 4항이 그것을 다룬 것이다. 4항
에서는 그 이론 내지 접근 중 제품 사이클론 또는 제품 사이클적 접근
이 다루어지고 있다. 나머지 2항은 산업구조를 다루고 있다. 이것은

무엇보다도 우선해서 그 내용을 밝히는 것이 필요하다고 생각한 데 기인한다.

2. 산업구조

(1) 쿠즈네츠(S. Kuznets)는 산업구조를 총생산물과 총생산자원에서의 산업들의 셰어 혹은 비율로 정의하고 있다.[1] 그러나 그는 총생산물과 총생산자원을 각각 국민소득과 노동력 인구로 대신하고 있다고 볼 수 있다. 따라서 일단 산업구조는 국민소득과 노동력 인구의 산업별 구성비라고 말할 수 있을 것이다.

여기에서 산업은 개개의 기업으로 구성되면서 국민경제를 구성하는 부분단위임은 말할 나위도 없다. 그리고 산업분류 내지 분할로서는 보통 ① 농림수산업 ② 광업 ③ 제조업 ④ 건설업 ⑤ 가스, 전기, 수도업 ⑥ 운수, 통신업 ⑦ 상업 ⑧ 금융, 보험 및 부동산업 ⑨ 공공 서비스, 개인 서비스, 기타 서비스업의 9부문 분류가 이용된다.

(2) 현재 산업구조 연구에서는 클라크(C. Clark)의 전통에 따라서 제1차산업, 제2차산업, 제3차산업의 3부문 분류가 이용되고 있다.[2] 그러나 이 클라크의 연구를 한층 발전시킨 것으로 알려져 있는 쿠즈네츠는, 클라크의 분류 대신에 1957년의 논문에서는 A부문, M부문, S부문, 1966년의 저서에서는 A부문, M^+부문, S부문, 1971년의 저서에서

---

1) S. Kuznets, *Modern Economic Growth*, 1966, p. 86.
2) 클라크는 *The Conditions of Economic Progress*, 1st ed., 1940에서 이 3부문 분류를 채택하고 있다. 그런데 이 3부문 분류를 최초로 제안한 사람은 호주의 피셔 (A. G. B. Fisher)라고 한다("Capital and Growth of Knowledge," *Economic Journal*, September 1933 및 "Production, Primary, Secondary and Tertiary," *Economic Record*, June 1939).

〈표 1〉 산업의 3부문 분류

	클라크	쿠즈네츠		
		(1957, 1959)	(1966)	(1971)
①	……제1차산업	……A부문	……A부문	……A부문
② ~ ④		……M부문		
② ~ ⑤	……제2차산업			
② ~ ⑥			……M⁺부문	……I부문
⑤ ~ ⑨		……S부문		
⑥ ~ ⑨	……제3차산업			
⑦ ~ ⑨			……S부문	……S부문

주: ①~⑨는 본문을 참조하기 바람.

는 A부문, I부문, S부문의 3부문 분류를 각각 사용하고 있다.[3)]

　(3) 클라크와 쿠즈네츠의 3부문의 내용이 무엇인가를 표시한 것이 〈표 1〉이다. 이 표에서는 광업이 제2차산업에 포함되어 있지만, 클라크는 *The Conditions of Economic Progress*(2nd ed., 1951)의 제9장에서는 그렇게 하고 있으면서도, 제7장 주 1)에서는 제1차산업에 포함시켜야 한다고 말하고 있다. 그리고 쿠즈네츠는 1957년의 논문과 1959년의 저서에서는 가스, 전기, 수도업을 명시하지 않음으로써 그 처리에 있어서 불분명한 태도를 보였다고 할 수 있다. 그러나 가스, 전기, 수도업은 S부문에 포함시키는 것이 옳은 것으로 생각된다.

　클라크 등이 주로 수요 측의 요인, 즉 경제성장에 따르는 수요신장율의 격차를 기준으로 산업분류를 한 데 대해서, 푸라스띠에(J. Fourastie)는

---

3) 1957년의 논문 "Quantitative Aspects of the Economic Growth. of Nations: Ⅱ. Industrial Distribution of National Product and Labor Force," *Economic Development and Cultural Change*, Suppl. to Vol. V, No.4(July 1957)는 S. Kuznets, *Six Lectures on Economic Growth*, 1959에 게재되어 있다. 그리고 1966년의 저서는 주 1)에 들어가 있는 것이며, 1971년의 저서는 *Economic Growth of Nations*이다.

주로 공급 측의 요인, 즉 기술진보율의 격차를 기준으로 해서 산업분류를 하고 있다. 그는 장기적으로 보아 중위의 기술진보를 나타내는 부문(중위 기술진보부문)을 제1차부문, 현저한 고위의 기술진보를 나타내는 부문(고위 기술진보부문)을 제2차부문, 또 저위의 기술진보를 나타내든가 혹은 거의 기술진보가 이루어지지 않는 부문(저위 기술진보부문)을 제3차부문이라고 부르고 있다. 제1차, 제2차 및 제3차라는 명칭이 답습된 것은 우연히 그의 중위 기술진보부문이 거의 클라크의 제1차산업에 대응하고, 또 고위 및 저위 기술진보부문이 각각 제2차 및 제3차산업에 대응하는 것으로 생각되었기 때문이다. 그러나 그의 산업분류는 본질적으로는 개별의 기준에 의한 것이다.[4)]

3. 경제성장과 산업구조

(1) 클라크는 1691년에 페티(W. Petty)가 밝힌 "농업보다는 제조업에 의하는 편이, 또 제조업보다는 상업에 의하는 편이 이득이 훨씬 많

〈표 2〉 산업구조의 변화

	(1) 노동력 인구 구성비		(2) 국민소득 구성비		(2)÷(1), 상대소득(비교생산성)	
	시계열 분석	횡단면 분석	시계열 분석	횡단면 분석	시계열 분석	횡단면 분석
제1차산업	저하	저락	저하	저락	(1이하) 저하	대체로 불변
제2차산업	불명확*	상승	상승	상승	(1이상) 이상	저락
제3차산업	상승	상승	불명확*	약간상승 (안정적)	(1이상) 이상	저락

* 표에서 '불명확'은 경향을 일반화할 수 없는 케이스를 말하며, 전체로서는 보합 내지 미증(微增)을 의미한다고 할 수 있다.

4) 稻毛滿春,《産業構造論》, 1976, pp. 14~15.

다"는 사실을 실증하고
있다. 즉 그는 경제 진
보가 이루어지고 있는
나라에서는 시간이 경과
함에 따라서 노동력 인
구가 제1차산업에서 제
2차산업으로, 그리고 더
후기의 단계에서는 제3
차산업으로 이동한다는
사실, 즉 경제성장에 따
라서 노동력 인구 구성
비의 크기가 제1차산업
에서보다는   제2차산업
에서, 그리고 뒤에는 제

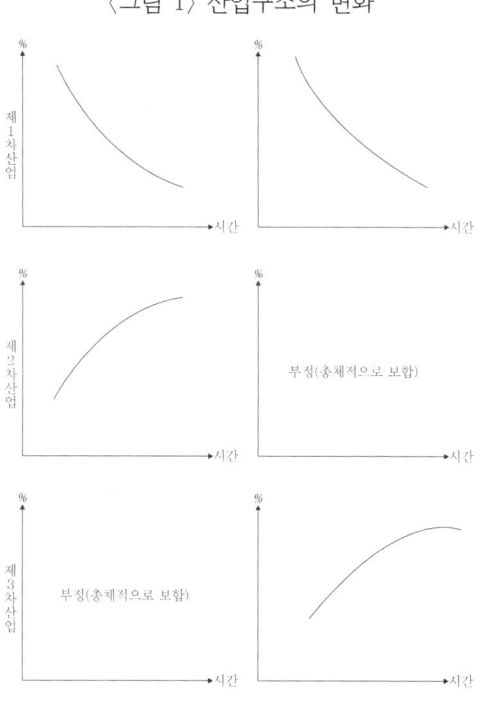

〈그림 1〉 산업구조의 변화

3차산업에서 더 커진다는 사실을 찾아내고 있다.[5] 그러기에 이 사실
은 '페티-클라크 법칙'이라고 불리기도 한다. 이처럼 이 법칙은 원래
는 노동력 인구 구성의 변화에서 찾아진 것이지만, 동일한 경향은 국
민소득 구성의 변화에서도 찾아볼 수 있다.

　현재까지 행해진 시계열 분석과 횡단면 분석의 결과로써 알려져 있
는 경제성장에 따른 산업구조의 변화 즉 노동력 인구와 국민소득의
산업별 구성비의 변동을 요약한 것이 〈표 2〉[6]이다. 그리고 이 표의
시계열 분석결과만을 도시한 것이 〈그림 1〉[7]이고, 이 표의 횡단면 분

5) C. Clark, *op. cit.*, chapter 9.
6) 宮澤健一, 《産業の經濟學》, 1975, p. 57.
7) 篠原三代平, 《産業の構造論》, 1966, p. 6.

〈표 3〉 산업구조—국민소득 및 노동력인구에서의 산업별 구성비
(1950년대 초기)

(단위: %)

1인당 GDP (1958년 미 달러 기준)		199달러 이하 (저개발국)	200~574달러 (중진국)	575달러 이상 (선진국)
A 부 문	소득(생산)	46.0	20.5	17.4
	노동력인구	57.6	37.9	19.3
M⁺ 부 문	소득(생산)	21.5	34.0	47.7
	노동력인구	19.5	29.8	46.2
S 부 문	소득(생산)	32.6	45.5	34.9
	노동력인구	22.9	32.3	34.5

출처: S. Kuznets, *op. cit.*, 1966, Table 8.1.

석의 구체적인 결과를 나타낸 것이 〈표 3〉이다.

이 법칙이 성립하는 이유는 3부문 분류의 논거에 어느 정도 나타나 있다고 할 수 있다. 3부문 분류법의 논거로서는 다음의 세 가지를 들고 있다. 첫째는 제1차산업의 생산물은 주로 생활필수품으로 구성되며, 또 이들 생산물에 대한 수요가 거의 확실하게 비탄력적(소비자의 소득이 증감해도, 또 그 생산물의 가격이 등락해도 소비자의 수요량은 그다지 변화하지 않는 것)이라는 공통의 성질을 갖고 있다는 것이다. 둘째는 제1차산업에는 수확체감의 경향(클라크에서는 생산량 증가의 결과로서 생산물 단위당 평균 실질생산비가 체증한다는 의미이다)이 있는 데 대해서, 제2차산업에는 수확체증의 경향(그는 이 경향을 경영규모 확대의 함수로보다는 오히려 산업규모 확대의 함수로 보고 있다)이 있다는 것이다. 셋째는 제1차, 제2차산업의 생산물은 무역의 대상이 되지만, 제3차산업의 생산물은 운수, 금융, 보험 등의 서비스를 예외로 하여 국제거래의 대상이 되지 않는다는 것이다.[8]

(2) 경제성장은 산업구조의 변화뿐만 아니라 공업구조의 변화도 초

---

8) 篠原三代平 외 편, 《近代經濟學講座(基礎理論)》 I, 1967, p. 61.

〈표 4-1〉 산업구조—국민소득(GNP)에서의 산업별 구성비(1950년대)

1인당 GDP (1958년 미달러 기준)	199달러 이하(저개발국)		200~574달러(중진국)		575달러 이상(선진국)	
	100달러 이하	100~199 달러	200~349 달러	350~574 달러	575~999 달러	1천 달러 이상
나 라 수	10	16	7	10	16	
A 부 문	49.8	32.7	33.7	15.1	14.0	
M$^+$ 부 문	22.8	28.6	29.0	39.4	50.9	
(제 조 업)	(9.5)	(11.2)	(15.3)	(15.9)	(31.2)	
S 부 문	27.4	38.7	37.3	45.5	35.0	

출처: 〈표 3〉과 동일.

〈표 4-2〉 공업구조—제조업 부가가치에서의 산업별 구성비(1950년대 후기)

(단위: %)

1인당 GDP (1958년 미 달러 기준)	199달러 이하 (저개발국)		200~574달러(중진국)		575달러 이상(선진국)	
	100달러 이하	100~ 199 달러	200~ 349 달러	350~ 574 달러	575~ 999 달러	1천 달러 이상
나 라 수	9	17	6	8	16	
식 료 품	34.8	38.2	34.3	34.8	16.7	
섬 유 품	17.6	10.8	20.2	6.4	6.3	
의 류	2.5	5.4	4.3	10.1	5.0	
(소 계)	(54.9)	(54.4)	(58.8)	(51.3)	(28.0)	
	(54.8)		(54.5)			
제 1 차 금 속	1.9	1.9	4.4	3.2	10.6	
금 속 제 품	9.5	10.6	9.0	13.4	28.0	
(소 계)	(11.4)	(12.5)	(13.4)	(16.6)	(38.6)	
	(12.1)		(15.2)			
목 제 품	5.3	7.2	4.0	5.8	5.3	
지·인쇄·풀판	5.0	4.4	4.4	5.8	9.9	
피혁·고무	3.5	2.2	3.3	1.7	2.0	
화 학	12.8	10.1	9.4	9.1	9.1	
요 업	4.5	6.4	5.5	7.1	4.5	
기 타	2.6	2.8	1.2	2.7	2.5	
(소 계)	(33.7)	(33.1)	(27.8)	(32.1)	(33.4)	
	(33.1)		(30.3)			

주: 1) 소계의 54.8 등의 수치는 가중평균치이다.
   2) 화학의 가중평균치는 199달러 이하의 경우에는 11.0, 200~574 달러의 경우에는 9.2, 575달러 이상의 경우에는 9.1이고 요업의 그것은 199달러 이하의 경우에는 5.7, 200~574달러의 경우에는 6.4, 575달러 이상의 경우에는 4.5이다.
출처: 〈표 3〉과 동일.

〈표 5〉 호프만의 공업화의 단계

	제1단계	제2단계	제3단계	제4단계
소비재공업 의 비율 투자재공업	5(±1)	2(±½)	1(±½)	그 이하
	1	1	1	

주: 1) ( ) 안은 ( ) 밖의 수치를 기준으로 한 플러스, 마이너스의 상하폭을 표시한다.
   2) 소비재공업과 투자재공업은 생산물(최종생산물과 중간생산물을 합한 것)의 75%
      이상이 소비재 혹은 투자재로 되는 것으로 판정된 경우를 표시한다. 따라서 소비재
      공업은 식료품, 섬유, 의류, 피혁제품, 목제품을, 투자재공업은 금속기계, 운수 기
      계, 화학을 각각 포함하며 그 밖의 고무, 제재, 종이, 인쇄는 어느 분류에도 포함되
      지 않는다.

래한다. 〈표 4-1〉이 보여주는 바와 같이, 경제성장은 제조업 구성비의
증가, 즉 공업화를 초래하는 산업구조의 변화를 일으킨다. 이 측면에
대해서는 호프만(W. G. Hoffmann) 법칙이 알려져 있다. 호프만은 제조
업을 소비재공업과 투자재공업으로 나누어, 소비재공업의 부가가치를
투자재공업의 부가가치로 나눈 비율(이것을 '호프만 비율'이라고 한다)을
구할 때, 경제성장에 따라서 이 비율이 저하한다는 사실 즉 소비재공
업의 비중이 상대적으로 축소되고 투자재공업의 비중은 상대적으로
확대된다는 사실을 밝히고 있다.[9] 이 사실은 호프만 법칙이라고 불리
는데, 이것은 표현을 달리 하면 공업화의 단계는 호프만의 제1단계에
서 제2단계→제3단계→제4단계로 이행해 간다는 것을 내용으로 한다
고 할 수 있다(〈표 5〉 참조). 그의 제1단계는 소비재공업의 활동이 지
배적이며 투자재공업이 미발달한 단계이며, 제2단계는 소비재공업에
비해서 투자재공업이 상대적으로 발전하는 단계이고, 제3단계는 소비
재공업과 투자재공업이 균형을 이루어 발전하는 단계 그리고 제4단계
는 투자재공업이 그 이상의 발전을 나타내는 단계이다.

---

9) W. G. Hoffmann, *Stadien und Typen der Industrialisierung*, 1931(英譯 *The Growth of Industrial Economics*, 1958).

〈표 6〉 일본의 수출구성

(단위: %)

	식료품	원연료	공업품			기 타
			계	경 공업품	중화학 공업품	
1953	17.0		82.0	50.0	32.0	−
1960	6.3	2.2	91.0	47.0	44.0	0.4
1965	4.1	1.5	93.9	31.9	62.0	0.6
1970	3.4	1.0	94.8	22.4	72.4	0.8
1973	2.3	0.9	95.7	16.3	79.4	1.1

출처: 春秋社,《日本經濟の重工業化》, 1964, p. 149 및 日本許論社,《セミナ―經濟學敎室
  8》, 1975. 7, p. 33.

그러나 중화학공업화(중화학공업의 구성비 증가)는 성립해도 호프만
법칙은 성립하지 않는다는 견해도 있다.[10] 그러나 어쨌든 경제성장에
따라서 중화학공업화가 이루어진다는 것은 하나의 사실로 되어 있다.
이 사실은 〈표 4-2〉에 의해서도 실증적으로 뒷받침되고 있음을 알 수
있다. 이 표는 중화학공업이라고 할 수 있는 제1차금속, 금속제품, 화
학, 실업이 저개발국의 경우에는 28.7퍼센트, 중진국의 경우에는 30.8
퍼센트, 선진국의 경우에 는 52.2퍼센트임을 보여주고 있다. 그리고 이
표에 따르면 특히 제1차금속과 금속제품은 저개발국의 경우에는 12.1
퍼센트, 중진국의 경우에는 15.2퍼센트, 선진국의 경우에는 38.6퍼센트
로 되어 있다.[11]

(3) 경제성장은 공업구조의 변화를 통해서 무역구조의 변화를 초래
한다. 즉 경제성장에 따라서 수출에서 공업품과 중화학공업품의 구성
비는 각각 증가한다. 이것은 마이젤스(A. Maizels)[12]에 의해서 이미 밝

---

10) 宮澤健一 편,《産業構造分析入門》, 1966, pp. 38~39.
11) 이처럼 선진국과 저개발국 간 공업구조의 커다란 차이가 제1차금속과 금속제
   품에 있음은 레온티예프에 의해서도 밝혀지고 있다. 이에 대해서는 변형윤,
   〈韓國産業構造의 特徵〉,《經濟論集》, 1969. 9, pp. 17~19를 참조하기 바란다.

혀졌지만, 구미의 선진공업국에 뒤늦어서 공업화에 성공하여 급속하게 추격하는 형의 경제성장을 이룬 현재의 선진공업국인 일본의 예에 의해서도 잘 실증되고 있다. 일본은 1930년에 섬유제품이 52.4퍼센트(생사·견직물 32.9%, 면사·면직물 19.5%)에 이르러 수출의 반 이상을 차지하고 기계류가 겨우 1.4퍼센트에 불과했지만, 〈표 6〉에서 알 수 있듯이, 수출에서의 공업품과 중화학공업품의 구성비는 1953년에는 이미 82.0퍼센트와 32.0퍼센트에 이르고 있으며, 1973년에는 각각 95.7퍼센트와 79.4퍼센트로 되어 있다.

4. 제품 사이클과 공업구조, 무역구조의 변화

(1) 쿠즈네츠는 35종에 이르는 산업의 장기발전과정을 세밀하게 검토한 결과 어떤 산업에 대해서도 대체로 〈그림 2〉와 같은 판매액의 추이를 볼 수 있음을 찾아내고 다음과 같은 결론을 내리고 있다.

〈그림 2〉 제품 사이클 곡선

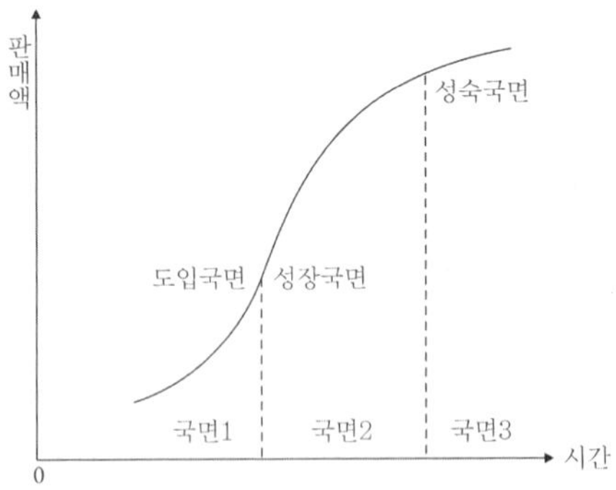

급속한 발전을 나타내고 있는 어떤 산업도 줄기찬 성장을 무한히 계속할 수는 없고 점차 그 성장이 약화되어 간다. 그리고 급속한 발전기를 맞이하고 있는 다른 산업들에 추월당한다. 우리는 한 국가 내에서 각종 산업이 잇따라서 그 국가의

─────────────

12) A. Maizels, *Industrial Growth and World Trade*, 1963.

〈표 7〉 제품 사이클의 특성

특 성	국 면		
	도 입	성 장	성 숙
기　술 (tech - nology)	단기적이고[1] technique 이 급속히 변화한다. 외부경제에 의존한다.	대량생산방식이 도입된다. technique의 변화가 아직 자주 있다.	장기적이고[2] process는 안정적이다. 중요한 기술혁신은 적다.
자　본 집 약 도	낮다.	설비폐기율이 크기 때문에 높다.	대량의 전문화된 설비가 사용되기 때문에 높다.
시장구조	신기업의 진입은 노하우에 의해서 결정된다. 기업수는 많다.	기업수는 증대경향, 도산이라든가 합병이 많다. 기업통합도 증대 경향	시장 position과 자금원이 신기업의 진입에 영향을 미친다. 기업수는 감소 경향
결정적인 인적투입	과학적 및 공학적	관리	비숙련 및 반숙련 노동
수요구조	판매자 시장 대체품의 성과와 가격이 수요자의 기대를 결정한다.	개별 생산자는 증대하는 가격탄력성에 직면한다. 경쟁에 의해서 가격이 인하된다. 제품에 관한 정보가 일반에게 보급되어 간다.	구매자 시장 제품에 관한 정보는 간단히 얻어진다.

주: 1) 생산공정이 짧고, 단편적임을 뜻한다.
　　2) 생산공정이 길고, 연속적 일관공정임을 뜻한다.

선도산업으로 되는 것을 볼 수 있으며, 또 각 산업 내에서도(업종별로 판매액) 증가율의 두드러진 하락세가 나타난다.[13]

〈그림 2〉의 곡선이 다름 아닌 제품 사이클 곡선인데, 그것은 크게 세 가지 국면 즉 도입국면, 성장국면, 성숙국면으로 나누어진다.[14] 이 세 가지 국면의 특징을 허쉬는 〈표 7〉과 같이 정리하고 있다.[15][16]

---

13) S. Hirsch, *Location of Industry and International Competitiveness*, 1967, p. 16.
14) 개별 기업의 관점에서 행해지는 마케팅론에서는 이미 이와 같은 제품의 수명 사이클(life cycle) 문제가 중시되고 있다.
15) *Ibid.*, p, 23.
16) 허쉬와 동일한 접근은 일본에서는 赤松要 교수에 의해서 이미 제2차 대전 전에 행해져 있다.

〈그림 3〉 생산요소비용, 국제경쟁력 및 제품성숙도 사이의 관계

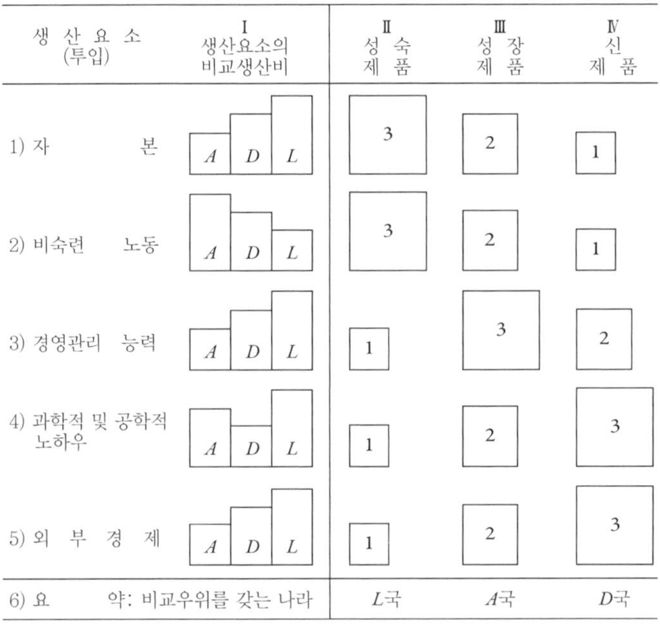

생산요소 (투입)	I 생산요소의 비교생산비	II 성숙 제품	III 성장 제품	IV 신 제품
1) 자 본	A D L	3	2	1
2) 비숙련 노동	A D L	3	2	1
3) 경영관리 능력	A D L	1	3	2
4) 과학적 및 공학적 노하우	A D L	1	2	3
5) 외 부 경 제	A D L	1	2	3
6) 요 약: 비교우위를 갖는 나라		L국	A국	D국

(2) 허쉬는 또 생산요소를 자본과 노동으로 구분하는 대신에 자본, 비숙련 노동, 경영관리 능력, 과학적·공학적 노하우 및 외부경제로 세분하고, 비록 동일 제품이라고 해도 제품 사이클의 국면이 다르면 제품의 생산요소집약도(생산요소 이용률)가 다르다는 것을 명백히 하고 있다. 〈그림 3〉의 II~IV가 그것을 나타내고 있다.[17] 〈표 8〉은 이해를 돕기 위해서 이 그림을 표의 형식으로 바꾼 것이다. 이 그림의 I에는 생산요소의 비교생산비(상대생산비)가 미국과 같은 최선진공업국(A), 네덜란드, 스위스, 이스라엘과 같은 소개발국(D), 인도, 홍콩 및 터키와 같은 저개발국(L)별로 사각형의 크기로 표시되어 있다. 단 이 크기는 단위생산비(혹은 더 정확하게 말하면 상대적 희소성)와 효율을 고려하

---

17) Ibid., p. 35.

〈표 8〉 생산요소비용, 국제경쟁력 및 제품성숙도 사이의 관계

생산요소 (투 입)	생산요소의 비교생산비 (상대생산비)			생산요소집약도		
	I			II	III	IV
	A국	D국	L국	성숙제품	성장제품	신제품
자 본	소	중	대	대	중	소
비 숙 련 노 동	대	중	소	대	중	소
경 영 관 리 능 력	소	중	대	소	대	중
과학적·공학적 노하우	중	소	대	소	중	대
외 부 경 제	소	중	대	소	중	대
요 약	비교우위를 갖는 국가		L국	A국	D국	

여 결정된 것이며, 또한 단순히 순위를 나타내기 위한 것에 불과하다. 그리고 II~IV에 있는 사각형의 크기도 역시 단순히 순위를 나타내기 위한 것임은 말할 나위도 없다. 〈그림 3〉은 이처럼 I과 II~IV를 갖고 있으므로 양자를 결부시켜 최적의 국가, 제품배합을 알 수 있게 해 주고 있다. 그림의 최하위 칸이 그것을 보여준다. 이 요약에 따르면 성숙제품(성숙국면에 이른 제품)은 저개발국이, 성장제품(성장국면에 이른 제품)은 최선진공업국이, 신제품(도입국면에 이른 제품)은 소개발국이 각각 비교우위를 갖고 있다고 할 수 있다.[18]

(3) 버논은 제품 사이클론을 원용하여 경제성장에 따른 공업구조, 무역구조의 변화를 설명하고 있다고 볼 수 있다. 그의 1966년의 논문[19]을 보면 그림이 하나 있다. 〈그림 4〉가 바로 그것이다. 그는 이 그림에서 분명히 제품발전의 3단계설 혹은 3국면설을 채택하고 있다.

---

18) 이러한 허쉬의 견해에 대한 간단한 코멘트는 稻毛滿春, 앞의 책, pp. 29~30을 참조하기 바란다.

19) R. Vernon, "International Investment and International Trade in the Product Cycle," *Quarterly Journal of Economics*, May 1966.

〈그림 4〉 산업발전의 패턴

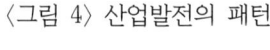

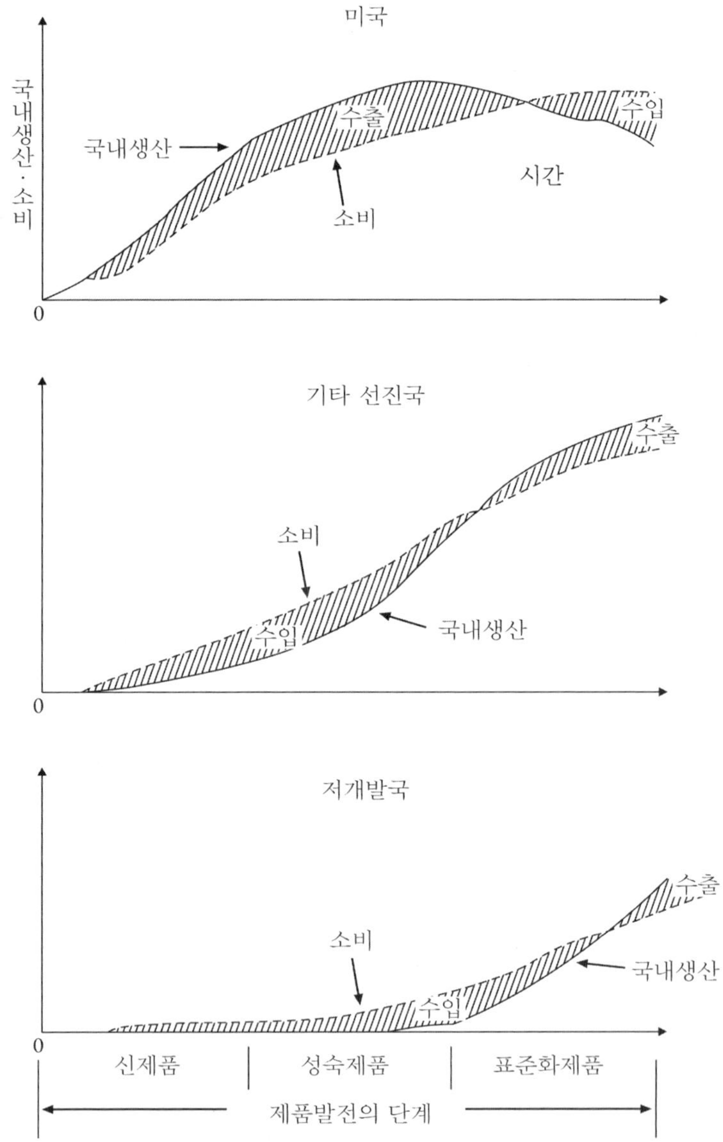

미국

국내생산·소비

국내생산 →

수출

소비

시간

수입

0

기타 선진국

소비

수입

국내생산

수출

0

저개발국

수출

소비

수입

국내생산

0

신제품 | 성숙제품 | 표준화제품

제품발전의 단계

출처: R. Vernon, *op. cit.*, p. 199.

즉 제품발전의 단계를 도입[20]단계, 성숙단계, 표준화단계로 구분하고 있다. 그러나 그의 성숙단계와 표준화단계는 일단 쿠즈네츠, 허쉬의 성장국면, 성숙국면에 해당한다고 할 수 있을 것이다. 그는 또 한 단계를—편의상의 이유에서라고 생각되지만—각각 5등분 하고 있다. 따라서 지금 설명의 편의상 각각을 제1 1/5기, ……, 제5 1/5기라고 부르기로 하자.

그러면 이 그림에서 다음을 알 수 있다. 신제품을 선행적으로 개발한 미국의 경우에는 그 제품의 국내생산은 계속 확대되다가 성숙단계의 제5 1/5기부터 감소되는 한편, 그 제품의 수출은 이미 도입단계의 제2 1/5기부터 개시되어 표준화단계의 제2 1/5기까지 계속되지만, 그 제3 1/5기부터는 오히려 그 제품의 수입이 이루어지게 된다. 즉 수출의 수입으로 전환이 이루어지게 된다. 이러한 전환은 기업의 다국적화의 진행에 말미암는 것이라고 할 수 있다.

기타 선진국의 경우에는 뒤늦어서(즉 도입단계의 제2 1/5기부터) 그 제품의 미국으로부터 수입이 이루어지는 동시에 국내생산(수입의 국내대체)도 이루어지지만, 국내생산이 국내소비를 충족시키지 못함으로써 수입이 표준화단계의 제1기까지 계속되다가 그 제2 1/5기부터 드디어 수출로의 전환이 이루어지게 된다. 저개발국의 경우에는 역시 뒤늦게, 즉 도입단계의 제2 1/5기부터 그 제품의 미국으로부터 수입이 이루어지지만 국내산업(수입의 국내 대체)은 훨씬 늦어서 성숙단계의 제3 1/5기부터 개시될 뿐만 아니라, 국내생산이 국내소비를 충족시키지 못함으로써 수입이 표준화단계의 제4 1/5기까지 지속되다가 겨우 그 단계가 끝나는 제5 1/5기부터 수출로의 전환이 이루어지게 된다.

---

20) 원문에는 'new'로 되어 있다.

말하자면 가장 국제경쟁력이 강했던 미국의 신산업은 성숙단계, 표준화단계로 들어섬에 따라 기타 선진국의 동일 산업에 비해서, 그리고 기타 선진국의 산업은 다시 저개발국의 동일 산업에 비해서 국제경쟁력의 약화 현상을 나타내고 있는 셈이다.

이로부터 〈그림 4〉는 저개발국의 경우에는 수입이 선행하고 뒤에 수입의 국내 대체가 이루어지는 '수입→국내생산'의 패턴이, 기타 선진국의 경우에는 수입이 선행하고 수입의 국내 대체가 이루어진 연후(혹은 수입과 수입의 국내 대체가 동시적으로 이루진 연후)에 수출로의 전환이 이루어지는 '수입→국내생산→수출'(혹은 '수입, 국내생산→수출')의 패턴이, 미국의 경우에는 국내생산이 선행하고 뒤이어 수출이 이루어지고, 그 뒤에 수입으로의 전환[21]이 이루어지는 '국내생산→수출→수입'의 패턴이 각각 이루어진다고 하는 오늘날 잘 알려져 있는 주장을 뒷받침해 주는 것임을 알 수 있다.

물론 여기에서 기타 선진국을 후발선진공업국, 미국을 선발선진공업국으로 바꾸어 놓는다면 저개발국의 경우의 '수입→국내생산'은 '공업품의 수입→국내생산의 경공업화'[22]를, 후발선진공업국의 경우의 '수입→국내생산→수출'은 '중화학공업품의 수입→국내생산의 중화학공업화→수출의 중화학공업화'를, 선발선진공업국의 경우의 '국내생산→수출→수입'은 '국내생산의 중화학공업화→수출의 중화학공업화→수입'[23]을 각각 의미한다고 할 수 있다.

사실 이미 앞에서 본 바와 같이 경제성장에 따른 공업구조, 무역구조의 변화는 경공업에서 중화학공업으로의 전환, 경공업품에서 중화

---

21) 이것은 국내생산의 수입 대체라고도 할 수 있다.
22) 수입을 뒷받침하는 수출은 특산물, 1차산품이 중심이 된다.
23) 수입은 경공업품을 주로 한 노동집약적인 상품의 수입이라고 할 수 있다.

학공업품으로의 전환을 의미하며, 또 경공업품에서 중화학공업품으로
의 순차적인 진행과정은 바로 1차산품국이 경공업국으로, 경공업국이
중화학공업국으로 변모해 가는 기본적인 과정을 나타내는 것으로 볼
수 있다.

　제품 사이클론에 따르면 경제성장은 이러한 제품발전 또는 산업발전
의 패턴을 통해서 공업구조, 무역구조의 변화를 초래하게 되어 있다.

5. 전환능력

　(1) 킨들버거는 전환능력(capacity to transform)을 "무역구조를 경제의
흐름 속에서 새로운 사태에 적응시키면서 국내 또는 해외에서 발생
한 변화에 대응하는 능력"[24]을 뜻하는 것으로 사용하고 있다. 따라서
전환능력은 일단 표현을 바꾸어서 무역구조를 국내의 산업구조, 공업
구조에 적응시키면서 경제환경의 변화에 대응할 수 있는 능력이라고
할 수 있을 것이다.

　그런데 그에 따르면 이 전환능력에는 하나의 패턴이 있다고 한다.
그는 "전통적 사회에서는 전환능력은 매우 작다. 근대사회에 들어서면
그것은 증대한다. 전환능력은 성장과정의 어떤 단계에서 정점에 이르
고 그 뒤에는 약간 감소하는 것같이 생각된다"[25]고 말하고 있다.

　(2) 킨들버거는 전환하는 사회에서는 많은 일에 변화가 일어나는
것으로 보고 있다. 그는 다음과 같이 말한다.

　　소비자는 실질소득의 증가에 관심을 갖는다. 생산자는 시장을 생각하

---

24) C. P. Kindleberger, *Foreign Trade and the National Economy*, 1962, p. 99.
25) *Ibid.*, p. 102.

여 특화하고, 시장을 위해서 일하고, 재화를 화폐와 교환한다든가 화폐를
재화로 교환한다. 높은 가격은 한층 많은 양의 노동, 토지, 자본을 특정
의 생산으로 흡인하고, 나아가서는 산출고의 증가를 가져온다. 낮은 가격
은 생산의 축소를 가져온다.

이와 같은 반응에는 기업가와 생산요소 소유자 측에 이윤과 소득차액
에 대한 반응력이 있지 않으면 안 된다. 그것은 전통적인 방법을 무시하
는 것이다. 기업가는 나아가서 새로운 일로 전환하고, 노동자는 익숙지
않은 일도 마다하지 않는다. 경제적 기회의 확대에 필요한 생산요소 이
동의 조정을 위해서는 직업적, 공간적 및 사회적 이동성이 있지 않으면
안 된다. 상층으로의 사회적 이동은 군대, 교회 및 정치에 기인할 뿐 아
니라 경제적 성공에 의해서도 가능하지 않으면 안 된다. 최소한의 교육
과 독서능력은 많을수록 좋지만 새로운 일에서 노동의 재훈련과 지도를
하는 데 필요하다.[26]

따라서 전환능력은 적어도 전환하는 사회에서 일어나는 변화, 즉 킨
들버거의 '전환하는 사회'화를 요구한다고 할 수 있다. 오늘날의 저개
발국 중에서 전환능력을 구비하지 못하고 있는 국가가 있다면 그것은
바로 이 변화의 결여에 기인한다고 할 수 있을 것이다.

(3) 후발선진공업국에서는 전환능력은 구체적으로는 성숙제품의 개
량, 고급화 및 신용도의 개발에 의한 기존제품의 성숙국면의 연장, 독
자적인 기술개발에 의해서 신제품의 새로운 제품 사이클을 창출하여
신 수출산업을 확립하고, 기존의 수출산업의 성장이 크게 둔화하기 전
에 그것을 성장국면으로 가져가는 노력의 지속, 선발선진공업국에서

---

26) *Ibid.*, p. 101.

의 제품발전 즉 산업발전의 패턴에 관한 정확한 정보 등을 요구한다는 것에 유의할 필요가 있다. 선발선진공업국에서의 제품발전의 패턴인 '국내생산→수출→수입'의 '수출→수입'은 국내투자 중심형에서 해외직접투자가 큰 비중을 차지하는 형으로 이행과 상품수출형에서 본격적인 자본, 경영관리능력 수출형으로의 이행을 의미한다고 할 수도 있다.[27)]

그렇다면 다른 저개발국의 추격을 받으면서 후발공업국으로 진입 중에 있는 것으로 볼 수 있는 국가에서는 전환능력은 원칙적으로는 후발선진공업국보다는 한 단계 뒤늦은 단계에서의 그것이며, 부분적으로는 후발선진공업국의 그것도 포함된다고 할 수 있을 것이다.

6. 결 언

경제성장 과정에서 한 국가가 전환능력을 구비하는 일은 매우 긴요한 과제라고 할 수 있다. 일본의 성공적인 사례가 이 사실을 실증해 주고 있는 셈이다. 일본은 전환능력을 구비하고 있던 전형적인 국가로 정평이 나 있다. 분명히 일본은 오늘날의 유럽 선진국에 뒤늦어서 출발하여 공업화의 과정을 거쳐 1차산품국→경공업국→중화학공업국으로 변모하는 데 성공하였으며, 현재에서는 선진국 간의 국제분업관계를 현명하게 맺어가면서 저개발국의 추격에 대해서 어떻게 국내의 산업구조, 공업구조, 무역구조를 대응시켜 전환을 도모해 갈 것인가 하는 문제에 직면하고 있다.

전환능력은 킨들버거가 잘 정의해 주고 있다. 그러나 표현을 바꾸어

---

27) 宮澤健一, 앞의 책, 1975, p. 86.

서 그것을 산업혁명의 분위기를 조성·지속시키는 능력[28]이라고 정의
해도 무방할 것이다. 이러한 분위기의 지속은 큰 어려움을 발생시키는
해외에서의 변화에도 잘 적응할 수 있게 할 것이기 때문이다.

    따라서 어느 국가를 막론하고 특히 저개발국은 부단히 산업혁명의
분위기를 조성·지속시키는 노력을 추구해 가야 할 것이다. 그리고 킨
들버거가 말하고 있는 것같이 전환능력에도 사이클이 있으므로 전환
능력이 절정기를 지속하도록 하는 노력도 난제이기는 하지만, 추구해
가야 함은 물론이다.[29](이 노력은 선도적 수출산업의 전환으로 표현될 수
있을 것이다.)

《경제논집》(서울대, 1977. 2)

---

28) 日本經濟硏究センター, 《會報》, 1977. 7. 15, p. 3.
29) 이상의 논의에서는 노동력 수급의 질적·기능적 차이의 부재 등이 전제되어
    있고, 또 농공 간의 격차, 기업 간의 격차, 실업과 인플레이션의 공존, 공해문제
    등 진정으로 한 국가의 전환능력의 구비를 필요로 한다고 볼 수 있는 구조적
    요인이 논외로 취급되고 있다는 점에 유의할 필요가 있을 것이다.

경공업 비중 높여 생필품 공급 확대

1962년 이후 우리는 1963~64년에 첫 번째 심한 물가상승 시대를 맞이했다. 이때의 인플레는 디맨드 풀 인플레였다고 할 수 있다. 즉 초과수요에 기인해서 인플레가 야기되었다고 할 수 있다. 두 번째 심한 물가상승 시대는 석유파동 후의 1974~75년에 맞이했다. 이때의 인플레는 제조원가의 상승에 기인하는 코스트 푸시 인플레였다고 할 수 있다. 그리고 이때 물가 면에서 기업의 독과점화의 폐해가 현존화했다고 할 수 있다.

1975년 말에 〈물가안정과 공정거래법〉이 제정되어 1976년부터 실시되기에 이르렀다. 그 결과 독과점제품의 가격은 규제되게 되었다고 할 수 있다. 우리는 현재 세 번째 심한 물가상승 시대를 맞이하고 있는 셈이다. 대체로 이것은 1977년 후반기로부터 시작되었다고 할 수 있다. 우리가 현재 겪고 있는 심한 물가상승은 무엇에 기인한다고 할 수 있는가. 여러 가지 요인에 기인한다고 말할 수 있을 것이다.

그러나 그동안 고도성장의 추구, 수출드라이브정책, 중화학공업화의 추구, 높은 해외원자재 의존, 기업의 독과점화, 경제정책 운용의 경직화, 인플레 감수론 등에서 그 주된 원인을 찾을 수 있지 않을까 생각된다.

원래가 고도성장은 전반적으로 수요를 자극시켜서 물가상승을 야기할 수 있다. 수출드라이브정책, 중화학공업화의 추구는 주로 투자의 자극을 통해서 수요를 자극함으로써 물가상승을 야기할 수 있다. 특히 중화학공업화는 그 회임기간이 길어 더욱이 그 가능성을 크게 한다.

높은 해외원자재 의존은 원자재의 국제시세가 상승하면 그대로 제조원가를 높여서 물가상승을 야기할 수 있다. 독과점기업은 독과점적인 지위를 이용해서 제조원가를 높이는 요인이 있으면 그것을 그대로 가격으로 전가시키는 힘을 갖고 있으므로 기업의 독과점화는 물가상승을 야기할 수 있다.

경제정책 운용의 경직화는 통화를 급격히 증가시키는 요인이 발생했을 때 적절하게 대처하지 못하게 함으로써 물가상승을 야기할 수 있다. 인플레 감수론, 즉 고도성장 아래서는 인플레는 불가피하며 감수하여야 한다는 논의는 그것이 지배적일 때에는 물가상승을 야기할 수 있다.

그런데 우리나라에서는 그동안 고도성장과 수출드라이브정책, 중화학공업화는 지상명령으로 간주되어온 감이 있다. 그리고 그 결과인 인플레 감수론이 지배해왔다고 할 수 있다. 또 경제정책의 운용에서 경직성을 보여 왔다고 할 수 있다. 우리는 그 경직성이 야기시킨 좋은 예로서 1977년에 있은 40.7퍼센트의 통화팽창을 들 수 있다. 기업의 독과점화도 어떻게 보면 수출드라이브정책, 중화학공업화의 추구가 빚어낸 부수적인 산물의 하나라고 할 수 있을 것이다. 수출의 국가경쟁력을 강화시키기 위해서는 공장을 국제적인 단위규모로 할 필요가 있고 또 중화학공업 공장의 경우에는 원래가 대규모이므로 자연히 기업은 대규모화하지 않을 수 없어 독과점화 되었다고 할 수 있다. 거기

에다 수출드라이브정책, 중화학공업화가 가공원자재 생산부문을 적극
적으로 육성하면서 추구되지 않았던 탓으로 더욱더 해외원자재 의존
을 높였다고 할 수 있다.

인플레 요인

이러한 요인들이 빚어낸 것이 다름 아닌 우리가 현재 겪고 있는 디
맨드 풀 인플레와 코스트 푸시 인플레의 합작형이라고 할 수 있는 심
한 물가상승인 셈이다. 당초에는 디맨드 풀 인플레였다고 할 수 있으
나 작년 후반기부터 석유물가 상승, 자원물가 상승이 있자 코스트 푸
시 인플레의 양상도 띠기 시작했다고 할 수 있다. 그리고 조치는 바로
코스트 푸시 인플레의 면을 부각시킨 것이며 또 물가상승을 더 크게
하는 역할을 했다고 볼 수 있을 것이다.

수출드라이브정책, 중화학공업화 추구의 결과, 투자배분을 보면 제
조업에서 중화학공업의 비중은 1975년의 가격기준으로 1977년에는
71.9퍼센트, 1978년에는 72.9퍼센트이며(경상가격 기준으로는 각각 75.0%,
82.8%인 것 같다) 금융 전체에서 차지하는 정책금융의 비중은 1977년에
는 48.6퍼센트, 1978년에는 51.5퍼센트나 된다. 회임기간이 길어 물가
상승을 야기할 가능성이 매우 큰 중화학공업에 투자의 많은 부분을
배분한다는 것은 생필품과 관련이 있는 경공업에 대한 배분을 그만큼
작게 한다는 것을 뜻함은 불 보듯 뻔한 일이다. 또 정책금융의 비중이
크기 때문에 경공업은 일반금융으로부터 자금지원도 받기가 힘들다.
따라서 공급부족으로 생필품의 가격상승, 나아가서 물가상승이 야기
됨은 당연하다고 할 수 있다. 그리고 수출과다의 경우에는 내수부족이
야기되지 않을 수 없어 물가상승이 일어나게 된다.

그뿐 아니라 올해 중화학공업에서 필요한 운영자금은 전체 민간대출한도의 10퍼센트를 웃도는 3천억 원이나 되고 계획대로 추진한다면 1981년에는 그것이 2조 원을 넘을 것으로 예상된다고 한다. 그렇다면 투자재원의 조달도 문제가 되겠지만 계속해서 경공업에 대한 배분의 비중을 유지할 때 생필품의 가격상승, 나아가서 물가상승이 야기되는 일이 없을 것인지도 문제가 된다고 할 수 있다. 따라서 중화학공업화의 추진은 이 면에서도 심각하게 검토될 필요가 있다고 할 수 있다.

경제안정화종합대책을 보면 정부는 수출드라이브정책, 중화학공업화에 일단 신축성을 보여 수출목표치에 집착하지 않는 한편 금년에 제조업에 대한 투자의 82.0퍼센트(투자가 기준)를 중화학공업에 배분하려던 당초의 계획을 수정하여 78.0퍼센트를 배분하도록 한다고 한다. 바꾸어 말하면 경공업에 대한 투자배분의 비중을 4.0퍼센트포인트 높인다고 한다. 또 장기적으로 보아 국제경쟁력이 약한 사업과 시설과잉 또는 중복투자로 부실화될 가능성이 큰 사업, 자기자금 투입비중이 낮은 사업의 투자는 연기하며 5백만 달러 이상의 차관 및 외화대출 신규사업은 철저히 타당성을 검토하며 구체적인 대상품목 및 연기에 따른 추가비용 분담방안 등은 부총리를 위원장으로 하는 투자사업 조정위원회를 설치하여 심의하도록 하고 있다. 이 위원회는 정책금융의 운용도 관리하도록 되어 있다.

우리나라의 해외원자재 의존도는 높다. 수입에서 원자재의 비중은 1977년에는 55.2퍼센트, 1978년에도 55.7퍼센트나 되고 또 분류를 달리해서 공업용원료 및 연료(주로 원유)는 1977년에는 0.1퍼센트, 1978년에는 16.3퍼센트로서 가장 큰 수치를 나타내고 있지만 원유 같은 천연자원이 아닌 가공원자재가 적어도 30.0퍼센트 이상의 수치를 나타내고 있음을 간과해서는 안 될 것이다.

만약 비중이 상당히 낮다고 하면 자원파동의 영향을 덜 받을 수 있다고 할 수 있을 것이다. 이에 경영합리화가 가세된다면 더욱이 그러할 것이다. 국제상품가격지수의 하나인 로이터지수는 1978년 3월 1일에 1388.5이던 것이 금년 3월 28일에는 1,574.9나 되고 또 우리나라의 수입물가는 금년 3월 말 현재로 작년 말에 비해서 7.8퍼센트나 상승하고 있다. 이것은 도매물가와 소비자물가의 상승률보다 큰 수치이다. 이 높은 해외원자재 의존은 무역수지의 적자 특히 대일무역수지의 적자를 초래한 요인의 주된 것의 하나이기도 하다.

따라서 물가안정과 관련해서 생각할 때 투자조정에 있어서는 상술한 점들을 감안하여 현재로서는 경공업에 대한 투자를 높이고 아울러 중화학공업에서는 가공원자재 생산부문에 대한 투자비율을 높이도록 하여야 할 것이다. 물론 올해 주요 경제시책에 따르면 공급이 부족한 정유, 철강 등의 부문에 대한 신규투자를 계속 확충하기로 되어 있고 또 철강, 석유화학, 비철 등의 소재공업부문의 운전자금을 지원하기로 되었기는 하지만……

정책의 방향

우리나라의 물가안정을 위해서는 현재로서는 고도성장과 수출드라이브정책, 중화학공업화(1단계 가공원자재 생산부문은 제외)의 추구로부터의 탈피, 경제정책 운용의 경직화로부터 탈피, 인플레 감수론으로부터 탈피가 먼저 필요하다고 할 수 있다. 필요로 할 때에는 적어도 일정기간 동안 이러한 탈피는 가능하며 또 불가피하다고 할 수 있다. 그리고 경제계획은 원래가 인위적으로 이뤄지는 슬기로운 경제활동의 조정기능을 전제로 하기에 바로 경제정책 운용의 신축성을 요구한다고 할 수 있고 또 고도성장과 물가안정은 양립할 수 있을 뿐 아니라 물가안정은 고도성장의 전제라고 할 수도 있다.

경제안정화종합대책을 보면 현재로서는 정부는 여러 가지 면에서 신축성을 보이고 있는 것 같이 생각된다.

"경제성장률이나 수출목표치에 집착하지 않을 것이다." "경제안정 기반은 꼭 이룩할 것이다." "투자배분에 있어서 중화학공업의 비중을 금년의 당초 계획서의 82.0퍼센트를 78.0퍼센트로 낮출 것이다" 등에서 미루어 보아 그렇게 말할 수 있을 것이다.

그러나 물가안정을 위해서는 적어도 앞으로 일정기간 동안을 조정 기간으로 삼고 여러 가지 면에서 경제적으로 대처해갈 필요가 있다는 것을 다시 강조하지 않을 수 없다. 그리고 이와 관련해서 만약 우리나라의 경제개발계획이 성공적이었다고 자부한다면 경제계획의 전제를 상기할 필요가 있다는 것을 강조하지 않을 수 없다.

이와 아울러 물가안정을 위해서는 앞으로도 중화학공업의 가공원자재 생산부문의 적극적인 육성의 재(再)중시, 경영합리화의 강화, 독과점 규제의 강화 등이 필요하다고 할 수 있다.

그러면서 앞으로도 원유가격, 자원가격 등 물가를 상승시킬 복병이 많음을 감안할 때 그 일정기간 동안 서민의 의·식·주·행(行)과 관련 있는 기초적인 필수품과 서비스의 가격을 거의 고정시켰다고 할 수 있을 정도로 안정시키기 위해서 온갖 노력을 기울일 것을 강조하지 않을 수 없다. 그 노력에는 이들 업체에 대한 보조금, 조세경감 등의 조치가 포함된다고 할 수 있을 것이다. 현재로서는 서민의 생활안정을 위한 길은 기본적으로는 이것밖에 없다고 할 수 있을 것이기 때문이다. 이때 그들 품목과 서비스만으로 작성되는 지수를 별도로 작성하고 이것의 상승률을 적극 안정시키도록 하여야 함은 재론의 여지가 없다.

끝으로 물가안정은 어디까지나 무역수지 적자폭의 지나친 확대 없이
이룩될 때 바람직스러운 것임을 말할 나위도 없다.

⟨표⟩ 한국·대만·일본의 주요 경제지표

(단위: %)

		1968~77년 평균	오일쇼크 기간 제외 연평균
한국	도매물가상승률	14.3	9.3
	(GNP deflator 상승률)	15.6	13.2
	경제성장률	11.1	11.8
	통화증가율	33.6	35.2
대만	도매물가상승률	7.5	1.5
	(GNP deflator 상승률)	8.7	5.0
	경제성장률	8.7	9.3
	통화증가율	23.4	22.4
일본	도매물가상승률	6.5	2.3
	(GNP deflator 상승률)	8.1	5.8
	경제성장률	7.2	8.2
	통화증가율	16.5	17.1

《Knit산업》(1979)

한국 철강공업의 기술축적
: 포항제철을 중심으로

1. 분석의 범위와 방법

오늘날 저개발국들이 공업화의 과정에서 겪는 가장 심각한 문제는 그들의 낮은 기술수준과 종속적인 기술의존관계를 어떻게 극복할 수 있는가 하는 것이다. 이는 단지 공업화의 초기단계에서만 제기되는 문제가 아니라 공업화가 진전되는 과정에서도 줄곧 제기되는 문제이다. 이들 국가들은 대부분 세계자본주의체제에 편입, 서구의 선진기술과 자본을 도입함으로써 이른바 자본주의적 공업화를 지향하였으나 외형적인 공업구조의 고도화와 기술인력의 급증에도 불구하고 그들의 기술수준은 여전히 낮은 단계에 있으며 대외의존관계는 더욱 확대되었다. 이는 저개발국들이 선진기술의 수입에도 핵심적인 기술의 흡수·소화에는 상당한 한계를 갖고 있으며 수입기술의 토착화가 어렵다는 것을 반영하는 것이라 할 수 있다. 수입기술의 흡수·소화의 형태들은 단지 수입국의 수용능력이나 수용방법 등에 의해서만 결정되는 것이 아니라 이전되는 기술의 역사적 성격에 의해서도 규정된다. 1970년대에 이르러 논의되고 있는 기술이전과 축적의 문제의 본질은 후자에서 파악되어야 한다고 생각된다. 이를테면 19세기 선발자본주의국에 의해 일본이나 러시아에 이전된 산업기술은 현대 독점자본국가에 의해 저개발국에 이전되는 그것과는 본질적인 차이를 갖고 있으며 이에 대한 인식이야말로 저개발국의 수입기술의 흡수·소화 과정을 분석하는 전제가 된다고 할 수 있다.

이 글은 이러한 시각에 서서 철강기술을 대상으로 수입기술의 흡수·소화를 검토하였다.

저개발국에서 철강공업 등의 중화학공업은 2차 대전 후 선·후진국 간의 수직적 국제분업의 논리 아래서 그 발달이 지체되어 왔다. 그러나 점차 저개발국의 경제자립에 대한 요구의 증가와 함께 선진국들에서 임금비용의 증가, 공해방지비의 급증, 입지난 등에 의해 일부 중화학공업이 저개발국에 이전되었다. 철강공업은 중화학공업의 기초소재를 공급하는 부문으로서 국민경제의 자립적인 재생산구조를 구축하는 전제가 되는 산업이다. 이에 비추어 철강기술의 이전과 축적에 관한 문제는 특별한 중요성을 갖는다.

이 글에서는 포항종합제철주식회사를 대상 공장으로 하였다. 먼저 2절에서는 포항제철의 기술흡수·소화의 분석에 앞서 이의 전제라고 할 수 있는 기술이전과 관련해서 살펴보았다. 기술이전의 조건들은 수입기술의 흡수·소화의 형태를 결정하는 기업외부적 요인이라고 할 수 있으며, 따라서 여기서의 분석은 3절에 대해 기본적인 시각을 제공한다. 이 글에서 대상으로 하는 기술범주는 수입기술의 운용과 조업기술에 한정되지 않고 설비에 체화되어 수반되는 기술도 포함하고 있다. 이는 철강공업과 같이 핵심기술이 설비에 체화되어 있는 경우 당연한 것이지만, 실제로 저개발국의 수입기술의 흡수·소화에서의 문제는 수입기술을 운용하지 못한다는 데에 있는 것이 아니라 그 기술의 핵심적 비밀을 완전히 소화해서 그러한 설비를 재생산하는 것이 어렵다는 데 있는 것이다.

3절에서는 먼저 포항제철에서 수입기술의 흡수·소화의 특징들을 살펴보고 이를 결정지은 포항제철의 기술수용 태도 및 그 방법 등 기업 내부적 요인에 대해 분석하였다. 축적기술의 경제적 효과에 대해서는 따로 몇 가지 지표로써 살펴보았다. 포항제철의 기술축적은 주로 설비운용과 조업을 중심으로 이루어졌으며 그 효과 또한 여기에 집중되었다. 안정적인 조업을 통한 적정생산의 유지 및 소재공급은 원단위 저하, 회수율 향상, 품질 향상 등 생산성 향상에 큰 영향을 미치며, 한국과 같이 격렬한 국제경쟁에 직면하고 있는 경우 그 효과는 중요한 의의를 갖는다고 할 수 있다.

마지막으로 이 글에서는 기술확산의 문제는 다루지 않았다. 포항제철의 경우 기술확산에 관한 논의는 조업기술을 제외하면 아직 이르다고 생각되기 때문이다. 다만 조업기술에서는 해외용역수출을 경험할 정도로 높은 수준에 이르고 있으며 이에 대한 언급을 약간 덧붙였다.

2. 기술수입의 조건 및 특성

여기서는 포항제철에서 기술축적의 여러 형태를 결정하는 데 전제가 된다고 할 수 있는 기술수입과 관련된 문제들에 대해 살펴보려 한다. 이에는 기술수입에서 산업환경이라든가 이전기술의 내용, 수요의 역할, 남북 간 기술이전의 본질 등이 설명되어야 한다고 생각한다. 먼저 기술수입의 산업적 환경이 어떠했는가를 보도록 한다.

철강공업은 선철을 생산하는 제철부문과 이를 소재로 해서 강괴를 만드는 제강부문, 그리고 최종 압연제품을 생산하는 압연부문으로 구성된다. 서구의 근대적 철강기술은 제선→제강→압연의 순으로 발달하여 왔으며 기술혁신의 누적적인 연관효과에 의해 고로(高爐)와 전로(轉爐)를 갖춘 일관제철의 단계에 이르렀다. 최근에 이르러 선진국들은 고로의 대형화, 설비의 자동화, 연속주조기술의 확대 방향으로 기술진보를 계속하고 있다.

그러나 한국은 1970년대 초에 이르기까지 선철생산을 위한 제선부문은 극히 취약한 채 고철을 주원료로 해서 강괴를 생산하는 평로(平爐)와 전기로(電氣爐) 설비만이 신·증설되었으며 압연부문은 비정상적으로 팽창하여 반성품(半成品) 등 소재의 대외의존이 매우 높았다. 또한 평·전로 기술도 해외로부터 수입에 의존하였으며 국내 철강기술의 축적 정도는 극히 미약한 단계에 있었다.

고로를 갖춘 한국 최초의 일관제철은 포항제철의 설립에서 비롯되었다. 포항제철은 1973년 7월 조강 1,032천M/T의 생산능력을 갖춘 1기 설비를 준공하였으며, 이어서 1976년 5월 2,600천M/T, 1978년 12월 5,500천M/T 규모로 2차에 걸친 확장사업을 함으로써 기술수준을 높이고 생산제품을 다양화하였다. 또한 국내 철강업의 부문 간 불균형도 크게 축소되어 1978년 말 현재 부문별 생산능력은 제선 5,267천M/T, 제강 7,790천M/T, 압연 8,065천M/T이 되었으며 그 구조는 1972년의 8:37:100에서 1978년의 65:97:100으로 전환되었다. 이와 같은 포항제철의 설비확장은 국내의 낮은 기술수준을 반영해서 전적으로 해외로부터의 기술수입에 의존하였다. 소요설비는 차관조건에 따라 주로 일본으로부터 도입되었으며 엔지니어링은 야하다(八幡)·후지(富士)·일본강관 등으로 구성되는 Japan Group(JG)과 용역계약을 통해 제공되었다. 소요차관은 1기에 147백만 달러, 2기에 341백만 달러, 그리고 3기에 766백만 달러에 달했었다. 1기에는 특히 일본으로부터 차관에 크게 의존해서 대일 유상청구권자금 46백만 달러를 포함해서 123백만 달러가 도입되었으며 그 후 일본으로부터 차관액은 2기에 152백만 달러, 3기에 399백만 달러에 머물렀다. 용역계약이란 철강플랜트의 대한(對韓)수출에 따른 엔지니어링의 제공이며 그 내용은 기획·건설로부터 기기구매, 조업, 연수 등에 이르기까지 전반적인 내용을 포함하고 있다.〈표 1〉에서 보는 바와 같이 용역계약은 포항제철이 맺은 총 20건(1977년말 현재, 추가계약도 포함)의 기술계약의 대부분을 점하고 있는 실정이다.

〈표 1〉 기술도입 총괄

(단위: 천 달러)

기술도입 내용	건 수	용역비
기　술　용　역	13	21,230
노　　하　　우	3	-
조　　　　업	1	100
기　　　　타	3	-
총　　　　계	20	21,330

주: 용역비는 금액이 확인된 것에 한하였음.

　포항제철이 선진기술을 수입할 때의 기술적 수준은 이렇게 낮은 단계에 있었음에도 수입되는 설비의 기술수준은 당시로서는 가장 현대화된 최신의 기술이었다. 즉, 포항제철에서 단계별 기술변화의 내용을 살펴보면, 1기 단계에서는 고로(내용적 1,660m³) 1기와 LD전로(100T급) 2기를 갖는 일관제철기술을 도입하는 한편 분괴 및 압연설비도 갖추었으며 2기 단계에서는 고로 1기, 전로 1기와 일부 압연설비의 증설에 머무르지 않고 분괴(分塊)과정 없이 직접 슬라브(slab)와 블룸(bloom)을 생산하는 연속주조기술을 도입하고 냉간압연공장을 신설하는 기술혁신이 있었다. 또한 3기 단계에서 코퍼(Kopper)식 열풍로와 노내(爐內) 분포조절기를 설치한 대형고로(내용적 3,795㎥) 1기, 대형전로(300T급) 2기 등 설비의 대형화와 압연설비의 대폭적인 확대가 이루어짐으로써 포항제철의 설비는 최신의 기술변화를 경험하였으며 이에 따라 설비 능력은 〈표 2〉에서와 같이 급속히 증대하였다.

〈표 2〉 설비능력 추이

(단위: 천M/T)

공장/설비	생산제품	1기	2기	3기
고 로 공 장	출 선	949	2,365	5,117
주 물 선 공 장	주 물 선	15	150	150
제 강 공 장	출 강	1,032	2,600	5,500
연 속 주 조 공 장	슬 라 브 · 블 룸	–	670	700
분 괴 공 장	슬 라 브 · 블 룸	1,010	1,850	4,650
강 편 공 장	빌 레 트	141	143	200
선 재 공 장	선 재	–	–	446
열 연 공 장	열 연 코 일	606	1,382	1,920
후 판 공 장	후 판	185	336	1,512
냉 연 공 장	냉 연 제 품	–	485	485

포항제철에서 일련의 기술변화(=수입)는 연속주조시설과 같은 생산성 향상을 위한 일부 기술을 제외하면 주로 수요 특히 국내수요의 증가에 기인하였다. 즉 포항제철은 증가하는 일반구조용 탄소강의 수요를 국산품으로 대체하는 방향으로 기술을 수입하였는데 이는 포항제철의 지속적 성장의 기초가 되었다. 세계 철강업은 포항제철이 가동하기 시작한 1973년과 1974년에는 세계적인 경기호황과 함께 설비투자가 증대되어 철강생산이 1967년의 496백만M/T에서 1974년에는 710백만M/T으로 급속히 증가하는 등 호황을 누렸다. 그러나 1975년 이

후 석유파동과 함께 불황에 돌입해서 생산수준이 급격히 떨어졌으며 아직도 1974년 수준을 밑돌고 있고(《철강통계요람 1978》) 세계수출시장에서는 경쟁이 격화되었다. 이에 선진 각국은 설비의 집중화, 조업률 단축(60~80% 수준)과 함께 강력한 수입규제를 실시, 1978년에는 이른바 Trigger Price Mechanism(미), Basic Price System(EC) 등을 채택하기에 이르렀다. 이와 같은 자본주의권 수출시장의 불경기를 반영하여 포항제철의 철강재 수출가격은 1973년의 168달러(M/T당), 1974년의 299달러에서 1975년에는 171달러로 폭락하였으며 이에 따라 가득률도 급격히 하락했다. 그러나 국내수요는 1973년 이후에도 급속히 증가하였으며 더욱이 국내에서는 철강재의 과점체제가 형성되어 내수가격은 비교적 안정적으로 상승하여 왔다(〈표 3〉).

〈표 3〉 철강재 판매가격

(단위: M/T당 달러)

	1973	1974	1975	1976	1977	1978
평 균	179	256	196	210	226	265
내 수	183	231	226	220	235	261
로 컬	158	273	176	197	202	237
수 출	168	299	171	197	211	284

주: 판매가격은 C&F가격임.

포항제철은 이러한 국내시장을 기반으로 하여 조업 이후 계속 적정 생산을 유지하여 왔으며 이는 조업기술 축적의 기초가 되었다. 철강재 생산추이는 〈표 4〉에 나타나 있는데 이를 〈표 2〉와 대비해 보면 포항제철의 설비가동은 매우 효율적이었다고 할 수 있다.

이러한 성과는 바로 포항제철에서 기술이전이 성공적이었다고 평가되는 근거가 되고 있다. 그러나 전술한 바와 같이 포항제철의 기술수

〈표 4〉 주요 부품 생산추이

(단위: 천M/T)

	1973	1974	1975	1976	1977	1978
출 선	456	1,024	1,195	2,011	2,425	2,749
출 강	458	1,173	1,268	2,114	2,498	2,924
슬 라 브	344	903	968	1,688	1,977	2,373
블 룸	39	116	133	132	218	157
열 연 제 품	585	1,022	1,126	1,701	2,044	2,258
냉 연 제 품	–	–	–	–	164	423

주: 출선량에는 주물선도 포함함.

입은 수입된 설비의 소화·흡수가 어려워 누적적인 기술축적으로 이어지지 못했으며 따라서 그동안 포항제철이 경험한 기술변화라는 것은 각각 독립된 설비의 도입·설치에 지나지 않았다. 기술이전과 축적에 있어서 이러한 현상은 포항제철에 한정되는 것이 아니라 저개발국의 공통적인 특징으로 이해되고 있다. 체화기술과 관련된 비밀을 깨지 않는 한 기술이전은 진정한 기술이전이 아니라 단지 생산지점의 이전에 지나지 않는다고 생각된다. 이것은 기본적으로 남북 간에 이전되는 기술의 역사적 성격에 기인한다.

자본주의경제는 19세기에 이르러 고도의 자본축적, 생산력의 발달을 가져왔으며 이는 자본주의적 노동분할의 가속화에 의해 뒷받침되었다. 노동은 동일직종 내에서도 고도의 기술수준을 요하는 전문적인 노동(전문기술자의 노동)과 대량의 저급노동(저급노동자의 노동)으로 분할되어 있으며 전문기술자는 디자인과 생산재의 제작에 관여하고 저급노동자는 이들이 제작한 설비를 단순히 운용할 뿐이었다. 즉 기술은 생산에 직접 참여하는 기술공들로부터 단절되어 전적으로 고도의 전문기술자의 영역으로 들어갔으며 이러한 경향은 과학기술의 발달에 따라 더욱 심화되었다. 이제는 19세기 이전에서와 같이 현장기술공에 의해 기술혁신이 일어나는 것은 기대할 수 없게 되었다. 이렇게 설비에 체화된 기술이 저급노동자들의 영역 밖에서 독립적으로 이전되고 있는 것이 근대적 기술이전의 중요한 특성이다.

　그러나 이러한 성격에도 불구하고 19세기 자본주의국 간 기술이전은 매우 광범위하게 이루어졌으며 그 흡수·소화는 급속하게 진행되었다. 주지하는 바와 같이 일본이 오늘날처럼 세계최대의 철강국가가 될 수 있었던 것은 주로 구미 선진기술의 도입과 이의 소화·개량에 말미암는다. 이러한 역사적 경험과 오늘날 남북 간의 기술이전 사이에는 본질적 차이가 존재한다. 즉 당시의 후발자본주의국은 자본주의화가 진행되면서 발전의 정도는 상이하더라도 선발자본주의국에 대응하는 노동의 분할을 이루었다. 이로써 이들 국가는 생산과정으로부터 기술의 단절에 대처하는 전문적 기술자를 확보하고 이들이 설비에 체화되어 수입되는 기술의 흡수·소화의 담당자가 될 수 있었다. 이와 달리 20세기 저개발국에서는 이전되는 기술이 더욱 전문·고도화되었을 뿐 아니라 더욱 중요하게는 선진기술의 도입이 오히려 미약한 단계에 있는 저개발국의 노동분할을 구축하고 이들을 단순조업자의 위치로 전락시켜 버렸다. 즉 이들 국가에는 수입기술을 소화·개량할 계층이 소멸 또는 존재하지 않게 되고 기술이란 이들에게 매우 신비스러운 대상이 되어버린 것이다.

　기술이전의 이와 같은 성격이야말로 포항제철의 기술수입의 조건을 규정한 가장 중요한 요소라고 할 수 있다. 이것은 또한 기술수입국의 수용방법 등에까지 영향을 미치기도 하는데 우리는 다음에서 기술되는 포항제철의 경험에서 이러한 점을 엿볼 수 있을 것이다.

3. 수입기술의 흡수·소화와 경제적 효과

1) 수입기술의 흡수·소화에서의 특징

여기서는 수입기술을 기획·건설엔지니어링, 조업기술, 설비체화기술, 특수강기술의 넷으로 나누어서 이들 기술의 흡수·소화의 여러 양상과 이를 결정지은 포항제철 내부의 요인, 이를테면 기술수용방법이라든가 기술정책 등에 대해 살펴보기로 한다.

먼저 기획 및 건설과 관련된 엔지니어링기술은 전술한 바와 같이 용역계약이라는 형태로 도입되었는데 포항제철은 1기 단계에서 2건, 2기 단계에서 3건, 그리고 3기 단계에서 1건의 계약을 체결한 바 있다. 포항제철의 엔지니어링기술의 흡수는 상당히 빨리 진전되어 용역범주는 크게 줄어들었다. 포항제철은 1기 단계에서 예비 엔지니어링의 작성으로부터 전체 기획, 기기구매, 건설, 조업 등에 이르기까지 일체를 JG에 의존하였으나 2기 단계에서는 포항제철이 예비 엔지니어링의 작성이라든가 기기구매에 관련된 용역의 일부, 이를테면 일반기술 공통내역서(또는 사양서)의 작성, 제작자 견적내역서의 검토 및 구매업무 추진, 그리고 건설계획서의 작성 등을 직접 하였으며, 이에 대한 JG의 검토를 받았다. 더욱이 3기 단계에서는 종합엔지니어링(Master Engineering Plan)만을 용역에 의존하였으며 그 밖에 포항제철이 작성한 제선설비 등 5개 주설비의 구입내역서에 대한 검토·조언 그리고 건설공사지도 등에만 국한하였다(〈표 5〉). 건설부문에서도 건설계획뿐만 아니라 건설기술도 급속히 향상되어서 4기 단계의 확장공사는 거의 자체 기술진에 의해 추진되고 있다.

한편 조업기술에서도 1기 단계에서부터 신설 제철소로서는 놀라울 정도로 흡수속도가 빨랐다. 고로의 경우, JG는 원래 제1고로와 내용적

〈표 5〉 각 기별 용역내용 및 용역비

(단위: 천 달러)

	1기	2기	3기	4기
일 반 기 술 계 획 서	○	○	○	△
미티리얼·밸런스 및 설비내역서	○	○	×	×
내 역 서 검 토	△	△	×	×
설 계 도 면 검 토	○	○	×	×
용 역 비	6,200	5,880	1,770	380

주: ○=해외용역 △=부분용역 ×=자체기술

이 비슷한 일본 제철소들의 조업도를 감안하여 일산(日産) 2천6백
M/T에 도달되는 기간을 12개월로 할 것을 조언한 바 있었다. 그럼에
도 포항제철은 조업도 달성기간을 6개월로 하였는데 이것 또한 조기
달성되었다(〈표 6〉). 제강공장에서도 조업 개시 107일 만에 이른바 출
강횟수 33회를 달성함으로써 JG안을 웃돌았다.

〈표 6〉 고로 화입(火入) 후 조업실적

	1973. 6	1973. 7	1973. 8	1973. 9	1973. 10	1973. 11
출 선 (T/D)	1,142	1,742	2,216	2,409	2,557	2,620
출 선 비 (T/D/㎥)	0.67	1.05	1.33	1.45	1.54	1.58

2기 및 3기 단계에서도 조업기술의 축적은 더욱 진전되었는데, 이
러한 기술축적은 JG의 현장기술지도에도 기인하나 특히 포항제철이
일본 제철소에 대규모 파견연수를 했던 것이 크게 주효한 것으로 보
인다. 고로와 제강공장의 경우 조업에 미리 대비해서 파견된 연수인원
은 총 265명(고로 98명, 제강 167명)으로 이들은 2~6개월의 현장훈련
(on-the-job-training) 방식에 의해 생산관리 및 조업에 관한 현장기술을
습득하였다. 이러한 기술은 전술한 바와 같이 설비이전에 따라 제공되

는 저급기술로 볼 수 있으나 일반적으로 저개발국 노동력의 질적 저하를 고려한다면 포항제철에서의 안정적 조업달성은 상당히 의의가 있다고 할 수 있다. 포항제철의 조업기술 축적 중 또 하나 특기할 만한 것은 대학졸업자를 반장(foreman)으로 고용한 인사정책이다. 포항제철은 1기 단계에서부터 정규 공과대학을 졸업한 엔지니어들을 반장으로 고용하였는데 이들은 창의적이고 능동적이며 연수 등을 통한 경험을 효율적으로 적용시켜 현장기술의 축적에 크게 기여하였다. 이들의 역할에 대해서는 포항제철의 기술관계자들뿐만 아니라 경영진에서도 깊이 인식하고 있다.

엔지니어링 및 조업기술과는 달리 포항제철의 설비에 대한 이해는 상당한 제약을 갖고 있다. 즉 설비에 체화되어 있는 기술은 이전기술의 핵심이며 현대에 이르러 극도로 고도화되어 있고 반면에 포항제철은 설비의 도입과 함께 각종의 설계도면을 제공받았으나 기본적인 노하우는 습득하기 힘들었으며 포항제철의 기술자들이 실제로 설비의 구조 등에 접근할 기회는 거의 없었던 것이다. 이러한 이유 등으로 해서 포항제철에서 도입설비의 개선이라든가 국산화 추진 등은 매우 미약하였다. 연구개발투자가 매출액의 0.1퍼센트 수준에 이르지 못하는 상태에서(〈표 7〉) 그동안의 설비 개선은 주로 현장에서 직접 생산과 조업을 담당하는 일선 엔지니어들이 담당할 수밖에 없었다. 이들은 설비에 관한 기본적 노하우를 충분히 이해하지 못하였으므로 설비 개선

〈표 7〉 연구개발비 지출상황

(단위: 백만 원)

	매출총액(A)	연구개발비(B)	B/A(%)
1975	109,789	158	0.14
1976	179,941	173	0.10
1977	252,862	227	0.09

이라는 것도 공정의 플로를 바꾼다든가 생산성을 혁신적으로 높인다든가 하는 것이 아니라 기존설비의 사소한 개선과 변형에 지나지 않았다. 설비의 국산대체에서도 그 내용은 주로 부대설비가 중심이 되어 3기 단계에 이르러서도 주요 설비의 대부분을 해외에 의존하였다. 1기 및 2기 단계에서 국산화가 실현된 것은 소형크레인, 용선래들, 변압기, 집진기 등의 선체 기자재에 지나지 않았으며 3기 단계에 이르러서야 수처리설비라든가 집진설비, 대형래들 등 독립설비의 국산화가 이루어졌다.

특수강과 관련된 기술도입은 3기 단계에서부터 시작되어 그 흡수형태에 대해 논의하는 것은 아직 이른 편이나 이제까지의 논의와 관련하여 몇 가지 점은 주의할 필요가 있다. 그동안 포항제철은 다수요 강종을 우선적으로 개발한다는 원칙 아래 보통강 중심의 개발체제를 갖추어 왔다. 포항제철이 이제까지 개발한 강종은 131개(1977년 말)에 이르렀는데 이는 보통강과 이에서 약간 고급화된 강종들이었다. 그러나 특수강 수요는 근년 방위산업이라든가 철강제 수출의 고급화에 대한 요구에 따라 급격히 증가, 점차 수요제약에서 벗어나고 있다. 즉 1976년 포항제철의 특수강 수요는 29천M/T으로 총산출량의 1.8퍼센트에 불과했으나 1977년에는 70천M/T으로 크게 증가하였다. 더욱이 1978년 상반기(1~5월) 중에 그 수요는 62천M/T으로 총산출량의 8.1퍼센트를 점유하였다. 이에 따라 고급강 및 특수강 개발을 위한 자체 투자 및 기술도입이 시작되었으나 이것 또한 해외로부터 기술수입에 중심을 두고 있다. 포항제철은 3기 단계 이래 JG, Vöest Alpine, Ashlow 등과 노하우 도입계약을 맺어 합금원소 처리라든가 열처리기술 등에 관해 노하우를 제공받고 있다. 특수강은 보통강과 달리 조업상의 노하우를 획득하는 데에도 수입 측의 고급기술이 필요할 뿐 아니라 그 비밀을 완전히 흡수하기 위해서는 기술계약 때에 이에 대한 상세한 조건을 명시하는 등의 적절한 교섭능력을 필요로 하며 수입국 기술자들의 적극적인 자세가 요망된다. 이를 위해서는 물론 포항제철 기술자들의 기술수준을 높이는 것이 전제조건이 되며, 따라서 앞에서 보통강을 중심으로 한 기술이전과 축적의 문제들은 여기서 더욱 큰 중요성을 갖는다.

이상에서 본 바와 같은 포항제철의 수입기술 수용방법은 이전되는 기술수준이 매우 높은 반면 포항제철의 기술수준은 핵심기술을 이해하는 데는 미흡하다는 현실적 기술격차를 반영하는 것이라 할 수 있다. 그러나 이것은 단순히 상대적으로 고급기술이 수입된 것에 기인하는 것만이 아니고 플랜트에 수반되어 이전되는 기술의 성격과 남북간의 기술이전의 본질을 인식하지 못한 데에도 기인한다. 이러한 인식 없이 현실적인 기술격차만에 근거를 두는 기술수용방법은 기술의 지배·종속관계를 재생산할 우려가 있으며, 따라서 이를 뒷받침하는 기술정책은 비판·검토되어야 한다. 포항제철은 공장의 건설단계에서부터 당사의 최대목표를 조속한 공장건설과 안정적인 조업을 통해 증가하는 수요에 대처하는 것에 두었다. 또한 조업과 생산이 진전되면서는 제로·디펙트활동이라든가 개선제안제도 등을 통해 무엇보다 효율적인 생산체제를 갖추는 것에 주력하였다. 포항제철이 해외연수대상을 조업 및 생산관리 등 현장기술에 치중하였다는 것, 또한 공과대학 출신의 고급인력을 반장으로 고용한 것 등은 이를 반영하는 것이다. 이 때문에 포항제철은 국내의 저급 기술인력을 급속히 향상시키는 대신 대량의 조업기술자를 만들어낸 것이라 할 수 있다. 물론 포항제철은 국영기업으로서 기술개발과 기술혁신에 대해 중요한 의의를 두고 의욕적인 투자를 하였으며 단일 기업에게는 부담이 되는 기술연구소를 설립(1977년)한 바 있다. 그러나 포항제철의 연구개발투자는 극히 미약하며 기술도입이 더 큰 중요성을 갖고 있다. 이는 포항제철의 기술정책이 주로 효율성에 우선순위를 두고 있는 데 기인한다고 볼 수 있다. 예를 들면 국산화를 추진하는 데 있어서 포항제철은 국내 기술수준이 낮기 때문에 소요설비를 거의 해외로부터 도입한 것이지만 그 밖에도 차관에 의한 소요설비의 조달이 내자에 의한 것보다 비용부담이 적고 더 효율적이라는 생각도 작용한 것으로 보인다.

2) 기술축적의 효과들

포항제철은 설비가동 이후 효율적인 생산관리에 주력함으로써 조업기술을 급속히 향상시키고 적정생산을 유지하여 생산성 향상에 크게 기여하였다. 이로써 철강재의 국산대체를 효과적으로 수행하였을 뿐만 아니라 나아가 수출에서도 상당한 역할을 하게 됨으로써 국제수지의 개선에도 기여하였다. 또한 조업기술을 중심으로 기술용역의 해외수출이 이루어지기도 하였다. 여기서는 이러한 효과들을 몇 가지 지표를 근거로 해서 살펴보았다.

(1) 원단위 저하

선철, 열연제품, 후판, 빌레트 등에 있어 주원료의 원단위는 1973년의 가동 이후 대체로 안정적인 수준을 보이고 있으나 후판, 빌레트의 전력 및 중유 등 에너지 사용량은 급격히 감소해 왔다(〈표 7〉). 즉 후판의 경우 전력사용량은 1974년의 M/T당 79.6KWH에서 1977년에 67.0KWH로 감소하였으며 중유사용량도 같은 기간 중 M/T당 65.2L에서 55.6L로 절감되었다. 빌레트의 전력사용량도 46.8KWH에서 36.7KWH로 감소되었음을 볼 수 있다. 그 밖에 열연제품의 에너지 사

〈표 8〉 원단위 저하 추이

	원재료	단 위	1974	1975	1976	1977
선철 1고로	철광석	M/T	1.67	1.67	1.67	1.66
2고로	철광석	M/T	–	–	1.66	1.66
열연제품	슬라브	M/T	1.02	1.03	1.02	1.02
	전 력	KWH/T	130.9	102.3	116.0	101.1
	중 유	L/T	26.3	27.0	13.2	–
후 판	슬라브	M/T	1.16	1.17	1.16	1.15
	전 력	KWH/T	79.6	73.9	67.9	67.0
	중 유	L/T	65.2	61.2	56.6	55.6
빌 레 트	블 룸	M/T	1.02	1.02	1.03	1.03
	전 력	KWH/T	46.8	43.1	41.4	36.7

용량도 약간의 변동은 있으나 대체로 격감되었다. 철강업이 에너지 다소비산업이며 오늘날 선진국들에게 에너지 절약은 비용절감의 가장 중요한 부문이라는 것을 생각할 때 이와 같은 에너지 원단위의 격감은 중요한 의의를 갖는다.

(2) 회수율 향상

한편 회수율에서는 제강, 분괴, 연주, 강편, 냉연 등 거의 전 부문에서 지속적인 향상이 이루어졌다. 제강에서는 1974년의 94.0퍼센트에서 1978년에 94.6퍼센트로 향상되었으며, 특히 연주공장에서는 1976년의 85.0퍼센트에서 1978년에는 92.6퍼센트로 급속히 상승되었다. 분괴의 경우(제1분괴공장) 회수율은 대체로 88~89퍼센트 수준을 유지하고 있으며 강편의 경우는 대체로 97퍼센트 수준을 유지하고 있다. 냉연 특히 냉간압연의 경우는 회수율의 향상뿐 아니라 그 수준이 99퍼센트

<표 9> 회수율 추이

(단위: %)

	1974	1975	1976	1977	1978
출 강 (1 제 강)	94.0	95.0	95.4	94.3	94.6
연 주	–	–	85.0	91.2	92.6
분 괴 (1 분 괴)	88.4	88.9	88.5	88.5	88.1
강 편	97.1	97.6	97.4	97.4	95.9
냉 연 ┌ 산 세	–	–	–	93.8	95.0
└ 냉 압	–	–	–	99.1	99.3

이상이나 되어 매우 효율적으로 생산관리가 이루어지고 있다.

(3) 국제수지 효과

포항제철이 수입대체와 수출을 통해 국제수지에 기여한 효과는 국산대체에 의한 외화절감액과 수출에 의한 외화가득액으로 분류될 수 있다. <표 10>에서 외화절감액은 수입 시의 금액과 관련 외화비용 즉 차관원금상환액, 수입원재료, 차관이자 및 보증료, 기술용역비 등을 뺀 금액이며 외화가득액은 수출액에서 관련 외화비용을 제외한 금액인데 1973년의 가동 이래 외화절감액은 789백만 달러, 외화가득액은 298백

<표 10> 국제수지 개선효과

(단위: 천M/T, 백만 달러)

		1973. 7 ~12	1974	1975	1976	1977	1978	합 계
내수	수 량	293	662	510	988	1,526	2,089	6,068
	외화절감액	43	136	65	118	140	288	789
수출	수 량	61	340	605	698	667	610	2,980
	수 출 액	11	101	106	139	145	169	671
	외화가득액	9	68	46	54	50	70	298

만 달러로 국제수지에 기여는 총 1,087백만 달러에 달했다.

(4) 국산화율 제고

전술한 바와 같이 설비의 국산대체는 주로 부대설비를 중심으로 이루어졌지만 3차에 걸친 설비확장을 통해서 국산대체는 꾸준히 실현되었다. 1기 단계에서는 국산화율이 12.5퍼센트였던 것이 3기 단계에 이르러서는 22.6퍼센트로 제고되었다. 또한 4기 단계에서 국산화율은 35.0퍼센트로 계획되고 있으며 국산화자금은 1,547억 원이 될 것으로 예상된다. 이러한 포항제철의 국산화정책은 관련기계공업에 성장유인을 제공함으로써 이 부문에서 기술개발, 생산성 향상의 계기를 마련하는 등 국민경제에 대해 매우 커다란 파급효과를 갖는 것이라고 할 수 있다.

〈표 11〉 국산화율 추이

(단위: 억 원)

	1기	2기	3기
기 자 재 총 액	752	1,614	4,469
국 산 화 금 액	94	250	1,008
완 전 국 내 발 주	94	250	893
일 부 국 내 발 주	–	–	115
국 산 화 율 (%)	12.5	15.5	22.6

(5) 해외기술 용역수출

포항제철은 대만 고웅지구에 건설 중인 조강 연산(年産) 1,500천 M/T 규모의 일관제철소의 조업을 위해 CSC(대만철강공사)에 기술용역을 제공한 바 있다. 그 내용은 포항제철의 제강설비에서 CSC 직원에 대해 조업 및 장비기술을 연수시키는 것인데 용역기간은 1년 6개월로 용역비는 300천 달러였다. 동 용역은 설비이전과는 관계없는 순전한 조업기술의 이전으로서 포항제철의 우수한 조업 기술수준을 반영하는 것이기는 하나 철강업의 역사가 이제 10년도 안 되는 포항제철로서는 특기할 만한 일이라 할 수 있다.

4. 요약 및 결론

이상을 요약하면, 우선 포항제철이 일관제철기술을 수입할 당시 이에 대한 국내의 기술축적은 거의 전무한 상태였으며 따라서 소요설비 및 엔지니어링, 조업에 이르기까지 모든 기술을 해외에 의존하였다. 포항제철이 기술을 선택할 여지는 이렇게 제약되었으나 수입기술은 대체로 현대화된 선진기술이었으며 기술이전은 철강재의 국산대체의 방향으로 이루어졌다. 기술이전의 조건들을 규정하고 나아가 포항제철에서의 흡수·소화방법에도 영향을 미친 것은 이전기술의 역사적 성격이다. 기술이전과 기술변화는 현장의 조업과정에서 단절되었고 체화된 기술의 기본적인 노하우는 저급화(downgrade)된 노동력으로서는 획득하기가 힘들었다. 이러한 조건이 남북 간의 기술이전을 설비의 가동과 그 운용에 한정시키는 방향으로 작용했던 것이다.

포항제철의 조업 및 생산관리기술 등은 급속히 축적되었으며 일부 기술을 수출할 정도로 성공적이었다고 할 수 있다. 이러한 성과에는 건설 초기단계에서부터 포항제철의 기술수용정책이 크게 기여하였다. 포항제철은 공장의 조기건설과 안정조업에 정책의 우선목표를 두었으며 이어서 생산성을 강조하는 효율적인 생산체제에 주력하였다. 해외연수는 단기간의 현장훈련을 중심으로 이루어졌고 작업반장에는 대학

출신자가 고용되기도 하였다. 포항제철은 물론 핵심기술에 접근을 위해 독자적인 기술연구소를 세우는 등 자체 기술개발에도 정책목표를 두고 있으나 아직 미약한 형편이며 그리하여 2기 및 3기의 설비확장은 주요한 소요기술을 대개 해외에 의존하였다. 전술한 바와 같이 설비에 체화되어 있는 핵심기술, 즉 기본적인 노하우는 조업 및 그 운용과정에서는 습득되지 못한다. 따라서 국내 기술수준을 급속하게 고양시키는 교육정책과 자체 기술개발이 선행되지 않는 한 핵심기술의 해외의존으로부터의 탈피는 기대하기 어렵다고 할 수 있다.

오늘날 국제 간 기술이전은 선진국들 간의 기술이전이 양적·질적으로 압도적이며 이들의 수입기술의 흡수·소화는 남북 간의 기술이전과는 달리 급속도로 그리고 광범위하게 이루어져 남북 간의 격차는 더욱 확대되고 있는 실정이다. 이러한 관계를 청산하는 것은 상당히 어려운 일이나 적어도 자립적인 기술체제를 갖추기 위해서는 이제까지의 기술수용정책은 재검토되어야 한다. 기술축적이 부족한 저개발국의 경우 기술수입은 선진기술에 접하는 더 합리적인 선택이기는 하지만 수입기술의 흡수·소화는 단기적인 효율성의 강조보다는 핵심기술의 국내축적으로 이어지는 방향에서 모색되어야 한다. 이를테면 해외연수의 질과 강도를 한층 높이며, 수입설비의 분해·조작 등을 통해서 국내기술자가 체화기술에 접근할 수 있도록 하여야 한다. 또한 연구개발과 현장기술을 합리적으로 결합해서 연구개발을 담당하는 기술자들의 실제적인 응용능력을 높일 뿐 아니라 현장기술자들의 설비에 대한 이해도 급속히 향상시켜 반사효과(feedback effect)를 극대화하도록 하여야 할 것이다.

《경제논집》(서울대, 1980. 6)

경제발전과 서비스산업에 관한 연구

1. 서 언

오늘날 서비스경제론 또는 서비스경제학의 제1인자라고 할 수 있는 미국의 푹스(V. R. Fuchs)는 그의 1968년의 책 첫머리[1]에서 다음과 같이 말하고 있다.

미국은 현재 경제발전의 새로운 단계를 개척하고 있다. 제2차 세계대전 후의 기간에 세계에서 최초의 '서비스경제'—즉 취업인구의 반 이상이 식량, 의료, 주택, 자동차 같은 유형재의 생산에 종사하고 있지 않은 경제—에 도달했다.

1947년에는 총취업인구가 약 5천7백만이었다. 그것이 1967년에는 대략 7천4백만이 되었다. 이 순증가의 거의 전부는 서비스를 제공하는 기관들, 예컨대 은행, 병원, 소매점, 학교에서 일어났다. 재화의 생산에 고용되어 있는 사람들의 수는 비교적 안정적으로 유지되어 왔는데 그것은 제조업

---

1) V. R. Fuchs, *The Service Economy*, 1968, p. 1.

과 건설업에서 그리 크지 않은 증가가 농업과 광업에서의 감소로 인해 상쇄되어 왔기 때문이다.

미국은 대체로 1960년대 중반에 서비스경제에 도달한 것으로 알려져 있다. 다시 말하면 1965년 무렵에 광공업경제에서 서비스경제로 이행했다. 그런데 이 이행을, 푹스는 영국에서 시작하여 서구 국가들 대부분에서 이루어진 '혁명'으로 성격지어졌던 농업경제에서 공업경제로의 이행에 사회 전체적으로나 사회 분석적으로나 필적하는 것으로 간주하고 있다.[2] 사실 미국에서는 무형재인 서비스를 생산하는 서비스산업 내지 서비스부문은 제2차 세계대전 뒤 최대의 산업이 되었고 또 가장 다이내믹한 산업이 되었다. 따라서 오늘날 대부분 선진국이 미국을 뒤따르고 있는 것은 당연하다고 하겠다.

그렇다면 서비스산업은 이제는 결코 종전처럼 '잔여'부문으로서 다루어질 수는 없고 도리어 그것에 적극적인 의미를 부여할 필요가 있다고 할 수 있다. 또한 근래에 와서 서비스산업을 새롭게 보려는 경향이 있는 것은 사실이다.

그러나 선진국에서도 서비스산업은 오랫동안 경제학적 연구의 망각지대에 속하여 있었고 미국의 NBER의 선구적 연구[3]가 이루어진 것은 제2차 세계대전 뒤의 일이다. 선진국에서도 사정이 이러할진데 저개발국에서는 어떠했겠는가는 불문가지의 일이라고 아니할 수 없다. 우리나라에서는 과잉인구의 압력 등에 기인, 해방 후부터 서비스산업의 노동력에 관한 구성비가 상당히 컸었는데도 불구하고 다른 저개발국의 경우와 마찬가지로 서비스산업을 그것의 소부문인 서비스업과

---

2) *Ibid.*, p. 2.
3) *Ibid.*, 서문.

같은 것으로 다루거나 낙후된 부문으로 보는 경향이 있었다고 할 수 있다. 따라서 자연히 서비스산업에 관한 자료는 거의 없다시피 했거나 매우 부실한 것일 수밖에 없었고 그리하여 우리나라에서는 그것에 관한 경영학적 연구는 몰라도 경제학적 연구는 거의 없었던 것이 사실이다.

그러나 현재 우리나라에서도 서비스경제로의 진전 내지 서비스산업의 구성비 또는 비중이 증대하는 방향으로 경제의 진전을 뜻하는 '서비스경제화'가 진행되어가고 있는가 하면, 서비스산업의 근대화가 강조되고 있고 또 서비스산업의 어떤 소부문에서는 이미 비대화 현상이 일어나고 있기도 하다. 그러기에 이제는 우리나라에서도 서비스산업에 관한 경제학적 연구의 필요성은 크다고 아니할 수 없다.

이 글은 바로 그러한 실정에 대한 인식과 착안의 산물이라고 할 수 있다. 그러나 그것은 어디까지나 한국 산업구조에 관한 연구의 일환임은 틀림없다. 이 글의 제목이 〈경제발전과 서비스산업〉으로 되어 있는 것도 이에 기인한다. 그러나 경제발전과 경제성장이 갖는 뉘앙스의 차를 감안한다면 '경제성장과 서비스산업'이 더 적절할 것이다. UN의 발간물이 잘 정의해주고 있듯이 경제발전은 경제성장에 구조적 변화[4]를 더한 것인데 실질국민소득 내지 1인당 실질국민소득의 계속적인 증가, 다시 말하면 경제의 양적인 변화를 의미하는 경제성장만을 염두에 두었기 때문이다.

아래에서는 서비스의 특성·서비스산업이란 무엇인가, 서비스산업 고용은 경제성장에 따라서 어떻게 변화하는가, 서비스산업의 취업구조 내지 고용구조는 어떠하며 서비스산업 고용의 특성은 무엇인가, 서

---

4) UN, *The UN Development Decade*, 1962, p. 2.

비스산업 성장이 미치는 영향·서비스산업의 역할은 각각 무엇인가, 우리나라의 서비스산업은 어떤 모습을 하고 있는가가 차례로 다루어진다. 설명 중 운수·창고 및 통신업도 함께 간단히 언급된다.

2. 서비스산업의 범위 및 서비스의 특성

1) 서비스산업의 범위

스티글러(G. J. Stigler)는 그의 1956년의 저서[5])에서 "서비스산업에 관해서는 그 경계나 분류에 대해서 어떤 권위 있는 의견의 일치는 존재하지 않는다"[6])고 말하고 있다. 사실 지금 〈표 1〉의 9대 분류의 ⑥에서 ⑨까지를 클라크[7])식 제3차산업이라 하고 이에 ④ 전기·가스 및 수도사업을 합친 것을 그대로 '제3차산업'이라고 한다면, 서비스산업은 쿠즈네츠(S. Kuznets)의 대부분의 초기 저작[8])에서처럼 제3차산업으로 정의되는가 하면, IBRD의 발간물[9])에서처럼 클라크식 제3차산업으로 정의되는가 하면, 또 쿠즈네츠의 1966년 이후의 저서[10])나 푹스의 저

〈표 1〉 한국표준산업분류(대분류)

---

① 농업, 수렵업, 임업 및 어업 ②광업 ③ 제조업 ④ 전기, 가스 및 수도사업 ⑤ 건설업 ⑥도·소매 및 음식숙박업 ⑦ 운수, 창고 및 통신업 ⑧ 금융, 보험, 부동산 및 용역업 ⑨ 사회 및 개인서비스업

---

5) G. J. Stigler, *Trends in Employment in the service Industries*, 1956.
6) V. R. Fuchs, *op. cit.*, p. 14.
7) *The Conductions of Economic progress*(1951)의 저자인 C. Clark를 말한다.
8) 예컨대 "Quantitative Aspect of the Economic Growth of Nations ; Ⅲ. Industrial Distribution of Income and Labor Force by States, United States 1919~1921 to 1955," *Economic Development and Cultural Change*, July 1958.
9) IBRD, *World Development Report*, 1983.
10) *Modern Economic Growth*, 1966 ; *Economic Growth of Nations*, 1971 등.

서11)에서처럼 클라크식 제3차산업에서 ⑦ 운수·창고 및 통신업을 제외한 것으로 정의되기도 한다. 이것은 곧 서비스산업을 우리나라의 농림어업, 광공업, 사회간접자본 및 기타 서비스라는 산업분류에서의 '기타 서비스'와 동일한 것으로 본다는 것을 뜻한다(〈부표 6〉 참조).

그러나 이 글에서는 편의상 일단 이렇게 협의로 해석하는 사람의 하나인 푹스의 입장을 따르기로 한다.12) 즉 서비스산업을 ⑥ 도·소매 및 음식숙박업 ⑧ 금융·보험·부동산 및 용역업 ⑨ 사회 및 개인서비스업으로 구성되는 것으로 해석하기로 한다. 분명히 푹스는 서비스부문으로 도·소매업, 금융·보험·부동산업, 일반정부(대부분의 경우 군대 포함) 및 전문적·개인·기업서비스 및 수리서비스로 구성되는 전통적 서비스를 포함시켰다.13)

그에 따르면 이렇게 정의되는 서비스산업은 재화산업 내지 재화부문(goods sector), 즉 농업부문(①) 및 광공업부문(②, ③, ④, ⑤ 및 ⑦)과 대조된다고 한다. 그는 이렇게 전 산업을 재화산업과 서비스산업으로 분류하는 외에 분석의 편의를 위해서 특별히 서비스특수부문(service subsector)을 설정하고 있다. 그의 서비스특수부문은 서비스부문에서 정부, 가계 및 비영리단체와 부동산업을 제외한, 말하자면 대체로 서비스부문 중에서 사적기업 부분에 대응하는 것을 말한다.14) 앞에서 본 바와 같이 이 글에서는 서비스산업은 협의로 정의된다. 그러나 그렇게 하더라도 그것에는 흔히 유통산업15)이라고 불리기도 하는 도·소매업을 비롯해서 매우 다양한 활동부문이 포함되어 있음을 알 수 있다(〈부

---

11) V. R. Fuchs, *op. cit.*
12) 1966년 이후의 쿠즈네츠의 입장을 따른다고 해도 된다.
13) V. R. Fuchs, *op. cit.*, p. 18.
14) *Ibid.*, p. 17.
15) 유통산업은 광의로 도소매업과 운수창고업으로 정의되기도 한다.

표 1, 2〉 참조).

따라서 서비스산업은 다시 분류되는 것이 보통이다. 예컨대 근대적 부문과 전통적 부문으로 분류되거나, C부분과 OS부분으로 분류되거나, 기업관련 부문과 소비관련 부문으로 분류되는 바와 같다. 전통적 부문은 푹스가 말하는 전통적으로 서비스업이라고 불리어 온 산업을 말하며, 쿠즈네츠의 C부분은 도소매업, 금융·보험업 등을 말하며, 소비관련부문은 소매업, 개인서비스업 등처럼 민간 및 정부의 직접소비 등이 50퍼센트에 이르는 산업을 말한다.[16]

〈표 2〉 부문별, 주요 산업그룹별 총취업자의 분포(1929~1965년, 미국)

(단위: %)

구분 \ 연도	1929	1937	1947	1956	1965
농 업	19.9	18.8	12.1	8.3	5.7
광 공 업	39.7	36.3	42.1	42.0	39.6
서 비 스 산 업	40.4	44.9	45.8	49.7	54.8
서 비 스 특 수 부 문*	26.5	26.7	29.0	28.8	31.1
광 공 업					
광 업	2.2	2.1	1.7	1.4	0.9
건 설 업	5.0	3.7	5.2	5.7	5.6
제 조 업	22.8	22.7	26.7	27.1	25.9
운 수	6.6	4.9	5.3	4.3	3.5
통 신 · 공 익 사 업	2.2	1.9	2.1	2.3	2.1
정 부 기 업	0.9	1.0	1.2	1.4	1.6
서 비 스 산 업					
도 매 업	3.8	3.9	4.5	4.5	4.7
소 매 업**	12.9	12.9	13.9	13.7	13.7
금 융 · 보 험	2.6	2.3	2.2	2.8	3.3
부 동 산 업	0.8	1.0	1.0	1.1	1.1
가 계 , 비 영 리 단 체	7.0	6.5	5.2	6.1	7.1
전문적, 개인, 기업, 서비스, 수 리 서 비 스	7.3	7.6	8.3	7.8	9.4
일 반 정 부 (군 대 포 함)	6.0	10.7	10.6	13.7	15.5

주: * 부동산, 가계, 비영리단체 및 일반정부를 제외.
　 ** 자동차서비스. 수리는 수리서비스에 포함되며 소매업에서 제외.
　　 자동차서비스. 수리는 1948년 이전의 해의 경우 추계.
자료: V. R. Fuchs, *op cit.*, p. 18.

2) 서비스의 특성

서비스의 특성은 다음과 같다.

첫째로 그 수요와 공급이 동시적이다. 재화의 경우에는 생산에서 시작하여 출하 그리고 말단수요가(家)에 이르기까지 시간적, 공간적인 거리가 있다. 이에 대해서 서비스는 공급과 수요가 동시적이며 동일한 장소에서 이루어진다.

둘째로 그 수요가 분산적이다. 따라서 수급을 일치시키기 위해서 수요자(소비자)와 공급자는 동일한 장소에 모이지 않으면 안 된다. 병원, 학교 등이 그 예이다.

셋째로 시간의 요인이 커다란 비중을 차지한다. 재화의 경우에는 수급이 불일치하게 되면 재고로 조절할 수 있다. 그러나 서비스는 동시적이므로 그것을 시간으로 조절하지 않으면 안 된다. 학교의 수업개시시간, 음악회의 개시시간의 설정이 그것이다. 서비스에는 버스의 통근, 통학시간이라든가 식당의 점심시간 등 피크 때에서의 집중성이 있어 수급에서 시간의 요인이 커다란 비중을 차지하고 있다.

넷째로 그 생산에 소비자도 참가한다. 의사의 진찰의 경우, 의사의 문진에 대해서 환자가 옳게 반응하지 않으면 적절한 진찰은 성립되지 않는다. 이 말은 교육이라든가 연주회에도 적용될 것이다.

---

16) 이 밖에 관련변동부문과 독립변동부문으로, 또 중간재적부문, 최종재적부문, 기타부문으로 분류되기도 한다. 관련변동부문은 도·소매업, 금융·보험업, 용역업 등처럼 재화산업의 활동과 관련해서 변동하는 부문을, 그리고 독립변동부문은 재화산업의 활동과 독립적으로 변동하는 부문을 말하며, 중간재적부문은 도매업의 일부, 용역업의 일부(기계 및 장비 수리업 등) 등처럼 재화산업의 직접적인 연장으로서의 서비스부문을, 최종재적부문은 소매업·개인서비스업 등처럼 소비자를 위한 서비스의 제공을 주된 특징으로 하는 부문을, 그리고 기타부문은 앞의 두 부문 외의 금융·보험업, 부동산업, 용역업의 나머지(광고업, 기타) 등을 말한다고 할 수 있다.

다섯째로 그 가격은 서비스를 받는 사람에 따라서 달라질 수 있다. 재화는 그 비용으로 가격이 결정되지만 서비스는 그것을 원하는 사람이 어떻게 만족을 얻는가에 따라서 좌우되는 바가 크다.

여섯째로 생산성의 제고가 어렵다. 그 질적 향상을 포함한 생산성을 어떻게 제고시키느냐 하는 과제가 남아 있다.

이 밖에 쉽게 수출입 될 수 없다는 것, 저장 불가능하다는 것 등도 서비스의 특성으로 들 수 있을 것이다.

3. 서비스산업 고용의 성장

횡단면분석의 결과에 따르면 1인당 국민소득이 낮은 나라(저소득국)의 그룹에서 높은 나라(고소득국)의 그룹으로 이행함에 따라서 서비스산업 고용의 비중, 즉 노동력(취업인구)에서 서비스부문 구성비는 증대

〈표 3〉 노동력의 산업별 구성(1960년경)

노동력의 분포부문	1인당 GDP에 의한 국가별 그룹							
	I	II	III	IV	V	VI	VII	VIII
국 가 의 수	5	6	6	18	6	6	6	6
1 인 당 G D P(달러)	72.3	107	147	218	382	588	999	1,501
A, I 및 S부문 간 분포(%)								
A 부 문	79.7	63.9	66.2	59.6	37.8	21.8	18.9	11.6
I 부 문	9.9	15.2	16.0	20.1	30.2	40.9	47.2	48.1
S 부 문	10.4	20.9	17.8	20.3	32.0	37.3	33.9	40.3
S 부 문 내 분 포(%)								
상 업	4.7	6.9	8.4	7.4	11.8	14.5	13.7	17.8
서 비 스 업	5.7	14.0	9.4	12.9	20.2	22.8	20.2	22.5

주: 1) A부문—농림업, 어업, 수렵업. I부문—광업 및 채굴업, 제조업, 건설업, 전기·가스 및 수도업, 운수·보관 및 통신업. S부문—A분문과 I부문을 제외한 산업이다.
  2) 1인당 GDP는 요소가격표시며 1958년 불변가격기준이다.
  3) 상업—도소매업, 금융업, 부동산업. 서비스업—상업 이외의 모든 서비스활동이다.
자료: S. Kuznets(1971), p. 200.

한다. 바꾸어 말하면 노동력에 관한 서비스부문 구성비는 그다지 발전하지 않은 나라(저개발국)에서는 낮고 더 발전한 나라(개발국)에서는 높다(〈표 3〉 참조).

이것은 곧 1인당 국민소득과 서비스산업 구성비 사이에 양의 상관관계가 있음을 말하는데, 이 양의 상관관계는 서비스산업의 소부문 즉 상업과 서비스업 내지 기타 서비스업에도 그대로 타당하다. 여기서 상업은 도소매업, 금융업, 부동산업을 말하며 서비스업은 상업을 제외한 모든 서비스활동을 말한다.

그리고 주요 산업별로 볼 때 선진국(고소득국)에서는 서비스산업 구성비가 가장 크다(〈표 4〉 참조).

〈표 4〉 취업구조

(단위: %)

구 분	A		I		S	
	1960	1980	1960	1980	1960	1980
저 소 득 경 제(30)	84.1	76.3	5.9	9.9	10.0	14.2
중 소 득 경 제(60)	57.2	43.2	16.7	22.0	25.2	34.8
저 중 소 득 경 제(39)	66.1	53.5	13.1	17.8	19.5	28.6
고 중 소 득 경 제(21)	40.6	23.9	23.6	30.0	35.9	46.2
공 업 시 장 경 제(19)	19.5	7.6	39.2	38.3	41.4	54.2

주: 1) A부문—농림업, 어업, 수렵업. I부문—광업 및 제조업, 전기·가스 및 수도사업. S부문—A부문과 I부문을 제외한 사업이다.
　　2) ( )는 국가의 수이다.
　　3) 저소득경제 400달러 이하, 저중소득경제 420~1,603달러, 고중소득경제 1,700 ~5,670달러, 공업시장경제 5,230달러 이상이다.
자료: IBRD, *World Development Report 1983*, pp. 188~189.

시계별분석의 결과에서도 1인당 국민소득과 노동력에 관한 서비스부문 구성비 사이에 양의 상관관계가 있다. 다시 말하면 〈표 5〉에서 보듯이 10개국 모두에서 예외 없이 노동에 관한 서비스산업 구성비가 증대했다. 서비스산업의 소부문인 상업과 서비스업 내지 기타 서비스업의 경우에도 마찬가지이다(〈표 5〉 또는 〈표 6〉 참조).[17]

〈표 5〉 각국 주요 산업의 노동력 비중의 장기적 변화

(단위: %)

국 별	A	I	S	국 별	A	I	S
영 국				1960	13.8	52.7	33.5
1801/1811	34.4	30.0*	35.6*	1860~1960의 변화	-50.2	+33.9	16.3
1851/1861	20.2	43.2*	36.6*	이 탈 리 아			
1851/1861	21.6	56.9	21.5	1861/1871	57.5	25.8	16.7
1921	9.1	58.8	32.1	1881/1901	56.4	28.1	15.5
1921	7.2	56.9	35.9	1881/1901	58.4	28.7	12.9
1961	3.7	55.0	41.3	1964	25.2	46.4	28.4
1851/1861~1961의 변화	-16.0	0	+16.0	1881/1901~1964의 변화	-33.2	+17.7	+15.5
프 랑 스				일 본			
1846	50.9	37.1	12.0	1872	85.8	5.6	8.6
1964	5.9	52.4	41.7	1900	71.1	15.7	13.2
1846~1964의 변화	-45.0	+15.3	+29.7	1920	54.6	25.4	20.0
독 일				1964	27.6	37.4	35.0
1852/1855/1858	54.1	26.8	19.1	1872~1920의 변화	-31.2	+19.8	+11.4
1882	48.4	31.7	19.9	1920~1964의 변화	-27.0	+12.0	+15.0
1882	47.3	38.5	14.2	캐 나 다			
1907	37.1	45.0	17.9	1871	52.9	47.1	
...	...	...	...	1911	37.2	62.8	
1946	29.3	44.5	26.2	1911	37.1	37.4	25.5
1964	11.3	54.6	34.1	1965	9.5	41.1	49.4
1882~ 전 기간 변화	-32.9	+17.8	15.1	1911~1965의 변화	-27.6	+3.7	+23.9
노 르 웨 이				미 국			
1865	63.5	19.9	16.4	1810	83.7	16.3	
1890	49.9	29.5	20.6	1840	63.4	36.6	
1891	50.1	23.2*	26.7*	1839	64.3	16.3	19.5
1920	37.0	37.6	25.4	1869/1879	50.0	29.0	21.0
1960	19.6	48.6	31.8	1869/1879	48.6	29.0	22.4
1891~1960의 변화	-30.5	+16.8	+13.7	1929	21.2	38.0	40.8
스 웨 덴				1929	19.9	38.8	41.3
1860	64.0	18.8	17.2	1965	5.7	38.0	56.3
1870	75.7	9.5*	14.8*	1839~1965의 변화	-55.9	+21.0	+34.9
1910	48.3	32.2	19.5				
호 주				1901	33.0	33.9	33.1
1861	29.5	70.5		1961	11.1	48.9	40.0
1901	25.1	74.9		1901~1961의 변화	-21.9	+15.0	+6.0

주: * 운수 창고 및 통신업을 광공업부문에서 제외하고 서비스부문에 포함시킨 경우를 나타낸다.
자료: S. Kuznets(1971), pp. 250~252.

---

17) S. Kuznets(1971), pp. 272~273.

〈표 6〉 주요국의 장기에 걸친 서비스부문의 노동력 배분

(단위: %)

국 별	도소매업	금융업보험업	호 텔	개 인 서비스	가 내 서비스	전문적서비스	정 부	계
프 랑 스								
1906	6.6	1.1	2.8	1.5	4.2	2.1	4.6	22.9
1954	9.4	2.1	2.7	0.9	2.8	3.3	8.0	29.2
네덜란드								
1899	10.9	0.5	1.3	1.1	10.5	3.6	2.6	30.5
1947	13.4	1.8	2.0	1.3	5.0	7.5	4.7	35.7 (36.8)[a]
노르웨이								
1910	7.7	0.3	1.4	1.1	12.6	3.0	1.6	27.7
1930	9.4	1.4	1.7	0.7	10.4	4.1	1.6	29.3
1930	8.6	1.2	1.6	0.8	8.3	5.1	1.3	26.9
1960	11.4	1.7	1.8	1.1	2.6	8.9	5.6	33.1

	도소매업 및 금융업	가 내 서 비 스	기타개인및 기업서비스	교 육	전문적활동	정 부 (교육제외)	계
미국							
1839	4.2	10.7		0.8	1.3	0.6	17.6
1869	6.2	9.2		1.3	1.5	1.0	19.2
1870	6.5	7.4	2.0	1.5	1.1	0.8	19.3
1930	15.7	4.9	5.2	3.5	3.7	2.2	35.2
1929	20.3	5.1	5.3 (1.1)[b]	3.0	3.0	4.5 (0.6)[c]	41.2
1965	23.4	2.1	5.9 (2.0)	6.0	6.5	12.4 (3.8)	56.3

주: a) ( ) 안은 전문적서비스와 정부로 배분할 수 없는 인원을 포함한다.
　　b) ( ) 안은 기업서비스 고용을 나타낸다.
　　c) ( ) 안은 국방 고용을 나타낸다.
자료: S. Kuznets(1971), p. 274.

또 광공업부문에 속하는 운수, 보관 및 통신업의 구성비도 경제성장에 따라서 현저한 증대를 나타내며[18] 전력, 가스 및 수도사업을 포함하는 경우에도 상대적으로 제한된 또는 온건한 증대를 나타낸다.[19]

---

18) S. Kuznets(1971), p. 270.
19) *Ibid.*, pp. 260~261.

따라서 경제성장은 일반적으로 노동력에 관한 서비스산업 구성비의 상승을 수반한다고 할 수 있다.

그러면 서비스산업 고용의 확대경향은 무엇에 기인한다고 할 수 있는가. 그 원인에 대한 설명에는 다음과 같은 것이 있다.

1) 재화산업의 생산성 상승에 의한 설명

이 설명은 쿠즈네츠에 의해서 대표된다고 할 수 있다. 그는 1959년의 저서[20]에서 다음과 같이 말하고 있다.

일반적으로 A부문(농림어업)이라든가 M부문(광업, 제조업, 건설업)에서의 상승[21]은 특히 M부문에서 정교한 자본설비를 가진 대규모의 단위로 생산이 집중하는 것에 의해서, 또 생산물당의 낮은 비용, 따라서 노동투입당 높은 산출에 불가결한 계속적인 대규모 조업에 의해서 달성된다. 규모에 있어서 그와 같은 집중과 시간에 있어서 그와 같은 계속성은 운수, 통신, 배급 등의 보조적 서비스를 대량으로 필요로 한다.

그들은 ① 계절적인 또는 기타의 영향을 받는 농산원료품의 공급과 생산과정에서 그들을 사용하는 것 사이에, 또 ② 계절적인 또는 기타의 영향을 받는 최종생산물의 수요와 생산조직에서 그들이 계속적으로 유출하는 것 사이에 발생하는 시간적·장소적인 간격을 연결해 준다.

또 도시화의 증진은 정부서비스의 증대를 필요로 한다. 즉 잘 교육된 주민이라든가 노동력의 수요는 교육에 관한 서비스활동을 증가시켜 일반적으로 경제조직을 복잡하게 함으로써 그 규제, 통제, 관리라는 방식의 정부감독이 더욱더 필요하게 된다.

---

20) S. Kuznets, *Six Lectures on Economic Growth*, 1959.
21) 괄호 안은 필자가 첨가한 것이다.

따라서 1인당 실질소득의 상승에 수반해서 발생하는 서비스로 최종 수요자의 수요 이동 외에 A부문과 M부문의 조직에 필요한 서비스활 동에 대한 수요의 보다 중요한 증대가 아마 있을 것이다.

S부문(즉 제3차산업)[22]의 생산물에 대한 수요가 더욱더 증가하며 S 부문 내의 많은 소부문에서 취업자 1인당 생산성의 상승이 A부문이나 M부문의 그것보다도 약간 적다고 하면 노동력이 이동하여 S부문의 구성비를 더욱더 높이게 되는 것은 당연하다.[23]

2) 생산성 변화의 부문 간 격차에 의한 설명

이 설명은 푹스에 의해서 대표된다고 할 수 있다. 그는 다음과 같이 말하고 있다.

생산성은 서비스부문에서는 다른 부문에 비해서 훨씬 완만하게 상 승한다. 즉 일정량의 산출에 대해서 필요한 노동량은 농업부문과 광공 업부문에서 서비스부문보다도 훨씬 급격하게 감소한다.

서비스부문의 생산성 지체는 많은 요인에 의해서 설명된다. 첫째로 서비스부문은 광공업부문보다 1인당 노동시간이 더 크게 감소한다. 둘 째로 노동의 질이 서비스부문에서보다 광공업부문에서 훨씬 빨리 증 대한다. 셋째로 1인당 물적 자본이 서비스부문에서보다 광공업부문에 서 빨리 증대한다.[24]

3) 기 타

이 밖에 재화와 서비스의 상대가격의 변화에 의한 설명, 서비스산업

---

22) 괄호 안은 필자가 첨가한 것이다.
23) S. Kuznets(1959)(日譯版), pp. 77~78.
24) V. R. Fuchs, *op. cit.*, pp. 4~5.

의 낮은 노동조합 조직률과 그 성장에 의한 설명[25] 등이 있다.

전자의 내용은 다음과 같다. 장기적으로 보면 노동의 가격은 자본의 가격에 비해서 상승경향이 있으며 또 노동력 부족이 기조를 이루고 있는 경제에서는 미숙련 노동자의 가격은 숙련노동자의 그것에 비해서 상대적으로 상승한다. 따라서 생산요소의 배합으로서는 노동 대신에 기계를 사용하며 불숙련노동 대신에 숙련노동을 사용하게 될 것이다. 그런데 이 대체의 탄력성은 재화부문이 크기 때문에 결국 재화부문의 고용증대는 상대적으로 낮아지게 된다.

한편 후자의 내용은 다음과 같다. 노동조합의 조직률과 그 성장은 재화부문이 높다. 따라서 이것이 재화부문의 고용증대를 저지하도록 작용한다. 즉 노동조합은 최저임금제와 아울러서 임금의 상승압력을 가져오는데 그것이 불숙련·반숙련노동자의 임금상승으로 집중하면 그만큼 재화부문의 고용을 상대적으로 감소시키며 그것이 서비스부문의 고용증대를 초래하게 된다.[26]

이상에서 경제성장에 따라서 노동력에 관한 서비스산업 구성비는 상승한다는 것을 보았다. 그리고 그것을 초래하는 요인으로서는 재화산업의 생산성 향상 등이 들어진다는 것을 보았다. 그러나 이런 경제성장에 따른 서비스산업 고용의 확대경향과 관련해서 다음의 두 가지점에 유의할 필요가 있을 것이다.

첫째, 〈표 3〉에서 알 수 있는 것처럼 서비스산업이 선진국(고소득국)과 저개발국(저소득국) 사이의 노동력의 구성비에 관한 상대적인 차이에서 가장 작다. 즉 A부문의 상대적 차이가 약 1:7이고 I부문의 그것

---

25) 篠原三代平 외 편,《現代産業論 I : 産業構造》, 1973, pp. 282~283.
26) 이 밖에 개인소득의 증가에 기인하는 수요의 다양화, 생활양식의 도시화, 내구소비재의 보급, 생산 면에 있어서의 기술혁신, 핵가족화, 고학력화 등을 내세우는 설명도 있다.

이 약 1:5인데 비해서 S부문의 그것은 약 1:4로 되어 있다. 쿠즈네츠에 따르면 그 이유는 다음과 같다.

① S부문(즉 제3차산업)의 생산물은 A부문이라든가 M부문의 재화에 비하면 그다지 쉽게 수입되거나 수출되지 않는다. 분명히 어떤 종류의 서비스는 재화의 가치 중에 포함되며 따라서 또 수출되거나 수입되기도 하지만 다른 많은 서비스, 즉 정부서비스·자유업·개인서비스·소매배급 및 그것과 비슷한 서비스는 국경을 넘어서 이동할 수 없다.

② S부문(즉 제3차산업)은 매우 다양한 활동들을 포함하며 그 중의 어떤 것은, 예컨대 가사서비스·개인서비스·종교서비스 및 그것과 비슷한 서비스처럼 선진국보다도 저개발국에서 공급이 더 많을 것이며 또 다른 것은 예컨대 자유업·교육 및 용역업처럼 선진국에서 공급이 많을 것이다.

③ 저개발국에서 인구압력이라든가 잉여노동력이라든가는 서비스활동으로의 이동을 의미할지도 모른다. 왜냐하면 서비스활동의 어느 것은 거의 자본이 필요치 않지만 약간의 생활자금을 제공해주기 때문이며[행상, 하차(荷車)운송, 각종의 개인서비스] 또 이 잉여노동력을 M부문(즉 광업, 제조업, 건설업)에서 고용하는 것이 하나는 자본부족 때문에, 다른 하나는 선진국의 M부문과 경쟁에 의해서 방해받기 때문이다.[27]

둘째, A부문이라든가 M부문에서의 높은 기술수준이라든가 생산성수준에 기인하는 수요에 의해서 요구되는 S부문 구성비의 상승과 과잉인구의 압력에 의해서 야기된 S부문 구성비의 상승 사이에는 커다란 차이가 있다.

쿠즈네츠는 다음과 같이 말하고 있다. 선진국에서는 노동력에 관한

---

27) S. Kuznets(1959), pp. 75~76.

S부문 구성비의 상승은 주로 A부문이라든가 M부문에서 더 고도의 생산조직으로 이행하기 때문에 발생하는 수요에 기인하는, 따라서 어떤 의미에서는 그 이행 때문에 필요한 것으로 간주될 것이다. 바꾸어 말하면 노동력이 S부문으로 이동하는 것은 경제 전체가 생산성이 더 높은 수준으로 진행해가는 데 따른 부수현상이다. 저개발국에서는 노동력에 관한 S부문의 구성비가 오랜 기간에 걸쳐서 상승할는지 모르지만 그것은 A부문이라든가 M부문에서 기술이라든가 생산성의 수준이 계속해서 고도화하는 데 필요한 보완을 위해서가 아니고 토지에 대한 인구압력과 M부문에서 고용기회의 제약이 보수가 낮은 서비스활동으로 잉여노동을 추방하는 데 기인한다.[28]

한편 푹스는 이상과 같이 산업별이 아니고 직업별로 고용을 분류한 경우에도 경제성장에 따라서 서비스산업 고용이 증대한다는 것을 확인할 수 있음을 미국의 자료를 통해서 밝히고 있다. 그는 직업을 상식에 따라서 '서비스형'과 '재화형'으로 분류하여 노동력의 분포를 제시하고 있다(〈표 7〉 참조). 서비스형은 화이트칼러와 서비스 직업을 포함하도록 정의되며 이들은 전형적으로는 서비스부문에서 찾아진다. 재화형은 서비스를 제외한 블루칼라의 직업을 포함하도록 정의되며 이들은 전형적으로는 농업부문과 광공업부문에서 찾아진다.

〈표 7〉에서 보면 미국에서는 우선 서비스형이 급속하게(1930년에서 1960년까지 사이에 연평균 2.1%) 성장한 데 비해서 재화형은 전혀 성장하지 않았음을 알 수 있다. 다음에 1950년에서 1960년까지 사이에 서비스형의 상대적 중요성이 증대했음도 알 수 있다. 그러기에 그는 "직업별 자료에 나타난 산업 간 고용의 이행이 서비스 고용의 성장을 과

28) *Ibid.*, pp. 78~79.

장하기는커녕 실제에 있어서는 과소평가하고 있는지도 모른다. 왜냐하면 각 산업 내부에서조차 재화의 직접적인 생산에서 서비스활동으로의 이행이 있었기 때문이다"29)라고 말하고 있다.

끝으로 쿠즈네츠에 따르면 횡단면분석의 결과에서는 노동력에 관한 구성비의 경우와 마찬가지로 경제성장에 따라서 국민생산에 관한 서비스산업 구성비도 증대하며, 즉 1인당 국민소득과 국민생산에 관한 서비스산업 구성비 사이에 양의 상관관계가 있으며30) 주요 산업별로

〈표 7〉 노동력의 직업별 분포(미국)

(단위: %)

구 분	서비스 부문에 고용되는 직업 비율 (1960)	연평균 변화율 (1930~1960)	농업 광공업		연평균 변화율 (1950~1960)
			1950	1960	
서 비 스 형 직 업					
전문직 기능직 및 유사노동자	74.5	2.7	3.5	5.9	
관 리 자 , 임 원 및 농 지 를 제 외 한 지 주	69.0	1.4	4.5	5.5	
사 무 직 및 유 사 노 동 자	63.2	2.7	10.3	12.5	
판 매 원	84.3	1.5	1.5	2.3	
가 사 노 동 자	100.0	-0.3			
가사를 제외한 서비스노동자	91.8	2.5	1.5	1.5	
서 비 스 형 소 계	76.0	2.1	21.3	27.7	2.8
재 화 형 직 업					
직공, 직공장 및 유사노동자	24.3	1.3	19.2	21.4	
작 업 원 및 유 사 노 동 자	19.9	1.7	28.8	30.8	
농장 및 광산을 제외한 노동자	27.4	-1.4	7.9	4.7	
농 민 및 농 장 관 리 자	0.0	-2.9	8.6	7.2	
농 업 노 동 자 및 관 리 자	0.0	-3.5	14.0	8.2	
재 화 형 소 계	19.2	0.0	78.5	72.3	-0.8
전 직 업 합 계	50.4	1.0	100.0	100.0	

자료: V. R. Fuchs, op. cit., p. 34. 및 p. 36.

29) V. R. Fuchs, op. cit., p. 34.
30) S. Kuznets(1971), p. 106.

볼 때 저소득국과 고소득국 사이의 그 상대적인 차이도 서비스산업이 가장 작다(〈표 3〉 참조).

다만 그 상관관계가 약한 편이라는 것이 다르다.

그러나 시계별분석의 결과에서는 노동력에 관한 서비스산업 구성비의 경우와는 달리 경제성장에 따라서 국민생산에 관한 서비스산업 구성비는 약간 증대하거나 저하한다(〈표 4〉 참조).

즉 그 구성비는 어떤 뚜렷한 추세를 갖지 않는다.[31] 다시 말하면 1인당 국민소득과 국민생산에 관한 서비스산업 구성비 사이에는 약한 양 또는 음의 상관관계를 갖고 있다.[32]

서비스산업의 소부문인 도소매업도 마찬가지로 어떤 뚜렷한 추세를 갖고 있지 못하다.[33] 그러나 광공업부문에 속하는 운수, 보관 및 통신업의 구성비는 경제성장에 따라서 일관된 또는 뚜렷한 증대를 나타낸다.[34]

4. 서비스산업의 취업구조·고용의 특성

1) 서비스산업의 취업구조

대체로 서비스산업 고용에서 가장 큰 비중을 차지하고 있는 부문은

---

31) *Ibid.*, pp. 157~158.
32) 그러나 쿠즈네츠는 국민생산에 관한 서비스산업 구성비는(프랑스, 미국, 캐나다 같은 나라는 제외) 약간의 그러나 일관되지 않은 증대를 나타낸다고 말하고 있는가 하면(S. Kuznets(1971), p. 309) 불변 내지 저하한다고 말하고 있다(S. Kuznets(1966), p. 149). 그리고 그는 특별히 경제성장에 따라서 노동력에 관한 서비스산업 구성비는 증대하면서도 국민생산에 관한 그것이 불변이거나 저하하는 이유가 무엇인가를 설명하고도 있다(S. Kuznets(1966), pp. 150~153).
33) S. Kuznets(1971), p. 173.
34) *Ibid.*, p. 163.

도소매업인 것으로 알려져 있다. 일본의 경우에는 1975년에 도소매업
이 서비스산업 고용의 47.5퍼센트를, 그리고 미국의 경우에는 금융업
을 포함해서 41.6퍼센트를 차지하고 있다(〈표 8〉 참조).

또 종사상의 지위별로 주요 산업을 보면 제1차산업은 자영업주와
가족종사자의 비중이 크고 제2차산업은 피고용자의 비중이 압도적으
로 크다. 또 제3차산업은 양자의 중간에 있다고 할 수 있다(〈표 9〉 참
조). 그리고 제1차산업에서는 소규모경영의 비중이, 제2차산업에서는
대규모경영의 비중이 큰 데 비해서 제3차산업에서는 소규모경영과 대

〈표 8〉 서비스산업의 취업구조

(단위: %)

미 국	도소매업 및 금융	가내 서비스	기타 개인 및 기업서비스	교 육	기타 전문적 활동	정 부 (교육제외)	계
(1965)	41.6	3.7	10.5	10.7	11.5	22.0	100.0

일 본	도소매업	금융 보험업	부동산업	서비스업	공 무	계	
(1975)	47.5(41.1)	6.0(5.2)	1.5(1.3)	36.8(31.8)	8.2(7.1)	100.0(86.5)	

주: ( ) 안은 제3차산업을 100으로 한 경우를 나타낸다.
자료: S. Kuznets(1971), p. 274; 《日本經濟學大辭典 Ⅱ》, p. 257에서 작성.

〈표 9〉 종사상의 지위별 취업구조(일본)

(단위: %)

산 업 별	자 영 업 주		가 족 종 사 자		피 고 용 자	
	1971	1975	1971	1975	1971	1975
제 1 차 산 업	45.2	47.2	49.3	43.9	5.5	8.9
농 업	46.5	48.9	52.0	46.5	1.5	4.6
제 2 차 산 업	11.8	11.4	4.5	4.1	83.7	84.5
제 조 업	10.1	9.6	4.8	4.4	85.1	86.0
제 3 차 산 업	15.9	15.3	8.1	7.0	76.0	77.7
도 소 매 업	22.3	22.1	15.2	13.2	62.5	64.7
서 비 스 업	–	17.0	–	4.8	–	78.2
전 산 업	19.5	18.5	14.0	11.2	66.5	70.3

자료: 條原三代平 외 편, 《現代産業論 Ⅰ: 産業構造》, 1973, p. 278; 《日本經濟學大辭典
Ⅱ》, p. 258.

규모경영이 혼재해 있다. 이것은 제3차산업에 운수·창고 및 통신업과 전기, 가스 및 수도사업 같은 근대적인 부문과 소매업과 개인서비스업 같은 전통적인 부문이 포함되어 있는 데 기인한다.

서비스산업은 제3차산업에서 ⑦ 운수·창고 및 통신업과 ④ 전기, 가스 및 수도사업을 제외한 것이므로 제3차산업의 패턴을 그대로 따른다고는 할 수 없다. 그러나 그것에 준하는 것만은 분명하다.

따라서 서비스산업은 제3차산업의 경우와 마찬가지로 제1차산업의 자영업주·가족종사자형과, 제2차산업의 피고용자형 내지 고용형의 혼

〈표 10〉 서비스산업의 종사상의 지위별 취업구조

(단위: %)

국 별	자영업주	가족종사자	피고용자	기 타
브 라 질(1970)	35.3	9.9	54.8	0.0
캐 나 다(1971)	10.5	2.3	86.1	1.2
미 국(1970)	8.2	1.2	90.0	0.6
인 도(1971)	10.4	2.9	17.0	69.7
인 도 네 시 아(1971)	40.7	22.2	31.7	5.4
일 본(1970)	19.0	15.9	63.7	1.4
한 국(1970)	33.9	25.5	38.0	2.6
필 리 핀(1970)	36.5	18.9	39.9	4.6
태 국(1970)	29.6	53.0	15.4	1.9
덴 마 크(1970)	14.8	4.3	80.2	0.7
스 페 인(1970)	18.9	6.3	73.5	1.3
프 랑 스(1968)	23.2	–	74.7	2.1
서 독(1970)	9.7	6.2	83.7	0.4
이 탈 리 아(1971)	20.6	4.4	70.0	4.9
스 위 스(1970)	10.4	4.4	85.0	–
스 웨 덴(1970)	8.9	–	91.1	–
영 국(1971)	7.4	–	87.5	5.1
호 주(1971)	12.3	0.6	85.4	1.7

자료:《日本經濟學大辭典 Ⅱ》, p. 260.

〈표 11〉 직업별 취업구조(일본)

구분 \ 연도	1965	1975
① 전문적, 기술적 직업종사자	5.5	7.8
② 관리적 직업종사자	2.9	4.3
③ 사무종사자	13.1	16.8
④ 판매종사자	11.7	13.2
⑤ 보안직업종사자	1.2	1.4
⑥ 서비스직업종사자	6.0	7.0
⑦ 기 타	59.6	49.5
계	100.0	100.0

주: 1) 기타는 농림어업작업자, 채광채석작업자, 운수·통신종사자, 기능공·생산공정작
      업자, 단순노동자의 계에 분류 불능의 직업을 합친 것을 나타낸다.
    2) 서비스직업은 가사서비스, 개인서비스, 기타서비스로 구성된다.
자료:《日本經濟學大辭典 Ⅱ》, p. 262.

재형의 취업구조를 갖고 있다고 할 수 있다.

한편 저소득국은 자영업주·가족종사자형의 취업구조를, 그리고 고
소득국은 피고용자형 내지 고용형의 취업구조를 갖고 있는 것으로 알
려져 있다(〈표 10〉 참조).

끝으로 직업별로 취업구조를 보면 일본의 경우에는 〈표 11〉에서 알
수 있듯이 1975년 현재로 기타 직업종사자를 제외한 여섯 가지 서비
스산업관계 취업자 즉 전문적·기술적 직업종사자에서 서비스직업 종
사자까지의 비중은 합쳐서 50.5퍼센트를 차지하고 있고 그 가운데에서
비교적 비중이 큰 것은 사무종사자(16.8%)와 판매종사자(13.2%)이고
전문적·기술적 직업종사자의 비중은 7.8퍼센트에 불과하다. 그런데 선
진국, 즉 고소득국에서는 이미 1970년대 전반에 이 전문적·기술적 직
업종사자(기사, 교사, 의료보건기술자, 법무종사자, 공인회계사 등)가 서비
스산업 고용의 약 반을 차지하게 되었다고 한다.[35]

〈표 12〉 1960년의 광공업 및 서비스부문 노동력의 특성(미국)

(단위: %)

구 분	미국 합계에 대한 백분비		부문별 고용의 백분비	
	광공업	서비스	광공업	서비스
총 취 업 자	43	50	100	100
여 성	27	71	20	46
6 5 세 이 상	25	59	3	5
파 트 타 이 머	34	59	18	27
자 영 업 주	16	50	5	13
노 동 조 합 원	82	17	57	9
수학연수 12년 이상	30	68	14	28
수학연수 9년 이하	49	37	34	22

자료: V. R. Fuchs, *op. cit.*, p. 185.

2) 서비스산업 고용의 특성

푹스에 따르면 서비스산업고용의 특성은 다음과 같다.

첫째로 서비스산업에서는 여성, 고령자, 파트타이머, 자영업주가 중요하고 노동조합의 영향이 적고 교육수준이 높은 사람이 많다.

〈표 12〉에서 알 수 있듯이 미국의 경우 여성은 광공업부문에서는 겨우 1/5에 불과하지만 서비스부문에서는 거의 반을 차지하고 있다.[36] 고령자의 비중도 광공업부문에서보다 크다. 서비스부문은 육체적인 힘을 그다지 요구하지 않는 데다가 파트타임의 고용에 더 많은 기회를 주고 있기 때문에 여성이라든가 고령자를 유인하고 있다.

1960년에는 서비스부문의 노동자 10명 가운데 거의 3명은 1주일에 35시간도 일하고 있지 않다. 푹스에 따르면 특히 도소매업과 서비스업은 다수의 파트타이머를 고용하고 있으며 그 수는 제2차 대전 후에 현

---

35) 《日本經濟學大辭典 Ⅱ》, p. 260.
36) 쿠즈네츠도 서비스산업에서의 그 비중이 타 부문에 비해서 특히 크다는 사실을 밝히고 있다(S. Kuznets(1971), p. 218).

저하게 증가해 왔다고 한다.[37) 그리고 파트타이머의 이용은 수요가
많은 경우 하루의 정해진 시간이라든가 주의 특정 요일에 나타나기
때문에 서비스기업의 효율적인 경영에 크게 공헌하고 있다고 한다.
〈표 12〉에 따르면 미국의 자영업이 서비스부문에서 광공업부문의 2배
임을, 그리고 광공업부문의 피고용자의 반 이상이 노동조합원인데 비
해서 서비스부문에서는 겨우 10퍼센트가 조직화되어 있는 것을 알 수
있다.

〈표 12〉의 끝 두 행은 서비스산업이 고등교육을 받은 노동자를 더
많이 고용하여 매우 한정된 취학상황을 가진 사람의 고용은 상대적으
로 적음을 말해주고 있다. 푹스에 따르면 이것은 물론 모든 서비스산
업에 해당하는 것은 아니지만 평균적으로 말해서 타당하다고 한다.[38)
이상의 사실은 〈표 13〉에 의해서도 뒷받침되고 있다.

둘째로 서비스산업에서는 중소기업과 비영리단체의 역할이 크다.

건설업과 같은 몇 가지 두드러진 예외는 있지만 기업은 전형적으로
보아 작으며 보통은 소유자가 경영하며 흔히 법인화되어 있지 않다.
게다가 광공업부문의 거의 모든 기업이 이윤을 위한 조직인데 비해서
공공, 민간을 불문하고 비영리적 사업이 서비스부문 고용의 3분의 1을
차지하고 있다.[39)

〈표 14〉에서 알 수 있듯이 미국의 경우 서비스부문의 50퍼센트 이
상을 차지하고 있는 도소매업 및 특정 서비스업은 종업원 20인 이하
의 회사가 고용의 반을 차지하고 있다. 금융·보험·부동산업에서는 그
40퍼센트는 극히 작은 기업에서 차지하고 있다.[40) 서비스부문에서 고

---

37) V. R. Fuchs, *op. cit.*, p. 186.
38) *Ibid.*, p. 188.
39) *Ibid.*, p. 10 및 p. 190.
40) *Ibid.*, p. 191.

〈표 13〉 부문별 및 고용증가율별 산업특성(중위수)(미국)

(단위: %)

구 분	고용 증가(1929~1965)					
	평균 이상		평균 이하		전 산업	
	광공업	서비스	광공업	서비스	광공업	서비스
업 종 수	13	12	20	6	33	18
특 성						
여 성 의 백 분 비	14.6	37.8	12.1	44.5	12.9	38.3
6 5 세 이 상 의 백 분 비	1.9	4.6	2.6	6.7	2.2	5.6
주노동 35시간 이하의 백분비	6.7	13.0	10.2	28.3	8.7	17.1
전가득액의 백분비로서의 자 영 업 주 소 득	5.9	19.2	4.2	22.1	4.6	19.7
노 동 조 합 화 율 의 백 분 비	51.0	1.5	52.5	20.5	52.0	4.5
12년 이상 취학자수의 백분비	54.7	69.2	34.2	37.2	41.2	61.4
대규모사업체종업원수 250인 이 상 의 백 분 비	61.9	11.5	50.0	8.0	58.7	9.1

자료: V. R. Fuchs, *op. cit.*, p. 193.

〈표 14〉 제조업과 서비스특수부문의 기업규모(미국)[1]

(단위: %)

산 업	종업원 수	
	20인 이하	500인 이하
1. 제 조 업(1958)	7	38
2. 도 매 업(″)	47	93
3. 소 매 업(″)	56	78
4. 특 정 서 비 스 업(″)	57	87
5. 금융·보험·부동산업 (1956)	41	67
6. 병 원(비정부 설립, 1963)	n.a.	52
7. 지 방 정 부(1962)	n.a.	49

주: 1) 고용규모별 취업자 수의 백분비 분포를 말한다.
자료: V. R. Fuchs, *op. cit.*, p. 190.

용의 또 하나의 큰 부분은, 〈표 14〉에는 나타나 있지 않지만, 자영의 전문적 직업과 가사사용인이다. 이들은 고용주의 규모가 작은 극단적인 경우를 대표하고 있다. 민간(즉 정부설립 이외의)병원은 전형적인 서비스기업보다 상당히 크다. 그러나 이들 시설의 전 피고용자 수의 반 이상은 종업원 5백 명 이하의 병원에서 차지하고 있다. 마찬가지로 대부분의 사립학교라든가 단과대학은 상대적으로 작다.

'거대한 관료기구'로서 자주 언급되는 정부는 실제에서는 다수의 영세고용주를 포함하고 있다. 미국에서 현재 지방정부 수준에서 고용이 주와 연방정부(문관)를 포함한 고용보다 크다는 사실은 주목할 만하다. 이 지방정부 고용의 2분의 1은 종업원 5백 명 이하의 정부단위에서 차지하고 있다. 어떻든 푹스는 장차 대법인기업은 서비스경제를 특징짓고 있는 병원, 대학, 연구소, 정부기관이라든가 전문적 조직에 의해서 그 존재가 희미해질 것이라고 말하고 있다.[41] 역시 〈표 14〉는 이상과 같은 사실의 일부를 뒷받침해 주고 있다.

셋째로 서비스산업에서는 고용이 경기순환에 대해서 안정성을 갖고 있다. 즉 서비스산업의 고용은 불황국면에서도 안정성을 가지며 또 그 자체 속에 경기순환에 대한 완충장치를 갖고 있다.

〈표 15〉를 보면 미국의 서비스산업은 모두가 고용에서 작은 순환적 파동에 의해 특징지어져 있음을 알 수 있다. 최소의 움직임은 금융·보험·부동산업, 정부 및 본래의 서비스업에서 찾아진다. 소매업의 고용은 어느 정도 순환적 감응도를 표시하고 도매업은 소매업보다 약간 크지만 광공업부문으로 분류되는 4개의 주요 그룹보다는 훨씬 작다.[42] 이 부문 간 격차는 〈표 16〉에서 확인할 수 있다. 자영업은 경기

---

41) *Ibid.*, p. 10.
42) *Ibid.*, pp. 166~167.

〈표 15〉 비농업의 9개 주요 산업그룹별로 본 경기순환 간
고용의 평균변화율[a](미국)

(단위: 연률, %)

산 업	평균변화율 (1947~1965)		추세를 제거한 평균의 순환적 변화
	확장국면	수축국면	
금융, 보험 및 부동산업	3.1(0.5)	2.4(1.0)	0.7(0.3)
정 부	3.6(0.4)	2.2(0.1)	1.4(0.4)
서 비 스 업[b]	3.4(1.0)	1.8(0.8)	1.6(1.3)
소 매 업	2.0(0.7)	−0.8(1.7)	2.8(2.3)
도 매 업	2.5(0.1)	−1.7(1.4)	4.2(1.3)
건 설 업	3.1(0.5)	−2.6(3.0)	5.7(2.6)
운수, 통신 및 공익사업	1.9(0.6)	−7.6(1.3)	9.5(1.4)
광 업	0.5(1.8)	−12.0(4.3)	12.5(4.6)
제 조 업	3.8(1.4)	−9.5(1.4)	13.3(2.0)

주: a) ( ) 안에 표시된 숫자는 다음과 같이 정의된 평균편차이다.

$$\frac{\sum_{i=1}^{n}|X_i - \overline{X}|}{n}$$

　b) 전문적, 개인, 기업 및 수리서비스업, 가사사용인은 제외되어 있다.
자료: V. R. Fuchs, *op. cit.*, p. 166.

순환과 일치하지 않는다. 이것은 서비스산업의 고용이 순환상 안정성
을 갖는다는 사실을 설명하는 데 미흡하다. 단지 임금·급여에 의한 고
용에는 중요한 부문 간 격차가 있다. 광공업부문의 고용은 제2차대전
후의 경기순환 중 서비스부문의 고용의 4배 이상이나 변동했다.[43]

　푹스는 이러한 서비스산업 고용이 경기순환에 대해 안정성을 갖는
이유로서 다음을 들고 있다.[44]　ⅰ) 자영업주가 많이 있다. 그런데 이
들의 고용은 산출고의 완만한 순환적 변동에 거의 감응하지 않는다.

---

43) *Ibid.*, p. 167.
44) *Ibid.*, pp. 160~161.

〈표 16〉 부문집계로 본 경기순환 간 고용의 평균변화율(미국)

(단위: %)

부 문	평균변화율(1947~1965)		추세를 제거한 평균의 순환적 변화
	확장국면	수축국면	
전 비 농 업 의 고 용	3.0(0.2)	-3.4(1.0)	6.4(1.0)
비 농 업 의 자 영 업	0.7(1.6)	0.8(2.0)	-0.1(3.0)
비농업의 임금·급여자의 고용	3.4(0.5)	-3.8(1.0)	7.2(0.1)
서 비 스 부 문(고용계)	2.9(0.5)	0.7(0.7)	2.2(0.1)
광 공 업 부 문(고용계)	3.2(1.1)	-8.3(1.6)	11.5(1.8)
서비스부문(임 금·급여자의 고용)	3.2(0.2)	0.5(0.6)	2.7(0.6)
광공업부문(임금·급여자의 고용)	3.4(1.2)	-8.6(1.4)	12.0(1.8)

주: ( ) 안에 표시된 숫자는 평균편차이다.
자료: V. R. Fuchs, *op. cit.*, p. 167.

ⅱ) 봉급피고용자가 많이 있다. 또 서비스노동자의 교육수준은 광공업 노동자의 그것보다도 높으며 또 대체로 고용비용이 더 크다. 이것은 단기간에 끝날 것으로 기대되는 경기후퇴기 중의 해고 또는 일시적 귀휴를 하는 빈도가 더 작은 것을 의미한다.

또 피고용자의 대다수는 임금·급여노동자로서 분류되어 있지만 실제에서 보수는 성과불 기반으로 지불되고 있다. 전체적이든 부분적이든 그들의 임금은 그 산출고에 따라서 결정되며 수수료, 팁 또는 벌이의 배분 몫이라는 형태를 취하고 있다. 고용주들은 경기가 하락했을 때에 그와 같은 피고용자들을 해고할 이유는 거의 없다. 이 그룹에는 부동산·보험·증권브로커, 웨이터와 웨이트리스, 이발사·미용사 및 내구재 대부분 소매세일즈맨을 포함하고 있다. 이들의 가득액은 그 노동시간에 민감하기보다도 사람들의 지출의 순환적 변동에 훨씬 더 민감하므로 이들 노동자는 신축적 임금을 받고 있는 것으로 생각할 수도 있다.

서비스부문과 마찬가지로 제조업에서도 약간의 성과불 고용은 있지만 계측된 고용에 미치는 영향은 생산과정에 차이가 있으므로 동일하지 않다. 제조업에서 수요가 낮아지면 노동에 대한 지불이 시간급인가 성과불인가에 관계없이 고용주는 생산을 삭감할 것인데 이 삭감은 고용을 감소시킬 것이다.

서비스의 경우에는 이 영향은 상이한데 그것은 산출의 양과 타이밍 및 필요한 고용량을 사전에 알 수 없기 때문이며 또 실제상으로도 고용주가 고려할 원재료비용이 전무하기 때문이다. 이 두 상황에서는 수요의 감소는 노동의 한계수입생산물의 저하를 의미한다. 제조업에서는 시간당 임금은 동일한 상태이기가 쉬우며 맨아워(manhour)의 감소가 발생한다. 웨이터, 이발사, 세일즈맨 등의 경우에 고용은 변하지 않은 채로 있으며 필요한 조정은 시간당 가득액의 하락에 의해서 이루어진다.

iii) 비영리단체의 역할이 광공업부문에서보다 크다. 비영리단체는 공공, 민간의 어느 것이든 서비스부문 고용의 3분의 1 이상을 차지하고 있지만 광공업부문에서는 그 비중이 매우 작다.

그러나 이 밖에도 iv) 일반적으로 노동의존적이며 자본집약도가 작다는 것, 즉 자본재수요 의존도가 작다는 것을 그 이유로서 들 수 있다.[45] 이렇게 자본재수요 의존도가 작으니 자연히 설비투자를 중심으로 하는 경기순환에 대해서 서비스산업 고용의 반응이 작을 수밖에 없을 것이다.

---

45) 篠原三代平 외 편, 앞의 책, p. 283.

5. 서비스산업의 성장이 미치는 영향과 역할

1) 서비스산업의 성장이 미치는 영향

서비스산업 성장이 미치는 영향으로서는 여러 가지를 들 수 있다. 그러나 그 가운데에서 중요하다고 생각되는 것만을 들면 다음과 같다.

(1) 노동조합의 영향력 저하

서비스부문에서는 여성이라든가 파트타이머라든가 자영업주가 중요하므로 조직화를 위해서 부단한 노력을 하지 않게 되면 노동조합의 영향력 저하가 초래될 수 있다.

그리고 만약 노동조합이 광공업부문과 같은 정도로 서비스부문에서의 조직화에 성공한다고 하면 노동조합의 성질에도 중요한 변화가 일어날지도 모른다. 서비스노동자에 대한 조합주의의 확대는 아마 그들 산업에서 노동의 질, 생산성 및 실업에 영향을 미칠 것이다.

비록 조합화(즉 노동조합의 조직화)가 서비스산업에 광범위하게 보급되지 않아도 이 부문에서의 동맹파업은 커다란 주목을 받고 있다. 교사, 공중위생노동자 및 병원피고용자에 의한 동맹파업은 광업·제조업 및 건설업의 노동자에 의한 더 장기의 동맹파업보다도 상대적으로 많은 비판 및 개입을 야기시켰다. 이것은 아마 부분적으로는 서비스의 산출이 소멸하기 쉽다고 하는 성질에 관계가 있을 것이다.

서비스산업에 대해서 조합주의의 확대가 초래하는 또 하나의 있을 수 있는 영향은 단체교섭에 대한 전통적인 접근법에서 강제적인 중재라든가 기타의 수정에 대한 압력을 증대시키는 것이다.

(2) 여성의 역할 증대

서비스부문의 많은 직종은 육체적인 힘을 특별히 필요로 하지 않으므로 서비스산업에서는 여성이 남성과 거의 동일한 조건으로 경쟁할 수 있다. 미국의 경우 서비스부문에서는 대체로 일의 절반가량을 여성이 차지하고 있다. 분명히 남성이 우월하게 경제적 입장을 가지는 이유는 남성이 계속해서 노동력으로 고용되어온 것이라든가 기타요인에 기인한다. 그러나 능력에 따라 더 높은 수입이 발생하는 한 서비스경제의 출현은 남녀의 평등을 촉진할 것이다.

(3) 노동의 인격화 경향·개인서비스 공급의 중시

노동의 인격화의 경향이 강화되며 개인서비스의 공급이 중요시된다. 수공업사회에서 대량생산사회로의 이행은 노동을 비인격화하고 노동자를 소외한다고 말해진다. 그러나 서비스경제의 출현은 그와 같은 경향의 역전을 의미한다. 많은 서비스산업의 피고용자는 그들의 일과 깊은 관련을 갖고 있으며 자주 개인적 기능의 발전이라든가 수련을 위한 충분한 기회를 부여하는 고도로 인격화된 활동에 종사하고 있다.46)

미국에서는 개인서비스업이 충분히 존경받고 있지 않다. 그러나 평균 소득수준이 높은 나라에서는 대량의 개인서비스가 소비되며 다수의 사람들이 그것에 고용된다고 하는 것을 우리는 기대해야 한다. 이것은 소득분포가 완전하게 평등주의적이었다고 해도 무방할 것이다. 1

---

46) 다시 말하면 인적 자본이 중시되고 있다고 할 수 있다. 그런데 이 인적 자본의 중시는 재화의 가치보다도 인간서비스의 가치를 상대적으로 높임으로써 지식산업의 역할을 크게 하는 한편 기업경비에서 인건비의 비중을 높임으로써 서비스요금을 중심으로 소비자물가를 장기적으로 상승시킨다고 한다(《日本經濟學大辭典 Ⅱ》, p. 262).

〈표 17〉 광공업과 서비스부문 사업체에서
고용백분비별로 본 산업 수와 맨아워의 분포(1960)

(단위: %)

피고용자 250인 이상 사업체에서 고용의 백분비	산업 수		산업 수 백분비		맨아워 백분비	
	I	S	I	S	I	S
0~19.99	10	44	12.3	77.2	17.4	70.3
20~39.99	22	9	27.2	15.8	22.6	16.0
40~59.99	15	1	18.5	1.8	17.3	3.7
60~79.99	20	2	24.7	3.5	18.6	8.4
80 이상	14	1	17.3	1.8	24.1	1.6

자료: V. R. Fuchs, op. cit., p. 191.

인당의 높은 소득은 1인당의 평균산출고가 높은 것을 의미한다. 이것은 어떤 산업(거기에서는 자본이 노동으로 대체할 수 있으며 또 기술변화가 급속하다)의 1인당 산출고가 매우 높은 것을 의미할 것이라고 생각된다. 따라서 고용은 1인당 산출고가 완만하게 증대되는 개인서비스업과 같은 산업에서 주로 확대될 것이다.

(4) 중소기업의 상대적 중요성

〈표 17〉에서 보는 바와 같이 미국에서는 서비스부문의 고용이 소규모경영이라는 특징을 가진 산업으로 대단히 집중되고 있다. 사실 다른 사정이 동일하면 서비스경제로 이행은 중소기업의 상대적 중요성을 증대시키는 경향이 있다.

푹스에 따르면 미국의 경우 사람들의 대부분은 대기업을 위해서 일하고 있지도 않으며 일한 일도 없다. 대부분의 생산은 대기업에서 이루어지고 있는 것은 아니며 이루어진 일도 없다[47]고 한다.[48]

47) V. R. Fuchs, op. cit., p. 10.
48) 어떻든 서비스경제의 출현은 중소기업을 단순히 대기업의 하청적 지위에 있

(5) 경제개념의 재검토 필요성

여러 경제개념을 재검토 내지 재고할 필요를 갖게 한다.

① 서비스의 생산은 재화의 생산과 달라서 소비자가 자주 중요한 역할을 하는 것에서 하나의 문제가 일어난다. 이 측정되지 않는 투입은 소매업, 보건, 교육, 기타 많은 서비스산업의 생산성에 지대한 영향을 끼칠 수도 있다. 슈퍼마켓이라든가 셀프서비스의 세탁소에서는 소비자는 실제로 일을 하며 의사의 진료실에서는 환자가 제공하는 병력의 질이 의사의 생산성에 중대한 영향을 끼칠 수 있을는지도 모른다. 은행의 생산성은 예금용지에 창구은행원이 기입하는가 고객이 기입하는가, 그리고 그것이 정확하게 기입되는가 아닌가에 영향을 받는다. 교육의 생산성은 대부분 학생이 기여하는 정도에 의해서 결정되며 극단적인 예를 들면 현악사중주 연주는 청중의 반응에 의해서 영향을 받는다.

또 생산성은 소비자의 정직함의 수준에 의해서 영향을 받을 수도 있다. 예컨대 소비자가 상품을 훔치지 않으며 카운터에서 가격과 비용을 정확하게 보고하고 상품의 구입이라든가 기타의 계약에 대한 구두에 의한 약속을 존중하는 것이 신뢰받는다고 하면 서비스의 생산자 측의 인건비는 매우 절약될 수 있다.

이에서 알 수 있는 것처럼 소비자의 지식이라든가 경험, 정직한 동기와 같은 것이 서비스부문의 생산성에 영향을 미친다. 그러나 그럼에도 이들 요인을 분석에 도입하는 데 필요한 수단도, 자료도 존재하지 않는다.

② 전문직이라든가 기술직처럼 정규의 학교교육이라든가 취업보장

는 종속적 성격의 것으로서가 아니고 그것에 고유한 역할을 부여한다고 보아야 할 것이다(《日本經濟學大辭典 Ⅰ》, pp. 263~264).

이 중요한 경우에는 지식의 진보가 생산성에 영향을 미치는 속도는 이들 새로운 진보를 체화하고 있는 노동을 어떤 속도로 노동력에 추가해 갈 수 있는가에 주로 의존할 것이다. 또 제조업에서 보통 가정되는 바와 같이 물적 자본은 고정적인 요소이고 노동은 항상 가변적이라고 하는 것도 옳지 않다. 많은 서비스기업에서는 도리어 반대의 가정 쪽이 더 현실에 가깝다. 사실 자본설비(예컨대 컴퓨터)를 임대하는 기회가 증대하게 되면 그 역(逆)이 더욱 진실에 가까워진다. 만약 임대한 자본설비가 그것을 사용하는 특정의 기업이라든가 산업에 대해서는 아니더라도 사회에 대해서 취소할 수 없는 공약을 나타낸다는 것이 논의된다고 한다면 같은 말을 노동의 공급에 대해서도 할 수 있으므로 이 구별은 모두 설득력을 상실해 버린다.

③ 많은 서비스산업에서는 생산의 흐름은 일률적이 아니고 특정 시간이라든가 특정일에 두드러진 절정기가 있고 그 사이에는 완만한 활동의 시기가 있다. 그와 같은 변동은 소매업, 은행, 이발점과 미용원, 오락장 어떤 종류의 지방정부서비스에 있어 중요한 일이다.

또 생산의 조업규모(즉 거래규모)는 흔히 매우 작다. 따라서 서비스산업에서 산출고와 생산성의 관계를 분석하는 데 있어서는 수요의 타이밍 변화나 거래규모의 변화에 더 많은 주의를 기울일 필요가 있을 것이다.

④ 실질 GNP는 생산성과 경제성장에 대한 많은 연구의 기초가 된다. 그러나 불행하게도 그 통계는 그와 같은 연구에 대해서 갖는 유용성을 약화시킬 가능성이 있다. 왜냐하면 1인당 GNP가 높은 수준에 있을 때는 생산적 노력의 대부분이 서비스산업(여기에서는 실질산출고의 측정이 매우 어렵다)이라든가 전혀 측정될 수 없는 '자기 자신이 하는' 형의 활동, 즉 비시장생산(또는 가정 내 노동, 생산)에 해당하기 때문이

다. 앞으로는 실질 GNP의 추계치와 함께 사용될 산출고 및 경제후생의 보조적인 지표를 발전시킬 필요가 있을 것이다.49)

(6) 산업분류의 재검토 필요성

정보서비스가 오늘날 물질과 에너지에 부가되어야 할 제3의 범주로서 지위를 확립해감50)에 따라서 클라크식의 전통적인 제1차산업, 제2차산업, 제3차산업이라는 산업분류를 재검토할 필요가 있게 된다.

즉 정보활동과 결부해서 듣게 되는 새로운 호칭 예컨대 지식집약산업, 연구집약산업, 시스템산업, 성력(省力)산업, 무슨무슨 개발산업, 레저산업 등 많은 새로운 개념이 등장했는데 이들 표현은 종래의 전통적인 '생산과정'의 유사성이라고 하는 산업개념에는 수용될 수 없는 것이며 그것에 대체해서 각종 활동을 유기적으로 통합하고 기능보완적 또는 기능집적적으로 결합해서 더 큰 기능을 다한다고 하는 '기능중심'의 새로운 산업개념이 요청되게 된다.51)

(7) 비영리기관의 비중

서비스경제의 출현 내지 서비스경제화에 따라서 사기업 이외에 비영리기관의 비중이 높아진다. 이 변화는 서비스수요 가운데 공공적·준공공적 성질을 갖는 수요가 점차 그 중요성을 더해가는 경향에 대응하고 있다. 종래의 제조업에서 볼 수 있는 대규모 기업에 대신해서 서

---

49) 이상의 ①에서 ⑤까지는 V. R. Fuchs, *op. cit.*, pp. 9~13 및 pp. 190~191 참조.
50) 이것은 말할 것도 없이 정보활동종사자 나아가서 지식집약적인 전문서비스 취업자의 비중을 증대시킨다(《日本經濟大辭典 Ⅱ》, p. 262.).
51) 그러나 양자는 대체적인 기능이 아니고 이질(異質)의 차원에 선 개념으로서 특징지어져야 한다고 보는 사람이 있다(宮澤建一, 《産業の經濟學》, 1975, p. 250).

비스경제에서는 정부기관, 의료, 교육, 연구, 교통, 기타 비영리전문기
관이 상당한 역할을 차지하는 것이 예측된다.[52]

이와 관련해서 푹스는 앞에서 이미 본 것처럼 "장차 큰 법인기업은
서비스경제를 특징짓고 있는 병원, 대학, 연구소, 정부기관이라든가 전
문적 조직에 의해서 그 모습이 희미해질 것이다" 하고 이어서 다음과
같이 말하고 있다.

이 같은 기관의 중요성의 증대는 효율과 공정성에 관해서 귀찮은 문
제를 야기한다. 비영리적인 병원에서 경비가 급상승하고 있는 사실에 나
타나는 것과 같이 생산이라든가 분배에서의 효율성에 대한 제1의 자극인
경쟁이라든가 이윤추구에 의존하는 현행의 체제를 대체하는 규제라든가
지배의 새로운 수단이 필요하게 될 것이다.[53]

2) 서비스산업의 역할

서비스산업의 역할의 주된 것으로서는 다음을 들 수 있다.

(1) 경기순환의 안정성

서비스산업은 자본집약도 즉 자본재수요 의존도가 작다. 따라서 서

---

52) 宮澤建一, 앞의 책, p. 246.
53) V. R. Fuchs, *op. cit.*, p. 10. 그는 또 같은 책(p. 192)에서는 다음과 같이 말하
고 있다. 비영리부문의 중요성이 증대하고 있는 것은 이런 조직에 있어서 효율
과 공정성을 어떻게 증진시키는가라는 귀찮은 문제[예컨대 임의제(任意制) 병
원의 비용 증대에 관한 문제]를 야기하게 될 것이다. 비영리적 사업이 본질적
으로 사기업을 바탕으로 하고 있는 경제에 대해 작은 예외에 불과할 때에는 문
제는 그다지 심각하지 않다. 그러나 만약 비영리사업이 적어도 경제를 지배하
게 되는 단계에 이르고 있다고 하면 아마 규제라든가 지배에 대한 근본적으로
새로운 수단을 필요로 하는 새로운 사태에 직면하게 될 것이다.

비스산업은 자본재수요를 그다지 필요로 하지 않으므로 설비투자를 중심으로 하는 경기순환에 기인하는 호불황의 파동에 대한 반응이 작다. 그것은 거꾸로 불황기에 유효수요의 감소를 저지한다고 할 수 있다. 불황기에도 병원증설, 볼링 붐, 음식점·다방의 증가 등 서비스산업의 증대가 있기 때문이다.

지금까지 네 번의 경기후퇴기(즉 불황기)를 겪었던 미국의 경우를 보면 제조업의 자본지출이 급감하는 동안에도 서비스산업의 투자는 지속되었다. 또 전통적 산업설비의 평균수명이 적어도 10년인데 비해서 서비스산업의 신기술설비의 평균수명은 3~7년에 불과하여 이것이 서비스산업의 자본지출에서 강력한 대체요인이 되었다고 한다.

사실 1973~1975년의 경기후퇴기에 자본지출이 16퍼센트나 감소한 데 비해서 최근의 불황기에는 총기업투자가 9.7퍼센트의 실질감소에 그쳤다는 것이 밝혀졌다. 전문가의 분석에 따르면 만약 서비스산업의 지속적인 신기술투자가 없었더라면 최근의 투자감소는 14.2퍼센트에 달했을 것으로 추정되고 있다. 이는 1975년에는 겨우 16퍼센트를 차지했던 서비스산업의 신기술투자가 현재 총기업투자의 약 30퍼센트를 차지하고 있다는 데 기인한다.

한편 서비스산업 고용은 불황기 속에서도 안정성을 가지며 또 그 자체 속에 경기순환에 대한 완충장치를 갖추고 있다. 즉 서비스의 경우 총수요의 순환적 변동→실질산출고의 변동→고용량의 변동이라는 파급관계에 있어서 그 반응이 약하다. 그것은 이미 앞에서 본 것처럼 ⅰ) 자영업주가 많이 있다는 것, ⅱ) 비영리단체가 많이 있다는 것, ⅲ) 자본집약도가 낮다는 것, ⅳ) 봉급피고용자가 많다는 것 그리고 그들 대부분의 임금은 실제에서는 성과불 기반으로 지불되기 때문에 수요의 감소에 대응하는 데 있어서 시간당 임금을 그대로 둔 채 맨아

워를 감소시키는 제조업의 경우와 달리 고용을 그대로 둔 채 시간당
가득액을 감소시키는 형태를 취한다는 것에 기인한다고 할 수 있다.

그러나 이 밖에 ⅴ) 여성, 파트타이머가 상대적으로 큰 비중을 차지
하고 있다는 것, ⅵ) 비영리단체 중 특히 정부부문의 비중이 크다는
것 등도 그 이유로 들어진다.

(2) 인플레이션의 억제·경제성장의 촉진

최근 미국의 서비스산업은 컴퓨터, 전기통신시스템과 같은 신기술
설비를 경쟁적으로 도입하고 있다고 한다. 그런데 비공식 분석자료에
따르면 미국의 서비스산업의 신기술투자는 불변가격기준으로 1975년
의 191억 달러에서 1982년에는 470억 달러에 이른 것으로 나타났다.
서비스산업 고용은 같은 기간에 4,610만 명에서 5,760만 명으로 증가
했다. 따라서 노동자 1인당 신기술투자액이 1975년의 415달러에서
1982년에는 816달러로 증가했음을 알 수 있다. 전문가들은 1985년에
는 그것이 1,017달러로 될 것으로 전망하고 있다.

그리하여 생산성 전문가들은 이러한 신기술투자의 결과 생산성이
1980년대에는 연평균 2.5퍼센트 이상 증가함으로서 1970년대의 1.0퍼
센트 이하를 훨씬 넘어서서 1950년대와 1960년대의 연평균 3.0퍼센트
에 가까워질 것으로 보고 있다.

노동생산성의 향상은 우선 서비스가격의 인하를 초래하고 나아가서
인플레이션을 억제함은 두말할 나위도 없다. 사실 미국에서는 서비스
산업의 생산성 증대가 1980년대에 1970년대보다 훨씬 낮은 물가상승
율을 가능케 할 것으로 전망되고 있다. 그리고 서비스산업의 가격인하
는 이미 지난 수년간 인플레이션의 가장 큰 원인의 하나로 간주되던
의료수가에 나타나기 시작하여 그 상승률이 연평균 12.0퍼센트에서

9.0퍼센트로 하락했다. 또 신기술비용의 극적인 하락은 인플레이션을 떨어뜨리는 효과를 배가할 것으로 보인다.

물론 서비스가격의 인하는 서비스산업에서 경영개선 등의 경영합리화에 의해서도 실현된다. 그리고 물가안정을 위해서는 유통산업을 도소매업으로 하든 도소매업과 운수·창고 및 통신업으로 하든 유통산업에서의 기술혁신, 경영합리화 등을 통한 이른바 '유통 마진'의 감축이 강조되는 것이 사실이다.

노동생산성의 향상은 다음에 서비스산업의 생산비중을 증대시키고 나아가서 전반적인 경제성장을 촉진시킨다. 그리고 이 경제성장은 1인당 실질소득의 증대를 초래한다. 특히 서비스산업의 비중이 큰 경제에서는 노동생산성 향상의 효과가 더욱 크다고 할 수 있다. 사실 미국의 경우에는 서비스산업의 실질 GNP에서의 비중은 1982년에는 32.7퍼센트지만 노동생산성의 향상이 예상되어 1985년에는 약 34.5퍼센트가 될 것으로 전망되고 있다.

〈표 18〉은 미국에서는 광공업부문의 거의 모든 산업이 높은 생산성변화율을 나타내고 있는 데 반하여 서비스부문은 전부가 평균 이하의 생산성변화율을 나타내고 있음을 보여준다. 그런데 푹스는 1인당 산출고에 나타나는 부문 간의 차이를 설명하는 중요한 요인을 노동의 질의 상대적인 변화라고 보고 있으며 노동의 질을 다음과 같이 정의하고 있다.[54]

기술이라든가 기타의 투입이 일정히 유지되는 경우 일정 수의 맨아워의 산출고에 대한 효과는 노동시간을 제공하는 사람의 지식, 지력, 체력

---

54) V. R. Fuchs, *op. cit.*, pp. 60~61.

〈표 18〉경제 전체 대비 주요 산업그룹별 생산성 변화율
(1929~1965년, 미국)

(단위: 연율, %)

주요 산업그룹	1인당 산출고	노동투입 1단위당 산출고	전 생산요소투입 1단위당 산출고
농 림 어 업	1.5	0.8	0.5
광 업	0.7	0.6	-0.3
건 설 청 부 업	-1.2	-1.1	-1.3
제 조 업	0.2	0.2	0.0
운 수 업	1.4	1.2	1.3
통 신 · 공 익 사 업	2.6	2.2	1.8
정 부 기 업	-1.4	-0.8	-0.7
도 매 · 소 매 업	-0.3	0.3	-0.2
금융·보험·부동산 및 서비스업	-0.7	-0.1	0.1
금융·보험·부동산과 가계, 비영리단체를 제외한 서비스업	-1.3	-0.5	-0.6
일 반 정 부	-2.0	-1.6	-1.7

자료: V. R. Fuchs, *op. cit.*, p. 55.

과 같은 요인에 의존해서 변화하는 수가 있다. 이러한 변화를 초래하는 요인 전부가 '노동의 질'이라는 용어에 포함된다.

따라서 노동의 질을 높이도록 하면 서비스산업의 생산성 향상은 기대된다고 할 수 있을 것이다.[55]

(3) 부문 간의 격차해소

미국에서는 〈표 19〉에서 알 수 있듯이 1939~1963년의 기간에 18개 서비스업종 중 16개 업종에서 생산성이 양의 변화율, 즉 증가율을 나타냈다. 그러나 〈표 20〉을 보면 서비스업이나 소매업 전체의 증가율이

---

55) 여기서는 서비스산업의 생산성 측정에 관한 문제는 다루어지지 않는다.

〈표 19〉 18개 특정 서비스업종의 1인당 실질산출고의 연평균 변화율(미국)

(단위: %)

업 종	1인당 실질 산출고 (1939~63년)	업 종	1인당 실질 산출고 (1939~63년)
서 비 스 업		소 매 업	
자동차수리	3.5	의복점	1.0
이발관	0.6	자동차판매업자	2.2
미장원	1.5	약방	2.8
드라이클리닝	2.6	음식점	-0.2
호텔과 모텔	0.9	식료품점	2.4
세탁소	1.8	가구집기점	2.9
극장	-2.7	주유소	3.4
구두수리	1.1	일반 상품 판매	1.5
		목재 거래 업자	1.4
		기타	2.2

자료: V. R. Fuchs, *op. cit.*, p. 84.

제조업이라든가 광공업부문 전체 내지 경제 전체만큼 크지 않았음을 알 수 있다.

이처럼 서비스산업은 경제 전체보다도 낮은 생산성 증가율을 나타 내고 있을 뿐 아니라 그 내부에 서비스업이라든가 소매업 같은 생산 성 증가율이 상대적으로 낮은 소부문을 갖고 있다. 다시 말하면 낙후 부문56)을 갖고 있다.

따라서 서비스산업 내 낙후부문 및 서비스산업 자체의 생산성 증대 는 곧 서비스산업의 소부문 간뿐만 아니라 경제의 주요 산업 간의 격 차해소를 촉진하는 것을 의미한다고 볼 수 있다.57)

---

56) 저개발국에서는 전근대적 전통부문이 될 것이다.
57) 저개발국에서는 이중구조의 해소를 촉진시킨다는 것을 의미한다고 할 수 있 다.

〈표 20〉 산업그룹과 경제 전체의 1인당 산출고의 연평균 변화율(미국)

(단위: %)

구 분	1인당 실질 산출고 (1939~63년)
서비스 8개 업종계	1.4
소매업 10개 업종계	1.7
18개 특정 서비스업종계	1.6
제조업계	2.3
서비스부문계	1.8
재화부문계	2.5
경제 전체	2.5

자료: V. R. Fuchs, *op. cit.*, p. 85.

6. 한국의 서비스산업

1) 서비스산업의 비중

우리나라의 서비스산업은 1982년에는 노동력에서 35.8퍼센트를 차지하고 있다(〈표 21〉 참조). 그러나 비교를 위해서 이에 ④ 전기, 가스 및 수도사업과 ⑦ 운수, 창고 및 통신업을 합친 것, 즉 제3차산업을 보면 그것은 40.2퍼센트나 된다. 이 제3차산업의 구성비 내지 비중은 1963년에는 25.6퍼센트에 지나지 않았으며 그 비중은 농림어업의 비중(63.1%)의 절반에도 미치지 못한 수준이었다.

그러나 1980년부터는 제3차산업의 비중이 농림어업의 그것을 앞서게 되었다. 즉 1980년에는 제3차산업 비중이 37.3퍼센트인 데 반해서 농림어업의 그것은 34.0퍼센트이었다. 그러나 1980년에는 아직 농림어업의 비중이 서비스산업의 그것보다 높은 수준에 있었다. 서비스산업이 농림어업을 앞서게 된 것은 1982년부터라고 할 수 있는데 이때의 농림어업 비중은 32.1퍼센트이었다.

〈표 21〉 한국의 산업구조 · 취업구조

(단위: %)

연 도	농림어업		광공업		제조업		사회간접자본 및 기타 서비스		기타 서비스	
	(1)	(2)	(1)	(2)	(1)	(2)	(1)	(2)	(1)[1]	(2)[2]
1963	43.4	63.1	16.3	8.7	14.7	8.0	40.2	28.2	32.3	25.6
1965	38.0	58.6	20.0	10.3	18.0	9.4	41.9	31.0	33.2	28.1
1966	34.9	57.9	20.5	10.8	18.6	9.9	44.7	31.3	34.4	28.8
1967	30.6	55.2	21.0	12.8	19.1	11.7	48.4	32.0	36.9	29.0
1974	24.6	48.2	27.1	17.8	25.8	17.4	48.4	34.0	36.5	30.1
1979	20.3	35.8	27.8	23.7	26.6	22.9	51.9	40.5	34.9	34.4
1980	15.8	34.0	29.3	22.6	28.0	21.7	54.9	43.4	37.5	37.3(32.5)[3]
1981	17.2	34.2	29.9	21.3	28.5	20.4	52.8	44.5	36.5	38.2(33.6)
1982	15.9	32.1	29.2	21.9	27.8	21.1	55.3	46.1	37.2	40.2(35.8)

주: (1)은 산업구조(경상시장가격 기준) (2)는 취업구조를 나타낸다.
  1) 전기 가스 및 수도사업 건설업 운수창고 및 보관업 제외.
  2) 건설업 제외, 전기 가스 및 수도사업, 운수창고 및 보관업을 포함한다.
  3) ( )는 1)과 동일하다.
자료: 경제기획원,《한국경제지표》, 1983. 9, p. 9 및 pp. 20~21;〈부표 5〉.

한편 서비스산업은 국민생산에 있어서 차지하는 비중이 1963년에는
32.3퍼센트이던 것이 1982년에는 37.2퍼센트를 기록하였다. 역시 그
비중은 처음에는 농림어업의 비중(43.4%)에 미치지 못했으나 1967년
에 들어서면서부터 농림어업을 앞지르게 되었다. 1967년에는 서비스
산업의 비중이 36.9퍼센트인 데 비해서 농림어업의 그것은 30.6퍼센트
이었다.

농림어업은 1967년부터 이렇게 그 비중에 있어서 서비스산업에 뒤
졌을 뿐 아니라 1974년부터는 제조업에도 뒤지게 되었다. 1974년에는
제조업의 비중이 25.8퍼센트인 데 비해서 농림어업의 그것은 24.6퍼센
트, 서비스산업의 그것은 36.5퍼센트를 나타냈었다. 이러한 순위는
1982년 제조업의 비중이 27.8퍼센트인 데 비해 농림어업이 15.9퍼센트

인 것처럼 변함이 없었다.

이에서 알 수 있듯이 우선 현재 서비스산업은 노동력에 있어서나 국민생산에 있어서나 가장 큰 비중을 차지하고 있으나 노동력에서는 농림어업이, 국민생산에서는 제조업이 각기 그 다음 순위를 차지하고 있다. 다시 말하면 우리나라에서는 아직도 농림어업에 많은 노동이 취업하고 있음을 알 수 있다.

다음에 1960년대 초에는 서비스산업이 농림어업의 다음 순위였다고는 하나 서비스산업의 비중은 애초부터 큰 편이었으며 경제성장에 따라 제고되어 왔음을 알 수 있다. 다시 말하면 서비스산업은 애초부터 큰 비중에서 출발하여 성장해 왔다고 할 수 있다. 즉 취업구조 내지 노동력 구성에 한해서 보면 현재의 그것은 결코 노동력이 제1차산업 →제2차산업→제3차산업으로 이동한 결과가 아니고 우리나라의 과잉인구 압력을 반영하고 있는 것이라고 할 수 있다. 적어도 우리나라에서 서비스산업 고용의 성장은 이런 성격을 띤 면이 있다.

서비스산업을 포함하는 제3차산업의 고용은 1964~1981년간에 연평균 6.1퍼센트, 1982년에는 6.4퍼센트가 증가했다(〈표 22〉 참조). 6.1퍼센트는 광공업의 9.0퍼센트에는 못 미치지만 전 산업(3.4%)의 배나 된다. 그리고 1982년에는 광공업의 5.4퍼센트를 웃돌고 있으며 전 산업(2.7%)의 배를 넘고 있다. 서비스산업만을 보면 그것은 1981년과 1982년에 각각 5.0퍼센트, 9.5퍼센트 증가했다(〈표 23〉 참조).

한편 서비스산업의 부가가치는 1964~1981년간에 연평균 7.0퍼센트, 1982년에는 5.2퍼센트가 증가했다(〈표 24〉 참조). 7.0퍼센트는 광공업, 제조업, 사회간접자본의 증가율인 15.8퍼센트, 16.8퍼센트, 15.9퍼센트를 크게 밑돌 뿐 아니라 GNP의 8.7퍼센트보다도 낮다. 그러나 1982년에는 광공업의 3.7퍼센트, 제조업의 3.9퍼센트를 웃돌고 있으며

〈표 22〉 산업별 고용증가율

(단위: %)

구 분	1964~1966	1967~1971	1972~1976	1977~1981	1964~1981	1982
농 림 어 업	0.3	0.3	2.9	−3.2	0.1	−3.8
광 공 업	11.3	9.6	14.1	2.0	9.0	5.4
사회간접자본 및 기타서비스	6.9	7.4	2.3	8.2	6.1	6.4
전 산 업	3.2	3.6	4.5	2.3	3.4	2.7

자료: 경제기획원, 《한국경제지표》, 1983. 9, p. 18 및 《경제활동인구연보》, 1982.

〈표 23〉 취업구조 · 고용증가

(단위: %)

구 분	취업구조			고용증가율	
	1980	1981	1982	1981	1982
사 회 간 접 자 본	11.0(25.2)	10.8(24.3)	10.2(22.2)	1.3	−3.5
전기 가스 및 수도사업	0.3(0.7)	0.2(0.5)	0.2(0.5)	−25.6	−3.1
건 설 업	6.1(14.1)	6.2(14.0)	5.8(12.5)	4.0	−5.0
운수 창고 및 통신업	4.5(10.4)	4.4(9.8)	4.2(9.2)	−0.7	−1.3
기 타 서 비 스	32.8(74.8)	33.7(75.7)	35.8(77.8)	5.0	9.5
도소매 및 음식숙박업	19.5(44.1)	19.8(44.5)	22.0(47.9)	3.8	14.5
금융보험 및 부동산업	2.4(5.6)	2.7(6.1)	2.6(5.7)	14.2	0.8
기 타	10.9(25.1)	11.2(25.1)	11.2(24.2)	5.0	2.8

주: ( ) 안은 사회간접자본 및 기타 서비스를 100으로 한 비중을 나타낸다.
자료: 〈부표 5〉

GNP의 5.3퍼센트와 동일한 수준이다.

끝으로 종사상의 지위별로 볼 때에는 제3차산업의 고용은 1982년에는 자영업주 34.1퍼센트, 가족종사자 10.8퍼센트, 피고용자 55.1퍼센트로 구성되어 있다(〈표 25〉 참조).

1970년에는 각각 31.5퍼센트, 8.9퍼센트, 59.7퍼센트[58])이었으므로

---

58) ILO 자료에 따르면 1970년에는 제3차산업 고용은 자영업주 33.9%, 가족종사자 25.5%, 피고용자 38.0%, 기타 2.6%로 구성되어 있는 것으로 되어 있다(〈표

〈표 24〉 산업별 성장률(1975년 불변가격 기준)

(단위: %)

구 분	1962~1966	1967~1971	1972~1976	1977~1981	1964~1981	1982
농 림 어 업	5.6(8.7)	1.5	6.2	-0.1	3.9	3.8
광 공 업	14.3(14.7)	19.9	18.0	9.7	15.8	3.7
제 조 업	15.0(15.9)	21.8	18.7	9.9	16.8	3.9
사회간접자본 및 기 타 서 비 스	8.4(8.7)	12.6	8.4	5.2	8.8	7.2
사회간접자본	17.8(19.0)	20.7	13.0	10.9	15.9	10.9
기 타 서 비 스	7.1(7.2)	10.9	7.0	2.7	7.0	5.2
(상 업)	6.5(8.3)	8.5	9.6	9.2	10.2	4.1
국 민 총 생 산	7.8(9.4)	9.7	10.1	5.5	8.7	5.3

주: ( ) 안은 1964~1966년의 연평균증가율이다.
자료: 한국은행,《한국의 국민소득》, 1982, p. 18 및 경제기획원,《한국경제지표》, 1983. 9,
    p. 6 및 pp. 10~11.

〈표 25〉 종사상의 지위별 취업구조

(단위: %)

구 분		1970	1971	1975	1976	1980	1981	1982
자 영 업 주	I	39.6	39.1	41.2	42.0	47.1	47.2	47.0
	II	21.6	25.4	17.2	18.0	16.2	15.2	15.2
	III	31.5	31.2	33.3	33.7	32.7	32.2	34.1
가족종사자	I	45.3	44.9	46.1	46.2	41.0	41.9	39.2
	II	7.1	9.0	4.2	4.2	3.9	3.1	3.5
	III	8.9	9.3	10.1	9.4	9.2	9.3	10.8
피 고 용 자	I	15.1	16.0	12.5	11.9	11.8	10.8	13.8
	II	71.3	65.6	78.7	77.8	80.0	81.7	81.3
	III	59.7	59.5	56.6	57.0	58.1	58.5	55.1

주: I―농림어업, II―광공업, III―사회간접자본 및 기타 서비스이다.
자료: 경제기획원,《경제활동인구연보》, 1972, pp. 114~119.

10〉 참조).

〈표 26〉 직업별 취업구조

(단위: %)

구 분	1970	1971	1975	1976	1980	1981	1982
전문직, 기술직, 행정관리종사자	4.7	4.9	3.5	3.4	5.3	5.6	5.5
사무종사자	5.9	6.8	6.3	6.8	9.2	9.0	9.7
판매종사자	12.3	12.8	12.9	11.8	14.5	14.6	15.4
서비스직종사자	6.5	7.8	7.2	7.1	7.9	8.6	10.0
기 타	70.5	67.8	70.2	70.9	63.1	62.3	59.5
농림업 및 유사종사자	47.9	46.9	43.3	42.4	32.4	32.4	29.9
어업수렵업 및 유사종사자	2.3	1.4	2.8	2.4	1.6	1.6	1.9
생산종사자, 운수 장비 운전자 및 단순노무자	20.3	19.5	24.1	26.1	29.1	28.3	27.7

자료: 경제기획원,《경제활동인구연보》, 1972, pp. 96~97.

그동안 자영업주와 가족종사자의 비중은 약간 증대했지만 피고용자의 비중은 도리어 감소했음을 알 수 있다. 그러나 한국의 제3차산업도 자영업주·가족종사자형과 피고용자형 내지 고용형의 혼재형인 것만은 사실이다.

또 직업별 취업자 중 서비스산업관계 종사자의 구성비는 1982년에는 40.5퍼센트이다(〈표 26〉 참조). 1970년의 그것은 29.5퍼센트이었다. 따라서 그 비중은 비교적 크게 증대했음을 알 수 있다. 그러나 전문직·기술직·행정관리종사자의 비중에는 별로 변동이 없었다.

2) 서비스산업의 부문별 구성

도소매 및 음식숙박업은 1982년에는 전 취업인구의 22.0퍼센트를 차지하고 있다(〈표 23〉 참조). 이 비중은 서비스산업 취업인구의 61.5퍼센트에 해당한다(〈표 27-2〉). 따라서 도소매 및 음식숙박업의 고용은 현재 서비스산업 고용의 60.0퍼센트를 상회한다고 할 수 있다.

〈표 27-1〉 산업구조 · 성장률

(단위: %)

구 분	산업구조*(경상시장가격 기준)			성장률(1975년 불변가격표시 기준)		
	1980	1981	1982	1980	1981	1982
사 회 간 접 자 본	17.4(31.7)	16.4(31.0)	17.8(32.5)	2.0	3.2	10.9
전기가스 및 수도사업	2.2(4.0)	2.1(4.0)	2.2(4.0)	6.0	8.5	6.7
건 설 업	9.1(16.6)	7.5(14.2)	8.0(14.6)	−0.8	−5.9	19.8
운수창고 및 통신업①	6.1(11.1)	6.8(12.9)	7.6(13.9)	3.4	8.9	6.0
기 타 서 비 스	37.5(68.3)	36.5(69.0)	37.0(67.5)	2.2	2.3	5.0
도소매 및 음식숙박업②	17.5(31.9)	17.3(32.7)	16.9(30.8)	−1.8	6.4	4.1
금융보험부동산 및 용역업	4.6(8.4)	4.0(7.6)	4.1(7.5)	17.1	−16.3	10.2
기 타	15.4(28.1)	15.2(28.8)	16.0(29.1)			
주 택 소 유	2.9(5.3)	2.7(5.1)	2.7(4.9)	4.2	3.6	4.6
공 공 행 정 및 국 방	4.7(8.6)	4.8(9.1)	4.9(8.9)	3.8	1.9	2.2
사회 및 개인서비스업	7.8(14.2)	7.7(14.6)	8.4(15.3)	3.5	3.5	6.4
①~②	23.6(43.0)	24.1(45.6)	24.5(44.7)			

주: * 국내총생산에서의 비중이다.
 1) ( ) 안은 사회간접자본 및 기타 서비스 부가가치를 100으로 한 비중을 나타낸다.
자료: 한국은행, 《조사통계월보》, 1983. 4, p. 14.

금융, 보험 및 부동산업은 1982년에는 전 취업인구의 2.6퍼센트와 서비스산업 취업인구의 7.3퍼센트를 차지하고 있다.

여러 부문으로 구성되는 기타는 1982년에는 전 취업인구의 11.2퍼센트와 서비스산업 취업인구의 31.2퍼센트를 차지하고 있다.

한편 도소매 및 음식숙박업은 1982년에는 국민생산에서 16.9퍼센트를 차지하고 있다(〈표 27-1〉 참조). 이 비중은 서비스산업 부가가치의 45.7퍼센트에 해당한다. 비록 서비스산업 부가가치의 반을 밑돌기는 하지만 서비스산업에서 그 비중이 역시 가장 큰 것만은 분명하다.

금융, 보험 및 부동산업은 1982년에는 국민생산의 4.1퍼센트와 서비

〈표 27-2〉 서비스산업

(단위: %)

구 분	1980		1981		1982	
	(1)*	(2)*	(1)	(2)	(1)	(2)
도소매 및 음식숙박업	46.7	59.5	47.4	58.8	45.7	61.5
금융보험 및 부동산업	12.3	7.3	11.0	8.0	11.1	7.3
기 타	40.0	33.2	41.6	33.2	43.2	31.2
주 택 소 유	7.7		7.4		7.3	
공공행정 및 국방	12.5		13.2		13.2	
사회 및 개인서비스업	20.8		21.1		22.7	
기 타 서 비 스	100.0	100.0	100.0	100.0	100.0	100.0
(운수창고 및 통신업)**	35.1	40.9	41.5	40.7	42.7	41.1

주: * (1)은 산업구조 (2)는 취업구조를 나타낸다.
 ** 운수창고통신업은 사회간접자본을 100으로 한 비중을 나타낸다.
자료: 〈부표 5〉 및 〈부표 6〉.

스산업 부가가치의 11.1퍼센트를 차지하고 있다.

기타는 1982년에는 국민생산의 16.0퍼센트와 서비스산업 부가가치의 43.2퍼센트를 차지하고 있다. 그리고 이 가운데서 반을 약간 웃도는 비중을 차지하고 있는 부문은 사회 및 개인서비스업이다.

도소매 및 음식숙박업의 고용은 1980~1982년 동안에 전 취업인구에서 차지하는 비중이 19.5퍼센트, 19.8퍼센트, 22.0퍼센트로 비교적 큰 폭으로 증가해 왔는데 1981년에는 3.8퍼센트, 1982년에는 14.5퍼센트의 고용증가율을 나타냈다(〈표 23〉 참조).

금융보험 및 부동산업과 기타의 고용은 도소매 및 음식숙박업에 비해서 상대적으로 작은 폭으로 증가했다고 할 수 있다. 양 부문의 전 취업인구에서 차지하는 비중은 거의 동일한 수준을 유지하고 있다.

한편 도소매 및 음식숙박업의 부가가치는 1964~1981년간에 연평균으로 10.2퍼센트, 1982년에는 4.1퍼센트 증가했다(〈표 28〉 참조). 금융, 보험 및 부동산업의 부가가치도 같은 기간에 연평균으로 11.2퍼센트

〈표 28〉 기타 서비스 성장률(1975년 불변가격 기준)

(단위: %)

구 분	1962 ~1966	1967 ~1971	1972 ~1976	1977 ~1981	1964 ~1981	1982	1981	1980
도 소 매 및 음 식 숙 박 업	8.4 (8.3)	16.1	10.2	5.5	10.2	4.1	6.4	-1.8
금 융 보 험 부 동 산 및 용 역 업	10.9 (13.5)	15.4	9.2	7.7	11.2	10.2	-16.3	17.1
주 택 소 유	2.5 (2.7)	3.8	4.3	4.8	4.1	4.6	3.6	4.2
공공행정 및 국방	3.8 (3.9)	4.9	1.1	2.7	3.0	2.2	1.9	3.8
사 회 및 개 인 서 비 스 업	8.3 (6.8)	9.4	4.6	5.1	6.5	6.4	3.5	3.5
계	6.8 (6.7)	11.5	7.4	5.3	-	5.0	2.3	2.2
(운 수 창 고 및 통 신 업)	18.4 (20.3)	22.5	14.5	12.5	17.2	6.0	8.9	3.4

주: ( ) 안은 1964~1966년의 연평균증가율이다.
자료: 한국은행,《한국의 국민소득》, 1982, pp. 376~381; 동《조사통계월보》, 1983. 12, p. 127.

증가했고 1982년에는 10.2퍼센트나 증가했다. 그러나 기타의 연평균 증가율과 1982년의 그것은 상대적으로 작은 편이다.

지금 유통산업을 도소매업으로 한정시키지 않고 운수·창고업도 포함시킨 것으로 한다면 운수, 창고 및 통신업은 1982년에 전 취업인구에서 4.2퍼센트, 국민생산에서 7.6퍼센트를 차지하고 있기 때문에 유통산업의 부가가치는 1982년에는 전 취업인구에서 26.2퍼센트, 국민생산에서 24.5퍼센트를 차지하고 있다(〈표 23〉 및 〈표 27-1〉 참조). 단, 이미 짐작할 수 있듯이 이들 수치는 음식숙박업과 통신업을 포함한 것이다. 이 비중은 사회간접자본 취업인구의 41.1퍼센트, 사회간접자본 부가가치의 42.7퍼센트(〈표 27-2〉 참조)를 나타낸다.

운수, 창고 및 통신업의 고용은 1981년에는 0.7퍼센트, 1982년에는

1.3퍼센트가 감소했고(〈표 23〉 참조) 운수, 창고 및 통신업의 부가가치
는 1981년에는 8.9퍼센트, 1982년에는 6.0퍼센트 증가했다(〈표 27-1〉
참조).

3) 산업연관분석 결과

서비스산업의 노동력에 있어서의 구성비는 1970년에는 28.7퍼센트,
1975년에는 30.0퍼센트, 1980년에는 35.3퍼센트로 계속해서 제고됨으
로써 농림어업의 32.0퍼센트를 웃돌고 있다(〈표 29〉 참조).

따라서 앞에서 본 바와는 달리 서비스산업은 1980년에 이미 농림어
업을 앞서고 있다고 할 수 있다. 서비스산업의 고용은 1970~1980년간
에 연평균으로 4.6퍼센트 증가했다.[59]

취업계수도 비록 미·일 등에 비해서 훨씬 낮기는 해도 1970년에
0.3848이던 것이 1975년에는 0.2984, 1980년에는 0.2087로 계속해서
하락했다. 이의 역수가 곧 노동생산성이므로 1970~1980년간에 노동
생산성이 향상되어 왔음을 알 수 있다. 서비스산업의 노동생산성은 그
기간에 연평균으로 6.3퍼센트 증가했으며 농림어업과 광업의 그것(각
각 4.8%, 4.6%)보다 크다.[60]

어떤 산업의 취업계수가 전 산업의 그것보다 클 때 노동집약적 산
업이라고 한다면 서비스산업은 농림어업과 마찬가지로 노동집약적 산
업이다. 그리고 서비스산업은 대체로 노동유발효과도 크다고 할 수 있
다. 노동유발효과가 큰 20개 산업부문 가운데서 사회서비스, 음식점
및 숙박업, 기타 서비스, 도소매업, 보건·사회보장, 교육 및 연구가 포
함되어 있다.[61]

---

59) 이 기간에 GNP는 약 8.0%가 증가했다.
60) 한국은행, 《조사통계월보》, 1983. 4, p. 22.

〈표 29〉 취업구조 및 고용증가율

(단위: %)

구 분	1970	1975	1980	연평균 고용증가율 (1970~1980)
농 림 어 업	50.3	41.4	32.0	-2.1
광 업	1.1	1.1	1.1	2.0
제 조 업	12.4	19.2	21.7	8.3
사회간접자본 및 기타 서비스	36.2	38.3	45.2	-
사 회 간 접 자 본	7.5	8.3	9.9	5.3
기 타 서 비 스	28.7	30.0	35.3	4.6
전 산 업	100.0	100.0	100.0	2.5

자료: 한국은행,《조사통계월보》, 1983. 4, p. 19.

한 산업의 최종수요가 전 산업의 노동수요에 미치는 영향력의 정도를 나타내는 수치를 노동의 영향력계수라고 하고 한 산업의 노동수요가 전 산업의 최종수요에 의해서 영향을 받는 정도, 즉 감응도의 크기를 나타내는 수치를 노동의 감응도계수라고 한다.62) 이 두 계수는 노동유발계수로부터 계산되는데 이 계수가 전 산업의 평균치인 1보다 크면 영향력 내지 감응도가 큰 것으로, 1보다 작으면 그것이 작은 것

---

61) 위의 책, p. 26.

62) 산업연관표의 역계수표(逆係數表)에서 한 산업의 종열(縱列)의 평균치를 전 산업의 종열의 평균치의 평균으로 나눈 수치와 한 산업의 횡행(橫行)의 평균치를 전 산업의 횡행의 평균치의 평균으로 나눈 수치를 계산할 수 있다. 이 두 수치가 바로 한 산업이 타 산업에 대해서 미치는 영향력의 정도를 일반적·평균적으로 나타내는 영향력계수와 한 산업의 다른 여러 산업으로부터의 영향에 대한 반응의 정도를 일반적·평균적으로 나타내는 감응도계수이다. 영향력계수는 후방연쇄효과를 나타내고 감응도계수는 전방연쇄효과를 나타낸다.

1980년 현재로 도소매업, 금융 보험 및 부동산업, 정부서비스, 기타 서비스는 영향력계수와 감응도계수가 다 같이 전 산업의 평균치인 1보다 작다. 따라서 그들 산업은 전후방연쇄효과가 다 같이 전 산업의 그것보다 작다고 할 수 있다. 운수 보관 및 통신업도 도소매업 등과 마찬가지이다(한국은행,《1980년 산업연관표작성보고》, 1983, p. 122).

으로 판단된다.

1980년 현재로 운수 및 보관업과 금융 보험 및 부동산업은 영향력 계수가 작고, 감응도계수가 큰 산업이며 정부서비스는 영향력계수와 감응도계수가 같이 작고, 도소매업과 기타 서비스는 영향력계수와 감응도계수가 다 같이 큰 산업이다.[63]

노동의 최종수요 의존도에 따라 산업을 소비의존형산업, 투자의존형산업, 수출의존형산업의 세 가지로 분류해 볼 수 있다. 그런데 정부서비스, 기타 서비스, 금융 보험 및 부동산업, 도소매업은 소비의존형산업으로 분류된다.[64] 운수보관 및 통신업도 도소매업과 마찬가지로 소비의존형산업이다.

한편 서비스산업의 총생산액에 있어서의 비중은 1970년에는 23.5퍼센트 1975년에는 20.9퍼센트, 1980년에는 22.0퍼센트이다(〈표 30〉 참조). 그리고 도소매업의 그것은 1970년에는 9.0퍼센트, 1975년에는 8.3퍼센트, 1980년에는 7.1퍼센트로 계속해서 감소되었다. 또한 기타도 마찬가지이다.

그러나 금융 보험 및 부동산업은 1970년에는 3.2퍼센트, 1975년에는 3.1퍼센트, 1980년에는 4.6퍼센트로 계속 증가되었고 정부서비스는 1970년에는 3.7퍼센트, 1975년에는 3.4퍼센트, 1980년에는 3.6퍼센트를 기록, 보합상태를 유지했다. 운수 보관 및 통신업도 마찬가지라고 할 수 있다(1970년 5.5%, 1975년 5.2%, 1980년 5.9%).

한 산업의 총생산액에서 중간원재료비가 차지하는 비중을 중간투입비율이라고 하고 한 산업의 생산물에 대한 총수요에서 중간수요가 차지하는 비중을 중간수요비율이라고 한다. 이 두 계수는 산업연관표에

---

63) 한국은행, 《조사통계월보》, 1983. 4, p. 28.
64) 위의 책, p. 31.

〈표 30〉 서비스산업의 비중(총생산액 기준)

(단위: %)

건설업	1970	1975	1980
상　　　　　　　업	9.0	8.3	7.1
금 융 · 보 험 · 부 동 산 업	3.2	3.1	4.6
정　부　서　비　스	3.7	3.4	3.6
기　　　　　　　타	7.6	6.1	6.7
계	23.5	20.9	22.0
(운 수 · 보 관 · 통 신 업)	5.5	5.2	5.9

자료: 한국은행,《1980년 산업연관표작성보고》, 1983, p. 109.

서 계산되는데 중간투입비율이 전 산업의 평균 중간투입비율보다 큰 산업은 제조업형, 그것보다 작은 산업은 원시산업형, 그리고 중간수요 비율이 전 산업의 평균 중간수요비율보다 큰 산업은 중간수요형, 그것 보다 작은 산업은 최종수요형이라고 한다.

1980년 현재로 통신업과 금융 및 보험업은 중간투입비율이 전 산업 의 평균 중간투입비율보다 작고 중간수요비율이 전 산업의 평균중간 수요비율보다 큰 산업유형 즉 중간수요적 원시산업형이다.

도소매업 음식 및 숙박업, 부동산업, 정부서비스, 교육 및 연구, 보 건·사회보장, 사회서비스, 기타 서비스는 중간투입비율이 전 산업의 평균 중간투입비율보다 작고 중간수요비율도 전 산업의 평균 중간수 요비율보다 작은 산업유형 즉 최종수요적 원시산업형이다.[65]

중간수요적 원시산업형은 전방연쇄효과가 크고 후방연쇄효과가 작 으며 최종수요적 원시산업형은 전후방연쇄효과가 모두 작다. 여기서 전방연쇄효과는 한 산업이 그 생산물을 중간재로서 사용하는 여러 산 업을 유발하는 효과, 바꾸어 말하면 타 산업에 대해서 중간재를 공급

---

65) 한국은행,《1980년 산업연관표작성보고》, 1983, p. 112.

〈표 31-1〉 산업별 여성취업자의 비중 및 고용 증가율

(단위: %)

구 분	1966	1970	1975	1980	1981	1982	고용 증가율 (1964~1981)
농 림 어 업	38.8	41.6	41.5	43.8	43.7	43.7	5.2
광 공 업	29.5	31.2	33.6	38.1	37.7	37.3	4.3
사회간접자본 및 기타서비스	29.5	31.9	32.1	34.0	34.1	36.8	14.5
전 산 업	34.9	36.7	36.7	38.3	38.2	39.1	5.2

자료: 경제기획원, 《경제활동인구연보》.

하고 그것에 의해서 그들 부문의 생산을 가능케 하는 효과를 말하고 후방연쇄효과는 한 산업이 투입 내지 비용 면에서 그 생산에 필요한 중간재를 생산하는 여러 산업을 유발하는 효과를 말한다. 전방연쇄효과는 중간수요비율에 의해서 후방연쇄효과는 중간투입비율에 의해서 각각 측정된다.

4) 기 타

서비스산업을 포함하고 있는 사회간접자본 및 기타서비스의 여성취업자의 비중은 1970년에는 31.9퍼센트, 1975년에는 32.1퍼센트, 1982년에는 36.8퍼센트로 계속 높아졌다(〈표 31-1〉 참조). 그러나 그것은 산업별로 볼 때 아직도 가장 작다. 가장 큰 산업은 농림어업이다. 그리고 도소매업의 그것은 1980년에는 51.4퍼센트, 1982년에는 50.5퍼센트이다(〈표 31-2〉 참조). 다시 말하면 도소매업에는 여성이 반 이상을 넘게 취업하고 있다. 이 비중은 농림어업의 그것보다도 크다.

그러나 금융 보험 및 부동산업과 기타의 비중은 전 산업의 비중은 물론 사회간접자본 및 기타 서비스의 그것보다도 작다. 사회간접자본 및 기타 서비스에서의 여성의 고용은 1964~1981년간에 연평균으로

〈표 31-2〉 여성취업자의 비중(1980~1982)

(단위: %)

	1980	1981	1982
사 회 간 접 자 본	8.8	8.4	8.2
운 수 창 고 및 통 신 업	9.0	8.9	9.6
기 타 서 비 스	42.6	42.5	44.8
도 소 매 및 음 식 숙 박 업	51.4	48.8	50.5
금 융 보 험 및 부 동 산 업	31.0	33.5	34.6
기 타	34.5	33.3	36.1
사회간접자본 및 기타 서비스	34.0	34.1	36.8

자료: 〈부표 5〉.

14.5퍼센트가 증가했다. 전 산업의 비중(5.2%)의 약 3배에 이르고 있다
(〈표 31-1〉 참조).

7. 결 언

서비스산업을 협의로 해석하여 ⑥ 도·소매 및 음식숙박업 ⑧ 금융·
보험·부동산업 및 용역업 ⑨ 사회 및 개인서비스업으로 정의할 때 우
선 경제성장은 노동력에 관해서 서비스산업 구성비의 상승을 수반한
다. 다시 말하면 경제성장에 따라서 서비스산업의 노동력에서 비중은
증대한다.

다음에 서비스산업에서는 ⅰ) 여성 고령자, 파트타이머, 자영업주의
비중이 크고 노동조합의 영향이 작고 교육수준이 높은 사람이 많으며,
ⅱ) 중소기업과 비영리단체의 역할이 크며, ⅲ) 고용이 경기순환에 대
해서 안정성을 갖고 있다.

셋째로, 서비스산업의 성장은 ⅰ) 노동조합의 영향을 저하시키며,

ⅱ) 여성의 역할을 증대시키며, ⅲ) 노동의 인격화 경향의 강화와 개
인서비스 공급의 중시를 초래하며, ⅳ) 중소기업과 비영리단체의 상대
적 중요성을 증대시키며, ⅴ) 여러 경제개념과 산업분류의 재검토의
필요성을 제기한다.

넷째로, 서비스산업은 ⅰ) 경기순환의 안정판으로서, ⅱ) 인플레이
션의 억제제·경제성장의 촉진제로서, ⅲ) 부문 간의 격차해소 촉진제
로서 역할을 한다.

끝으로 우리나라에서도 경제성장에 따라 서비스산업의 노동력에서
의 비중은 증대했다. 그리하여 1982년에는 그 비중이 35.8퍼센트로서
중요 산업별로 볼 때 가장 큰 것으로 나타났다. 그리고 산업연관분석
결과에 따르면 이미 1980년에 그 비중이 가장 큰 것으로 되어 있다.
그러나 서비스산업의 비중은 애초부터 큰 편이었다. 다시 말하면 현재
의 취업구조 내지 노동력구성은 노동력이 제1차산업→제2차산업→제3
차산업으로 이동한 결과라 할 수 없고 우리나라의 과잉인구압력을 반
영한 것이라 할 수 있다.

서비스산업은 1980년 현재로 볼 때 ⅰ) 농림어업과 마찬가지로 노
동집약적 산업이며, ⅱ) 대체로 노동유발효과가 크며, ⅲ) 소비의존형
산업이다.

또 도소매업은 1982년에는 전 취업인구의 22.0퍼센트, 서비스산업
고용의 61.5퍼센트를 각각 차지하고 있다. 단, 이들 수치는 음식숙박업
을 포함한 것이다. 그리고 도소매업은 노동유발효과가 큰 편이고 영향
력계수와 감응도계수가 다 같이 큰 산업이다.

한편 운수·창고업은 1982년에는 전 취업인구의 4.2퍼센트를 차지하
고 있다. 단, 이 수치는 통신업을 포함한 것이다. 그리고 운수·창고업
은 노동유발효과가 작은 편이고 영향력계수가 작고 감응도계수가 큰

산업이고 소비의존형 산업이다.

이상은 필요한 최소한의 요약이라고 할 수 있다. 상술한 바에서 알수 있듯이 서비스산업의 성장이 미치는 영향, 서비스산업의 역할 등은 서비스산업의 중요성을 부각시켜 주는 것임에 틀림없다. 다시 말하면 그들은 서비스산업에 적극적인 의미부여를 하는 데에 또는 적어도 종래의 서비스산업에 대한 이미지를 바꾸어 주는 데에 크게 기여한다고 할 수 있다. 따라서 이런 긍정적인 면에서 보면 서비스산업의 성장은 바람직스럽다고 아니할 수 없다.

그러나 그 성장은 어디까지나 노동력의 정상적인 이동, 즉 제1차산업→제2차산업→제3차산업으로 이동된 결과로서 나타나는 것이어야 할 것이다. 즉 오늘날의 선진국식 서비스경제화를 의미하는 것이어야 한다. 그렇지 않고 그것이 ⅰ) 단순한 과잉인구의 압력을 반영하는 현상이거나, ⅱ) 국제적 전시효과·지나친 낭비풍조 내지 사치풍조·그릇된 레저 붐·관광 붐 등에 기인하는 것이거나, ⅲ) 서비스산업의 지나친 비대화 현상을 초래하는 것이거나, ⅳ) 외자도입을 하는 것이거나, ⅴ) 투자할 마땅한 생산부문을 찾지 못한 데 기인하는 것이나, ⅵ) 서비스산업의 근대화, 즉 전통적 부문의 해소를 추구하는 가운데에 초래되는 것이 아니거나 할 때에는 그 성장은 결코 바람직스러운 것이라고는 할 수 없다. 도리어 그것은 큰 해가 된다고 하는 것이 타당할 것이다.

그리고 이에 더해서 서비스경제화가 진전됨에 따라서 서비스의 평가·품질관리, 서비스산업에 관한 통계자료의 정비 등이 문제점 내지 필요한 과제로서 등장하게 된다는 점, 서비스경제화가 제 아무리 진전된다고 해도 서비스산업은 결코 산업의 핵은 될 수 없고 어디까지나 핵은 재화산업에 있다는 점 등도 간과해서는 안 될 것이다.

〈부표 1〉 서비스산업(한국표준산업분류)

(1)서비스산업		의료, 보건 및 수의서비스업	933
도, 소 매 및 음 식 · 숙 박 업	6	사 회 복 지 기 구	934
도 매 업	61	기업, 전문 및 노동단체	935
소 매 업	62	기 타 사 회 서 비 스 업	939
음 식 및 숙 박 업	63	오 락 및 문 화 서 비 스 업	94
금융, 보험, 부동산 및 용역업	8	영화 및 기타연예서비스업	941
금 융 업	81	영 화 제 작 업	9411
보 험 업	82	영 화 배 급 및 상 영 업	9412
부 동 산 업	83	라 디 오 및 텔 레 비 전 방 송 업	9413
용 역 업	84	연극제작 및 흥행서비스업	9414
사 회 및 개 인 서 비 스 업	9	달리 분류되지 않은 작가, 작곡가	9415
공 공 행 정 및 국 방	91	및 기 타 독 립 연 예 인	
위 생 및 유 사 서 비 스 업	92	도서관, 박물관, 식물원, 동물원 및	942,
사 회 서 비 스 업	93	기타 분류되지 않은 기타 문화서비스업	9420
오 락 및 문 화 서 비 스 업	94	박 물 관 및 미 술 관	94202
개 인 및 가 사 서 비 스 업	95	관 광 명 소 운 영 업	94204
국 제 및 기 타 외 국 기 관	96	달리 분류되지 않은 오락서비스업	949
(2) 부동산업	83	운 동 설 비 운 영 업	9491
	830	경 기 장 운 영 업	9492
부 동 산 임 대 업	8301	유기장(탁구장, 당구장, 기원 등)	9493
부 동 산 개 발 업	8302	운 영 업	
부 동 산 중 개 업	8303	공원 및 해수욕장 운영업	9494
부 동 산 감 정 업	8304	유 원 지 운 영 업	9495
달 리 분 류 되 지 않은 부 동 산 업	8309	도 박 장 운 영 업	9496
(3) 용역업	84	오 락 장 비 임 대 업	9497
		경 기 후 원 및 장 영 경 기 업	9498
용역업, 기계 및 장비임대업 제외	841	달 리 분 류 되 지 않은	9499
법 무 서 비 스 업	8411	기 타 오 락 서 비 스 업	
회 계 서 비 스 업	8412	개 인 및 기 타 서 비 스 업	95
자 료 처 리 및 제 표 서 비 스 업	8413	달 리 분 류 되 지 않은 수 선 업	951
공학, 건축 및 기술서비스업	8414	신 발 및 기 타 가 죽 수 선 업	9511
광 고 업	8415	전 기 수 선 업	9512
달리 분류되지 않은 용역업, 기계 및	8419	자동차 및 모터사이클 수선업	9513
장 비 임 대 업 제 외		시 계 및 장 신 구 수 선 업	9514
흥 신 업	84191	달리 분류되지 않은 기타수선업	9519
뉴 스 공 급 업	84192	세 탁 및 염 색 업	952,
사 진 복 사 및 청 사 진 업	84193		9520
패 션 디 자 인 업	84194	가 사 서 비 스 업	953,
			9530

사 업 및 경 영 상 담 업	84195
고 용 대 리 업	84196
탐 정 및 보 호 서 비 스 업	84197
연 예 인 대 리 업	84198
달리 분류되지 않은 기타용역업	84199
기 계 및 장 비 임 대 업	842
(4) 사회서비스업 등	
사 회 서 비 스 업	93
교 육 서 비 스 업	931
학 술 연 구 기 관	932

기 타 개 인 서 비 스 업	959
이 발 소 및 미 장 원	9591
사 진 관	9592
달리 분류되지 않은 개인 서비스업	9599
장 의 사 및 관 련 서 비 스 업	95991
결 혼 상 담 소	95992
예 식 장	95993
욕 탕 업	95994
수 하 물 보 관 소	95995
달리 분류되지 않은 기타 개인 서비스업	95999

〈부표 2〉 서비스산업(한국산업연관표)

19 통합부문		64 통합부문		162 통합부문		396 기본부문	
번호	부 문 명	번호	부 문 명	번호	부 문 명	번호	부 문 명
14	상 업	51	상 업	134	상 업	341	상 업
18	음식 및 숙박, 기 타 서비스 (음식 및 숙박)	52	음식점 및 숙박	135	음 식 점	342	음 식 점
				136	숙 박	343	숙 박
16	금융, 보험 및 부 동 산	55	금융 및 보험	145	금 융	360	은 행
						361	비은행금융기관
				146	보 험	362	생 명 보 험
						363	손 해 보 험
		56	부 동 산	147	부 동 산	364	부 동 산 중 개
						365	주 택 소 유
				148	부동산임대	366	부 동 산 임 대
17	정 부 서 비 스	57	정 부 서 비 스	149	정부서비스	367	정부서비스 (국 공 립)
18	음식 및 숙박, 기 타 서비스 (음식 및 숙박 제 외)	58	교 육 및 연구	150	교 육 기 관	368	교 육 기 관 (국 공 립)
						369	교 육 기 관 (사 립)
						370	교 육 기 관 (산 업)
				151	연 구 기 관	371	연 구 기 관

						372	(국공립) 연구기관 (산업)
59	보건사회 보장	152	의료 및 보건			373	의료 및 보건 (국공립)
						374	의료 및 보건 (비영리)
						375	의료 및 보건 (산업)
		153	사회복지 사업			376	사회복지사업 (국공립)
						377	사회복지사업 (비영리)
		154	위생서비스			378	위생서비스 (국공립)
						379	위생서비스 (산업)
60	사회서비스	155	사회서비스			380	기업 및 전문단체
						381	기타사회서비스 (비영리)
61	기타서비스	156	용역업 (business services)			382	법무 및 기술적 전문서비스
						383	광고
						384	기타용역업
		157	기계 및 장비 임대업			385	기계 및 장비임대업
		158	오락 및 문화 서비스			386	영화 및 기타연예
						387	방송
						388	문화서비스 (국공립)
						382	기타오락서비스
		159	대(對)개인 및 가사서비스			390	대개인수리
						391	이발 및 미용
						392	세탁 및 염색
						393	기타 대개인 및 가사서비스

자료: 한국은행, 《1980년 산업연관표(1)》, 1983, pp. 17~19.

〈부표 3-1〉 GDP의 산업별 구성(1958년경)

소득의 분포부문	1인당 GDP에 의한 나라의 그룹							
	I	II	III	IV	V	VI	VII	VIII
나 라 의 수	6	6	6	15	6	6	6	6
1인당 GDP(달러)	51.8	82.6	138	221	360	540	864	1,382
A, I 및 S부문간분포(%)								
A 부 문	53.6	44.6	37.9	32.3	22.5	17.4	11.8	9.2
I 부 문	18.5	22.4	24.6	29.4	35.2	39.5	52.9	50.2
S 부 문	27.9	33.0	37.5	38.3	42.3	43.1	35.3	40.6
S 부 문 내 분 포(%)								
도 소 매 업	12.8	11.8	13.5	15.3	14.9	13.5	11.3	14.2
은행보험 및 부동산업	0.6	1.4	1.8	2.0	3.6	3.7	2.8	4.0
주 거 소 유	2.4	5.0	6.0	5.8	6.0	5.9	4.1	3.8
공 공 행 정 및 국 방	5.7	6.9	7.1	6.4	7.2	10.8	6.8	8.1
기 타 서 비 스	6.4	7.9	9.1	8.8	10.6	9.2	10.3	10.5

주: 1) A부문—농림업, 어업, 수립업 I부문—광업 및 채굴업, 제조업, 건설업, 전기 가스 및
　　수도업 운수 보관 및 통신업이다.
　　2) 1인당 GDP는 요소가격표시이며 1958년 불변가격기준이다.
자료: S. Kuznets(1971), p. 104.

〈부표 3-2〉 GNP의 산업별 구성

(단위: %)

	A		I		제 조 업		S	
	1960	1981	1960	1981	1960	1981	1960	1981
저 소 득 경 제(17)	53.0	41.9	13.2	18.8	7.5	10.1	33.8	39.3
중 소 득 경 제(41)	25.3	16.5	26.8	34.6	16.1	19.4	47.9	48.9
저 중 소 득 경 제(25)	29.8	20.8	23.8	31.7	13.4	17.2	46.4	47.6
고 중 소 득 경 제(16)	18.4	9.8	31.4	39.3	20.3	22.9	50.2	50.9
공 업 시 장 경 제(13)	9.2	4.0	39.3	36.0	28.4	24.0	51.5	60.2

주: 1) ( ) 안은 나라의 수이다.
　　2) 저소득경제 400달러 이하, 저중소득경제 420~1,603달러, 고중소득경제 1,700~5,670
　　달러, 공업시장경제 5,230달러 이상이다.
자료: IBRD, *World Development Report*, 1983, pp. 152~153.

〈부표 4〉 주요국에서 서비스부문의 국민생산 비중

(단위: %)

구 분	도소매업	금융 및 주택소유	기타 사적 서비스	정부 및 국방	계
영 국					
1907	18.9^a)	7.9^a)	14.7	3.2	44.7
1963~1967	13.9^a)	4.4^a)	17.0	6.7	42.0
1907에서	-5.0^a)	-3.5^a)	+2.3	+3.5	-2.7
1963~1967까지의 변화	(-4.6)	(-3.9)	(+1.1)	(+6.1)	(-1.3)**
독 일*					
1850~1859	7.1^b)	2.9^b)	22.4		32.4
1935~1938	9.4^b)	4.5^b)	13.6		27.5
1850~1859에서 1935~1938까지의 변화	+2.3^b)	+1.6^b)	-8.8		-4.9
스웨덴					
1861~1870	21.8^c)	13.7^c)	^c)	3.6	39.1
1951~1955	20.3^c)	3.7^c)	^c)	7.9	31.9
1861~1870에서 1951~1955까지의 변화	-1.5^c)	-10.0^c)	^c)	+4.3	-7.2
이탈리아					
1861~1870	6.4	5.5	7.8	5.7	25.4
1891~1900	8.7	8.3	7.5	6.1	30.6
1950~1952	8.9	5.7	4.2	9.9	28.7
1891~1900에서 1950~1952까지의 변화	+0.2	-2.6	-3.3	+3.8	-1.9
1951~1952	10.4	6.4	7.2	9.9	33.9
1963~1967	9.8	9.7	7.9	12.4	39.8
1951~1952에서 1963~1967까지의 변화	-0.6	+3.3	+0.7	+2.5	+5.9
미 국					
1839	11.5	11.6	8.5		31.6
1889~1899	14.1	10.5	13.4		38.0
1839에서 1889~1899까지의 변화	+2.6	-1.1	+4.9		+6.4
1929	15.7	14.9	10.3	5.9	46.8
1963~1967	16.2	13.6	10.4	13.0	53.2
1929에서 1963~1967까지의 변화	+0.5	-1.3	+0.1	+7.1	+6.4
호 주					
1861~1880	13.0	15.6	10.1	5.2	43.9
1935~1938(F)	18.5	11.1	10.4	4.6	44.6
1861~1880에서1935~1938(F)까지 변화	+5.5	-4.5	+0.3	-0.6	+0.7

주: * 기타국의 경우에는 경상가격 기준인데 대해서 1931년 가격 기준이다.
   ** ( ) 안은 1907에서 1924까지 1924에서 1955까지 그리고 1955에서 1963~1967까지의 변화의 합계를 나타낸다.
   F) 7월 1일부터 시작되는 회계연도이다.
   a) 금융을 포함한다. b) 금융 및 호텔을 포함한다. c) 금융 및 사적 서비스를 포함한다.
자료: S. Kuznets(1971), pp. 171~172.

〈부표 5〉 분기별 사회간접자본 및 기타 서비스 취업자(1980~1982)

(단위: 천 명)

		합 계			전 기			건 설			도
		계	남	여	계	남	여	계	남	여	계
1980	1/4	5,820	3,827	1,992	43	39	4	846	770	77	2,524
	2/4	5,835	3,852	1,183	42	36	6	809	748	61	2,563
	3/4	6,019	3,973	2,046	44	38	5	860	795	65	2,659
	4/4	6,135	4,051	2,084	45	40	4	849	762	86	2,756
	평균	5,952	3,926	2,026	43	38	5	841	769	72	2,625
1981	1/4	6,193	4,091	2,102	36	30	6	917	841	77	2,694
	2/4	6,143	4,019	2,124	31	29	3	835	775	61	2,735
	3/4	6,238	4,104	2,135	31	27	4	829	769	60	2,800
	4/4	6,413	4,240	2,173	31	26	5	919	841	79	2,880
	평균	6,246	4,113	2,133	32	28	4	875	806	69	2,777
1982	1/4	6,430	4,151	2,280	31	24	7	850	793	58	3,065
	2/4	6,545	4,139	2,406	32	27	4	794	748	46	3,153
	3/4	6,798	4,280	2,517	34	29	5	864	794	71	3,235
	4/4	6,802	4,236	2,565	29	26	3	815	757	58	3,269
	평균	6,644	4,202	2,442	31	26	5	831	773	58	3,180

		소 매		운 수			금 융			서비스		
		남	여	계	남	여	계	남	여	계	남	여
1980	1/4	1,288	1,236	598	546	52	326	224	102	1,482	960	522
	2/4	1,313	1,250	608	552	56	331	229	102	1,482	975	507
	3/4	1,363	1,296	636	576	60	328	226	102	1,493	975	518
	4/4	1,434	1,322	630	576	54	343	238	105	1,513	1,001	512
	평균	1,349	1,276	619	563	56	332	229	103	1,493	978	515
1981	1/4	1,374	1,319	620	563	56	379	257	122	1,547	1,025	522
	2/4	1,387	1,349	594	543	51	374	243	131	1,573	1,044	529
	3/4	1,434	1,366	620	565	56	379	254	125	1,579	1,054	525
	4/4	1,491	1,389	624	568	56	387	255	132	1,571	1,058	513
	평균	1,422	1,356	615	560	55	379	252	127	1,567	1,045	522
1982	1/4	1,547	1,517	593	536	57	363	252	111	1,529	999	530
	2/4	1,560	1,593	602	545	56	378	245	132	1,587	1,013	574
	3/4	1,599	1,636	619	558	61	384	247	137	1,662	1,054	608
	4/4	1,590	1,679	618	558	60	404	256	148	1,667	1,049	618
	평균	1,574	1,606	607	549	58	382	250	132	1,611	1,029	682

자료: 경제기획원.

〈부표 6〉 산업구조(경상시장가격 기준)

(단위: %)

구 분	1966	1970	1971	1975	1976	1980	1981	1982
1. 농업 임업 및 어업	34.4	26.8	27.0	24.9	23.8	16.3 (15.8)	17.9 (17.2)	(16.3)
2. 광 업 및 채 석 업	1.8	1.5	1.4	1.5	1.2	1.2(1.3)	1.4(1.4)	(1.4)
제 조 업	18.4	20.8	21.0	26.5	27.6	28.8 (28.0)	29.6 (28.5)	(27.5)
3. 전 기 가 스 및 수 도 사 업	1.4	1.6	1.6	1.3	1.4	2.2 (2.2)	2.1 (2.1)	(2.2)
건 설 업	3.7	5.5	4.9	5.1	5.1	9.4(9.1)	7.8(7.5)	(8.0)
운수창고 및 통신업	5.1	6.8	6.8	6.2	5.9	6.3 (6.1)	7.0 (6.8)	(7.6)
4. 도 소 매 및 음 식 숙 박 업	17.6	18.2	18.4	19.4	18.5	18.0 (17.5)	17.9 (17.3)	(16.9)
금융 보험 부동산 및 용 역 업	2.0	3.0	3.3	3.4	3.3	4.8 (4.6)	4.1 (4.0)	(4.1)
주 택 소 유	3.2	2.9	2.9	2.4	2.4	3.0(2.9)	2.9(2.7)	(2.7)
공공행정 및 국방	5.1	5.0	4.9	4.0	4.3	4.9 (4.7)	5.0 (4.8)	(4.9)
사 회 및 개 인 서 비 스 업	6.0	7.5	7.9	6.9	7.1	8.0 (7.8)	8.0 (7.7)	(8.4)
해 외 부 문	1.3	0.4	-0.1	-1.6	-0.6	-3.1	-3.7	
국 민 총 생 산	100.0	100.0	100.0	100.0	100.0	100.0	100.0	
농 림 어 업(1)	34.4 (34.9)	26.8 (26.9)	27.0 (27.0)	24.9 (24.5)	23.8 (23.7)	16.3 (15.8)	17.9 (17.2)	(16.3)
비 농 림 어 업(2~4)	65.6 (65.1)	73.2 (73.1)	73.0 (73.0)	75.1 (75.5)	76.2 (76.3)	83.7 (84.2)	82.1 (82.8)	(83.7)
광 공 업(2)	20.2 (20.5)	22.3 (22.4)	22.4 (22.3)	28.0 (27.5)	28.8 (28.6)	30.2 (29.3)	31.0 (29.9)	(29.2)
사 회 간 접 자 본 및 기 타 서 비 스(3~4)	45.4 (44.7)	50.9 (50.7)	50.6 (50.6)	47.1 (47.9)	47.4 (47.7)	53.5 (54.9)	51.1 (52.8)	(54.9)
사 회 간 접 자 본(3)	10.2 (34.4)	13.9 (36.8)	13.3 (37.3)	12.6 (35.6)	12.4 (35.4)	17.9 (37.5)	16.9 (36.5)	(37.2)
기 타 서 비 스(4)	35.2 (33.9)	37.0 (36.6)	37.3 (37.4)	34.5 (36.1)	35.0 (35.6)	35.6 (38.7)	34.2 (37.9)	

주: ( ) 안은 국민총생산을 100.0으로 한 것이다.
자료: 한국은행,《한국의 국민소득》, 1982, p. 19 및 pp. 154~157; 한국은행,《조사통계월보》, 1983. 4, p. 14.

《경제발전과 서비스산업에 관한 연구》(1984. 6)

한국 산업구조의 특징

1. 서 언

산업연관분석은 산업구조분석의 분야에서 많은 응용실적을 갖고 있다. 이 글은 바로 이 산업연관분석을 적용하여 한국 산업구조의 특징을 구명하려는 데 그 목적이 있다.

그런데 이 산업연관분석의 실제적 기반 또는 통계적 기반은 산업연관표이다.[1] 산업연관표는 수입을 어떻게 다루는가에 따라서 몇 가지 유형으로 나뉜다.[2] 그러나 기본적으로는, 경쟁형, 비경쟁형 및 경쟁·비경쟁 절충형의 세 가지로 나뉜다. 지금 〈표 1〉과 같은 수치례를 가정하자. 그러면 〈표 2〉의 (1), (2) 및 (3)이 각각 삼자를 표시한다.[3]

경쟁형표는 〈표 2〉 (1)에서 알 수 있는 바와 같이, 각 행에 동종의

---

1) 산업연관표와 이로부터 유도되는 투입계수표, 역계수표를 일괄해서 산업연관표라 부르는 수도 있다(內田忠夫 편, 《近代經濟學講座》, 計量分析篇 3, 産業聯關分析, 1968, p. 44).
2) 수입의 취급방법의 차이에 기인하는 유형 외에 산출물의 평가방법의 차이라든가, 제2차 산출물, 부산물의 취급방법의 차이에 기인하는 유형 등이 있다.
3) 內田忠夫 편, 앞의 책, p. 19 이하 참조.

상품에 대해서 국산분과 수입분을 구별하지 않고 양자의 합계를 산업
별로 표시하고 별도로 최종수요4) 다음에 수입란을 설정하여, 이 예에
서 품목별 수입분을 뺌으로써 국내총생산과 일치시키고 있는 표를 말
한다. 이에 대해서 비경쟁형표는 〈표 2〉 (2)에서 알 수 있는 바와 같
이, 동종의 상품에 대해서 국산분과 수입분을 구별하고, 국산품의 산
업별, 품목별 표시와는 별도로 수입품의 산업별, 품목별 표시를 갖고
있는 표를 말한다.5) 그러나 여기서 말하는 경쟁, 비경쟁의 구분은 표
로서의 형식상의 구분이지, 결코 수입품의 성격상의 차이에 기인하는

〈표 1〉 수치례(數値例)

(1) 국산품의 판매와 구입

	농 업	제조업	기 타	최종수요	합 계
농 업	–	54	–	126	180
제 조 업	40	–	40	120	200
기 타	48	4	–	64	160
부 가 가 치	80	80	120		280

(2) 수입품의 판매(배분)

		구 입 선		경쟁비경쟁 여 부
농 업	20	제조업	6	비경쟁
		최종수요	14	〃
제 조 업	0			
기 타	40	농업	12	경쟁
		제조업	12	〃
		최종수요	16	〃
합 계	60		60	

4) 이것은 민간, 자본, 정부, 수출의 부문들에 대한 수요를 말한다. 이에 대해서
   각 생산부문의 중간투입물(중간재)로서 사용하기 위한 타 생산부문의 산출물
   에 대한 수요는 중간수요라고 불린다.
5) 이의 한 유형으로서 간략형 비경쟁형표가 있다. 이것은 수입에 대해서 품목별
   로는 구분하지 않고, 종렬(縱列)의 산업별 구분만을 남겨서 집계한 표를 말한
   다. 따라서 이 표에서는 수입란은 하나의 횡행(橫行)으로 압축해서 표시된다.

〈표 2〉 산업연관표

(1) 경쟁형

	농 업	제조업	기 타	총중간수요	최종수요	수입 (마이너스)	총산출
농　　　　업	–	60	–	(60)	140	-20	180
제　조　업	40	–	40	(80)	120	–	200
기　　　　타	60	60	–	(120)	80	-40	160
(총 중 간 투 입)	(100)	(120)	(40)	(260)			
본 원 적 투 입 (부 가 가 치)	80	80	120				280
총　　투　　입	180	200	160		340	-60	820

(2) 비경쟁형

		농 업	제조업	기 타	최종수요	총산출
국산	농　　　업	–	54	–	126	180
	제　조　업	40	–	40	120	200
	기　　　타	48	48	–	64	160
수입	농　　　업	–	6	–	14	20
	제　조　업	–	–	–	–	0
	기　　　타	12	12	–	16	40
본 원 적 투 입 (부 가 가 치)		80	80	120		280
총　　투　　입		180	200	160	340	880

(3) 경쟁·비경쟁 절충형

	농 업	제조업	기 타	최종수요	경쟁투입 (마이너스)	총산출
농　　　　업	–	54	–	126	–	180
제　조　업	40	–	40	120	–	200
기　　　　타	60	60	–	80	-40	160
비 경 쟁 수 입	–	6	–	14		20
본 원 적 투 입 (부 가 가 치)	80	80	120			280
총　　투　　입	180	200	160	340	-40	840

구분이 아니라는 점에 유의할 필요가 있다.

끝의 경쟁, 비경쟁 절충형표는 〈표 2〉(3)에서 알 수 있는 바와 같이, 수입품의 성격구분과 표의 형식구분을 결합한 표를 말한다. 즉 경쟁수입품은 경쟁형표의 방법으로, 비경쟁 수입품은 비경쟁형표의 방법으로 표시하고 있는 표를 말한다.

이상의 세 가지 유형 중에서 어떤 것이 바람직한 것인가는 일률적으로 결정지을 수는 없다. 그것은 분석목적 등에 따라서 판단되지 않으면 안 된다. 그러나 표의 차이는 분석방식에 차이를 가져온다. 따라서 산업연관표에서 유도되는 투입계수표와 역계수표에도 경쟁형, 비경쟁형 및 경쟁·비경쟁 절충형의 세 가지 기본유형이 있다.

아래에서는 1966년 산업연관표와 이로부터 유도된 역계수표를 이용하여 한국의 산업구조를 여러 가지로 구명하고, 끝으로 그 특징을 요약하기로 한다.

2. 총산출에 대한 중간수요의 비율

체너리는 그의 한 논문에서 다음과 같이 밝히고 있다.

100달러 이하의 1인당 소득을 갖는 나라, 즉 아시아와 아프리카의 대부분을 포함하는 나라에서는 보통 제조업 소득이 국민소득의 10~12퍼센트에 불과하며, 국민소득의 50~60퍼센트가 제1차산업 소득이다. 제조업의 반 이상은 주투입물을 농산물로 하는 식료품 가공업과 방직업으로 구성되고 있다. 잔여 중간투입물 중 반 이상은 수입된다. 이 결과 제조업 산출물에 대한 중간수요는 경제주체의 상품과 서비스에 대한 총수요의 5~6퍼센트에 불과하며, 이 액의 반만이 국내에서 공급된다. 기초산업 산

출물과 서비스에 대한 중간수요는 총수요의 약 20퍼센트이다. 그러나 제
1차산업은 경제의 다른 부문에 대한 파급 효과가 작다.

1인당 소득이 증가함에 따라 많은 구조적 변화가 일어나며, 그 결과
제조업 산출물에 대한 중간수요가 급속하게 증가하게 된다. ① (소비와
투자를 위한) 제조업 산출물에 대한 최종수요는 1인당 소득보다도 훨씬
더 증가한다. ② 공장생산은 수공업생산을 대체하며, 그 결과 기계와 기
타 생산자재에 대한 수요가 증가하게 된다. 그리고 ③ 제조업 산출물의
국내생산은 수입을 대체하며, 따라서 제조업 산출은 총수요보다 더 급속
하게 증가한다.[6]

그리고 더 나아가서 그는 공업화가 중간수요에 미치는 영향을 〈그
림 1〉의 회귀선[7]으로 요약하고 있다. 이 그림에서 (a)선은 총산출에
서 차지하는 총중간수요의 비율[8]을, (b)선은 총산출에서 차지하는 기
초산업 산출물에 대한 중간수요의 비율을, (c)선은 총산출에서 차지하
는 제조업 산출물에 대한 중간수요의 비율을 각각 표시한다.

이 그림에서 알 수 있는 바와 같이, 선진국이 됨에 따라서 총산출에
서 차지하는 총중간수요의 비율은 증가하며, 총산출에서 차지하는 기
초산업 산출물에 대한 중간수요의 비율은 크게 감소하며, 총산출에서
차지하는 제조업 산출물에 대한 중간수요의 비율은 총중간수요의 비

---

6) T. Barna, ed., *Structural Interdependence and Economic Development*, 1963.
7) 이 회귀선의 식은 다음과 같다(T. Barna, ed., *ibid.*, p. 14).

(a) $\dfrac{\text{총중간수요}}{\text{총산출}} = W_T = \dfrac{0.1308}{(0.0117)} + \dfrac{0.0869\log y}{(0.0110)}$

(b) $\dfrac{\text{기초산업산출물에 대한 중간수요}}{\text{총산출}} = W_I = \dfrac{0.3276}{(0.0433)} - \dfrac{0.0930\log y}{(0.0268)}$

(c) $\dfrac{\text{제조업산출물에 대한 중간수요}}{\text{총산출}} = W_M = \dfrac{-0.1718}{(0.0516)} + \dfrac{0.1378\log y}{(0.0319)}$

단, y: 1인당 국민소득
8) 이것은 총산출에서 차지하는 총중간투입의 비율과 일치한다.

〈그림 1〉 총산출에 대한 중간수요의 비율

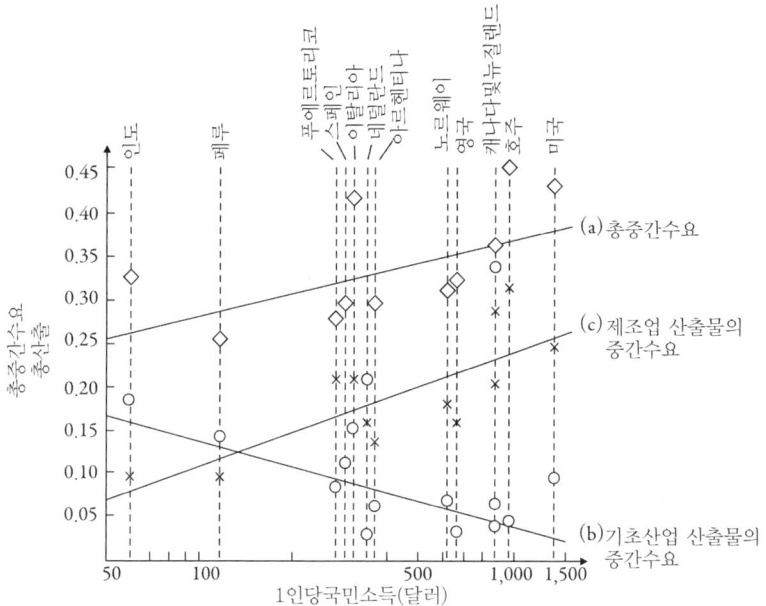

(대수눈금)

◇총중간수요 × 제조업 산출물의 중간수요 ○기초산업 산출물의 중간수요

율보다 더 크게 증가한다. 즉 (a)선은 오른쪽 위의 직선을, (b)선은 왼쪽 아래의 직선을, (c)선은 (a)선보다 기울기가 큰 오른쪽 위의 직선을 그린다.

　한국의 총산출에서 차지하는 총중간수요의 비율, 총산출에서 차지하는 기초산업 산출물에 대한 중간수요의 비율, 총산출에서 차지하는 제조업 산출물에 대한 중간수요가 차지하는 비율을 표시하면 〈표 3〉과 같다.

　이 표에서 알 수 있는 바와 같이, 한국의 총산출에 대한 중간수요의 비율은 43.0퍼센트로서 저개발국으로서는 매우 높으며, 또 기초산업 산출물에 대한 중간수요의 비율과 제조업 산출물에 대한 중간수요의

〈표 3〉 한국의 총산출에 대한 중간수요의 비율

총중간수요의 비율	기초산업 산출물에 대한 중간수요의 비율	제조업 산출물에 대한 중간수요의 비율
43.0	9.2	18.2

〈표 4〉 제조업의 중간수요

(단위: 백만 원, %)

산 업	중간수요	동 구성비
식료품·음료품·연초·섬유사·직물·섬유제품	92,425.2	29.0
식료품·음료품·연초·섬유사·직물·섬유제품·유리토석제품	113,799.8	35.8
선철 및 제강·철강1차제품·비철금속지금·금속2차제품·일반기계·수송용기계	71,839.4	22.6
제조업	317,902.4	100.0

비율도 각각 9.2퍼센트와 18.2퍼센트로서 제조업 산출물에 대한 중간수요의 비율이 기초산업 산출물에 대한 그것보다 훨씬 크다. 따라서 한국의 산업구조는 선진국형이라고 할 수 있을는지 모른다. 그러나 1967년의 제조업 부가가치 중에서 식료품, 음료품, 연초, 섬유공업이 차지하는 구성비가 41.8퍼센트나 되고 있으며,[9] 제조업 산출물에 대한 중간수요에 있어서도 〈표 4〉에서 보는 바와 같이 식료품, 음료품, 연초, 섬유품의 구성비가 29.0퍼센트나 되고, 이에 토석제품을 합치면 그것이 35.8퍼센트나 된다는 사실에 비추어 볼 때, 한국은 식료품, 음료품, 연초, 섬유품, 토석제품 등의 경공업 위주의 공업구조에서 탈피하지 못하고 있다고 할 수 있다. 거기에 대해서 제조업 산출물에 대한 중간수요에 대한 수입의 비율은 17.2퍼센트나 된다. 즉 원재료에 대한 수입의존도가 17.2퍼센트[10]에 달하고 있다.

---

9) 한국산업은행,《조사월보》, 1969. 2, p. 49.
10) 이것은 제조업 산출물에 대한 중간수요로 경쟁 및 비경쟁 수입품의 투입을 나눈 값이다.

3. 중간수요의 비율, 중간투입의 비율

체너리는 일본(1951), 이탈리아(1950), 미국(1947)의 산업연관표에서 각 산업의 중간수요 비율의 3국 평균과, 중간투입 비율의 3국 평균 및 전 산업의 평균적인 중간수요 비율의 3국 평균과, 평균적인 중간투입 비율의 3국 평균을 구하고, 각 산업의 중간수요 비율이 전 산업의 평균적인 중간수요 비율보다 큰 산업을 '중간수요적 산업', 작은 산업을 '최종수요적 산업', 각 산업의 중간투입 비율이 전 산업의 평균적인 중간투입 비율보다 큰 산업을 '제조업', 작은 산업을 '기초산업'으로 하여 이들의 배합관계에서 전 산업을 'Ⅰ. 중간수요적 기초산업 그룹', 'Ⅱ.

〈표 5〉 중간수요의 비율과 중간투입의 비율에 의한 산업그룹

	최　　종　　수　　요　　적			중　　간　　수　　요　　적		
	Ⅲ. 최종수요적 제조업	w_i	u_j	Ⅱ. 중간수요적 제조업	w_i	u_j
제조업	3. 의　　복	0.12	0.69	13. 철　　강	0.78	0.66
	4. 조　　선	0.14	0.58	22. 지류·지제품	0.78	0.57
	8. 제혁·혁제품	0.37	0.66	28. 석유제품	0.68	0.65
	1. 가공식료품	0.15	0.61	19. 비철금속	0.81	0.61
	2. 정곡·정분	0.42	0.89	16. 화　　학	0.69	0.60
	5. 수송기계	0.20	0.60	23. 석탄제품	0.67	0.63
	7. 기　　계	0.28	0.51	11. 고무제품	0.48	0.51
	15. 목재·목제품	0.38	0.61	12. 섬　　유	0.57	0.69
	14. 비금속광물제품	0.30	0.47	9. 인쇄·출판	0.46	0.49
	10. 기타 제조업	0.20	0.43			
	Ⅳ. 최종수요적 기초산업			Ⅰ. 중간수요적 기초산업		
기초산업	A. 상품			17. 농 림 업	0.72	0.31
	6. 수 산 업	0.36	0.24	27. 석탄광업	0.87	0.23
	B. 서비스			20. 금속광업	0.93	0.21
	25. 운　　수	0.26	0.31	29. 석탄·천연가스	0.97	0.15
	21. 상　　업	0.17	0.16	18. 비금속광업	0.52	0.17
	26. 서 비 스	0.34	0.19	24. 전　　력	0.59	0.27

중간수요적 제조업 그룹', 'Ⅲ. 최종수요적 제조업 그룹', 'Ⅳ. 최종수요
적 기초산업 그룹'의 4개 그룹으로 분류하고 있다. 이것을 표시한 것
이 〈표 5〉이다.11) 즉 각 산업이 어떤 그룹에 속하는가를 표시한 것이
〈표 5〉이다.

중간수요의 비율은 어떤 산업의 산출물에 대한 총수요(총중간수요와
최종수요의 합계) 중에서 총중간수요가 차지하는 비율을 말한다. 즉 i
산업의 산출물에 대한 총수요를 Z_i, 총중간수요를 W_i, i 산업의 중간
수요의 비율을 w_i로 하면

$$w_i = \frac{W_i}{Z_i}$$

이다.

그리고 중간투입의 비율은 어떤 산업의 총산출에서 총중간투입이
차지하는 비율을 말한다. 즉 j산업의 총산출은 X_j, 총중간투입을 U_j,
중간투입의 비율을 u_j로 하면

$$u_j = \frac{U_j}{X_j}$$

이다.12)

중간수요의 비율이 작은 산업은 최종수요인 소비, 투자, 수출을 직
접 충족시키는 성격이 강하며, 중간투입의 비율이 작은 산업은 본질적

---

11) *Econometrica*, October 1958, pp. 492~4.
12) 〈표 2〉 (1)에서 중간수요의 비율 w_i와 중간투입의 비율 u_j를 구하면 다음과
같다.

	w_i	u_j
농 업	0.30	0.56
제조업	0.40	0.60
기 타	0.60	0.25

그리고 $1-u_j$는 부가가치율 혹은 소득률이라고 불린다.

생산요소인 노동이라든가 자본의 직접적 사용에 의존하는 성격이 강하다.

따라서 'Ⅰ. 중간수요적 기초산업 그룹'은 그 산출물을 대량 중간재로서 다른 산업에 판매하고, 한편 다른 산업의 산출물을 소량 중간재로서 구입한다. 'Ⅱ. 중간수요적 제조업 그룹'은 그 산출물을 대량 중간재로서 다른 산업에 판매하고, 또 다른 산업의 산출물을 대량 중간재로서 구입한다. 이 그룹은 판매와 구입의 양면에서 다른 산업과의 상호의존도가 높다. 'Ⅲ. 최종수요적 제조업 그룹'은 그 산출물을 대량 직접 소비를 위하여 최종수요부문에 판매하고, 한편 다른 산업의 산출물을 대량 중간재로서 구입한다. 'Ⅳ. 최종수요적 기초산업 그룹'은 그 산출물을 대량 직접 소비를 위하여 최종수요부문에 판매하고, 또 다른 산업의 산출물을 소량 중간재로서 구입한다. 이 그룹은 판매와 구입의 양면에서 다른 산업과의 상호의존도가 낮다.

〈부표 1〉의 중간수요의 비율, 중간투입의 비율에서 얻은 한국의 산업그룹을 표시하면 〈표 6〉과 같다. 이 〈표 6〉을 〈표 5〉와 비교함으로써 세 가지 주된 차이점이 밝혀진다. 그것을 표시한 것이 〈표 7〉이다.

만약 '농업'이 그 산출물을 대량 중간재로서 다른 산업에 판매한다면 'Ⅰ. 중간수요적 기초산업 그룹'에 속해 있을 것이다. 따라서 이와 같이 '농업'이 'Ⅳ. 최종수요적 기초산업 그룹'에 속해 있다는 것은 한국농업의 후진성을 나타내는 것이라고 할 수 있다.

또 만약 '전기기계'를 대부분 수입에 의존하지 않고 있다면, 이 산업은 'Ⅲ. 최종수요적 제조업 그룹'에 속해 있을 것이다. 따라서 이와 같이 '전기기계'가 'Ⅱ. 중간수요적 제조업 그룹'에 속해 있다는 것은 전기기계의 국산화가 아직 충분하지 못함을 나타내는 것이라고 할 수 있다. 좀더 일반화한다면 그것은 1966년에는 'Ⅲ. 최종수요적 제조업

〈표 6〉 중간수요의 비율과 중간투입의 비율에 의한 산업그룹

(단위: %)

	최종수요적			중간수요적		
	Ⅲ. 최종수요적 제조업	w_i	u_j	Ⅱ. 중간수요적 제조업	w_i	u_j
제 조 업	32. 기타 제조업	0.37	0.67	21. 화학비료	0.99	0.64
	41. 기타의 서비스	0.34	0.45	25. 선철·제강	0.93	0.88
	17. 제혁·혁제품	0.32	0.68	27. 비철금속	0.89	0.77
	7. 식 료 품	0.25	0.71	19. 기초화학제품	0.91	0.68
	31. 수송용 기계	0.22	0.69	15. 지류·지제품	0.89	0.68
	23. 석탄제품	0.14	0.81	26. 철강1차제품	0.88	0.81
	29. 일반기계	0.13	0.63	24. 유리토석제품	0.88	0.57
	12. 섬유제품	0.11	0.69	22. 석유제품	0.86	0.58
	9. 연 초	0.39	0.51	28. 금속2차제품	0.71	0.73
				20. 기타 화학제품	0.65	0.64
				13. 제재·합판	0.60	0.80
				8. 음 료	0.57	0.58
				14. 목제품·가구	0.53	0.68
				16. 인쇄·출판	0.47	0.65
				30. 전기기계	0.44	0.67
				11. 직 물	0.43	0.74
				18. 고무제품	0.40	0.73
				10. 섬 유 사	0.84	0.74
	Ⅳ. 최종수요적 기초산업			Ⅰ. 중간수요적 기초산업		
기 초 산 업	40. 상 업	0.35	0.15	5. 석 탄	0.95	0.33
	2. 기타의 농업	0.36	0.31	3. 임 업	0.75	0.17
	39. 운수·보관업	0.33	0.37	35. 전 력	0.73	0.29
	4. 수 산 업	0.29	0.31	38. 통 신	0.61	0.17
	1. 미 맥 류	0.17	0.17	37. 수도·위생사업	0.54	0.42
	36. 금융·보험·부동산업	0.16	0.18	6. 기타의 광물	0.50	0.28

〈표 7〉 산업그룹의 차이

	한 국	선진국
미 맥 류 기 타 의 농 업	최종수요적 기초산업	중간수요적 기초산업
전 기 기 계	중간수요적 제조업	최종수요적 제조업
기 타 의 서 비 스	최종수요적 제조업	최종수요적 기초산업

그룹'에 속하고 있지만 '일반기계' '수송용 기계'가 1963년에는 '전기기계'와 마찬가지로 'Ⅱ. 중간수요적 제조업 그룹'에 속해 있었다는 사실을 감안할 때, 기계공업 전체의 후진성을 나타내는 것이라고 할 수 있다.

그리고 또 만약 '기타의 서비스'가 중간투입의 비율이 낮고, 최종수요부문을 위한 직접 생산활동이라고 하는 제3차산업의 성격을 그대로 지니고 있다면, 'Ⅳ. 최종수요적 기초산업 그룹'에 속해 있을 것이다. 따라서 이와 같이 '기타의 서비스'가 'Ⅲ. 최종수요적 제조업 그룹'에 속해 있다는 것은, 한국의 '기타의 서비스'의 특수성을 나타내는 것이라고 할 수 있다. 여기서 '기타의 서비스'는 교육연구기관, 의료보건, 종교, 사회사업, 기타의 공공 서비스, 농업 서비스, 방송, 기타를 포함한다.

결국 이렇게 보면, 이상의 세 가지는 한국의 생산구조의 후진성 내지 특수성을 반영하는 것이라고 할 수 있다.[13]

4. 역계수

역계수표의 한 원소인 r_{ij}는 경제적으로는 j산업에 대한 최종수요가 1단위 증가하고 다른 산업인 i산업에 대한 최종수요에 변화가 없을 때, 모든 산업으로부터의 중간수요와 최종수요를 과부족 없이 충족시

---

[13] 중간수요의 비율과 중간투입의 비율의 개념을 어떤 산업이 딴 산업을 연쇄적으로 유발하는 동적 과정에 적용한 사람은 허쉬만이다. 그의 전방연쇄효과의 대소는 중간수요의 비율의 대소에 의해서, 그리고 후방연쇄효과의 대소는 중간투입의 비율의 대소에 의해서 측정된다. 중간수요적 제조업 그룹은 전방연쇄효과와 후방연쇄효과가 다 같이 높다(A. O. Hirschman, *The Strategy of Economic Development*, 1956, pp. 98~109).

키기 위해서 직간접으로 필요한 i산업의 산출을 나타낸다. 역계수 r_{ij} 는 이와 같이 최종수요에서 파생하는 파급효과를 나타내는 계수의 성질을 갖고 있다.[14] 따라서 r_{ij}의 수치를 계산해 두기만 하면 어떠한 최종수요가 부여되어도 필요한 산출을 간단히 계산할 수 있으므로, 산업연관표, 투입계수표와 함께 역계수표가 작성된다. 이 역계수표를 이용하면 산업의 파급효과라는 관점에서 산업구조의 분석을 할 수 있다.

인도(1955/56), 파키스탄(1960/61), 일본(1959)의 산업연관표를 각각 국내 10개 생산부문과 외국무역부문으로 통합하여 새로이 작성한 표에서 유도된 역계수인 〈부표 2〉에서 다시 각국의 국내산출물의 10단위를 최종수요로서 유지하기 위해서 필요한 국내산출물의 생산단위를 나타내도록 조정하고, 1단위 이상의 생산단위를 유지하지 않으면 안 되는 것만을 남겨서 작성한 표가 〈표 8〉이다.[15] 이 표에서의 10개 생산부문은 '1. 농업' '2. 광업' '3. 식료품' '4. 섬유' '5. 기타 소비재' '6. 화학제품' '7. 금속' '8. 기계' '9. 기타 자본재' '10. 건설, 에너지, 서비스'이다.

〈표 8〉의 (1)과 (2)에서 보는 바와 같이, 인도, 파키스탄 같은 저개발국의 표는 대각선보다 위쪽에는 거의 눈에 띌 만한 원소를 갖고 있지 않다. 즉 거의 완전에 가까운 삼각배열표를 이루고 있다. '1. 농업'의 종렬에 있는 수치는 역계수의 정의에서 명백한 바와 같이, '1. 농업'에 대한 최종수요가 10단위 증가하고, 다른 산업에 대한 최종수요에는 변화가 없을 때, 모든 산업으로부터의 중간수요와 최종수요를 과부족 없이 충족시키기 위해서 직간접으로 필요한 각 산업의 산출 즉 '1. 농업'에 대한 최종수요가 파생하는 생산의 파급효과를 나타낸다.

---

14) r_{ii}의 수치는 1보다 크다.
15) 日本アジア經濟硏究所, 《アジア經濟》, 1969. 3, pp. 86~93.

〈표 8〉 산업 간의 상호의존관계

(1) 인 도

	1	2	3	4	5	6	7	8	9	10	e
1	14										
2		10								1	
3	7		12							1	
4	3		1							2	2
5	2		1			1				3	1
6	2		1	1		12				3	2
7	1	1	1	1	1		12			2	2
8	1		1	1	1		3	10		2	2
9	1			1					10	1	1
10	1									11	
m	5	1	4	4	1					3	10

(2) 파키스탄

	1	2	3	4	5	6	7	8	9	10	e
1	11									1	
2		10								2	
3	7		11							1	
4	3			11						2	1
5	5				11					2	1
6	2			1	2	10				5	3
7	2			1	3		11			6	4
8	1				1			10		4	2
9	1	1		1	2				10	3	3
10										11	
m	5			2	6					3	10

(3) 일본

	1	2	3	4	5	6	7	8	9	10	e
1	13		1	1	1	1	1		4	3	1
2	1	10			1	1	1		1	2	
3	3		12	1	1	1	1		2	4	1
4	1			20	2	2	2	1	2	4	3
5	2			1	13	1	1	1	2	4	1
6	1	1	1	1	1	13	2	1	1	5	3
7	1	1		1	1	1	20	1	4	4	2
8	1			1	1	1	7	12	2	4	1
9	1			1	1	1	2	1	11	4	1
10	1		1		2	1	2		2	15	1
m	1		1	5	2	2	5	3	2	7	12

다른 종렬도 이와 마찬가지이다. 그렇다면 '1. 농업'에 대한 최종수요
의 증가는 '2. 광업' '3. 식료품' 등에 대해 생산의 파급효과는 갖지만,
광업에 대한 최종수요의 증가는 '1. 농업'에 대해서는 생산의 파급효과
를 갖지 않는 셈이다. 다른 경우도 마찬가지이다. 따라서 저개발국의
국내 생산부문 사이에서 생산의 파급과정은 대체로 농업→광업⇒소비
재산업⇒자본재산업이라는 일방적인 형을 취한다고 할 수 있다. 이와
같은 재생산의 유형에서는 자본재에 대한 수요는 수입을 통해서 충족
된다. 국내 생산부문에서는 저차산업이 고차산업에 대해서 원료와 중
간재를 공급할 뿐, 고차산업이 저차산업에 대해서 자본재와 중간재를
공급하는 일은 없다. 말하자면 저개발국의 재생산의 유형은 산업의 상
호의존관계라는 점에서는 저차의 단계에 있다.

이에 비해서 〈표 8〉(3)에서 보는 바와 같이 선진국이라고 할 수 있
는 일본의 표는 대각선보다 위쪽에도 원소가 가득 차 있다. 따라서 일
본의 국내 생산부문 사이에서 생산의 파급과정은 일방적인 형이 아니
고, 모든 생산부문은 다른 모든 생산부문에 생산의 파급효과를 미치는
동시에, 거꾸로 다른 모든 생산부문에서 생산의 파급효과를 받는 형을
취한다고 할 수 있다. 말하자면 일본의 재생산 유형은 산업의 상호의
존관계라는 점에서는 고차의 단계에 있다. 이와 같은 고차의 단계는
순환적이라고 불리므로, 선진국의 국내 생산부문 사이에서 생산의 파
급과정은 대체로 순환적인 형을 취한다고 보아도 무방하다.[16]

〈부표 2〉의 작성요령과 동일한 요령으로 유도한 역계수표인 〈부표
3〉에서 〈표 8〉의 작성요령을 따라서 작성한 한국의 예가 〈표 9〉이다.

---

16) 그러나 이것은 〈표 8〉에 한정된 이야기라는 점에 주의할 필요가 있다. 실제에
    있어서는 비록 매우 근소한 효과밖에 못 갖는다고는 해도 저개발국에서 생산
    의 파급과정도 거의가 순환적이다.

〈표 9〉 산업 간의 상호의존관계

	1	2	3	4	5	6	7	8	9	10	e
1	12	1	4	1	1				1		1
2		10			2	1	1				
3			11								1
4				16	1	1	1	1	1		2
5					12	1					
6		1	1	1	1	11	1	1	1	1	1
7				1			13	2	1		
8								12			
9					1		1	1	11		1
10	1	2	2	3	3	3	4	3	4	12	3
m	1	1	1	4	2	4	5	3	5	1	11

이 표에서 보는 한, 한국의 국내 생산부문 간 생산의 파급과정은 얼핏 보아 상술한 인도, 파키스탄 같은 저개발국의 그것과는 반대임을 알 수 있다. '10. 건설, 에너지, 서비스'와 '11. 외국무역부문'을 제외하고 생각할 때, '1. 농업'은 전혀, '2. 광업'에서 '9. 기타 자본재'까지에는 거의 생산의 파급효과를 갖지 못한다. 그러나 '1. 농업'은 소비재생산부문에 대한 최종수요, 그리고 '2. 광업'은 특히 '5. 기타 자본재'에 대한 최종수요, '7. 금속'은 특히 '8. 기계'에 대한 최종수요가 각각 증가할 때, 그 증가를 충족시키기 위해서 각각 산출을 증가시키게 되어 있다. 말하자면 '1. 농업' '2. 광업' '7. 금속'은 다른 생산부문에 대해서 생산의 파급효과를 갖지 못하면서, 오히려 다른 생산부문으로부터 생산의 파급효과를 받게 되어 있다. 따라서 〈표 9〉에서 보는 한, 한국의 국내 생산부문 간 생산의 파급과정은 순환적이지 않다는 점에서는 저개발국 유형임에 틀림없지만, 특수한 형이라고 할 수 있다.

5. 감응도계수, 영향력계수

바로 앞에서는 생산의 파급과정에 맞추어서 각 산업이 우회생산구조 중에서 행하고 있는 역할을 개별적으로 고찰했다. 그러나 그것을 평균적으로도 고찰할 수 있다. 이를 위해서 고안된 계수가 다름 아닌 라스무센의 감응도계수와 영향력계수이다. 라스무센에 따르면 이들 계수는 각각 다음과 같다.

감응도계수를 U_j, 영향력계수를 U_i로 하면

$$U_j = \frac{\frac{1}{n}\sum_{i=1}^{n} r_{ij}}{\frac{1}{n^3}\sum_{i=1}^{n}\sum_{i=1}^{n} r_{ij}} = \frac{n\sum_{i=1}^{n} r_{ij}}{\sum_{i=1}^{n}\sum_{j=1}^{n} r_{ij}} \quad (j = 1, 2, \cdots\cdots, n)$$

$$U_i = \frac{\frac{1}{n}\sum_{j=1}^{n} r_{ij}}{\frac{1}{n^3}\sum_{i=1}^{n}\sum_{j=1}^{n} r_{ij}} = \frac{n\sum_{j=1}^{n} r_{ij}}{\sum_{i=1}^{n}\sum_{j=1}^{n} r_{ij}} \quad (i = 1, 2, \cdots\cdots, n)$$

이다. 여기서 r_{ij}는 역계수이다.[17]

역계수표의 j산업의

- 횡행의 수치: j산업이 다른 산업으로부터 받는 효과의 계수의 계열
  ⋯ (ㄱ)
- 종열의 수치: j산업이 다른 산업에 주는 효과의 계수의 계열
  ⋯ (ㄴ)

---

[17] 여기서는 역계수를 r_{ij}로 표시하고 있지만, 라스무센은 이를 b_{ij}로 표시하고 있다(P. N. Rasmussen, *Studies in Inter-Sectoral Relations*, 1956). 때로는 정의식에, 100을 곱한 수치를 감응도계수와 영향력계수로 사용하는 수도 있다.

이므로 위의 식은 다음과 같이 문장으로 바꾸어 표현할 수 있다.

$$j \text{ 산업의 감응도계수} = \frac{j \text{ 산업의 횡행(ㄱ)의 평균}}{\text{모든 산업의 횡행(ㄱ)의 평균의 평균}}$$

$$j \text{ 산업의 영향력계수} = \frac{j \text{ 산업의 종열(ㄴ)의 평균}}{\text{모든 산업의 종열(ㄴ)의 평균의 평균}}$$

따라서 이들 계수가 1보다 큰가 작은가에 따라서 j산업의 감응도계수와 영향력계수는 평균 이상이든지 평균 이하가 된다.

〈표 10〉은 〈부표 1〉에서 계산된 감응도계수와 영향력계수를 표시한다.[18] 이로부터 알 수 있는 바와 같이 인도, 파키스탄 같은 저개발국의 경우에는 감응도계수가 가장 큰 부문은 선도적 산업 또는 지지부문으로서의 역할을 하는 부문이며, 다음은 소비재부문이고 가장 작은 부문은 자본재부문이다. 그리고 영향력계수가 가장 큰 부문은 주로 자본재부문이며, 다음은 소비재부문이고 가장 작은 부문은 선도적 산업 또는 지지부문으로서 역할을 하는 부문이다. 이에 대해서 일본 같은 선진국의 경우에는 감응도계수가 가장 큰 부문은 지지부문으로서의 역할을 하는 부문이며, 다음은 자본재부문이고 가장 작은 부문은 소비재부문이다. 그리고 영향력계수가 가장 큰 부문은 소비재부문이며, 다음은 자본재부문이고 가장 작은 부문은 지지부문으로서 역할을 하는 부문이다.

---

18) 日本アジア經濟硏究所, 앞의 책, p. 94. 여기서의 감응도계수와 영향력계수는 r_{ij}를 제외한 계수, 즉 자기부문의 직접·간접의 총효과를 제외하고 다른 부문의 간접효과만을 표시하는 계수이다. 이와 같은 계수는 제3종계수라고 불리기도 한다. 이에 대해서 r_{ij}를 제외하지 않은 계수, 즉 직간접의 총효과를 표시하는 계수는 제1종계수라고 불리기도 한다. 이하에서 나오는 감응도계수와 영향력계수는 모두 r_{ij}를 제외한 계수이다.

〈표 10〉 감응도계수(u_j)와 영향력계수(u_i)

	인 도		파키스탄		일 본	
	U_j	U_i	U_j	U_i	U_j	U_i
1	2.941494	0.081852	3.066101	0.086501	0.762884	0.843598
2	0.456717	0.312434	0.167313	0.264913	0.252775	0.444265
3	1.114354	1.140271	0.091612	1.052717	0.295709	0.958744
4	1.085843	1.092657	0.602723	0.752083	0.801259	1.209815
5	0.535735	1.267677	1.706703	0.907073	0.802829	1.001517
6	0.316797	1.150814	0.117584	1.622580	0.803725	1.072674
7	0.505952	1.280017	0.119753	1.869136	1.530385	1.046983
8	0.232101	1.397704	0.057171	1.079993	0.608333	1.209822
9	0.127492	0.652205	0.048044	1.361151	1.481831	0.675299
10	2.371772	0.339123	3.481850	0.145494	2.759835	0.604523

이와 같이 저개발국의 경우에는 자본재부문은, 감응도계수에서는 소비재부문보다 작고, 영향력계수에서는 소비재부문보다 크며, 선진국의 경우에는 그와 같은 패턴이 반대로 되어 있다. 즉 저개발국의 경우에는 자본재부문은 소비재부문에 비해서 다른 생산부문으로부터 영향을 받는 정도는 작고, 다른 생산부문에 영향을 미치는 정도는 크며, 선진국의 경우에는 자본재부문은 소비재부문에 비해서 다른 생산부문으로부터 영향을 받는 정도는 크고, 다른 생산부문에 영향을 미치는 정도는 작다. 이것을 더욱더 선명하게 표시해 주는 것이 〈표 11〉이다.[19]

〈부표 2〉에서 계산한 한국의 감응도계수와 영향력계수를 표시하면 〈표 12〉와 같다. 이로부터 알 수 있는 것처럼, 한국의 경우에는 영향력계수는 인도, 파키스탄 같은 저개발국의 경우와 동일하지만, 감응도계수는 일본 같은 선진국의 경우와 동일하다. 그러나 감응도계수에서 자

---

[19] 日本アジア經濟研究所, 앞의 책, p. 96.

〈표 11〉 감응도계수(u_j)와 영향력계수(u_i)

	인 도		파키스탄		일 본	
	U_j	U_i	U_j	U_i	U_j	U_i
소 비 재	0.911977	1.200201	0.839541	0.903958	0.633564	1.056692
자 본 재	0.270835	1.120185	0.085638	1.483220	1.106068	1.001194
기 타	1.772932	0.754695	2.064093	0.588820	1.168990	0.956290

〈표 12〉 한국의 감응도계수(u_j)와 영향력계수(u_i)

(1)

	U_j	U_i
1	0.25738	1.03035
2	0.58138	0.56482
3	1.05915	0.30110
4	1.08914	0.69561
5	1.24153	0.38148
6	1.16305	0.80183
7	1.45371	0.61596
8	1.38268	0.20896
9	1.33474	0.49789
10	0.46885	3.03946

(2)

	U_j	U_i
소 비 재	1.12994	0.45940
자 본 재	1.33355	0.53116
기 타	0.56901	1.87429

본재부문이 소비재부문보다 크기는 하지만, 투자재부문의 감응도계수가 1 이하일 뿐 아니라 매우 작다는 점에 주의할 필요가 있다. 감응도계수가 매우 작다는 것은 다른 생산부문으로부터 영향을 받는 정도, 즉 다른 생산부문에 대한 의존도가 매우 작다는 것을 말해 주는데, 이것은 자본재를 주로 수입에 의해서 충족하고 있는 데 기인한다.

결국 이렇게 보면 역시 한국의 국내 생산부문 사이에서 생산의 파급과정은 저개발국의 유형임에는 틀림없지만 특수한 형이라고 할 수 있다.[20]

---

20) 감응도계수와 영향력계수의 대소관계에 의해서도 산업을 4개 그룹으로 분류

6. 스카이라인

산업을 그 산출물의 물리적 성질에 따라서, ① 금속 ② 비금속 ③ 에너지 ④ 서비스의 4개 블록으로 분류하고, 이 순서에 따라서 배열할 때 금속 블록과 비금속 블록은 각각 내부에 일방적인 위계구조를 가지면서, 즉 내부에 중간재 거래가 결여되어 있으면서[21] 서로 독립적이라는 것이 알려져 있다.[22] 이것은 일본(1956), 미국(1949), 노르웨이(1950), 이탈리아(1950), 스페인(1957)의 투입계수표를 각각 상기 4개 블록으로 블록화하여 비교함으로써 찾아낸 사실이다.

그런데 다음에서 보는 바와 같이 저개발국에는 금속 블록의 산업이 거의 존재하지 않는다. 즉 그 비중이 매우 작다. 〈표 13〉은 1958년의 1인당 국민소득(GNP)의 크기에 의해서 나라들을 5개 그룹으로 나누어서 각 그룹에 대해서 A부문, M⁺부문, S부문의 GNP 구성비의 평균을 표시한 것이다. 이로부터 알 수 있는 것처럼, Ⅰ그룹과 Ⅴ그룹 간의 큰 차이는 주로 A부문과 M⁺부문의 비중에 있다. Ⅴ그룹에서 농업을 중심으로 하는 A부문이 경제 전체의 반을 차지하며, M⁺부문은 20퍼센트 정도에 불과하다. Ⅰ그룹에서 양 부문의 비중은 대체로 Ⅴ그룹의 반대로 되어 있다.

할 수 있다. 비경쟁형 역계수표에서 계산한 감응도계수와 영향력계수(r_{ij}를 제외하지 않은 계수)에 의한 산업 그룹을 중간수요의 비율과 중간투입의 비율에 의한 산업그룹과 대비하여 보면, 감응도계수가 큰 산업은 최종수요적 기초산업 그룹 내지 중간수요적 기초산업 그룹인 데 반하여, 그것이 작은 산업은 최종수요적 제조업 그룹 내지 중간수요적 제조업 그룹이며, 영향력계수가 큰 산업은 최종수요적 제조업 그룹 내지 중간수요적 제조업 그룹인 데 반하여 그것이 작은 산업은 최종수요적 기초산업 그룹 내지 중간수요적 기초산업 그룹임을 알 수 있다.

21) 이 경우에 생산의 파급효과는 일방적으로만 진행한다.
22) 內田忠夫 편, 앞의 책, p. 127 및 p. 130.

〈표 13〉 GNP의 산업별 구성(1958)

(단위: %)

	I	II	III	IV	V
	$575 이상	$350~574	$200~349	$100~199	$100 미만
A 부문 (제1차산업)	14.0	15.1	33.7	32.7	49.8
M⁺부문 (제2차산업)	50.9	39.4	29.0	28.6	22.8
(제 조 업)	(31.2)	(15.9)	(15.3)	(11.2)	(9.5)
S부문 (제3차산업)	35.0	45.5	37.3	38.7	27.4

주: A부문, M⁺부문, S부문은 C. Clark의 제1차산업, 제2차산업, 제3차산업과 동일함(C. Clark, *Conditions of Economic Progress*, 일역서, p. 380 참조).
출처: S. Kuznets, *Modern Economic Growth*, 1966, p. 403.

〈표 14〉는 마찬가지로 5개 그룹에 대해서 제조업 내부의 생산별 부가가치 구성비를 표시한 것이다. 여기에서 식료품, 음료품, 연초, 섬유품 및 의류를 일괄하면, I 그룹에서는 그 비율은 28.0퍼센트, V 그룹에서는 54.9퍼센트이며, V 그룹의 제조업의 반 이상은 식료품, 음료품, 연초, 섬유품, 의류임을 안다. 다른 한편, 제1차금속과 금속제품을 일괄한 금속 블록을 보면 I 그룹에서는 38.6퍼센트, V 그룹에서는 11.4퍼센트로 크게 차이가 있다. 그리고 식료품, 음료품, 연초, 섬유품, 의류와 금속 블록을 합계하면 그 비율은 I 그룹에서는 66.6퍼센트, V 그룹에서는 64.3퍼센트이다. 바꾸어 말하면 이들 이외의 제조업은 개별적으로 보나, 전체적으로 보나 I 그룹과 V 그룹 사이에는 거의 차이가 없으며, I 그룹과 V 그룹 사이의 제조업의 구성의 차이는 주로 식료품, 음료품, 연초, 섬유품, 의류와 금속 블록 사이에서 찾을 수 있다. A 부문, M⁺부문, S부문의 구성비와 제조업 내부의 구성비를 합쳐서 생각하면, 금속 블록과 비금속 블록의 비중이 I 그룹과 V 그룹 사이에 현저한 차이가 있음을 알 수 있다. 경제 전체의 소득에서 차지하는 금속 블록의 비중은 I 그룹에서는 12.0퍼센트, V 그룹에서는 1.1퍼센트,

〈표 14〉 제조업 부가가치 구성비

(단위: %)

	I	II	III	IV	V
	$575 이상	$350~574	$200~349	$100~199	$100 미만
식료품·음료품·연초	16.7	34.8	34.3	38.2	34.8
섬　유　품	6.3	6.4	20.2	10.8	17.6
의　　　류	5.0	10.1	4.3	5.4	2.5
（　소　계　）	(28.0)	(51.3)	(58.8)	(54.4)	(54.9)
제 1 차 금 속	10.6	3.2	4.4	1.9	1.9
금　속　제　품	28.0	13.4	9.0	10.6	9.5
（　소　계　）	(38.6)	(16.6)	(13.4)	(12.5)	(11.4)
목　제　품	5.3	5.8	4.0	7.2	5.3
지·인쇄·출판	9.9	5.8	4.4	4.4	5.0
피　혁·고　무	2.0	1.7	3.3	2.2	3.5
화　　　학	9.1	9.1	9.4	10.1	12.8
비 금 속 광 물	4.5	7.1	5.5	6.4	4.5
기　　　타	2.5	2.7	1.2	2.8	2.6
（　소　계　）	(33.3)	(32.1)	(27.8)	(33.1)	(33.7)

출처: 〈표 13〉과 동일함.

비금속 블록(단 광업은 제외)의 비중은 I 그룹에서는 33.1퍼센트(A부문과 제조업의 식료품, 음료품, 연초, 섬유품, 의류, 지·인쇄·출판, 피혁·고무, 화학, 비금속광물, 기타 19.1%의 합계), V 그룹에서는 58.2퍼센트(마찬가지로 49.8%와 8.4%의 합계)이다.

지금 575달러 이상의 I 그룹을 선진적 그룹, 200~574달러의 II, III 그룹은 중진국 그룹, 199달러 이하의 IV, V 그룹을 저개발 그룹이라고 한다면, 결국 저개발국의 경제발전이 늦어져 있다는 것은 저개발국에 금속 블록의 산업이 거의 존재하지 않는다는 것을 말함을 알 수 있다. 따라서 자연히 저개발국의 산업연관구조는 비금속 블록 내부의 관계 및 그것과 에너지 블록 및 서비스 블록의 자체로 한정되어 있다.

그러나 저개발국에서도 금속 블록에 대한 최종수요는 존재하며 그들은 최종산출물을 직접 수입함으로써 충족되고 있다. 최종산출물이 직접 수입되고 있는 한, 그것을 만들기 위한 중간재는 국산품이든 수출품이든 전혀 필요치 않다. 그러나 경제발전에 따라서 금속 블록의 수입품이 국내에서 생산되게 되면 그것을 만드는 데 필요한 중간재에 대한 수요가 발생한다. 이 중간재가 수입되면 그만이지만, 만약 국산품에 의해서 충족된다면 그 국산 중간재의 생산을 위해서 다시 중간재 수요가 발생하게 된다. 저개발국에서 결여된 금속 블록은 경제발전의 과정에서 이와 같은 수입대체와 중간재 수요를 매개로 해서 점차로 국내에 뿌리를 박아간다. 이것을 좀더 일반적으로 말하면, 경제발전에 따르는 산업연관구조의 변화는 각 산업에 대한 최종수요 아래서 필요로 하는 직간접의 총수요 중 얼마만큼이 수입이 되는가라는 관점에서 분석할 수 있다. 이 점에 착안하여 흥미 있는 방법을 제시한 사람이 바로 레온티예프이다.[23]

　그는 미국, 이스라엘, 이집트, 페루에 대해서 스카이라인 도표(자급자족 도표)를 그리고 있다.[24] 그것에 따르면 미국의 스카이라인은 자급도가 높은 산업이 많기 때문에 대체로 100퍼센트 근처에서 높이가 일정한 데 대해서, 저개발국의 스카이라인은 요철이 심하고, 높이가 일정하지 않으며, 특히 금속 블록에서 낮은 자급도로 인해서 밑으로 현저하게 떨어져 있다. 여기서 스카이라인 도표는 다음의 제 수치들을 도표화한 것을 말한다.

① $\{X_{C+I}\} = (I-A)^{-1}\{C+I\}$

② $\{ X_E \} = (I-A)^{-1}\{E\}$

23) 內田忠夫 편, 앞의 책, p. 132. 본문의 설명은 같은 책의 p. 132 이하를 참고로 했다.
24) *Scientific American*, September 1963, pp. 160~166.

③ $\{X_M\} = (I-A)^{-1}\{M\}$

단 $\{C+I\}$는 국내 최종수요 벡터(소비 C와 투자 I는 모두 수입을 포함한다), $\{E\}$는 수출 벡터, $\{M\}$은 상품수요별 수입 벡터, $(I-A)^{-1}$은 경쟁형, 국산 베이스의 역계수표[25]이다.

식 ①은, 만약 국내 최종수요에 의해서 직간접으로 필요로 하는 산출물이 모두 국내에서 생산된다면 산업별로 얼마만큼의 산출이 발생하는가를 표시한다. 즉 자급자족 산출을 표시한다.

식 ②는, 마찬가지로 수출품을 모두 국내에서 생산한다면 얼마만큼의 산출이 발생하는가를 표시한다.

식 ③은, 또 마찬가지로 현실의 수입품을 모두 국내에서 생산한다면 얼마만큼의 산출이 발생하는가를 표시한다.

현실의 국내산출 $\{M\}$는

④ $\{X\}=\{X_{C+I}\}+\{X_E\}-\{X_M\}=(I-A)^{-1}\{C+I+E-M\}$

에 의해서 계산되므로, 이것은 식 ①과 식 ②의 합계에서 식 ③을 뺄 것이다.

이들 수치를 도표화하기 위해서 우선 〈그림 2〉와 같이 가로축에 적당한 눈금으로 A, B, C 등의 각 산업의 총산출을 취하고, 세로축에 자급률을 취한다. 다음에 자급률 100퍼센트인 곳에 수평선을 긋고, 식 ①에서 계산되는 자급자족산출 $\{X_{C+I}\}$를 각 산업별로 100퍼센트로 취한다. 따라서 국내 최종수요를 완전히 자급자족하고 있는 상태에서는 전체의 산업구조는 이 100퍼센트 선 밑의 면적으로 표시된다. 다음에 수출품을 모두 국내에서 생산할 경우에 발생하는 산업별 산출은 식 ②에 의해서 $\{X_E\}$로서 계산된다. 이 산업별의 수치를 $\{X_{C+I}\}$(이것은

---

25) 경쟁·비경쟁 절출형 역계수표라고 보면 된다.

<그림 2〉 스카이라인 도표

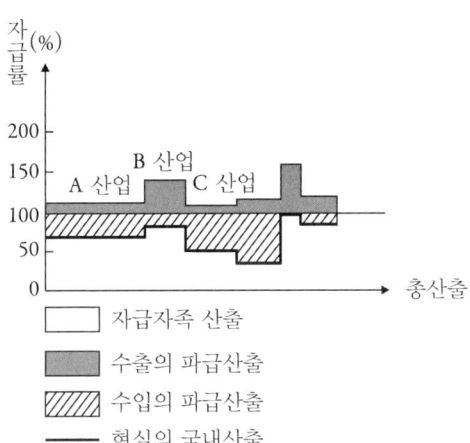

100%로 취해지고 있다)과의 비율로 표시하고 이 비율을 각 산업의 100 퍼센트 선 위에 취한다. 그리고 그 면적을 검게 칠해 둔다. 끝으로 수입품을 모두 국내에서 생산할 경우에 발생하는 산업별 산출은 식 ③에 의해서 계산되는데, 이 산업별 수치를 마찬가지로 $\{X_{C+I}\}$과의 비율로 표시하고, 이 비율을 각 산업의 $\{X_E\}$ 선 밑으로 취한다. 그리고 그 면적을 사선으로 표시해 둔다.

그러면 각 산업에 있어서 자급자족산출 위에 수출의 파급산출이 얹히고, 그로부터 수입의 파급산출이 감해진다. 그 결과 남는 것이 그 산업의 현실의 국내산출이 된다. 그 높이는 그 산업의 자급자족률을 나타내며 굵은 선으로 표시된다. 이리하여 현실의 산업구조는 이 굵은 선으로 표시되는 요철의 모습에 의해서 표시된다. 이것은 도시의 빌딩이 솟아 있는 모습과 유사하기 때문에 스카이 라인이라고 불린다.

〈부도〉는 〈부표 4〉의 수치들을 이용하여 그린 한국의 스카이라인이다. 이로부터 알 수 있는 바와 같이, 한국의 스카이라인은 요철이 심한

〈부도〉 스카이라인 도표(1966)

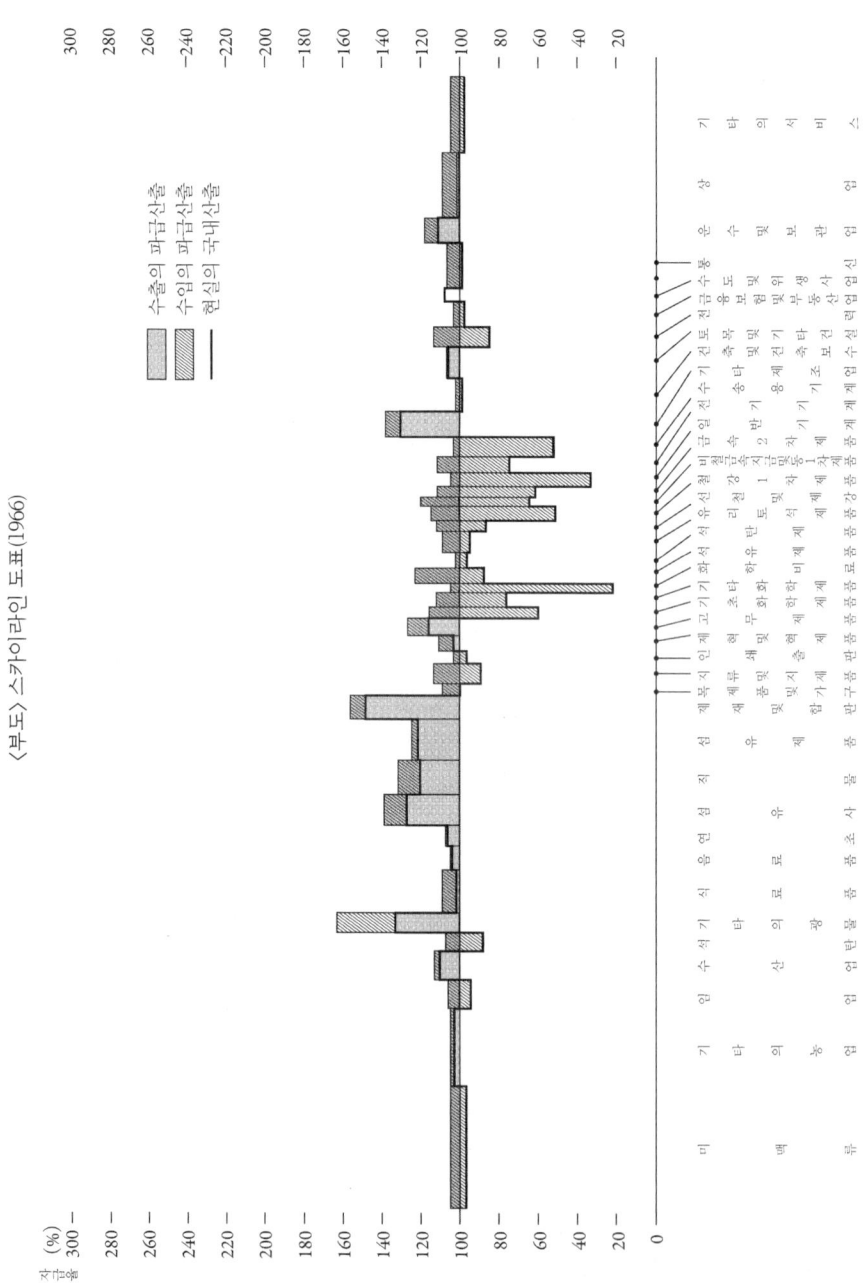

편이며 특히 금속 블록과 화학공업에서 현저하게 밑으로 떨어져 있다. 즉 그것은 저개발국형이다.[26] 금속 블록은 1967년에 GNP의 2.8퍼센트에 불과한데, 그것의 자급률 또한 매우 낮다.

7. 결 언

이상에서 총산출에 대한 중간수요의 비율을 이용한 고찰, 중간수요의 비율과 중간투입의 비율에 의한 산업그룹에 관한 고찰, 역계수를 이용한 생산의 파급과정에 관한 고찰, 감응도계수와 영향력계수를 이용한 생산의 파급과정에 관한 고찰, 각 산업의 자급도에 관한 고찰을 각각 행했다. 그리하여 한국의 산업구조의 특징으로서 다음을 얻었다.

첫째로 공업구조는 경공업 위주로 되어 있다. 총산출에 대한 중간수요의 비율은 매우 높은 편이며, 또 제조업 산출물에 대한 중간수요의 비율이 기초산업 산출물에 대한 그것보다 훨씬 높다. 따라서 한국의 산업구조는 선진국형이라고 할 수 있을는지 모른다. 그러나 1967년의 제조업 부가가치 중에서 식료품, 음료품, 연초, 섬유공업이 41.8퍼센트나 차지하고 있으며, 또 제조업 산출물에 대한 중간수요의 내용을 보면, 식료품, 음료품, 섬유품 등에 대한 비율이 29.0퍼센트나 되고, 이들에 토석제품을 합치면 모두 35.8퍼센트나 된다. 따라서 한국은 다른 저개발국의 경우와 마찬가지로 식료품, 섬유품 등의 경공업 위주의 공업구조를 탈피하지 못하고 있다고 할 수 있다.

둘째로 생산구조는 후진적이며 특수하다. 중간수요의 비율과 중간

---

26) 이상의 2에서 6까지의 구명 외에, 산업연관표의 삼각형화, 즉 삼각형형 산업연관표의 작성을 통해서도 산업구조를 구명할 수 있다. 삼각형형 산업연관표에 의한 구명에 대해서는 한국은행 조사부, 《1963년 한국경제의 산업연관분석》, 제7장(pp. 105~127)을 참조하라.

투입의 비율에 의한 산업그룹을 볼 때 '농업'은 '최종수요적 기초산업 그룹'에 속해 있고, '전기기계'는 'Ⅱ. 중간수요적 제조업 그룹'에 속해 있고, '기타의 서비스'는 'Ⅲ. 최종수요적 제조업 그룹'에 속해 있다. 농업과 기계공업 전체가 후진성을 탈피했더라면, 그리고 서비스업이 최종수요부문을 위한 직접생산활동이라는 제3차산업의 성격을 그대로 지니고 있다면, '농업' '전기기계' '기타의 서비스'는 각각 'Ⅱ. 중간수요적 제조업 그룹', 'Ⅲ. 최종수요적 제조업 그룹', 'Ⅳ. 최종수요적 기초산업 그룹'에 속해 있을 것이다. 이 세 가지 주된 선진국의 산업 그룹과의 차이는 한국의 생산구조의 후진성 내지 특수성을 반영하는 것이라고 할 수 있다.

셋째로 국내 생산부문 사이에서 생산의 파급과정은 일방적이다. 즉 산업의 상호의존관계는 저차의 단계에 있다. 그러나 같은 저개발국의 유형이 일방적인 형이라고 해도 그 생산의 파급과정은 인도, 파키스탄 같은 저개발국의 그것의 반대의 형태를 취하고 있다. 이 점에서 그것은 특수하다.

넷째로 자본재부문은 소비재부문에 비해서 다른 산업부문으로부터 영향을 받는 정도에 있어서나, 다른 생산부문에 영향을 미치는 정도에 있어서나 모두 크다. 저개발국에서는 자본재부문은 소비재부문에 비해서, 다른 생산부문으로부터 영향을 받는 정도는 작고 다른 생산부문에 영향을 미치는 정도는 크며, 선진국에서는 그와 같은 패턴이 반대로 되어 있다. 따라서 한국의 국내 생산부문 간 생산의 파급과정은 인도, 파키스탄 같은 저개발국형도 아니고, 일본 같은 선진국형도 아니라고 할 수 있을는지 모른다. 그러나 다른 생산부문으로부터 영향을 받는 정도에 있어서 자본재부문이 소비재부문보다 크기는 하지만, 그 영향을 받는 정도의 크기가 매우 작다는 점에 주의할 필요가 있다. 한

국의 생산의 파급과정은 저개발국의 유형임에는 틀림없지만 특수한
형이다.

끝으로 각 산업의 자급률의 차이는 큰 편이며, 특히 금속 블록과 화
학공업의 자급률은 매우 낮다. 금속 블록은 그 비중이 매우 작은데, 그
자급률 또한 매우 낮다. 따라서 스카이라인은 요철이 심한 편이고, 특
히 금속 블록에서 현저하게 밑으로 떨어져 있으며, 화학공업 또한 그
러하다.

〈부표 1〉 중간수요의 비율, 중간투입의 비율(한국, 1966)

43 분류	부 문 명	중 간 수요의 비 율	중 간 투입의 비 율	43 분류	부 문 명	중 간 수요의 비 율	중 간 투입의 비 율
1	미　맥　류	17.1	17.20	23	석　탄　제　품	24.4	81.22
2	기 타 의 농 업	35.9	30.83	24	유 리 토 석 제 품	87.9	56.94
3	임　　　업	75.2	17.07	25	선 철 및 제 강	92.6	88.36
4	수　산　업	29.4	30.91	26	철 강 1 차 제 품	88.2	80.80
5	석　　　탄	95.4	32.76	27	비 철 금 속 지 금 및 동 1 차 제 품	39.2	77.28
6	기 타 의 광 물	49.9	27.64	28	금 속 2 차 제 품	71.3	73.43
7	식　료　품	25.5	70.72	29	일 반 기 계	13.1	63.50
8	음　료　품	57.4	57.69	30	전 기 기 계	43.6	67.26
9	연　　　초	3.9	51.26	31	수 송 용 기 계	22.5	69.36
10	섬　유　사	83.7	73.67	32	기 타 제 조 업	37.5	67.40
11	직　　　물	43.4	74.01	33	건 축 및 건 축 보 수	17.9	64.68
12	섬 유 제 품	10.7	69.39	34	토 목 및 기 타 건 설	－	58.99
13	제 재 및 합 판	60.4	80.14	35	전　　　력	72.9	29.08
14	목 제 품 및 가 구	53.1	68.40	36	금융보험 및 부동산업	15.6	17.51
15	지 류 및 지 제 품	88.8	68.41	37	수 도 및 위 생 사 업	53.8	42.20
16	인 쇄 출 판	47.3	65.09	38	통　　　신	61.5	16.65
17	제 혁 및 혁 제 품	31.8	67.55	39	운 수 및 보 관 업	32.8	37.21
18	고 무 제 품	40.0	73.43	40	상　　　업	36.4	15.17

19	기 초 화 학 제 품	90.8	67.70	41	기 타 의 서 비 스	34.4	44.67
20	기 타 화 학 제 품	64.9	63.64	42	잔 폐 물	97.5	32.90
21	화 학 비 료	98.6	63.65	43	분 류 불 명	37.0	74.33
22	석 유 제 품	85.6	57.65			38.8	42.95

〈부표 2〉 역계수표

(1) 인도

	1	2	3	4	5
1	1.39193	0.00146	0.01636	0.00237	0.00668
2	0.02913	1.03156	0.01572	0.02184	0.02589
3	0.67753	0.01017	1.15215	0.01733	0.01892
4	0.29516	0.02523	0.06766	1.33126	0.02525
5	0.20714	0.04029	0.10908	0.07621	1.13301
6	0.17518	0.04105	0.11756	0.07740	0.03961
7	0.13207	0.08831	0.08218	0.09693	0.08027
8	0.13273	0.03840	0.07176	0.08471	0.05531
9	0.10919	0.04330	0.02565	0.04151	0.06111
10	0.09162	0.01670	0.02239	0.01586	0.02925
m	0.50760	0.06108	0.36471	0.43608	0.08704

	6	7	8	9	10	e
1	0.00263	0.00089	0.00118	0.00311	0.02669	0.00419
2	0.00939	0.00979	0.02086	0.00999	0.06954	0.03821
3	0.00491	0.00445	0.00689	0.00695	0.14083	0.02584
4	0.02374	0.00896	0.01352	0.00898	0.22878	0.17838
5	0.10513	0.03716	0.03735	0.00833	0.26108	0.13418
6	1.22448	0.01571	0.01345	0.01427	0.27188	0.15607
7	0.02112	1.20190	0.04397	0.00912	0.24474	0.22711
8	0.02451	0.27461	1.07379	0.00674	0.23280	0.19860
9	0.01527	0.01217	0.01091	1.00860	0.14369	0.05987
10	0.00793	0.02127	0.01851	0.01941	1.11548	0.02881
m	0.03923	0.02044	0.01934	0.01523	0.28081	1.08343

(2) 파키스탄

	1	2	3	4	5
1	1.05493	0.00021	0.00799	0.00147	0.00433
2	0.00873	1.00052	0.00051	0.00312	0.01193
3	0.72843	0.00085	1.05989	0.00421	0.01433
4	0.33956	0.00474	0.00336	1.06737	0.04102
5	0.47927	0.00469	0.00493	0.01361	1.05318
6	0.19932	0.04425	0.03398	0.05345	0.23445
7	0.19680	0.00702	0.00643	0.07829	0.26428
8	0.08655	0.00277	0.00305	0.03524	0.11641
9	0.14607	0.07395	0.00444	0.13896	0.15705
10	0.02245	0.00234	0.00182	0.00662	0.03186
m	0.45017	0.00415	0.01294	0.18739	0.60351

	6	7	8	9	10	e
1	0.00223	0.00022	0.00050	0.00055	0.05131	0.00612
2	0.00335	0.00069	0.00176	0.00195	0.18118	0.01837
3	0.00268	0.00144	0.00143	0.00152	0.13963	0.01785
4	0.00572	0.00131	0.00358	0.00215	0.19981	0.05055
5	0.00816	0.00793	0.00302	0.00224	0.20780	0.05448
6	1.04021	0.01661	0.00651	0.00703	0.53336	0.27729
7	0.02193	1.12211	0.00922	0.00641	0.59484	0.43472
8	0.00991	0.04205	1.03661	0.00477	0.44362	0.19162
9	0.02812	0.02232	0.00476	1.01138	0.34811	0.25598
10	0.00510	0.00349	0.01008	0.01155	1.07498	0.03075
m	0.01466	0.00769	0.00866	0.00343	0.31802	1.04798

⟨부표 3⟩ 역계수표(한국, 1966)

	1	2	3	4	5
1	1.15193	0.06109	0.39831	0.09469	0.05911
2	0.00573	1.01338	0.02189	0.02788	0.18084
3	0.03684	0.00637	1.11469	0.02460	0.04088
4	0.01801	0.02244	0.04007	1.56614	0.06095
5	0.00591	0.01359	0.03970	0.03963	1.20067

6	0.02742	0.07777	0.05867	0.07626	0.08211
7	0.00793	0.04645	0.02049	0.02652	0.05808
8	0.00355	0.02275	0.01078	0.02044	0.02220
9	0.01066	0.01916	0.03267	0.03391	0.06123
10	0.06028	0.18399	0.20057	0.28082	0.34256
m	0.05932	0.07867	0.14654	0.37241	0.22870

	6	7	8	9	10	e
1	0.04983	0.04771	0.03897	0.07123	0.04887	0.07351
2	0.06327	0.08751	0.03480	0.02831	0.02168	0.04520
3	0.02266	0.02519	0.01937	0.03567	0.00987	0.05421
4	0.08060	0.07909	0.06258	0.07875	0.02834	0.16603
5	0.05431	0.03514	0.03611	0.03872	0.03964	0.04652
6	1.13024	0.08901	0.09617	0.08174	0.08042	0.06455
7	0.04535	1.34375	0.22517	0.05490	0.03597	0.04307
8	0.01904	0.02489	1.16096	0.01939	0.02344	0.02485
9	0.04277	0.08751	0.06911	1.09547	0.03865	0.06019
10	0.31538	0.38880	0.33920	0.36263	1.19238	0.30851
m	0.37159	0.46609	0.34442	0.45067	0.10237	1.10975

〈부표 4〉 자급자족산출·파급산출(한국, 1966)

43 분류	부 문 명	산출(백만 원)			($C+I$)에 대한 비율(%)		산출구성비
		$C+I$	E	M	E	M	(%)
1	미 맥 류	256,176.7	10,975.2	16,285.4	4.28	6.36	14.1
2	기 타 의 농 업	180,736.0	9,062.7	5,449.7	5.01	3.06	10.4
3	임 업	28,456.5	1,692.2	2,748.7	5.95	9.66	1.5
4	수 산 업	22,071.0	3,075.1	629.3	13.93	2.85	1.4
5	석 탄	17,456.4	1,364.3	3,408.2	7.82	19.52	0.9
6	기 타 의 광 물	11,402.5	7,185.2	3,438.2	63.01	30.15	0.9
7	식 료 품	98,568.9	9,065.7	8,473.4	9.20	8.60	5.6
8	음 료 품	31,022.2	1,286.8	508.3	4.14	1.64	1.8
9	연 초	23,421.6	1,803.3	6.2	7.70	0.03	1.4
10	섬 유 사	32,102.1	12,641.6	4,150.5	39.38	12.93	2.3
11	직 물	35,722.2	10,861.9	3,518.0	30.41	10.69	2.4

12	섬 유 제 품	50,681.1	12,303.3	1,377.5	24.28	2.72	3.5
13	제 재 및 합 판	15,349.4	8,647.9	1,360.7	56.34	8.86	1.3
14	목 제 품 및 가 구	6,840.0	550.9	565.5	8.05	8.27	0.4
15	지 류 및 지 제 품	22,234.8	1,855.3	5,229.0	12.84	23.52	1.1
16	인 쇄 출 판	15,634.7	617.6	956.8	3.95	6.12	0.9
17	제 혁 및 혁 제 품	8,213.0	832.2	515.4	10.13	6.28	0.5
18	고 무 제 품	12,540.5	3,506.0	1,361.5	27.96	10.86	0.8
19	기 초 화 학 제 품	11,692.9	1,864.1	6,510.7	15.94	55.68	0.4
20	기 타 화 학 제 품	32,059.4	3,964.1	11,314.6	12.36	35.29	1.4
21	화 학 비 료	19,822.9	964.7	15,897.9	4.87	80.20	0.3
22	석 유 제 품	21,092.0	4,708.1	7,347.3	22.32	34.83	1.0
23	석 탄 제 품	18,538.6	479.3	1,121.9	2.59	6.05	1.0
24	유 리 토 석 제 품	23,826.4	2,323.9	3,516.6	9.75	14.76	1.3
25	선 철 및 제 강	20,949.9	2,533.9	15,755.6	12.09	25.21	0.4
26	철 강 1 차 제 품	30,004.4	4,400.6	18,540.9	14.67	61.79	0.9
27	비철금속지금및동1차 제 품	8,381.8	1,698.4	4,646.4	20.26	55.43	0.3
28	금 속 2 차 제 품	19,401.6	2,466.9	9,773.9	12.71	50.38	0.7
29	일 반 기 계	34,150.2	1,611.1	24,531.2	4.72	71.83	0.6
30	전 기 기 계	20,057.0	2,403.8	7,282.4	11.98	36.31	0.9
31	수 송 용 기 계	47,735.5	1,549.1	24,295.2	3.25	50.89	1.4
32	기 타 제 조 업	16,165.1	6,171.7	1,508.3	38.18	9.33	1.2
33	건 축 및 건 축 보 수	80,020.8	687.4	858.5	0.86	1.07	4.5
34	토 목 및 기 타 건 설	47,112.4	3,512.4	0	7.45	0	2.9
35	전 력	23,019.8	3,021.7	6,540.2	13.13	28.41	1.1
36	금융보험및부동산업	62,772.9	1,521.2	2,281.8	2.42	3.63	3.5
37	수 도 및 위 생 사 업	3,295.3	289.1	247.3	8.77	7.50	0.2
38	통 신	11,149.0	856.4	940.1	7.68	8.43	0.6
39	운 수 및 보 관 업	70,108.8	13,650.8	6,103.9	19.47	8.71	4.4
40	상 업	171,282.7	16,250.2	13,964.7	9.49	8.15	9.8
41	기 타 의 서 비 스	122,252.6	5,055.3	6,447.5	4.14	5.27	8.3
42	산 폐 물	16,905.9	2,531.4	12,515.6	14.97	74.03	0.4
43	분 류 불 명	13,485.6	19,901.3	6,029.8	147.57	44.71	1.3
		1,813,914.1	201,744.1	268,254.6	11.12	14.79	100.0

《경제논집》(서울대, 1969. 9)

한국경제의 진단과 반성

1. 머리말

1960년대의 한국경제는 경제자립을 목표로 하는 제1, 2차 경제개발 5개년계획의 집행으로 공업성장에 주도된 고도성장을 이룩하였다. 1962년에 시작하여 1966년에 끝난 제1차 경제개발 5개년계획 기간 중 한국경제는 연평균 8.3퍼센트라는 고도성장을 지속하였을 뿐만 아니라 뒤이어 착수된 제2차 경제개발 5개년계획에서도 1970년까지 연평균 8퍼센트라는 성장률을 기록함으로써 양적으로는 여러 지표에서 계획목표를 앞당겨 달성하였다.

이리하여 한국경제는 1962~1970년 사이에 연평균 9.9퍼센트 성장하여 국민경제 규모는 배가되었다. 그러나 이와 같은 국민경제 규모의 확대와 주요 계획목표의 달성에도 불구하고 한국경제는 당초 계획이 의도했던 자립적 국민경제의 확립을 실현하지 못하였으며, 도리어 국민경제 규모의 증대에 따라 당초의 의도에 역행하는 방향으로의 전개가 심화되었다.

한국경제가 양적으로 계획지표를 실현하였음에도 불구하고 그 과정에서 조성된 부정적 측면으로서는 다음과 같은 점이 지적될 수 있을 것이다.

첫째, 국민경제의 구조적 측면에서 그간의 경제성장은 경제구조의 이중성 및 파행성을 심화시키고 사회적인 불균형을 확대시키는 결과를 가져왔다.

둘째, 민족자본으로서의 중소기업이 몰락하고 외국자본 및 외자관련 자본으로 하여금 국민경제의 중추를 장악하도록 방임되었다.

셋째, 국민경제의 대외경쟁력 및 자립이란 측면에서 보면 원자재의 높은 대외의존과 특정국에 자본 및 무역의존의 심화를 가져왔으며, 기술적으로 낙후했거나 경제성 규모에 이르지 못하는 기업을 외자도입을 통해 건설함으로써 거의 80퍼센트에 이르는 외자도입 업체를 부실기업으로 만들었고, 이를 국민의 부담으로 남겨놓는 결과를 가져왔다.

넷째, 국민의 소비구조를 왜곡시킴으로써 높은 수입수요를 유발하였다.

다섯째, 국민경제의 정상적인 지불능력을 초과하는 대외채무의 누적을 초래하였다.

동일한 사물에 대한 판단도 입장의 차이에 따라 서로 같지 않을 수도 있을 것이다. 지난 두 차례의 경제계획의 평가에서도 긍정적 측면인 양적 성장만을 강조하여, 이를 중진국을 향한 기반의 구축과 자립경제에 길을 더욱 단축시킨 것으로 보는 견해도 있을 수 있으나 이 견해가 반드시 옳다고는 볼 수 없다. 그것은 앞에서 지적한 바와 같이 양적인 경제성장 뒤에서 부정적 측면이 축적되어 갔던 것이며, 이 부정적 측면이 그대로 방임되는 한 경제의 지속적·양적 확대는 이루어질지 모르나 국민경제의 자립은 달성되기 어려우리라는 전망 때문이다.

따라서 우리는 한국경제가 양적인 성장에 의한 그 규모의 증대에도 불구하고 이를 자립경제로 이끌지 못한 문제를 해명함으로써 한국경제의 자립 및 올바른 근대화를 위한 방향을 모색해 보고자 한다.

2. 근대화에의 두 가지 길

1) 근대화의 의미

자립경제의 확립과 근대화문제는 구식민지체제의 붕괴과정에서 정치적으로 주권을 회복했거나 지금에 있어서도 정치적 자주를 실현코자 하는 모든 나라들의 공통된 과제가 되고 있다. 자립적 국민경제의 근대화문제가 저개발국의 중요한 관심사인 것은 이들 저개발국이 식민지 지배하에서 선진국의 경제적 지배와 무차별한 수탈 때문에 정도의 차이는 있다 하더라도 자립적 국민경제를 갖지 못했으며 빈곤한 가운데서 전근대적 상태에 정체하고 있었기 때문이다.

일반적으로 근대화는 전반적인 사회변혁을 일컫는 것이므로, 그 내용에 대해서는 보는 측면을 달리하거나 서로 다른 가치관에 따라 각기 그 견해를 달리할 수 있다. 그러나 주지하는 바와 같이 근대화를 둘러싼 여러 가지 견해들은 결국 근대화를 서구화와 동일시하느냐 그렇지 않느냐에 따라 크게 두 가지로 나뉜다.

근대화를 서구화로 이해하는 견해는 그 주관적 동기야 어떻든 객관적 결과에 있어서는 저개발국이 갖는 향배가 서구사회의 운명을 결정한다는 위기의식으로부터 비롯되고 있다. 유진 스테일리(E. Staley)는 일찍이 그의 저서 《저개발국의 장래》에서 "저개발국이 가지는 방향은 앞으로의 서양문명에 대해서는 생사(生死)의 관심사이다. 가령 저개발국이 서구 국가들과 협조에 의한 진보를 의도했다 하더라도 그들의 역사로부터 계승한 고유한 문화가 서구적인 규범과 반드시 잘 융화될 것인가는 알 수 없다. 더욱이 그것이 적어도 그 반대인 경우, 즉 그들이 서구적 가치를 인정하지 않으려 할 때에는 장기적으로 서양은 몰락한다"고 말함으로써 저개발국의 개발 방향이 선진국들의 장래의 위기의 내용에 관련된 사활의 문제라는 것을 주장하고, 서구적 규범과 합치되는 개발방향에의 유도를 제의하였다.

서구 학자들의 근대화론이 일반적으로 서구화라는 서구 국가들이 경험한 역사적 방식에 따른 근대화로서의 내용을 지니는 것은 이런 데서 말미암는 것이다.

그러나 근대화의 내용이 비록 그들이 말하는 의미에서도 서구화를 의미하는 것은 아니라 할지라도, 근대화가 사회적 생산력의 발전을 제약하고 있는 전근대적 규제로부터 생산력을 해방하는 사회적 변혁과정이라는 것은 부인할 수 없다. 근대화를 구체적으로 쟁취하는 방법에는 여러 가지가 있지만 그 내용에 있어서 근대화가 이룩해야 할 일은 가장 추상적인 의미에서 서구사회가 경험했던 것과 동일할 것이다.

곧 근대화란 경제발전을 저해하는 전근대적 요인을 청산하고 사회적 생산력을 해방시키는 것을 그 내용으로 한다. 그러나 오늘날 구체적으로 근대화를 이룩하려는 나라들에서는 전근대적 제약이 어떠한 요인에 의하여 지속되고 있으며 어떤 성격을 지니고 있는가에 따라 그를 극복·청산하는 방법은 달라질 것이다.

따라서 전근대적인 여러 제약으로부터 벗어나 사회적 생산력의 비약적인 발전을 보장하는 과정에서 이루어진 ① 분업의 심화에 따른 공업화, ② 전근대적인 신분적 규제로부터의 인간해방과 평등화의 소산인 민주주의, ③ 지방 분권주의를 극복하고 단일한 국민시장권의 형성 과정에서 발전된 민족주의 등은 오늘날 저개발국의 근대화에 있어서도 매우 중요한 것이 될 것이다.

다시 말하면 근대화는 단순한 공업화나 경제개발을 의미하는 것이 아니라 정치·경제·사회·문화적인 영역에서 총체적인 변혁으로서의 내용을 지니는 것이다. 사회적 여러 현상에 대한 기초적 요인이 경제라는 데서, 공업화는 근대화 과정에서 중요한 지표가 될 수는 있으나 공업화만으로서 근대화가 이룩되는 것은 아니다. 왜냐하면 여타 부문의 근대화 없이 경제부문만의 근대화를 기대하기란 불가능한 일이기 때문이다.

2) 근대화의 필요성

저개발국의 근대화는 일반적으로 사회적 생산력의 발전을 제약하고 있는 전근대적 요소가 식민정책에 의하여 유지되었던 것이므로, 뮈르달(G. Myrdal)이 말한 것처럼 포괄적인 개념으로는 식민주의의 파괴적 역할이 결과한 경제적·사회적 제도를 없애는 것이며, 한걸음 더 나아가 적극적으로는 역사적으로 전승된 고유의 민족적 유산을 발전시켜 낡은 식민주의의 유산을 창조적으로 대체하는 것이다.

일반적으로 구식민지에서 식민지배세력은 식민지 지배를 강화하고자 식민지의 낡은 지배세력과 결탁하여 봉건적 지배질서를 식민지 지배기구로 재편성하였다. 이 과정에서 고리대적인 상업자본은 농촌에서 전근대적인 생산조직을 기반으로 농촌경제를 수탈함으로써 농업의 정체(停滯)를 강요한다. 그리고 식민지에서 형성된 공업은 그 나라 경제가 갖는 내재적 힘을 통해 이룩된 것이 아니고 외부적으로 이식된 것이므로 자본의 성격상 전근대적인 농촌사회를 분해하지 못한다.

그리고 선진 자본주의국에 의한 식민지 지배는 오늘날 저개발국으로 하여금 국지적 시장권 형성에 기초한 고전적 국민경제의 발전 과정을 갖지 못하게 한 원인이 되고 있다. 국민경제의 발전에 있어서 이른바 자연적 질서에 따른 방식은 전근대사회 내부에서 꾸준히 성장하는 생산력의 발전을 기초로 하여 국지적 시장권을 형성하는 것이며, 국지적 시장권 내부에서 생산력의 발전을 통해 국민적 산업을 조성하고 이들 국민적 산업을 매개로 하여 독립분산적인 국지적 시장권을 통합·통일시킴으로써 국민경제의 형성이 달성되는 것이다.

그리고 이와 같은 국민경제의 자연적 질서에 의한 과정은 자립적 국민경제의 형성 과정이며 국민경제의 내포적 발전 과정이 되는 것이다. 따라서 서구사회에 있어서 국지적 시장권을 기반으로 국민적 시장권을 형성하는 과정은 지방분권적 봉건주의를 청산하는 사회적 변혁이기도 하였다.

그러나 오늘날 저개발국에서는 부분적인 공업화와 근대경제제도의 도입 과정에서 전근대적 생산방법을 청산하기는커녕 오히려 낡은 생산방법을 온존한 채 그 위에 식민지적 경제기구를 구축하였다. 식민지의 경제구조는 선진국 자본의 높은 이윤획득을 위한 식민지의 수탈 과정에서 형성되었으며, 이것은 다음과 같은 일반적인 유형을 지니고 있다. 먼저 국내적으로 균형된 분업에 의한 단일화된 국민경제적 통합 대신에 도시에서는 원료수탈의 효율화를 위한 가공공업 형태의 매판적 공업과 식민지의 지배체제를 유지하기 위한 식민지 관료, 사무원, 비생산적인 구지배세력의 국내적으로 고립된 생활권을 형성시켰고, 농촌에서는 대다수의 국민을 구성하는 농민층의 의연한 전근대적 생활권, 즉 전근대적 생산방식 및 전근대적 유제가 잔존하고 경제적으로는 약탈무역에 의해 국내의 도시권과는 관련없이 식민국과 관련을 갖는 농촌이라는 이중적 사회구조를 형성케 하였다.

이리하여 매판적 도시와 전근대적 농촌이 서로 대립적으로 공존하면서 전근대성을 심화시키고 토착 지주, 고리대 상인, 소수의 공업자본가, 외국자본가들이 근대화의 반대물로 등장하였다.

따라서 저개발국의 근대화 과정에서 전근대적 요인의 불식은 정치·사회·문화의 여러 측면에 있어서의 개혁만이 아니라, 농촌 및 도시에 있어서 각기 전근대성의 경제적 기반이 되고 있는 농촌의 전근대적 토지 소유에 대한 부정으로서의 토지개혁과 약탈적 무역을 매개하는 매판적 경제구조의 청산을 동시에 수반하는 것이어야 한다.

3) 근대화의 두 가지 길

저개발국에 있어서 근대화 과정은 구체적인 한 나라 안에서 정치적 주도세력의 성격에 따라 그 유형을 달리한다. 따라서 저개발국의 근대화 유형을 구분하고 그 특징을 제시하려는 노력들은 그동안 광범하게 이루어져 왔다.

이와 같은 유형구분 가운데서 한 예를 든다면, 경제의 근대화 과정에서 그 제도적 유형을 기준으로 저개발국의 근대화 유형을 ① 자본주의형, ② 사회주의형, ③ 민족혁명형으로 나누는 것을 들 수 있다. 이 가운데서 우리의 관심을 끄는 것은 민족혁명형이다.

민족혁명형은 그 유형적 특징으로서 먼저 국가투자나 공공투자가 경제발전의 가장 능동적 요소로 되고, 둘째로 외국자본을 국유화함으로써 국가 역할의 강화가 시도될 뿐만 아니라, 셋째는 농업개혁이 착수된다는 점 등을 주 내용으로 한다. 그리고 이와 같은 민족혁명형이 사회주의형과 다른 것은 외국자본의 일부만이 국유화되고 일반적으로 민족자본의 국유화가 진행되지 않는 데 있으며, 사회주의형과 비슷한 점은 고전적 자본주의처럼 경제발전이 자연발생적으로 이루어지는 것이 아니라 계획에 의해서 의식적으로 추구되는 데 있다.

이와 같은 민족혁명형은 근대화의 방향을 크게 자주적 유형과 예속적 유형으로 구분한다고 할 때 이데올로기의 선택 없이 후진국이 추구할 수 있는 자주적 근대화의 방향이다. 예속적 유형은 식민지 통치과정에서 형성되는데, 전후 정치적으로 독립한 저개발국이 식민지적 구질서를 청산하지 못하고 구질서를 토대로 근대화를 추진하는 곳에서는 어디서나 존속한다. 이에 대하여 자주적 근대화의 방향은 이 구질서를 변혁적으로 거부하고 민족경제의 자립을 위해서 새로운 질서를 창조하는 것이다.

앞서 지적한 바와 같이, 자주적 근대화의 방향은 식민지 통치가 남긴 유제로서의 전근대적인 요소를 청산하는 과정에서 정립된다. 이것을 좀더 자세히 검토하여 보면 다음과 같다.

첫째, 대외적으로는 구식민지 종주국과의 정치적·경제적·문화적·사회적인 예속 관계를 부정하고 단절하는 것이라야 한다. 즉 경제적으로 선진국의 자본지배로부터 벗어나야 하며, 정치·사회·문화적으로도 선진국의 영향권으로부터 벗어나야 한다.

둘째, 대내적으로는 외국자본과 더불어 식민지 지배의 결과로서 탄생된 매판적 세력을 청산하고 국가권력에서 배제하여야 한다. 왜냐하면 이 세력들은 구질서의 전근대적 유제에 번영의 기반을 갖고 있기 때문에 구질서, 즉 저개발국 경제의 대외종속과 전근대적 요소의 잔존을 유지하려고 노력하기 때문이다.

셋째, 매판적 세력의 청산과 새로운 경제질서의 확립을 위해서는 그들이 갖는 경제적 기반을 와해시켜야 한다. 그들의 경제적 기반은 전근대적 토지소유에 있으므로 토지소유의 근대적 개혁이 철저하게 수행되어야 한다. 또한 이러한 개혁은 이중구조의 해소를 위한 중요한 정책수단이 되기도 한다.

넷째, 국내에 잔존하고 있는 외국자본의 활동은 제한되어야 한다.

외국자본은 그것이 어떠한 외양을 갖든 막대한 초과이윤의 획득을 목적으로 한다. 따라서 새로운 국가건설을 의도하는 나라들에서 외국자본의 활동은 그들이 당면하고 있는 자본부족을 해소하는 데 부분적으로 공헌할 수는 있으나, 앞으로 민족경제의 주축을 담당할 민족자본의 발전을 저해하고 국내에 잔존하고 있는 매판적인 세력들의 부활을 위한 기반이 될 위험성을 갖는다. 따라서 외국자본의 활동은 새로운 민족경제 건설에 장애가 되지 않는 범위 내에서 허용되어야 한다.

다섯째, 식민지하에서 형성된 국민경제의 이중구조는 청산되어야 하며 선진국의 상품시장 및 식량·원료 공급지로서 식민지적 국제분업은 거부되어야 한다. 선진국들의 자본에 의한 식민지 지배로 오늘날 저개발국은 앞에서 본 바와 같이 순조로운 근대화의 과정을 거칠 수 없었으며 약간의 공업화 과정은 국민경제의 단일화된 시장권으로서의 통합 대신에 선진국의 경제권에 편입된 의존경제구조를 낳았다. 따라서 국민경제의 전근대적 이중구조와 의존경제구조는 극복되어야 한다.

그러나 자주적 근대화는 낡은 것에 대한 부정만으로는 이루어지지 않는다. 낡은 것을 부정하는 토대 위에서 새로운 것을 수립하는 것이어야 한다. 이로부터 자주적 근대화를 위한 새로운 질서의 수립은 다음과 같은 것이 될 것이다.

첫째, 자주적 근대화는 자립경제를 확립하는 것이며, 이것은 국민경제를 국내적으로 균형된 분업관련에 따라 통일화하는 자율적 재생산구조의 확립 과정이어야 한다. 이것은 식민지하에서 형성된 도시와 농촌 간의 이중구조와 선진국의 상품시장 및 식량·원료 공급지라는 식민지적 국제분업관계에서 벗어나 국민경제를 동질화하고 각 산업부문 간의 연관관계를 높이는 과정이다. 이 과정에서 이루어져야 할 중요한 작업은 지금까지 기간산업으로서의 소비재공업 편중을 극복하고 생산재부문이 이제는 기간산업부문으로 되어 이를 기반으로 제 발로 굳건히 서는 국민경제구조를 갖는 것이다.

따라서 이 작업은 선진국의 경제적 우위성에 의한 '선진국=자본재, 저개발국=소비재'라는 국제분업관계에의 강요를 거부하는 것을 전제로 하고 있으므로 자립적 국민경제를 확립하는 길은 이와 같은 힘의 우위를 민족적 결단과 단결로 극복하는 것이며, 따라서 이는 국제무역을 보조적인 것으로 하고 국내적으로 균형된 분업에 의해 완결되는 자급자족체제의 실현이라는 내용을 갖는다.

둘째, 이와 같은 국민경제의 자립과 방향은 민족의지의 표현으로서 경제의 계획화에 의해 추진되어야 한다.

저개발국에서 경제적 민족주의의 추구는 이것을 가격기구의 자유로운 작용에 방임하면 이른바 역류효과가 연관효과를 압도하여 국민경제의 균형적 발전을 불가능케 한다. 그뿐만 아니라 뮈르달이 말하는 이러한 경제적 효과가 아니더라도 경제적 민족주의의 추구는 선진국의 이해와 대립하고, 국내적으로 민족자본이 취약한 조건하에서 국민정부의 경제개발 전략으로서의 경제계획 없이는 실현되지 못한다. 이와 같은 국민경제의 계획화는 역사발전에 있어서 경제에 대한 인간의 지의 능동적 작용이라는 것을 전제로 하여 안팎으로 주어진 선진국 자본의 요구를 배제하기 위한 새로운 국민경제의 내재적 논리를 창조하는 과정이어야 한다.

따라서 국민경제의 자립을 위한 경제의 계획화는 모리스 도브(M. Dobb)가 말하는 일국의 생산재 생산의 변화, 또는 급속히 이 생산재 생산을 변화시키는 방향으로 정립되어야 하며, 낡은 국제분업관계에 따라 식민지적 후진지역의 온존을 노리는 국제적 특화의 압력을 배제하는 길이어야 한다. 어떻든 저개발국에서의 자주적 근대화를 위해서는 경제의 계획화가 반드시 필요한 것이다.

셋째, 저개발국에서 근대화의 추구는 새로운 국민경제의 담당주체로서 민족자본의 형성 및 육성을 위한 노력이 반드시 필요하다. 식민지 지배는 매판자본 및 외국자본에 의한 민족자본의 소멸 과정이었다. 이로부터 자주적 근대화는 이것을 담당하는 주체로서의 새로운 산업자본의 창조나 이미 존재하는 민족적 국내자본의 특혜적 육성을 불가결한 요건으로 한다. 그리고 이와 같은 민족자본의 형성 및 육성을 위한 노력은 외국자본 및 외국자본의 대행자인 국내 매판자본에 대한 대결을 통해서 국가개입으로 국가자본을 창출하거나, 또는 국가자본에 의한 민족자본의 지원으로 국민경제의 기간이 되는 부분을 창조하는 것이어야 한다.

넷째, 자주적 근대화의 방향은 전 국민적 참여와 평등의 보장에 의한 민족적 창의의 동원 과정이어야 한다. 자주적 근대화는 새로운 국민경제체제의 확립 과정에 있어서 전 국민적 참여가 반드시 필요하다. 왜냐하면 빈곤한 가운데서 부를 창조할 수 있는 가능성은 전 국민의 창의적 노력에서만 기대할 수 있기 때문이다. 사회적 불평등을 형평·정의의 원리에 따라 시정하고 모든 사람에게 참여를 보장함으로써 경제적 잉여를 최대한으로 동원할 수 있다.

다섯째, 민족의 고유한 전통의 재발견과 새로운 민족문화의 창조, 식민지하에서 형성된 문화를 청산·극복하고 자기 민족의 고유한 전통을 재발견하고 새로운 민족문화를 창조하는 일은 민족적 연대의식과 자긍을 가지게 하는 동인이다.

이와 같이 근대화의 자주적 방향은 유형적으로 식민지적 유제에 대한 부정과 민족적인 새 질서의 확립으로서 제시된다. 이에 대하여 예속적·타율적인 방향은 눈앞의 이해에 급급한 나머지 낡은 것의 부정

위에 새로운 것을 창조하는 것이 아니라, 자립·자주적인 것으로의 가
능성을 갖지 않는 낡은 토대 위에서 외부세력과의 타협 속에 안이하
게 새로운 것을 접합시키는 것이라고 말할 수 있다.

3. 한국경제의 비리

1) 한국경제의 전개 과정

일제 식민지 통치 아래서 자본주의적 경제발전의 실마리를 열었던
우리나라 경제는 일본 독점자본에 의한 이윤취득 과정에서 식민지 경
제구조가 갖는 특징을 구체화시켰다.

일본 독점자본에 의한 한국농업의 재편성 과정은 반봉건적 소작제
도의 구체화였으며, 한국경제에서 주된 생산력 개발은 일본경제의 농
공 간의 불균형 완화를 위한 원료 및 식량생산에서 이루어졌다. 그뿐
만 아니라 약간의 공업화는 주로 일본과 식민지 한국 사이의 분업 관
련을 매개로 하는 원료 및 식량용 농산물의 수집과 가공 과정에서 발
생·발전하였으며, 본질적으로 가공업적 성격을 지닌 자본이 산업자본
의 외형을 지니고 식민지에 투입됨으로써 이루어졌다. 여기서 공업 및
수출부문과 전근대적이고 자연경제적인 농촌부문이 병존하는 이중경
제구조의 원형이 정형화된 것이다. 그리하여 반세기에 걸친 일제에 의
한 한국의 식민지 지배는 식량·원료의 공급지로서 또 일본의 상품시
장으로서 경제구조의 파행성과 산업의 지역적 편재라는 이중구조적
상황을 더욱 심화시켰다.

1930년대를 전후하여 식민지 한국은 일본의 자본시장으로서의 기능
을 하게 되고 또 이 시기에 군수공업이 중추가 되어 어느 정도의 공업
화가 이루어졌으나, 이것은 식민지적 경제구조를 심화시켜 갔을 뿐이

며 일본 자본주의의 외연적 발전의 한 과정으로서의 의미를 지녔을 뿐이었다.

1945년 우리는 반봉건적 소작제가 지배적인 농촌과 약간의 공업을 가진 도시라는 이중구조 아래서 식민통치의 귀결로서 국민경제 운용의 주체적 담당자로서의 민족자본이나 지도적 세력의 형성 없이 광복을 맞이하였다. 일본으로부터의 해방은 일본경제와의 의존관계의 단절을 의미하였고, 따라서 한국경제는 새로운 재생산 기반을 확립해야만 했다.

그러나 광복 후 한국경제는 남북분단으로 식민지적 유산의 청산은 커녕 종래의 산업구조의 파행성은 더욱 심화되었고, 이북에 편재한 공업생산력 기반의 상실로 경제는 파국으로 줄달음쳤다. 다만 광복으로 국민경제 건설을 위하여 유리했던 정황조건은 국내 총자본의 약 8할로 추산되는 일본인 소유의 자본이 국가소유로 귀속됨으로써 자립경제의 확립을 위한 한 계기를 마련하였다.

그러나 귀속재산의 처분의 경과는 결코 바람직한 방향으로 진행되지 못하였다. 미군정 3년 동안에 국유화된 일본인 재산 및 자본의 불하는 귀속재산이 민족자본으로 전환할 수 있는 계기가 되지 못하였던 것이며, 특정인에게 자본주의 시원적 축적의 계기를 줌으로써 이때부터 한국 자본주의가 관료자본주의적 성격을 강화하게 되었고, 대일의존에서 대미의존으로의 전환·심화는 그대로 종전의 구조 위에서 재편성되는 결과를 가져왔다.

광복 이후 일제의 경제적 유산에 대한 가장 변혁적인 조치는 농지개혁이었다. 그러나 농지개혁은 그 범위나 방법에 있어서 사회적 변혁으로서의 내용을 갖추고 있었던 것은 아니었다. 따라서 경제의 이중구조의 청산이나 기존체제 세력의 배제는 아니었다.

막심한 경제적 파괴를 가져온 6·25동란 이후의 경제 재건기는 의존 경제체제를 청산하고 새로운 자립경제 기반을 구축할 중요한 계기였다고 볼 수 있다. 그러나 경제재건 과정이 자력으로 추진되지 못하고 미국의 원조에 의하여 이루어졌기에 경제구조의 변화는 대외의존적으로 되어갔다.

미국 경제원조를 부정적인 측면에서 보면 다음과 같은 점들을 지적할 수 있을 것이다.

첫째, 외국 원자재의 도입에 따라 국내적 분업과 관련 없이 공업을 입지시키고, 이 과정에서 자본축적의 원천인 원조자금의 배정과 정부의 재정·금융상의 각종 특혜를 둘러싸고 기업에 대한 정치권력의 개입이 증대해 갔다.

둘째, 경제의 생산력 발전과 관계 없는 방대한 원조물자의 유통 과정에 기생하는 상업조직의 팽창에 따라 외국상품에 대한 소비를 조장하였으며, 동시에 생산력의 뒷받침 없는 소비구조의 고도화는 수입수요의 증대를 가져오고, 이것은 또 대외의존을 심화시킴으로써 국내의 자본축적능력을 저해한 중요한 요인이 되었다.

셋째, 막대한 잉여농산물의 도입은 대충자금의 국방비로의 전입을 가능하게 하고 또 인플레이션의 수습을 위한 농산물 저가격정책의 실시를 가능케 하였다. 그러나 이것은 만성적인 식량공급 과잉상태를 초래하여 국내 농업생산력의 정체를 가져와 결국 식량 및 원료의 대외의존도를 높이는 요인이 되었다.

즉 6·25동란 후 미국 원조에 의한 한국경제의 전개 과정은 한국의 자본주의를 상업자본주의적이고 대외의존적인 것으로 심화시켰다. 특히 원조물자들의 소비재 및 원자재 치중으로 값싼 외국원자재의 부분가공적 소비재공업이 급속하게 성장하였으며, 국내 분업연관에 기초

한 중소기업의 성장은 저지되었다. 식량부족을 미봉책으로 해결하는
데 도움을 준 미국의 잉여농산물은 농지개혁 이후 생성된 농업 발전
의 가능성을 없애고 농업의 근대화를 저해함으로써 이중구조의 상황
을 지속시키는 데 기여하였다.

결국 미국의 원조는 중소기업의 몰락과 농업의 정체로 민족자본 형
성의 물질적 기초의 확립을 막았으며, 외국자본과의 관련에서 이루어
지는 자본의 급속한 축적은 경제구조의 파행성과 공업구조의 취약성
을 가져온 것이다.

이와 같은 상황에 대한 거부, 그리고 그와 같은 생산방식이 지속하
기 어려운 사정이 4·19혁명으로 나타났고, 그 뒤 근대화를 내세우는
경제개발계획에 일시적이나마 부분적으로 반영되었던 것이다.

2) 5·16 이후 근대화 논리

4·19혁명과 5·16 이후의 진전상황은 원조경제 아래서 심화된 이중
구조가 잉태한 필연적인 귀결이었다고 볼 수 있다. 4·19가 내세운 민
주화의 요구나, 5·16의 근대화 요구는 그 근저에 자립경제에 대한 요
구를 스스로의 생활상의 필요에서 갖고 있었다고 보여진다. 그리고 이
요구는 미국 원조의 점진적 감소와 종결의 전망에서 발생한 위기의식
으로 인해 더욱 강조되었다. 5·16 이후의 경제개발계획은 현실적으로
주어진 위기에 대처하기 위한 시도라는 데서 큰 의의를 갖는다. 어떻
든 광복 후 15년이 경과한 후에 정권을 장악한 집단에 의해서 비로소
근대화의 문제가 제기된 것이다.

5·16을 주도한 세력은 그 이전의 한국정치를 주름잡던 세력과는 명
백히 다른 성격을 띠고 있었다. 다수가 빈농 출신의 청년장교들인 그
들은 자기의 출신을 반영하여 집권 초기에는 민족적 주체성을 강조하

는 민족주의적 성향을 뚜렷이 드러냈다. 그리고 이러한 성향이 주관적
으로는 이른바 경제개발계획을 제기하게 한 것으로 볼 수 있다. 즉 제
1차 경제개발 5개년계획은 이와 같은 주관적 동기의 순수한 산물이라
고 말할 수 있는 것이다.

그러나 그 동기의 순수성에도 불구하고 결과는 다른 방향으로 전개
되고 말았다. 그 이유는 근본적으로는 5·16이라는 정치적 변혁이 대중
적 기반을 갖지 못하였기 때문에 이것이 사회적 변혁으로 구체화될
수 없었던 데서 찾을 수도 있겠지만, 더 구체적으로 다룬다면 다음과
같은 것이 될 것이다.

첫째, 그들은 근대화가 총체적인 사회적 변혁이어야 한다는 것을 결
과적으로 인식하지 못하였음을 지적할 수 있다. 즉 근대화를 구호로
내세우면서도, 일제하에서 형성되고 그 후 원조경제 아래서 더욱 고정
화된 국민경제의 이중구조와 대외의존성을 교정하기 위한 강력한 조
치가 수반되지 않았다. 그들은 근대화를 단순한 공업화로 인식하고 공
업화를 위하여 외자 중시의 입장에서 선진국의 이해를 반영하는 불균
형 성장정책과 대외개방정책이 거의 아무런 구속도 없이 시행되었다.
이로부터 한국경제의 자립화 방향과 상응하지 않는 많은 부정적 측면
들이 나타나게 되었다.

둘째, 근대화를 담당할 민족자본 육성의 중요성을 인식하지 못했다.
'근대화=공업화'로 보고 대외개방을 그 당연한 귀결로 보았기 때문에
자본의 성격 및 국적은 거의 문제도 되지 않는 것으로 보았다. 즉 경
제개발계획의 집행 과정에서 외자 및 외자관련 기업을 우대함으로써
이로 인한 중소기업의 몰락을 중요시하지 않고, 다만 경제성장률이 높
아지는 것에 만족하였다. 외국자본의 논리에 자본의 논리로써 대항할
수 있는 국가자본의 창출 또한 시도하지 않았다. 이로부터 경제 주요

부문이 외국자본에 위임되는 결과가 빚어지고 있다.

셋째, 경제개발계획의 집행 과정에 있어서 투자원의 외자의존은 50 퍼센트에 접근하는 높은 수준으로서 이것은 한국경제의 비리를 가져온 중요 요인이 된다. 외국자본은 그 양상이 원조이든 공공차관이든 상업차관이든, 또는 직접투자든 합작투자이든, 모두 엄밀한 의미에서 이윤을 노리는 것이며, 국내자본이 적고 외자를 우대하는 풍토에서 더욱 철저하게 자기 논리를 관철하게 되어 있다.

넷째, 경제개발계획은 경제자립을 위한 의지의 표현이고 이것의 실현을 위해 정부는 그 수단을 가져야 했으나 그러지를 못했다. 즉, 국민경제적 이익의 실현을 위해 의존해야 할 경제적 기초를 마련하지 못한 것이다.

다섯째, 근대화를 공업화로 인식하였을 뿐만 아니라 공업화 자체에 있어서도 경제구조 개선이나 공업화에 따른 성장과실의 균점에 대한 고려가 거의 없었다. '선건설 후분배'라는 의식에서 비롯된 성장정책은 공업의 대외의존 증대와 더불어 소득분배의 불균형도 확대하였으며 이중구조의 청산과 국민적 단결의식을 심는 데 기여하지 못하였다.

자립경제는 추상적인 구호가 아니라 국민 각자의 요구가 그것에 의해서만이 충족될 수 있다는 절실한 생활상의 발로여야 한다. 그래야만 국민적 참여가 있게 되고 국민적 참여 속에 새로운 국부의 창출이 기대될 수 있는 것이다.

3) 한국경제의 비자립적 요소

근대화를 위한 주관적 동기가 순수했고 또 그를 위해 많은 노력이 있었음에도 불구하고, 근대화를 단순한 공업화로 잘못 인식했기 때문에 한국경제의 자립을 위한 그동안의 노력은 오히려 대외의존의 심화를 가져오는 결과를 낳았다. 근대화를 위한 제1, 2차 5개년계획이 양적 지표에서 거의 목표를 실현한 지금에도 한국경제는 자립의 토대를 마련하지 못하였으며, 농산물에 대한 대외의존으로부터 생산재에 대한 수입수요에 이르기까지 높은 대외의존 속에서 그동안의 누적된 부채의 상환과 재생산 활동을 지속하기 위해 수출입국이라는 캐치프레이즈를 내세워 안간힘을 쓰고 있다.

그동안 잘못된 근대화에 대한 의식에서 누적되어 온 한국경제의 비자립적 요소는 다음과 같다.

자립경제란 생산재 생산공업을 정점으로 하여 밑으로는 기초산업의 밑받침을 갖는 누적적 과정이라고 말할 수 있다면, 한국경제는 이와 같은 요구를 충족시키지 못하고 있다.

경제의 성장에 따라 산업구조는 공업의 구성비 증대와 부분적으로 중화학공업의 비중 증대를 나타내고 있으나 공업은 국내적 분업관련을 갖지 않는 최종단계의 가공업이며 중화학공업 또한 동일한 범주에 드는 것이다. 그리고 이와 같은 산업구조는 기초산업인 농업과 광업의 정체 속에서도 제조업의 계속적인 성장을 가능하게 했고, 이것은 한국경제의 대외의존을 더욱 증대시키는 요인으로 되고 있다. 그동안 공업화가 경제자립을 위한 기반의 구축에 있어서 결정적인 결함을 나타낸 것은 금속 및 기계공업 부문의 개발이 두 차례의 개발계획에서 이루어지지 못하였다는 데 있다. 이것은 제철 및 기계공업의 건설에 막대한 자본이 소요된다는 데에도 그 원인이 있으나, 외국자본이 기간산업의 건설을 꺼렸기 때문이기도 하다.

어쨌든 그간의 공업화 과정은 투자재원의 대부분을 해외저축으로 충당하고 경제의 이중구조를 온존한 상태로 국내적 분업관련을 고려하지 않은 채, 주로 소비재의 수입대체나 수출산업의 투자에 우선순위를 둠으로써 농공 간의 격차, 공업구조의 파행성과 해외의존성을 심화 시켰다고 말할 수 있을 것이다.

비자립적 요소의 둘째는 대외의존의 증대이다. 이것은 앞의 요소와 도 관련되는 것이지만, 외국자본에 의존한 공업화 방식은 대외의존도 를 증대시켜 1971년 6월 말 현재 확정된 것만 35억 달러가 넘는 외채 의 누적을 가져왔고, GNP에 대한 무역의존도는 1970년에 40퍼센트에 이르렀다. 이리하여 누적된 외채의 원리금 상환은 원자재의 대외의존 과 더불어 외환사정에 심각한 압박을 가하고 있었으며 따라서 외자의 계속적인 도입은 재생산활동을 지속하기 위한 불가결한 조건이 되고 있는 실정이다. 이와 같은 대외의존의 심화는 대일관계에 있어서 일본 의 중화학공업과 계열화된 경공업 특화라는 말까지 나오게 만들어 놓 았다.

셋째, 그간의 공업화 과정은 중소기업의 몰락 속에 외국자본 및 외 자관련 기업이 한국경제의 중추를 장악하는 결과를 가져왔다. 그리고 이것은 일본과의 관계에서 더욱 두드러진다. 일본 외무성 경제협력국 의 한·일경제협력(1969. 8)은 시멘트의 약 5할, 비료의 약 4할, PVC의 약 7할, 나일론의 약 4할, 아크릴면의 전부, 폴리프로필렌 섬유의 약 6 할, 아세테이트의 전부, 철판의 약 6할, 알루미늄 지금(地金)의 전부, 형판유리의 전부가 일본 민간차관에 의해 도입된 설비에 의해서 생산 되거나 생산되려 하고 있다고 말하고 사회간접자본에 대해서도 전력 의 약 6할, 디젤차량의 약 5할, 화차의 약 2할, 준설능력의 약 4할, 수 송차량의 약 1할, 화물선·유조선의 약 5할이 일본으로부터 공공차관 및 민간차관에 의해서 도입된 것이라고 지적하고 있다. 그리고 이와 같은 사태는 일본인들로 하여금 한국경제를 일본경제권에 편입시키는 데 많은 시간을 필요로 하지 않았다고 말하게 하고 있다.

무원칙한 대외개방의 과정에서 우리나라 중소기업은 몰락의 길을 걷게 되었으며 이것은 민족자본의 생성 가능성을 배제하는 것이기도 하다. 이제 외국자본에 의한 기간산업의 장악은 석유산업에서 보는 것처럼 국내문제의 결정에까지 외국자본이 개입할 수 있음을 실증적으로 보여주고 있다.

넷째로, 한국경제에서의 비자립적 요소는 재정주권의 불확립에서도 찾을 수 있다. 통계상 98.3퍼센트의 재정자립도의 실현(1972년 예산안)을 주장하고 있으나, 막대한 외채의 누적과 차관도입의 필요성은 관련 제국 및 국제기구와의 협의라는 제약 때문에 국가가 자기의 자주적 의사에 의해 세입·세출을 결정할 수도, 금융·외화정책을 집행할 수도 없게 하고 있다.

이 밖에도 한국경제가 갖는 비자립적 요소는 허다하다. 그러나 문제는 기본적으로 한국경제의 공업화 과정, 그리고 이것을 포함하는 근대화 과정 전반이 일제 식민지 이후의 발전제약 요인들을 제거하지 못함으로써 생성된 것이라고 볼 수 있을 것이다.

4. 맺음말

지금까지의 논의에서 우리는 근대화의 개념과 근대화의 유형들을 설정하고, 그동안 한국경제의 공업화 및 근대화 과정이 자주적 근대화를 위한 요소들을 충족하고 있지 못함을 보아 왔다.

한국경제는 이제 그간의 그릇된 근대화의 추진으로 말미암은 부정적 측면들의 누적으로 새로운 전환을 위한 강요를 각기 상이한 방향으로부터 받고 있다. 오늘 대외적 조건의 급격한 변동 속에 우리 경제를 뒤덮고 있는 먹구름을 새로운 전환을 강요하는 경제논리의 발현으로서 받아들여야 할 것이다.

오늘날 한국경제를 둘러싼 내외적 조건은 자주적 근대화의 길이 심히 고난에 찬 길이라는 것을 예상하게 하지만 우리 민족의 장기적 목표에 비추어 본다면 고난은 값진 것임을 알 것이다.

《한국노동운동의 역사와 전망》(1985)

분단과 산업구조의 변화

해방 이후 오늘날에 이르기까지 한국경제는 여러 내부적, 외부적 제약에 직면하면서 변화와 발전을 거듭해왔다. 이 과정에서 대두된 여러 제약들은 더러는 해소되었거나 새로운 제약에 의해 대체되기도 하였지만, 그 가운데 오늘날까지 기본적인 제약요소로 남아 있는 것이 있는데 남북한의 분단이 바로 그러한 제약이라고 할 수 있다.

이 글에서 우리는 분단 이후 우리나라 산업구조의 변화 추이와 그 성격을 분석하면서 분단이라는 기본적인 제약이 이후의 산업구조의 전개 과정에서 어떻게 반영되어 나타나는지를 고찰해보려고 한다.

먼저, 해방 이후 오늘날까지의 시기를 미국원조기와 경제개발계획기로 크게 나누어[1] 각 시기 경제정책의 성격을 살펴보고, 다음으로 각 시기 산업구조의 변화 추이를 경제정책의 성격과 관련지어 살펴보려고 한다. 이러한 과정에서 한국 산업구조의 특성이 드러나게 될 것이다.

---

1) 해방 후 한국경제의 단계구분은 원조-차관-직접·합작투자로 이어지는 외국자본운동의 전개형태에서 그 지표를 구할 수도 있으나, 여기서는 그것과 관련하여 국가경제정책의 성격에서 그 지표를 구하고자 한다.

이러한 논의에 앞서 일제하에서 산업구조의 변화 추이와 성격의 개요를 파악하는 일이 필요할 것이다. 따라서 이 글에서는 먼저 1절에서 일제하 산업구조의 성격을 밝히고 2절에서 해방과 더불어 이루어진 남북한 분단의 의의를 고찰하며 3절과 4절에서 각각 미국 원조, 경제개발계획하 산업구조의 변화 추이와 성격을 살펴보려고 한다.

1. 일제하 산업구조의 성격[2]

1) 일제 식민정책의 전개

1910년 한일합방과 더불어 일제는 원료공급원과 제품시장의 확보라는 기본적인 식민주의 경제정책을 강력하게 전개함으로써 한국의 자본주의적 산업체제는 처음부터 구조적 파행성을 지니면서 생성되었다. 즉 일제는 한국의 봉건적 농업경제체제를 미곡생산 중심의 단작형 농업체제로 개편함과 동시에 지하자원 및 임업 개발정책을 우선적으로 추진하였다. 이러한 정책에 따라 특히 주요 광물 채굴량은 급격하게 증대하였고, 이 결과 식민정책의 초기단계인 1910~21년에 걸쳐 산업구조의 변화는 광업부문의 급속한 신장으로 나타났다.

한편, 공업부문에서는 1917년의 조선방직과 1918년의 겸이포제철소 등 몇 개의 근대식 공장의 설립을 제외하면 식민통치의 초기단계에서는 농산물 가공을 위한 정미소 및 식료품공장, 그리고 토착적인 연와 및 석회공장 등이 지배적인 지위를 차지했다. 따라서 제2차산업의 구성은 당시까지는 아직 전근대적인 상태에 머물러 있었다. 1920년대에 들어서면서 일제의 식민정책은 우리나라의 산업구조를 농공병진체제

---

2) 변형윤, 〈한국의 산업구조—제2차 산업을 중심으로—〉, 《경제논집》, 1967년 12월 참조.

로 개편하기 위하여 비록 파행적이긴 했지만 공업부문의 성장을 촉진시켰다. 그 경제적인 배경은 1929년의 세계대공황을 계기로 한 농산물 가격의 저락과 이로 인한 농업의 생산성 저하였다. 농업공황에 따른 저렴한 농업노동력의 유휴화는 한국에 대한 일본 독점자본의 유리한 투자유인이 되었다. 1927~35년의 일본 자본의 진출상황을 보면 조선질소비료공장, 조선맥주, 고노다(小野田)시멘트, 동양방직, 종연(鍾淵)방직 등을 비롯한 여러 개의 근대식 공장이 생겨났다. 이 시기의 공업진흥은 토지수용령에 의한 공업용 토지가격의 통제, 각종 보조금제도, 조선미곡증산계획의 중지 및 남면북양정책(南棉北羊政策)의 추진을 통한 공업원료산물의 지원 등 적극적인 제도적 뒷받침을 통해 더욱 강화되었다.

1936년 이후 중·일전쟁과 태평양전쟁을 준비하고 수행하기 위하여 전시산업체제로 전환하면서 일본은 한국의 산업체제에서도 군수산업으로서의 중공업부문의 개발을 필요로 하게 되었다. 중공업부문의 주요 공장 건설상황을 보면 1936년에 조선기계, 관동기계, 1941년에 조선중공업, 1943년에 조선연금속, 1943년에 삼화제철소 등이 거의 동시에 건설되었다. 또한 이와 같은 정책 전환에 따라 생산 면에서뿐만 아니라 유통 면에서까지 통제를 강화하였는데 그 법제적인 뒷받침은 1937년의 자금조정법, 외국환관리법 등이었다. 이들 법규를 통하여 전시산업에 대한 중점적인 융자조치와 저축장려가 강행되는 한편, 수입제한과 수출통제를 통하여 한국경제의 현지자변체제(現地自辨體制)가 조성되었다.

그러나 이러한 현지자변체제의 조성은 어디까지나 국민경제를 형성하는 각 산업 간의 자생적인 구성으로 이루어진 것이 아니라, 전쟁 수행을 위한 식민정책의 강압에 의한 소비구조의 기형화를 통하여 극히 비정상적으로 이루어진 것에 지나지 않았다.

2) 일제하 산업구조의 변화 추이

이상에서 본 바와 같이 일제하 우리나라 산업구조의 전개 과정은 첫째, 1910년의 한일합방으로부터 1920년대까지 일본 독점자본을 위한 공업원료산업의 개발시기와, 둘째, 1921년 이후 1935년까지의 농공병진체제의 수립시기, 그리고 1936년부터 1945년 해방까지 전시산업체제로의 개편에 따른 중공업화 및 산업체제 통제시기로 크게 구분할 수 있다.

그러면 이용 가능한 자료를 통해서 산업별 취업인구 구성비와 산업별 생산액 구성비를 지표로 하여 일제하 우리나라 산업구조의 변화 추이를 살펴보기로 하자.

먼저 일제하 취업노동력의 구성비 추이를 살펴보면 〈표 1〉과 같다.

1930년과 1940년을 비교해보면, 농림업과 공업이 이 기간 중에 80.6 퍼센트와 5.5퍼센트에서 74.8퍼센트와 4.8퍼센트로 각각 하락한 반면에 수산업, 광업, 상업 등의 구성비는 상승하였다. 특히 적극적인 지하

〈표 1〉 일제하 산업별 취업인구 구성비

(단위: %)

	농림업	수산업	광 업	공 업	상 업	교통업	기 타	계
1930	80.6	1.2	0.3	5.5	0.9	0.9	6.4	100.0
1940	74.8	1.5	1.9	4.8	6.0	1.2	9.8	100.0
1941	69.2	1.7	2.0	4.4	7.3	1.4	13.5	100.0
1942	66.2	2.0	2.1	5.0	7.3	1.5	15.9	100.0

주: 1) 1930년, 1940년은 국세조사치(단, 조선인 인구)임.
　　2) 기타에는 공무 및 자유업과 무직 및 무신고자가 포함됨.
출처: 한국산업은행, 《한국산업경제 10년사: 1945~1955》, 1955; 조선은행, 《조선경제연감》, 1948.

<표 2> 일제하 산업별 생산액 구성비 추이

(단위: %)

	농 업	임 업	어 업	광 업	공 업	계
1912	87.7	4.4	2.8	1.3	3.8	100.0
1931	63.1	5.3	7.0	2.0	22.6	100.0
1935	51.8	5.1	7.0	4.7	31.4	100.0
1939	42.1	4.9	8.4	6.2	38.4	100.0
1940	42.8	4.9	7.3	5.9	39.1	100.0

주: 1939년 이후의 어업, 광업은 추정치임.
출처: 조선은행, 《조선경제연보》, 1948.

자원 채굴정책에 힘입어 광업부문의 취업인구 구성비가 0.3퍼센트에
서 1.9퍼센트로 크게 늘어난 것은 특기할 만한 일이라 할 수 있다.

그런데 공업부문에서 근대적인 공장 건설이 상당히 이루어졌음에도
불구하고 그 취업인구 구성비가 오히려 하락하고 있는 이유는 다음의
두 가지 사실에서 찾아볼 수 있을 것이다. 첫째, 자료의 조사대상이 한
국인에게 한정되었으며 신규 공장 건설에 따른 공업부문의 취업노동
력증가는 주로 일본인에 의해서 이루어졌다는 사실, 둘째, 기계화된
근대적 공장의 건설은 종래의 토착적인 수공업부문의 취업량을 크게
감소시키면서 이루어졌다는 사실이다.

이러한 취업인구 구성비의 변동을 다시 제1차산업(농림수산업), 제2
차산업(광공업) 및 제3차산업(상업 및 교통업)으로 구분하여 1930~42
년간의 취업인구 구성비 추이를 보면 제1차산업은 81.8퍼센트에서 68.
2퍼센트로 크게 하락한 반면, 제2차산업은 5.8퍼센트에서 7.1퍼센트로,
그리고 제3차산업은 6.0퍼센트에서 8.8퍼센트로 각각 상승하였다.

일제하의 산업별 생산액 구성비에 관한 제3차산업의 통계는 극히
미비하다. 따라서 제1차, 제2차산업부문의 생산액에 한정하여 산업별
생산액 구성비의 추이를 보도록 하자. <표 2>에서 보는 바와 같이

1912년에는 농업이 전체의 87.7퍼센트라는 압도적인 비중을 점하고 있고 여기에다 임업과 수산업을 포함시켜 제1차산업 구성비율을 보면 전체의 95퍼센트에 이르고 있다. 이와 달리 광업과 공업의 구성비는 각각 1.3퍼센트와 3.8퍼센트라는 지극히 낮은 수준을 벗어나지 못하고 있다.

약 20년 후인 1931년에 와서는 이 같은 구성비에 많은 변동이 초래되었다. 농업은 87.7퍼센트에서 63.1퍼센트로 대폭적으로 하락된 데 반하여 공업은 3.8퍼센트에서 22.6퍼센트로 크게 상승하였다. 다시 약 10년 후인 1940년에는 농업이 42.8퍼센트로 떨어지고 공업이 39.1퍼센트로 높아져 양 산업부문의 생산액은 근사한 비율로까지 접근하게 되었다.

각 산업별 구성비 추이를 제1차산업과 제2차산업으로 구분하여 고찰해보면 제1차산업은 1910~40년간에 94.9퍼센트에서 55.0퍼센트로 하락한 반면, 제2차산업은 5.1퍼센트에서 45.0퍼센트로 상승하였다. 이와 같은 양적인 지표에 따르면 일제하 한국의 산업구성은 장기적으로 농업과 공업을 중심으로 많은 변화를 일으켰다고 하는 사실만은 분명하다.

다음으로 주목할 만한 양적 성장을 가져온 공업부문에 대해서 살펴보자. 생산액을 기준으로 한 각 업종별 구성비를 보면 〈표 3〉과 같다. 1936~43년간에 금속공업, 기계공업 및 화학공업을 포함한 중화학공업이 29.7퍼센트에서 49.5퍼센트로 무려 20퍼센트 포인트나 상승하였다. 이러한 추세는 특히 1938년에 들어서면서 크게 강화되는데, 이는 주로 일제의 군수산업체제로의 전환정책에 따라 산업생산활동이 금속 및 기계제품을 중심으로 하는 군수품 생산에 치중하였기 때문이다. 따라서 〈표 3〉에서 보는 중화학공업부문의 구성비 증대가 정상적인 산

〈표 3〉 일제하 공업부문별 생산액 구성비 추이

(단위: %)

	1936	1938	1940	1943
중 화 학 공 업	29.7	41.0	46.4	49.5
금　　　　속	4.9	8.0	9.2	14.6
기　　　　계	1.9	2.0	3.6	5.6
화　　　　학	22.9	31.0	33.6	29.3
경　　공　　업	70.3	59.0	53.6	50.5
식　　료　　품	28.8	24.0	22.0	19.5
방　　　　직	14.3	15.0	13.4	16.8
요　　　　업	3.2	3.0	2.6	4.4
제　　　　재	1.4	1.0	1.4	5.9
인 쇄 · 제 본	1.9	2.0	1.3	1.2
기 타 공 업	20.7(5.8)	14.0(2.0)	13.9(2.0)	2.7(1.5)

주: ( ) 안은 전기·가스업임.
출처: 조선은행,《조선경제연보》, 1948.

업체제에서의 생산재공업부문의 성장과는 그 성격을 달리하는 것이다.

그러므로 일제하에서 제2차산업의 비중이 45.0퍼센트 정도로 증대되고 제조업 내부구성에서도 중화학공업 비율이 거의 50퍼센트까지 증대되었다 하더라도, 이러한 양적 지표를 통해서 나타난 구조적 변동의 의의를 과대 평가해서는 안 될 것이다. 이것은 어디까지나 원료획득과 제품판매라고 하는 기본적인 식민지경제정책의 산물이고, 자생적인 경제발전의 결과로서의 산업구조의 고도화나 공업구조의 고도화와는 완전히 성격을 달리 하는 것이다.[3] 오히려 이것은 일본 자체의 산업구조를 고도화해가는 데에 보완적이고 종속적인 의미에서의 한국 산업구조의 개편이었다는 점에서 한국 산업구조의 불균형성과 기형성을 심화시킨 것에 불과하였고, 이와 같은 산업구조의 파행성을 극복하는 일은 식민지경제의 유산을 청산하는 데 중요한 과제로 남게 되었다.

---

3) 이러한 식민지적 공업(화)의 성격에 대한 구체적인 연구로는 小林英夫,〈1930年代 朝鮮工業化政策の展開過程〉,《朝鮮史研究會論文集》, 제3집(1967)을 참고.

2. 분단의 의의

1945년의 해방은 한국의 경제체제를 명목상으로는 일본에 대한 종속경제로부터 자주적인 독립경제로 전환시켰다. 그러나 해방과 더불어 이루어진 남북분단으로 말미암아, 일제의 식민주의경제정책에 의하여 파행적으로 성장한 한국의 산업체제는 오히려 그 파행성이 가중되지 않을 수 없었다. 원래 제반 경제여건에 비추어 남농·북공적(南農·北工的) 특질을 강하게 가지고 있던 한국의 산업체제에서 타율적인 국토분단은 단일 경제체제로서의 기능을 완전히 상실케 하여 자주적인 성장을 불가능하게 하고 말았다.

먼저 생산액을 기준으로 해방 전 광공업부문의 남북한 구성비율을 살펴보기로 하자. 〈표 4〉에서 보는 바와 같이 1940년 현재 공업부문에 있어서 화학, 금속, 요업 등은 약 80퍼센트가 북한에 소재한 반면, 방직, 인쇄·제본, 식료품공업 등은 남한에 소재한 비율이 압도적으로 높았다. 특히 금속공업의 남북한 소재비율이 약 10퍼센트 대 90퍼센트였음에 반하여 기계공업의 그것은 오히려 72퍼센트 대 28퍼센트를 나타내어 양 부문 간 산업연관관계는 완전히 단절되고만 형편이었다. 광업부문에서도 1936년 현재 철광, 석탄 등 주요 광물은 물론 기타 비금속광물류도 북한에 소재한 비율이 대단히 높았을 뿐만 아니라, 전력도 92퍼센트가 북한에서 생산되고 있었다.

이와 같이 남한의 공업은 몇 개의 중화학공업공장을 제외하고는 식품, 섬유, 고무공업 등을 비롯한 경공업공장이 그 시설의 보수 및 확대를 위한 생산재의 공급기반을 상실한 채 기형적으로 존재하였다. 1945년 해방 당시 남한에 잔존한 주요 공업시설을 보면, 중화학공업부문에 있어서 북삼화학공사, 조선화학비료과석공장 등의 비료공장, 삼척시멘

〈표 4〉 해방 전 남북한 광공업 생산액 비율

(단위: %)

공업(1940년 현재)			광업(1936년 현재)		
	남 한	북 한		남 한	북 한
화 학	17.9	82.1	금 (사 금)	29.3	70.7
금 속	9.9	90.1	금 은 광	27.3	72.7
기 계	72.2	27.8	철 광	0.1	99.9
방 직	84.9	15.1	선 광	–	100.0
요 업	20.3	79.7	텅스텐 및 수은광	21.5	78.5
목 제 품	65.3	34.9	흑 연	29.0	71.0
인 쇄 · 제 본	89.1	10.9	유 연 탄	0.5	99.5
식 료 품	65.1	34.9	무 연 탄	2.3	97.7
기 타	78.1	21.9	전력 ┌ 출 력	14.0	86.0
			└ 연평균발전력	8.0	92.0

주: 전력의 구성비율은 1944년치임.
출처: 조선은행, 《조선경제연보》, 1948.

트공장, 그리고 삼성광업 장항제련소, 삼화제철 등의 제강 및 제련공
장, 대한중공업주식회사, 조선기계제작소 등의 기계공장이 있었다. 또
경공업부문에서는 면방직공장 7개, 모방직공장 6개 등이 비교적 대규
모 공장이었다. 그러나 이와 같은 공장마저도 일본 공업에 대한 공급
을 목적으로 한 기초자재 생산이 그 위주였으므로 제품의 판매시장을
상실한 데다가, 투하자본의 90퍼센트 이상을 차지하던 일본 자본과 공
업기술자의 80퍼센트 이상을 차지하던 일본 기술자들이 퇴거함에 따
라서 유휴상태로 방치되어 시설의 효율적인 가동은 거의 불가능한 실
정이었다. 이 시기에 생산의 위축상황을 구체적으로 살펴보면, 식료품
공업이 약 83퍼센트, 화학공업이 약 76퍼센트의 감소율을 보였으며,
그 밖에 방직기계 및 제재공업을 포함한 주요 제조업의 생산감소율이

〈표 5〉 주요 공업부문별 생산액 위축 상황

(단위: 천 원)

	1939(A)	1946(B)	감소율 (A−B)/A(%)
방 직	170,985	1,645,453(67,855)	60.3
기 계 · 기 구	38,405	2,156,173(15,154)	60.5
화 학	91,171	3,089,697(21,714)	76.2
제 재 및 목 제 품	13,746	1,566,825(11,012)	19.9
식 료 품	213,628	5,186,549(36,457)	82.9
합 계	527,935	13,634,698(152,192)	71.2

주: 1) ( ) 속의 수치는 1939~46년 기간 중 평균 물가지수(742.28)에 의한 수정치임.
    2) 1939년의 생산액은 남한 9도의 집계치임.
출처: 조선은행, 《조선경제연보》, 1948.

평균 71퍼센트에 이르렀다(〈표 5〉). 또한 1948년을 기준으로 하여 1941년과 비교해보면 공장 수는 40.3퍼센트, 종업원 수는 29퍼센트가 감소되었으며 공산품 생산액은 83퍼센트나 격감하였다(한국산업은행, 《조사월보》, 1957. 6).

이처럼 해방과 더불어 이루어진 남북분단은 공업시설과 지하자원을 분할하고 나아가 남농·북공적인 국내 분업체계의 발전가능성을 박탈함으로써, 특히 남한의 산업체제를 기형적으로 위축시킴으로써 자생적인 산업발전을 매우 곤란하게 만들었다. 이러한 빈약한 산업체제는 분단의 직접적인 한 귀결로 파악될 수 있는 6·25사변을 거치면서 결정적인 타격을 입게 됨으로써, 산업체제의 자주적인 재편성은 사실상 불가능하게 되었다.[4)

---

4) 6·25사변에 의한 공업부문의 피해상황을 보면, 1950년 10월 현재, 건물 40%, 시설 35%였고, 1951년 8월 현재, 건물 44%, 시설 42%였다. 6·25사변의 영향에 대한 더 구체적인 연구는 이대근, 〈6·25사변의 국민경제적 귀결〉, 《한국경제》(성균관대학교 한국산업연구소, 1982) 참조.

3. 미국 원조와 산업구조의 재편성

1) 미국 원조의 전개

남북분단과 6·25사변으로 말미암아 한국(남한)의 산업체제는 기형화된 채 극도로 위축되었는데, 이러한 상황에서 미국의 한국에 대한 원조는 1950년대에 한국의 산업생산활동뿐만 아니라 국민경제생활을 전반적으로 규정짓는 가장 중요한 요인이 되었다. 따라서 미국 원조의 규모와 내용을 검토해보는 것이 이 시기 국내 산업구조의 변동을 파악하는 관건이 된다고 할 수 있다.

이 시기에는 원조계획을 둘러싸고 미국과 한국 정부 간에 의견이 수렴되지 않았다.[5] 그러나 원조의 내용에 관한 의견대립에도 불구하고 1953~61년 사이에 총 22.8억 달러의 막대한 원조가 이루어졌는데, 그 내용이나 규모는 전적으로 미국 측에 의해서 결정되었다. 그런데 1954~61년 사이에 총투자율이 연평균 12.0퍼센트였으나 그 가운데 국내저축률은 연평균 3.7퍼센트에 지나지 않았고, 대부분의 투자는 미국의 원조에 의해서 이루어졌기 때문에 원조의 내용은 곧 한국산업구조의 변화내용을 결정하는 것이었다.

미국 원조 가운데 가장 큰 비중을 차지한 것은 방위지원적 성격과 산업건설을 동시에 도모하기 위한 ICA원조와 PL480호에 따른 잉여농산물 원조였다.[6] 먼저 1954~61년 동안을 대상으로 하여 ICA원조의 내용을 검토해보자. ICA원조는 크게 시설재부문(계획원조)과 원자재부문(비계획원조)으로 구분된다. 그 가운데서 산업시설의 복구와 건설에

---

5) KDI, 《한국경제·사회와 근대화》, pp. 210~14.
6) 1953~61년 사이에 도입된 원조총액 22.8억 달러 가운데서 ICA원조는 17.4억 달러, PL480원조는 2.0억 달러를 차지하였고 나머지는 CRIK원조와 UN·KRA 원조였다.

〈표 6〉 ICA원조 도입내역

(단위: 천 달러)

	시설재부문(계획원조) A	원자재부문(비계획원조) B	A/A+B(%)
1954	10,165	72,272	12.3
1955	97,460	108,355	47.4
1956	85,390	185,659	31.5
1957	92,730	230,538	28.7
1958	63,890	201,739	24.1
1959	43,611	164,686	20.9
1960	50,530	174,706	22.4
1961	36,088	118,231	23.4
계	479,864	1,256,186	27.6

주: 시설재부문에는 기술원조 포함.
출처: 한국은행, 《조선경제연보》, 1966.

직접 투입되는 시설재부문의 도입비율은 1955년의 47.4퍼센트를 최고로 하여 연평균 20~30퍼센트의 수준에 머물고 있다(〈표 6〉). 이 중에서 광공업부문에 대한 공급액은 1954~61년 기간 중 1.3억 달러로서 전 시설재 도입액의 27.7퍼센트에 불과하고 나머지는 대개 철도차량의 도입을 중심으로 한 교통부문과 기타 교육·후생부문에 대한 도입액이었다. 뿐만 아니라 이러한 광공업부문에 대한 도입시설재 내용도 발전시설의 복구 및 건설을 위한 것이 전체의 약 40퍼센트를 차지하였다는 사실을 염두에 두면 제조업에 대한 시설재도입 비중은 더욱 적었을 것임은 말할 나위도 없다. 이처럼 비록 규모상으로는 막대하였으나 그 내용으로 보면 원조물자의 대부분이 원자재로서의 소비재로 이루어져 있었다.

한편 PL480호에 따른 잉여농산물의 무상도입 품목은 소맥을 중심으로 한 양곡 이외에도 원면, 우지 등이 있었으나 양곡이 60퍼센트 이상을 차지하였고, 특히 1958년과 1960년의 경우에는 90퍼센트를 넘는 구성비를 나타내었다.

이러한 사실에 기초하여 볼 때 1950년대의 본격적인 수원기간 중에 미국 원조를 주된 동인으로 한 한국 산업구조의 재편성은 국민경제의 자립적 성장이란 입장에서 본다면 소망스런 실적을 거둘 수 없었을 것이라는 점은 분명하다. 물론 일반적으로 후진국에 대한 선진국의 원조에서 정치적, 군사적 고려가 경제적인 고려보다 앞서며, 경제적으로는 원조가 수원국의 구매력 조장을 통한 공여국의 잉여상품 처분이라는 내용을 가지고 있다. 따라서 공여국의 무상원조가 수원국의 경제적 요구나 필요와는 무관하게 이루어질 것은 당연하다고 할 수 있다.

2) 1950년대 산업구조의 변화 추이

이러한 논의를 토대로 미국의 원조가 한국의 산업구조를 어떻게 개편시켰는지 보도록 하자. 미국의 산업구조 개편방향은 이후 한국 산업구조의 기본적인 성격을 규정한다는 점에서 각별한 의의를 지닌다고 할 수 있다.

먼저 1953~60년간의 산업별 부가가치 구성비 추이를 살펴보자(〈표

〈표 7〉 산업별 부가가치 구성비 추이

(단위: %)

	부가가치 구성비		취업자 구성비	
	1953	1960	1949	1960
제 1 차 산 업	41.4	35.2	79.9	65.7
제 2 차 산 업	12.1	19.8	3.7	9.5
제 3 차 산 업	46.5	48.0	16.4	24.0
계	100.0	100.0	100.0	100.0

주: 제1차산업에는 농림어업, 제2차산업에는 광업, 채석업, 제조업, 건설업, 전기가스업, 제3차산업에는 기타 산업이 속함.
출처: 한국은행, 《경제통계연보》, 1966; 경제기획원 조사통계국.

7)). 휴전 당시인 1953년에는 제1차산업이 41.4퍼센트, 제2차산업이 12.1퍼센트이고, 제3차산업이 46.5퍼센트로 가장 큰 비중을 차지하였다. 그 후 1960년에는 이 비율이 각각 35.2퍼센트, 19.8퍼센트, 45.0퍼센트로, 제1차산업의 비중은 줄어든 반면에 제2차산업의 비중이 크게 증대하였다. 이처럼 1953~60년 기간 중 한국의 산업구조는 제2차산업 구성비의 증대를 통하여 양적인 개선을 보였다고 할 수 있다.

다음으로 산업별 취업인구 구성비 추이를 살펴보자. 1949년의 국세조사 결과에 따르면 취업인구의 산업별 구성비는 제1차산업 79.9퍼센트, 제2차산업 3.7퍼센트, 제3차산업 16.4퍼센트였다. 약 10년이 경과된 1960년의 이 조사에 따르면 그 구성비는 각각 65.7퍼센트, 9.5퍼센트, 24.0퍼센트로 변화되어 제1차산업은 비중이 크게 줄어든 반면 제2차산업과 제3차산업의 비중이 증대하는 경향을 보이고 있다.

한편, 이 시기 제조업의 부분별 부가가치 구성비는 〈표 8〉에 나타난 바와 같다. 1953년에서 1961년 기간 중에 중화학공업의 비중은 18.3퍼센트에서 19.3퍼센트로 1퍼센트포인트 늘어나긴 하였으나 경공업은

〈표 8〉 제조업의 부분별 부가가치 구성비

(단위: %)

	1953	1961
중 화 학 공 업	18.3	19.3
화 학	7.6	8.2
기 계		
철 강 · 비 철	10.7	11.2
경 공 업	74.4	77.3
식 품	27.0	28.6
섬 유	17.9	17.4
요 업	3.7	4.2
기 타	25.8	27.1
기 타 공 업	7.3	3.4

출처: 한국산업은행, 《한국의 산업》, 1962.

74.4퍼센트에서 77.3퍼센트로 더욱더 증대하였고, 전체적으로 볼 때, 식품, 섬유 등의 소비재경공업의 비중이 두드러지고 있다.

이러한 산업구조의 변화 추이를 통해서 볼 때 1950년대의 원조는 한편으로는 원조에서 축적기반을 갖는 소비재경공업의 비정상적인 발전을 가져와 산업구성비에서 제2차산업의 비중을 증대시키는 요인이 되었으며, 다른 한편으로는 잉여농산물 원조로 말미암아 축적기반을 상실한 농업의 위축과 침체를 초래하였다. 이 결과 국내의 농업과 공업 간의 분업관련은 단절되고, 미국과의 분업관련 속에서 공업의 대외의존적 성격이 형성되었다고 할 수 있다. 이 결과 소요 재화나 용역의 상당한 부분이 외국의 노동력에 의존하게 되었기 때문에 생산이 없는 재화의 유통은 유통부문만을 팽대시켜 제3차산업의 비정상적인 비대화를 가져온 요인이 되었다.

4. 경제개발계획과 산업구조의 변화

1) 경제개발계획의 전개

1960년대에 들어서면서 한국경제에는 이전 시기와 구분짓는 획기적인 계기가 주어졌다. 그것은 이 시기부터 독자적으로 경제개발계획을 수립하고 추진하게 되었다는 점이다. 일제하에서 뿐만 아니라 분단 이후 1950년대의 원조경제하에서는 경제운용의 독자성을 가지지 못하고, 일본이나 미국에 의해서 타율적으로 경제가 움직이지 않을 수 없었다는 사실과 비교해 볼 때 한국 정부에 의한 경제개발은 실로 중요한 의의를 지니는 것이라고 할 수 있다.

실제로 이 시기에 한국 정부는 경제개발의 주도권을 장악하기 위해 여러 가지 조치를 강구하였는데 그 가운데서 가장 주목되는 것은 국

〈표 9〉 재정투융자와 그 재원

(단위: 백만 원, %)

	합 계	일반회계	대충자금	기 타
1961	18,951	42	33	25
1962	2,393	19	0	81
1963	20,867	38	49	13
1964	17,482	29	58	13
1965	22,919	46	42	12
1966	44,278	60	12	28
1967	55,488	62	6	32

출처: 경제기획원, 《한국통계연감》, 1968.

가자본의 기반인 재정투융자에서 원조의 비중을 대폭적으로 축소시켜 나갔다는 점이 될 것이다.7) 〈표 9〉에서 보는 바와 같이 재정투융자의 재원으로서의 대충자금의 비중은 1963년부터 1967년 사이에 49퍼센트에서 6퍼센트로 급격히 감소하고 대신 일반회계 전출금의 비중은 38퍼센트에서 68퍼센트로 높아졌다. 이것은 같은 기간 중 국민의 조세부담률의 증가를 반영하는 것으로서, 이를 통해서 이전 시기보다는 경제운용에 대한 국가 자율성의 폭이 크게 증대될 수 있게 되었다.

이와 같이 증대된 국가의 주도권을 배경으로 하여 정부는 1962년부터 경제개발 5개년계획을 강력하게 추진해왔다. 그동안 진행된 경제개발계획의 성격을 파악하기 위하여 먼저 제시된 목표를 검토해 보자. 제1차 계획(1962~66)에서는 기본목표를 모든 사회경제적 악순환의 시정과 자립경제의 달성을 위한 기반을 구축하는 데 두었고, 제2차 계획(1967~71)에서는 1980년대 초까지 완전한 자립체제를 갖춘다는 장기

---

7) 한 국가의 경제정책의 자율성은 대외적으로는 외국 혹은 외국자본과의 관계에 의해서, 대내적으로는 국내 민간자본과의 관계에 의해 규정된다. 1960년대에 들어서서 정부는 대외적으로는 원조의 축소에 따라 재정의 자율성을 회복하였고 대내적으로는 민간자본의 은행소유를 막고 금융권을 장악함으로써 경제개발의 주도권을 갖게 되었다고 볼 수 있다.

개발전망 아래 이를 위한 하나의 과정으로서 산업구조의 근대화와 자립경제의 확립을 더욱 촉진할 것을 계획의 기본목표로 설정하였다. 또 제3차 계획(1972~76)에서는 계획기조 및 기본정신을 성장·안정·균형의 조화, 자립적 경제구조의 구축, 지역개발의 균형에 두었고, 제4차 계획(1977~81)에서는 자력성장구조의 실현, 사회개발의 촉진, 기술 혁신과 능률 향상을 기본목표로 제시하고 있다. 이와 같이 경제개발의 목표는 각 경제개발계획에서 내용상 다소의 변화가 없지는 않지만, 기본적인 목표로서 각 경제개발계획에서 변함없이 제시되어온 것은 자립경제의 달성이었다. 즉 자립경제의 기반구축(제1차), 자립경제의 확립 촉진(제2차), 자립적 경제구조의 구축(제3차), 자력적 성장구조의 실현(제4차) 등이 그것이다.

그러나 이와 같은 개발목표를 추구하기 위한 제반 개발정책을 살펴보면, 목표와 정책수단 간에 커다란 괴리, 나아가 모순관계가 존재함을 알 수 있다.

제1차 계획에서 제4차 계획까지 기본적인 정책수단으로서 일관되게 추진되어온 것은 바로 수출증대를 통한 고도성장이었다. 각 계획기간 중 GNP 증가율(경제성장률)을 보면 제1차 계획에서는 계획 7.1퍼센트(실적 7.8%), 제2차 계획에서는 7.0퍼센트(9.6%), 제3차 계획에서는 8.6퍼센트(9.7%), 제4차 계획에서는 9.2퍼센트(5.8%)로 나타났다. 이와 같이 기복이 있긴 하지만 전반적으로 높은 경제성장률을 달성하는 데 결정적인 기여를 해온 것이 수출의 양적 확대임은 말할 나위도 없다. 정책 당국은 개발 초기부터 외환시책이나 각종 수출장려시책을 통하여 수출지향적 공업화의 토대를 마련하였고, 적어도 1965년 이후부터는 이 개발전략을 지속적으로 강력하게 추진해왔다. 각 계획기간 중 상품 수출증가율을 보면 제1차 계획에서는 계획 28.0퍼센트(실적 38.6%), 제2

차 계획에서는 17.1퍼센트(33.8%), 제3차 계획에서는 22.7퍼센트(32.7%), 제4차 계획에서는 16.1퍼센트(11.1%)로 나타났다. 경제성장률과 수출증 가율을 비교해보면 명백한 상관관계가 나타남을 알 수 있는데, 실제로 개발 초기인 1964~73년간 경제성장 기여도만 보더라도 수출증대의 경 제성장 기여도는 39.9퍼센트에 이르고 있는 실정이다.[8]

그러나 이와 같은 수출주도형 고도성장전략은 경제개발계획을 통해 서 선택된 것이라기보다는 외부적 조건의 변화에 따라서 불가피하게 주어진 것이라는 점이 지적되지 않으면 안 된다.[9] 이전 1950년대에는 원조에 의해서 경제운용이 이루어진 반면, 1960년대 이후는 외부적 조 건의 변화로 인해서 원조의 규모가 축소되고, 대신 차관을 통한 경제 개발이 불가피해졌다는 점이다. 차관은 원조와는 달리 원리금의 상환 을 요구하는 것이고, 이를 위해서는 수출증대를 통해서 외화를 확보하 지 않을 수 없었던 것이다. 각 계획기간별 차관도입실적을 보면 제1차 계획기간 중에는 공공차관과 상업차관을 합하여 2.91억 달러(도착기 준)에 지나지 않았으나, 그 후 가속적으로 증가되어 제2차 계획기간 중에는 21.65억 달러, 제3차 계획기간 중에는 54.8억 달러, 제4차 계획 기간 중에는 131.58억 달러에 이르렀다.

결국 그간의 경제개발 과정에서 일관되게 추진되어 온 수출 주도의 고도성장이라는 개발전략은 시장의 해외의존뿐만 아니라 자본의 해외 의존까지 동반함으로써 한국경제의 재생산 과정에서 해외의존도를 크

---

8) KDI, 《장기경제사회발전, 1977~91》(1977), p. 33.
9) 원조에서 차관으로의 외국자본 운동논리의 변화는 국제분업구조의 형태변화 를 배경으로 하여 이루어진 것으로 볼 수 있다. 즉, 이 시기에 이르러서 선진국 의 공업구조가 전반적으로 고도화됨으로써 전통적인 농업·공업 간 분업구조를 대신하여 중공업·경공업 간 분업구조로 개편할 필요성이 있었고 이에 따라 자 본수출(차관)을 통한 후진국의 공업화가 현실화될 수 있었다.

게 높임으로써 개발목표로서 제시되어 온 자립경제의 달성을 한낱 구
두선에 지나지 않는 것으로 만든 셈이다.

2) 1960∼70년대 산업구조의 변화 추이

수출주도의 고도성장은 그동안 1인당 GNP의 커다란 증가와 더불어
산업구조의 현저한 변화를 가져왔다. 먼저 산업별 부가가치 구성비를
보면 〈표 10〉에서와 같이 제1차 계획이 시작된 1962년 당시 제1차산
업이 43.3퍼센트, 제2차산업이 11.1퍼센트, 제3차산업이 45.6퍼센트로
서 제3차산업이 가장 높고, 제2차산업이 가장 낮게 나타나 있었다. 그
러나 경제개발계획에 의해서 제2차산업의 비중이 급속도로 커지게 되
어 1975년에는 28.0퍼센트로 이미 제1차산업의 비중을 능가하고 있으
며, 제4차 계획이 끝나는 1981년에 이르러서는 제1차산업이 18.3퍼센
트, 제2차산업이 35.6퍼센트, 제3차산업이 46.1퍼센트로 산업구조의 고
도화를 달성했다.

다음으로 산업별 취업인구의 구성비 추이를 살펴보자. 〈표 11〉에
따르면 1963년 당시 제1차산업 63.1퍼센트, 제2차산업 8.7퍼센트, 제3
차산업 28.2퍼센트였던 취업구조가 1981년에 이르면 제1차산업 34.2퍼
센트, 제2차산업 21.3퍼센트, 제3차산업 44.5퍼센트로 변화하였다. 즉,
1963년부터 1981년 기간 중에 제1차산업의 비중은 28.9퍼센트포인트
가 하락한 반면에, 제2차산업은 12.6퍼센트포인트, 제3차산업은 16.3퍼
센트포인트가 각각 상승하였다.

이러한 변화 추이에서 두드러진 점은 부가가치 및 취업인구 면에서
제2차산업의 비중이 급속히 증가한 반면에 농업을 중심으로 하는 제1
차산업의 비중은 급속히 줄어들었다는 점과, 제3차산업은 부가가치 면
에서는 별다른 변화를 보이지 않았으나 취업인구에서는 그 비중이 공

⟨표 10⟩ 산업별 부가가치 구성비 추이

(단위: %)

	제1차산업	제2차산업	제3차산업
1962	43.3	11.1	45.6
1965	42.9	13.1	44.0
1970	30.4	19.5	50.1
1975	24.9	28.0	47.1
1981	18.3	35.6	46.1

주: 제2차산업은 광공업임.
출처: 한국은행, 《경제통계연보》, 1983.

⟨표 11⟩ 산업별 취업인구 구성비 추이

(단위: %)

	제1차산업	제2차산업	제3차산업
1963	63.1	8.7	28.2
1965	58.6	10.4	31.0
1970	50.4	14.4	35.2
1975	45.9	19.1	35.0
1981	34.2	21.3	44.5

주: 제2차산업은 광공업임.
출처: 경제기획원, 《주요경제지표》, 1983.

업과 마찬가지로 급속하게 증가하였다는 점이다. 이러한 결과는 개발 과정이 농업 및 농촌보다는 공업 및 도시에 대한 편중적인 지원을 통해서 이루어졌기 때문에 생긴 것이라고 볼 수 있다. 즉, 공업편중적인 성장정책으로 인해서 제2차산업은 급속하게 발전하였지만 농업부문은 낙후되었고, 이로 인해서 농촌노동력은 도시로 유출되지만 대부분이 공업부문에 충분히 흡수되지 못함으로써 제3차산업에서 부가가치 구성비의 증대가 없는 가운데 취업인구 구성비의 급속한 비대화가 야기된 것이다.

한편, 이러한 산업구조의 변화를 가져온 주도부문인 제조업의 부문별 구성비가 이 기간에 어떻게 변화되었는지를 살펴보자. 1950년대에는 수입대체산업으로서 식료품, 섬유 등 일부 소비재 경공업이 주종을 이루고 있었지만, 1960년대에 들어와서는 수출지향적 공업화전략이 채택됨에 따라서 경쟁력을 지닌 노동집약적 소비재 경공업, 즉, 섬유, 합판, 신발류 등이 급속하게 성장하였고 수입대체효과가 큰 시멘트, 비료, 정유 등 화학공업도 육성되었다. 그 뒤 1970년대에는 조선, 전자, 기계 등 비교적 노동집약적인 중화학공업이 중점 육성되어 이 부문의 연평균 성장률이 20.9퍼센트에 이르러 경공업부문의 성장률 14.2퍼센트를 크게 웃돌았다. 이와 같이 성장주도 공업부문이 변화함에 따라서 공업구조도 커다란 변화를 보였다.

〈표 12〉에서 보는 바와 같이 경공업의 비중은 경제개발계획이 추진되기 직전인 1961년에는 78.7퍼센트를 차지하였으나 1980년에는 44.5퍼센트로 저하한 반면에 중화학공업화 비율은 이 기간 동안 21.3퍼센트에서 55.5퍼센트로 크게 증대한 것이다.

이러한 국내의 산업구조 및 공업구조의 고도화 추세는 수출상품구조의 고도화로 반영되고 있다. 즉 수출상품의 구조를 보면 1960년대 초에는 제1차산품의 수출이 전체의 70퍼센트 이상을 차지하였으나

〈표 12〉 공업구조의 변화 추이(부가가치 기준, 1975년 불변가격표시)

(단위: %)

	중화학공업	경공업
1961	21.3	78.7
1965	33.0	67.0
1970	41.8	58.2
1975	46.4	53.6
1980	55.5	44.5

주: 1980년 불변가격표시임.
출처: 경제기획원, 《주요경제지표》, 1981, 1984.

1981년에 이르면 공산품의 수출이 전체의 90퍼센트 이상을 차지하고 있고, 그 가운데서도 중화학공업제품의 수출이 40퍼센트 이상을 차지하게 된다.

3) 산업구조의 특성

앞에서 본 바와 같이 수출주도형 고도성장의 결과 산업구조나 공업구조, 나아가서 수술상품구조 면에서의 고도화는 달성된다. 산업구조 면에서 이른바 선진국형으로 전환이 이루어졌고, 공업구조 면에서도 중화학공업의 경공업에 대한 비율이 1:1 이상으로 제고되었고, 수출상품구조 면에서도 공산품이 주종을 이루고, 특히 중화학공업제품의 비중이 크게 증대하고 있다. 그러나 이러한 외형적인 변화만으로 한국경제의 질적 변화의 모습들을 포착하기는 매우 힘들다. 왜냐하면 경제성장 과정에서 가장 현저하게 나타난 모습은 공업내 각 부문 간, 공업과 농업 간, 수출산업과 내수산업 사이의 분업관련이 상실되고 각 부문 간의 불균형이 심화되어왔다는 점이기 때문이다. 이러한 불균형적 성장의 모습을 각 부문별로 더욱 자세하게 고찰해보기로 하자.

공업부문의 취약성: 공업구조의 외형적 고도화는 달성되었지만, 중화학공업의 비중 증대에도 불구하고 경공업과 중화학공업 간의 분업관련은 아직 확립되지 못하고 있는 실정이다. 본래의 의미에서 중화학공업화가 갖는 의의는 중화학공업 자체에 필요한 기초소재와 중간재, 경공업에 필요한 소재와 자본재를 국내에서 생산하여 수입을 대체하고, 공업 내부에서 자립적 분업관련을 형성한다는 것이다. 그러나 그간의 중화학공업화는 수출상품의 고도화를 통한 수출증대를 위한 수단으로써 추진되었고, 이 결과 단순 조립가공 위주의 노동집약적인 전자공업이나 조선공업 등 소비재적 성격을 갖는 중화학공업은 크게 발달되었

지만, 일반 기계공업 등 자본재부문이나 기초화학 등 소재공업은 정체를 면치 못하였다. 이에 공업뿐만 아니라 중화학공업에서도 투자재의 대부분을 수입에 의존하게 됨으로써 수입수요는 대폭적으로 증대되었고, 반면에 중화학공업과 경공업의 상호 분업관련은 형성되지 못한 채 투자증대에 따른 전후방연쇄효과는 해외로 유출되지 않을 수 없게 되었다. 실제로 〈표 13〉에서와 같이 중화학공업제품 수출의 수입유발계수는 1970년의 0.4172에서 1979년에는 0.4831로 더욱 증대되는 추세를 보이고 있으며, 또한 경공업의 1979년 수입유발계수 0.3217보다 현저히 높게 나타나고 있다. 중화학공업이 생산재공업으로서의 기능을 갖지 못함으로써 야기되는 공업기반의 취약성은 공업뿐만 아니라 산업 전체의 대외의존성을 높이는 기본적인 요인이 되고 있다.

농업부문의 정체성: 경제개발 과정에서 농업의 비중은 부가가치에서나 취업인구에서나 현저히 감소하였다. 그러나 다음에서 알 수 있는 바와 같이 농업부문은 정체를 면치 못하고 있다.

먼저 총경지면적은 1963년 208.0만ha에서 1963년 231.9만ha로 증가하였으나 1979년에는 220.7만ha로 감소하였다. 이는 그동안 개간 등에

〈표 13〉 제조업 수출의 수입유발계수

	중화학공업			경공업		
	소재형[1]	가공형[2]	계	소재형[3]	가공형[4]	계
1970	0.4513	0.3773	0.4172	0.4835	0.2723	0.3425
1975	0.5423	0.4613	0.4978	0.4435	0.3332	0.3696
1979	0.4987	0.4717	0.4831	0.3993	0.2719	0.3217

주: 1) 철강, 비철금속, 화학, 석유석탄제품, 고무제품.
　　2) 금속제품, 의약품, 기계.
　　3) 비금속광물, 펄프·종이류, 섬유사, 목재, 목제품, 식료품.
　　4) 섬유제품, 식료품, 피혁제품, 기타 경공업.
출처: 한국은행.

의해서 신경지가 계속 확대되었음에도 불구하고 공업화 및 도시화의
급속한 진전으로 말미암아 농경지의 다른 용도로의 전용이 강화되었
음을 반영하고 있다.

또, 농업 취업인구를 보면 1963년 483.7만 명에서 1975년에는 542.5
만 명으로 다소 증가하였으나 그 후 절대인구수에서 감소하여 1980년
에는 465.8만 명에 이르고 있는 실정이다.

이와 같이 경지나 취업인구에서 생산증가유인이 없음으로 말미암
아, 부분적인 농업생산력이 증대되었음에도 불구하고 식량의 자급률
은 지속적으로 하락하는 추세를 보여 왔다. 〈표 14〉에서와 같이 1965
년에는 전체 곡물수요의 93.9퍼센트를 자급하였으나 1980년에는 자급
률이 56.0퍼센트로 크게 저하되었다.

물론 경제발전 과정에서 농업 성장은 다른 산업에 비해서 뒤지는
것이 일반적인 경향이다. 그러나 한국의 경우, 농업의 침체는 이러한
일반적인 경향의 귀결이라기보다는 대외지향적인 공업화 일변도의 농
업 경시 개발정책의 결과로 볼 수 있다. 경제개발계획 기간 동안 농업
부문에 대한 투융자의 비중은 전체의 10퍼센트에도 미치지 못하였고,
농업발전의 가장 큰 유인이 되는 농산물 가격정책 역시 1970년대 전
반기를 예외로 하면, 대외지향적 공업화를 위한 저가격정책이 채택되

〈표 14〉 곡물의 자급도 추이

(단위: %)

	곡물 전체	쌀	보리	밀	옥수수	콩	기타
1965	93.9	100.7	106.0	27.0	36.1	100.0	100.0
1970	80.5	93.1	106.3	16.4	18.9	86.1	96.9
1975	73.0	94.6	92.0	5.7	8.3	85.8	100.0
1980	56.0	95.1	57.6	4.8	5.9	35.1	89.8

출처: 농수산부.

었고 농산물수입정책도 확대되었던 것이다.

일반적으로 국내 농업과 공업 간의 분업관련에서 농업이 담당하는 역할을 식량공급, 원료공급, 노동력공급, 자본공급, 공산품에 대한 시장공급 등을 들 수 있는데, 이 가운데서 지금까지 국내 농업이 수행해 온 역할은 노동력공급 외에는 별로 없다고 할 수 있다.10) 이 결과 국내의 농업과 공업 간의 분업관련은 단절된 형편이고, 국내의 농업잠재력은 충분히 활용될 기회를 갖지 못한 채 농산물의 대외의존구조가 정착되었다.

제3차 산업의 비대성: 제3차산업의 구성비는 1981년에는 취업인구가 1963년의 28.2퍼센트에서 44.5퍼센트로 크게 증대하였고 부가가치에서도 46.1퍼센트나 차지하고 있다. 부가가치에서 제3차산업의 부문별 구성비를 보면 〈표 15〉와 같다. 1981년에는 도·소매업 및 음식·숙박업의 비중이 가장 커서 GNP의 18.0퍼센트를 차지하고 있으며 다음에는 운수·창고·통신업(8.8%), 서비스업(6.5%), 공공행정·국방(3.3%), 금융·보험·부동산업(2.9%)의 순으로 되어 있다. 또 경제개발계획 기간 중에도 소매업 및 음식 숙박업, 운수·창고·통신업 등이 각각 신장된 반면, 서비스업, 공공행정·국방, 주택소유 등은 비중이 감소하였다. 경제가 발전함에 따라서 운수·창고·통신업의 구성비가 증대하는 것은 당연한 귀결이라고 할 수 있지만, 제3차산업이 도·소매업, 서비스업 등을 중심으로 구성되어 있는 사실이나 특히 도·소매업의 비중이 날로 증대되고 있는 사실을 통해서 볼 때 제3차산업의 높은 비중은 비정상적인 것이며, 건전한 것이라고 볼 수 없다.

그러면 이와 같이 재화의 유통부문과 용역부문의 구성이 이상비대

---

10) 변형윤, 《한국경제의 진단과 반성》(지식산업사, 1980), pp. 78~79.

⟨표 15⟩ 주요 제3차산업의 부가가치 구성비 추이

(단위: %)

	1963	1970	1975	1981
전　　　　산　　　　업	100.0	100.0	100.0	100.0
도·소매 및 음식·숙박업	14.0	17.0	18.7	18.0
운 수 · 창 고 · 통 신 업	2.3	5.3	6.3	8.8
서　　비　　스　　업	9.1	8.6	7.3	6.5
공 공 행 정 · 국 방	8.5	6.2	4.3	3.3
금 융 · 보 험 · 부 동 산 업	2.0	2.8	2.8	2.9
주　　택　　소　　유	4.3	2.9	2.3	2.0
전 기 · 가 스 · 수 도 사 업	0.4	0.8	1.2	1.7

출처: 한국은행, 《경제통계연보》, 1983.

화된 근본 이유는 무엇인가? 가장 직접적인 이유는 사회적 저임금노동력에 대한 이 부문의 높은 흡수성을 지적할 수 있다. 사실 공업 위주의 경제개발 과정에서 농촌노동력의 급격한 도시유출 현상이 나타났으나, 이 노동력의 대부분이 공업부문에 직접 흡수되지 못하고 도시 전통적 부문에 퇴적되어 왔던 것이다. 이 결과 제3차산업에서 부가가치의 비중에 비해서 취업인구의 비중이 상대적으로 비대화되는 현상이 나타났다.

그런데 후진국에서 제3차산업의 비정상적인 비대화는 제2차산업을 중심으로 한 다른 산업의 높은 대외의존성을 반영한다는 점도 주목해야 한다. 일반적으로 제3차산업은 자기 스스로 생산력을 갖지 못 하기 때문에 다른 산업의 물적 생산에 의존하여 존립할 수밖에 없다. 따라서 제1, 2차산업의 재생산구조가 극히 대외의존적인 특성을 지니고 있다는 사실 자체가 그 위에 제3차산업을 비대하게 기생시키는 요인이 되어온 것이다.

5. 맺음말

1945년의 남북한의 분단은 일제하에서 형성된 파행적인 산업구조를 청산할 계기로서의 해방의 의의를 상실시켰을 뿐만 아니라, 나아가 국내의 지역 간 분업관련마저도 단절시켰다. 이후 6·25사변에 이르는 기간 동안 한국경제는 자주적인 성장가능성을 사실상 잃게 되었고, 이것은 미국 원조에 의한 경제운용과 산업구조의 재편성을 불가피하게 하였다. 미국 원조는 분단 이후 한국 산업구조의 기본 성격을 형성했는데, 1950년대의 산업구조의 특징은 소비재 경공업을 위주로 한 공업의 대외의존적 성장과 농업의 정체, 그리고 공업과 농업 간의 분업관련의 단절로 요약될 수 있다. 결국 1950년대에 있어서 산업구조는 일제하의 파행성을 재현하였다.

그러나 1960년대에 들어서서 정부가 경제개발을 주도하게 되어 이러한 산업구조의 파행성은 청산될 가능성을 지니게 되었다. 실제로 경제개발계획에서 자립경제의 달성이 항상 기본목표로서 제시되었고, 1970년대에 들어서 중화학공업이 획기적으로 성장하였다. 이 결과 산업구조, 공업구조, 수출상품구조에서 고도화가 달성되었다.

그렇지만 이러한 양적인 변화에도 불구하고 농업과 공업 간의 국내 분업관련의 단절은 극복되지 못하고 농업은 침체를 면치 못하였다. 이와 함께 중화학공업의 성장이 수출증대의 일환으로서 추진됨으로써 경공업이 지닌 기존의 대외의존성은 탈피될 수 없었고, 또한 중화학공업 자체의 생산력기반도 해외에 의존함으로써 공업 전체의 대외의존성은 크게 증대되었다.

결과적으로 1950년대 이후 경공업이 성장하였고 경제개발계획하에서 중화학공업이 급속하게 성장하였지만, 이것이 일제하에 형성된 식민지적 산업구조의 청산과 자립경제의 달성이라는 내용을 갖는 것이라고 할 수는 없으며, 이 점에서 남북분단이 주는 제약의 의의를 찾을 수 있을 것이다.

《분단시대와 한국사회》(1985)

한국경제 구조변화와 과제

1

한국은 1962년부터 제1차 경제개발 5개년계획을 실시하기 시작한 이래 1981년에 제4차 계획을 끝내고 현재 제5차 계획기간 중에 있다.

실적을 나타내는 주요 경제지표를 통해서 볼 때 한국이 그동안 채택한 경제개발전략은 '공산품 수출'을 엔진으로 삼는 '고도성장의 실현'이라고 할 수 있다. 바꾸어 말하면 '수출주도적' 공업화를 통한 '고도성장의 실현'이다.

그리고 공업화에서는 제2차 계획까지는 경공업 중심이었고 제3차 계획부터는 중화학공업 중심이었다. 즉 제3차 계획부터는 중화학공업 중심의 '수출주도적' 공업화를 통한 고도성장의 실현이라는 경제개발 전략이 추진되어 온 셈이다.

결국 성장이냐 안정이냐 혹은 성장이냐 분배냐에서는 성장 그것도 고도성장이, 농업개발이냐 공업화냐에서는 공업화가, 수출(혹은 외향적)이냐 내수(혹은 내포적)이냐에서는 수출이, 경공업이냐 중화학공업이냐에서는 제2차 계획까지 경공업이, 제3차 계획부터는 중화학공업이 각각 우선적으로 채택된 셈이다.

2

　앞에서 밝힌 경제개발전략을 추진한 결과 1인당 GNP의 증가와 실업률 저하(고용 증대)가 실현되었다. 1인당 GNP는 1962년에 87달러이었던 것이 1983년에는 1,884달러, 1984년에는 1,998달러(잠정)나 되었고 실업률은 1963년에 8.2퍼센트이던 것이 1983년에는 4.1퍼센트, 1984년에는 3.8퍼센트가 되었다.

　그리고 산업구조의 고도화(제조업 비중의 증대), 공업구조의 고도화(중화학공업 비중의 증대), 수출상품구조의 고도화(공산품 수출 및 중화학공업제품 수출비중의 증대), 고용구조(혹은 취업구조)의 고도화(제조업 취업인구 비중의 증대)가 실현되었다. 〈표 1〉에서 보듯이 제조업의 GDP(국내총생산)에서의 비중은 1961년에 13.6퍼센트이던 것이 1981년에는 28.0퍼센트, 1984년에는 28.4퍼센트나 되고 중화학공업의 제조업에서의 비중은 1961년에 26.3퍼센트이던 것이 1981년에는 51.1퍼센트, 1984년에는 53.6퍼센트이고 공산품 수출의 총수출에서의 비중은 1964

〈표 1-1〉 산업구조(경상시장가격표시)

(단위: %)

	1961	1966	1981	1983	1984
농 림 어 업	39.1	34.8	15.8	13.9	13.5
광 공 업	15.5	20.5	29.5	28.3	29.9
(제 조 업)	13.6	18.6	28.0	27.4	28.4
사회간접자본·기타	45.4	44.7	54.7	57.3	56.6
(기 타 서 비 스)	36.2	34.4	37.2	38.3	38.4
	100.0	100.0	100.0	100.0	100.0

자료: 한국은행, 《국민소득계정》, 1984; 동, 《조사통계월보》 1985. 4

〈표 1-2〉 중화학공업 비중(부가가치 기준 경상가격표시)

(단위: %)

연 도	1961	1964	1966	1981	1983	1984
비 중	26.3	30.4	34.1	51.1	52.0	53.6

자료: 〈표 1-1〉과 같음.

〈표 1-3〉 취업구조

(단위: %)

	1963	1966	1981	1983	1984
농 림 어 업	63.1	57.9	34.2	29.7	27.1
광 공 업	8.7	10.8	21.3	23.3	24.2
(제 조 업)	8.0	9.9	20.4	22.6	23.2
사 회 간 접 자 본	28.2	31.3	44.5	47.0	48.6

자료: 경제기획원, 《경제활동인구연보》

년에 51.6퍼센트이던 것이 1981년에는 91.3퍼센트, 1983년에는 91.7퍼센트이고 중화학공업제품 수출의 공산품 수출에서의 비중은 1966년에 16.6퍼센트이던 것이 1981년에는 48.8퍼센트, 1983년에는 55.2퍼센트이다. 또 제조업의 취업인구에서의 비중은 1963년에 8.0퍼센트이던 것이 1984년에는 23.2퍼센트이다.

이 밖에 투자재원의 국내조달률의 증가 등도 실현되었다. 국민저축률의 총투자율에서의 비중은 1962년에 25.0퍼센트이던 것이 1981년에는 74.5퍼센트, 1984년에는 91.6퍼센트이다.

3

그러나 다른 한편으로 그러한 경제개발전략의 추진은 한국경제의 해외의존성, 외채누증, 농업·중소기업의 상대적 위축, 소득분배의 악화, 경제력 집중 등을 초래한 것이 사실이다.

첫째로, 고도성장의 추진은 고투자율을 통해서 국내저축에 의한 투자재원의 충족을 어렵게 함으로써 해외저축률을 증가시켜 외채누증을 초래한 한 요인이 되었다. 둘째로, 급속한 공업화를 추진하다 보니 농업과의 연계성 강화 내지 농공 간의 산업연관도의 제고를 제대로 실현하지 못함으로써 공업화의 추진은 식량자급도의 저하, 즉 식량의 해외의존도 심화뿐 아니라 농업의 상대적 위축을 초래했다. 셋째로, 의욕적인 수출을 추진하다 보니 국내산업의 지원을 제대로 받지 못하게 되었다. 즉, 농공 간의 산업연관도, 경공업과 중화학공업 간의 산업연관도의 제고를 제대로 실현하지 못함으로써 식량자급도의 저하, 중간재 또는 소재 및 부품의 수입의존도의 심화 등을 통해서 수입유발적인 수출구조를 실현시켰고, 수출 증대의 추진은 무역수지뿐 아니라 경상수지 적자폭의 축소, 즉 국제수지 개선을 어렵게 만들었다. 그런가 하면 양산체제의 확립을 통해서 경제력 집중 내지 독과점화, 바꾸어 말하면 중소기업의 상대적 위축을 촉진할 뿐 아니라, 국내기술의 지원을 제대로 받지 못하게 함으로써 해외기술의존도를 높이기도 했다.

식량 중간재와 소재 및 부품기술의 해외의존도의 심화는 곧 수입증대를 통해서 무역수지·경상수지 적자폭의 확대→외채누증의 초래를 의미하며, 농업·중소기업의 상대적 위축은 농공 간·규모 간의 소득격차의 확대 즉 소득분배의 악화를 의미함은 말할 나위도 없다.

4

사실 국제수지 균형, 투자재원의 완전국내조달 등을 목표 중 하나로 삼은 제4차 계획이기에 그 기간의 최종년도인 1981년에는 해외저축률은 −0.1퍼센트, 경상수지는 11.72억 달러 흑자, 무역수지는 13.7억 달러 흑자, 외채 잔액은 136.48억 달러가 되는 것으로 되어 있었으나, 비록 1979년 이후에 2차 오일쇼크가 있었다고는 해도 실적은 그와는 큰 거리가 있는 해외저축률 7.7퍼센트, 경상수지 46.46억 달러 적자, 무역수지 36.28억 달러 적자, 외채잔액 325억 달러로 나타났다(〈표 2〉 참조). 1984년에는 해외저축률은 2.3퍼센트, 경상수지는 13.62억 달러 적자, 무역수지는 10.89억 달러 적자, 외채잔액은 431억 달러이다. 제5차 계획의 수정계획(1984~1986) 즉 현행계획에 따르면 최종년도인 1986년에는 해외저축률은 0.2퍼센트, 경상수지는 4.0억 달러 흑자, 외채잔액은 474억 달러, 1987년에는 해외저축률은 −0.4퍼센트, 경상수지는 10억 달러, 외채잔액은 483억 달러가 되는 것으로 되어 있다.

그런가 하면 식량자급률은 1970년에 80.5퍼센트이던 것이 1981년에는 43.2퍼센트, 1984년에는 48.9퍼센트로 저하했다. 그리하여 양곡도입액은 1981년에는 21.76억 달러, 1983년에는 12.88억 달러, 1984년에는 13.08억 달러나 된다.

〈표 2〉 국제수지 · 저축률 · 외채잔액

	1981 계획	1981 실적	1983 실적	1984 계획	1984 실적	1985 계획	1986 계획	1987 계획
경상수지(경상가격, 억 달러)	11.72	−46.46	−16.06	−10.0	−13.62	−3.0	4.0	10.0
무역수지(〃)	13.7	−36.28	−17.64	−	−10.89	−	−	−
투 자 율 (%)	26.0	29.1	27.8	28.7	29.9	29.1	29.5	30.1
국 내 저 축 률 (〃)	26.1	21.7	24.8	26.7	27.4	28.1	29.3	30.4
해 외 저 축 률 (〃)	−0.1	7.7	2.9	2.0	2.3	1.0	0.2	−0.4
외채잔액(경상가격, 억 달러)	136.48	325.0	401.0	434.0	431.0	452.0	474.0	483.0
G N P (〃)	−	671.9	752.8	−	−	−	−	−
대 G N P 비 율 (%)	23.3	48.4	53.3	−	−	−	−	−

자료: 대한민국정부, 《제5차 경제사회발전 5개년계획 수정계획 1984~1986》, 1983; 경제기획원, 《제5차 경제사회발전 5개년계획 수정계획('84~'86)》, 1983. 12. 22; 한국은행, 《경제통계연보》, 1985.

자급자족도가 낮은 부문은 주로 중화학공업의 기초 및 중간재생산 부문이다. 1981년에는 기초생산부문은 중화학공업에서 5.2퍼센트, 중간재생산부문은 41.9퍼센트를 차지하고 있다. 그 결과 공업용원료의 수입은 1983년에는 89.78억 달러로서 총수입의 34.3퍼센트, 1984년에는 106.92억 달러로 총수입의 35.0퍼센트를, 그리고 자본재인 기계류 및 동 부품과 전기·전자기기 및 동 부품의 수입은 1983년에는 51.79억 달러로서 수입의 19.8퍼센트, 1984년에는 63.53억 달러로서 총수입의 20.7퍼센트를 차지하고 있다.

선진국의 기술을 도입·활용하는 데는 더욱 힘을 쓰고 있는 편이기 때문에 1984년 7월까지 기술도입 건수는 2,887건에 달했으며, 그 결과 로열티 즉 대가지급액은 9.41억 달러가 되었다. 게다가 그 액수는 1982년부터는 매년 1억 달러가 넘는 규모로 커졌다.

5

〈표 3〉에 따르면 농가소득은 1970년에 도시근로자 가계소득의 67.1 퍼센트이던 것이 1983년에는 102.8퍼센트가 되었다. 그러나 각각 농가 구입가격지수와 전 도시소비자물가지수로 나눈 실질농가소득과 실질 전(全)도시근로자 가계소득을 비교할 때에는 분명히 1970년 114.4퍼센트, 1983년 90.1퍼센트가 되어 도리어 농가소득은 도시근로자 가계소득을 밑돌고 있다.

그런가 하면 명목소득으로도 농가소득은 재고농산물을 높게 평가하여 실제보다 많은 것으로 계상된 반면, 도시근로자 가계소득은 일정 수준 이상의 고소득가구를 제외한 것이라는 점을 간과해서는 안 된다. 그런가하면 농가부채의 농가소득에서의 비중은 증대되고 있다. 1982

〈표 3-1〉 농가소득과 도시근로자가계소득(가구당)

(단위: 천 원)

	1970	1976	1981	1982	1983
농 가 소 득 (A)	255.8	1,156.3	3,687.9	4,456.2	5,128.2
도 시 근 로 자 가 계 소 득 (B)	381.2	1,151.8	3,817.2	4,326.9	4,990.6
A / B × 1 0 0	67.1	100.4	99.6	103.2	102.8

자료: 경제기획원, 《경제백서》, 1984.

〈표 3-2〉 실질농가소득과 실질도시근로자가계소득

(단위: 천 원)

	1970	1976	1981	1982	1983
농 가 소 득	255.8	1,156.3	3,687.9	4,465.2	5,128.2
농 가 구 입 가 격 지 수	16.4	46.3	128.5	144.3	156.2
실 질 농 가 소 득(A′)	1,639.7	2,497.4	2,870.0	3,094.4	3,283.1
도 시 근 로 자 가 계 소 득	318.2	1,151.8	3,817.2	4,326.9	4,900.6
전 도 시 소 비 자 물 가 지 수	22.2	52.1	121.3	130.1	134.5
실질도시근로자가계소득(B′)	1,433.3	2,210.7	3,146.9	3,325.8	3,643.6
A′ / B′ × 1 0 0	114.4	113.0	91.2	93.0	90.1

년에 18.6퍼센트이던 것이 1983년에는 25.1퍼센트, 1984년에는 32.1퍼센트로 증가했다.

그리고 패리티율도 그동안 개선된 일이 있지만 1981년에는 99.8퍼센트, 1983년에는 89.8퍼센트에 그치고 있다(〈표 4〉 참조). 식량자급률이 낮아진 것도 아울러 고려될 필요가 있다.

6

수출의 수입유발계수는 1970년에 0.26이던 것이 1980년에는 0.38이 되었다. 이 수준은 앞으로 당분간 유지될 것으로 전망되고 있다. 이것

〈표 4〉 농가 판매가격과 구입가격 지수

	판매가격지수(A)	구입가격지수(B)	패리티율(A/B×100)
1966	8.1	9.0	90.0
1970	14.7	15.6	94.2
1971	17.8	17.8	100.0
1976	48.7	46.3	105.2
1979	82.1	80.2	102.4
1980	100.0	100.0	100.0
1981	128.2	128.5	99.8
1983	140.3	156.2	89.8

자료: 경제기획원, 《주요경제지표》, 1984.

은 일본의 수치(1975년 0.12)에 비추어볼 때 매우 높다.

산업별로는 제조업의 수입유발계수가 0.38로서 가장 큰데, 이것은 중화학공업의 수입유발계수가 큰 데 기인한다. 그것은 경공업이 0.29인데 비해서 0.50이며 특히 화학공업은 0.58이나 된다.

7

30대 복합기업의 출하액이 광공업 전체의 출하액에서 차지하는 비중은 1977년에 32.0퍼센트였지만 1981년에는 39.7퍼센트로 커졌으며, 시장지배적 사업자의 집중도(품목 수 기준)는 1984년의 60.5퍼센트에서 1985년에는 63.5퍼센트로 될 것이다.

이러한 대기업의 성장은 곧 중소기업의 상대적 위축을 의미함은 물론이다. 중소기업은 1963년에 사업체 수에서 98.5퍼센트였지만 1982년에는 97.3퍼센트로, 종업원 수에서는 62.3퍼센트였다가 53.8퍼센트로, 생산액에서는 56.3퍼센트이던 것이 31.0퍼센트로, 부가가치에서는 49.8퍼센트였다가 36.3퍼센트로 저하되었다(〈표 5〉 참조).

〈표 5〉 중소기업의 비중(광공업)

	한 국		일 본		미 국
	1963	1982	1963	1980	1977
사 업 체 수	98.5	97.3	99.4	99.5	99.4
종 업 원 수	62.3	53.8	69.4	73.4	72.5
생 산 액	56.3	31.0	50.3	52.1	66.4
부 가 가 치	49.8	36.3	53.3	56.9	65.8

자료: 한국은행, 《주간내외경제》, 1984. 5. 19.

이러한 중소기업의 상대적 위축은 중소기업의 판매시장인 내수시장
과 수출시장이 모두 대기업에 잠식되었음을 의미한다.

8

도농 간의 소득비교 또는 도농 간의 소득격차 파악을 위한 방법의
하나가 앞에서 나온 농가소득과 도시근로자 가계소득의 비교이다. 명
목소득으로 볼 때에는 농가가 소득분배 면에서 유리해진 것 같지만
실질소득으로 따지거나 몇 가지 점을 고려해 보면 도리어 그 반대라
고 할 수 있음을 보았다.

그러나 일반적으로는 소득계층별로 소득분배를 파악한다. 물론 여
러 가지 계수를 이용한다. 그러나 보통은 지니집중계수를 이용하거나
소득계층의 하위 20~40퍼센트에 대한 상위 20퍼센트의 배수를 이용
한다. 이 지니계수는 그 성격상 소득분배가 균등할수록 작아지게 되어
있다. 또 배수의 경우도 마찬가지이다.

〈표 6〉은 한국의 지니계수와 배수를 표시한 것이다. 이에서 1970년
이후 이 두 가지가 다 커졌음을 알 수 있다. 1982년에는 1980년보다
약간 작아지기는 했지만 각각 1970년에 0.33, 2.12이던 것이 1980년에

〈표 6〉계층별 소득점유율

(단위: %)

	1965	1970	1976	1980	1982	인 도 (1975/76)	멕시코 (1977)	대 만 (1979)
상위20%(A)	41.8	41.6	45.3	45.6	43.0	49.4	57.7	37.5
하위40%(B)	19.3	19.6	16.9	16.1	18.8	16.2	9.9	22.3
지 니 계 수	–	0.33	0.39	0.39	0.36	–	–	–
A/B×100	2.17	2.12	2.68	2.83	2.29	3.05	5.83	1.68

자료: 경제기획원,《경제백서》, 1984, pp. 368~36.

는 0.39, 2.83이 되었다. 따라서 일단 한국에서는 그동안 소득분배가 악화되었다고 할 수 있다.

국제적으로 비교하면 대만보다는 소득분배가 불균등하지만 인도네시아 특히 멕시코보다는 균등함을 알 수 있다.

9

경제개발계획의 추진 과정에서 제기된 문제는 해외의존성, 농업의 상대적 위축, 수입유발적인 수출구조, 경제적 집중화 내지 독과점화·중소기업의 상대적 위축, 소득분배의 악화로 요약할 수 있다. 따라서 한국경제의 과제는 이들을 해결하는 일이라고 할 수 있다.

그렇다면 요청되는 정책은 국제수지 개선, 내자동원의 극대화, 농업의 육성, 기초중화학공업의 육성, 기술개발, 중소기업의 육성, 소득균점이 될 것이다. 그러나 물가안정·경영합리화 등이 전제로서 필요함은 말할 나위도 없다.

해결해야 할 것과 요청되는 정책 사이의 관계를 표시하면 다음과 같다.

10

경상수지 개선을 위해서는 상품과 서비스의 수출을 증대시켜야 한다. 이때 특히 상품수출이 강조되지 않을 수 없다. 수출증대를 위해서는 상품의 고급화 시장의 다변화 등을 추진해야 한다. 제품의 고급화를 위해서는 기술개발이 강력히 추진될 필요가 있을 것이다. 수출증대를 위해서는 경영합리화, 생산성 향상, 물가안정이 전제가 되어야 함은 잘 알려진 사실이다.

그러나 한국의 경우에는 수출구조가 수입유발적이기 때문에 수출증대는 곧 수입증대를 의미한다고 할 수 있다. 따라서 경상수지 개선을 위해서는 수출증대라는 적극적인 방법도 좋지만 수입억제라는 소극적인 방법도 중시할 필요가 있다. 수입억제를 위해서는 기초중화학공업의 육성, 자원절약적인 산업구조로의 개편, 에너지절약, 소비절약, 물자절약 등이 강력히 추진되어야 한다. 특히 원유, 석탄, 곡물, 원목, 펄프, 원면, 원모, 원당, 고무 및 유지(油脂)의 10개 원자재의 수입액이 1984년에는 82.1억 달러로서 전체 원자재 수입액의 45.5퍼센트나 된다는 점을 고려할 때 수입감축을 위해서 이들의 절약에 주력할 필요가 있다.

그리고 수입개방 내지 수입자유화의 추진은 어디까지나 신중을 기할 필요가 있다. 정부의 연도별 수입자유화계획에 따르면 1984년에 수입자유화율은 84.7퍼센트인데 1988년에는 95.2퍼센트까지 끌어올리기로 되어 있다. 그러나 계획보다도 수입자유화율을 더 늘리고 있는 것이 현재의 실정이다. 그러나 수출증대를 위해서라고는 하지만 결코 서두를 필요는 없을 것이다.

한편 외화절약도 무역외수지 개선을 통해서 경상수지 개선을 실현

시킨다는 사실을 간과해서는 안 된다. 외화절약을 위해서는 저리의 외
채로의 전환, 국제금리의 변동에 직결되어 있는 연동금리외채와 감축
등의 이른바 외채구조의 개선이 전제가 된다. 그러나 별로 중요치 않
은 일에 외화를 쓰는 일을 금지할 필요가 있다.

11

한국의 저축률은 계속해서 높아져 왔다. 그러나 1970년대에는 일본,
대만은 말할 것도 없고 필리핀, 태국보다도 낮은 편이었다. 1980년대 들
어와서도 국민저축률은 여전히 일본, 대만에 비해서 낮다(〈표 7〉 참조).
그뿐 아니라 특히 가계저축률은 1982년에는 6.6퍼센트로 일본의
1981년의 14.1퍼센트, 대만의 1981년의 12.7퍼센트의 반밖에 안 된다
(〈표 8〉 참조). 이렇게 가계저축률이 낮은 것은 주로 소비수준이 높은

〈표 7〉 저축률

(단위: %)

	1971	1975	1977	1979	1970~1979 연평균	1980	1981	1982
한 국 (1)	14.6	19.1	27.5	28.1	21.7	21.9	21.7	22.4
(2)	10.5	10.1	0.6	7.1	6.4	9.4	7.7	4.5
일 본 (1)	38.4	32.7	32.7	32.1	35.4	31.8	32.2	30.8
(2)	-2.6	0.1	-1.6	0.8	-0.8	0.9	-0.6	-0.8
대 만 (1)	28.8	26.9	33.0	34.6	31.5	32.7	31.4	30.4
(2)	-2.4	3.9	-4.4	-0.9	-1.5	1.5	-1.8	-5.8
필리핀(1)	19.7	23.8	24.1	26.4	23.0	-	-	-
(2)	1.9	7.2	4.4	5.9	3.6	-	-	-
태 국 (1)	19.8	23.1	22.7	23.1	22.9	-	-	-
(2)	3.1	4.7	5.9	8.0	4.0	-	-	-

주: (1)은 국민저축을 (2)는 해외저축률을 나타냄
자료: 한국은행, 《국민소득계정》, 1984.

〈표 8〉 저축률

	1962	1970	1980	1981	1982	1986 (계획)	일본 (1981)	대만 (1981)
국 민 저 축 률	3.2	15.7	21.9	21.7	22.4	28.6	32.2	30.9
가 계 저 축 률	-0.1	2.5	6.0	6.3	6.6	9.0	14.1	12.7
기 업 저 축 률	4.9	6.8	10.1	9.2	9.6	11.3	15.3	10.9
정 부 저 축 률	-1.6	6.4	5.8	6.2	6.2	8.3	2.8	7.3
해 외 저 축 률	10.7	9.1	9.4	7.7	4.5	0.2	-0.6	-1.1
국 내 총 투 자 율	12.8	25.3	31.3	29.1	27.0	29.3	31.6	30.4

자료: 한국은행, 《주간내외경제》, 1984. 3. 10, p. 6.

데다가 그 증가율이 높은 데 기인한다고 할 수 있다. 따라서 가계저축 증대를 통한 내자동원의 극대화를 추구할 필요가 있다.

그러기 위해서는 저축기반을 조성해야 하는데 저축기반의 조성을 위해서는 물가안정의 필요성이 절실하다. 또 한국에는 선진국에서 소비수준을 높이는 역할을 하는 국제적 전시효과로 말미암아 선진국의 소비생활을 모방하도록 하는 유혹이 강하게 작용하고 있다. 따라서 가계저축, 나아가서 국민저축의 증대를 위해서는 이러한 전시효과를 방지하는 정책이 필요할 것이다. 이런 맥락에서 볼 때 이러한 전시효과를 파급시키는 상품을 만드는 기업, 서비스산업 등에 대한 규제를 강화해야 할 것이다.

이 밖에 국민저축의 증대를 위해서는 기업저축의 증대, 정부저축의 증대를 위한 노력이 필요함은 물론이다.

12

농업에 대한 투자를 증가하도록 해야 한다. 또 농산물의 가격인상을 통해서 식량증산을 자극하도록 해야 한다. 한편 중소기업을 농촌에 유치하여 농촌공업을 육성하는 방법을 고려해 볼 수 있다.

농업은 1984년에 경상가격 기준으로 GDP의 11.4퍼센트(농림어업 13.5%)에 불과하지만 취업인구 전체의 25.8퍼센트, 농림어업 27.1퍼센트를 차지하고 있어서 여전히 광공업의 23.2퍼센트를 웃돌고 있다. 또 농가인구는 1983년에는 총인구의 23.7퍼센트(농어업인구 24.6%)를 차지하고 있지만, 이에 농산물의 가공, 판매 및 비료, 농기구 등의 관련산업, 이른바 애그리비즈니스(agribusiness)에 종사하는 인구까지 합치면 훨씬 그 비중이 크다.

농업육성은 농가소득의 증가를 위해서, 농촌의 인구유출을 방지하기 위해서, 또 식량도입의 감소를 위해서도 절실하다. 식량증산과 식량절약이 결부된다면 식량도입을 감소시키는 효과는 더 커질 것이다. 그리고 농업의 육성은 내수시장의 육성과도 직결된다.

그동안 공업화의 추진 과정에서 흔히 농업이 공업에 대해서 행하는 역할로서 들어지는 식량, 원료, 노동력, 자본, 시장 등의 공급원 가운데에서 노동력의 공급원으로서의 역할만 제대로 할 뿐, 나머지 역할을 수행하지 못함으로써 농업과 농촌이 침체에서 벗어나지 못하고 있는 실정이라고 할 때 농업의 적극적인 육성은 아무리 강조해도 지나치다고 할 수 없다.

13

기초중화학공업(중화학공업의 기초 및 중간재 생산부문)의 육성은 기초 및 중간재의 국내공급을 가능케 함으로써 한국경제의 해외의존성을 약화시킨다. 따라서 기초중화학공업을 단계적으로 육성하도록 해야 한다.

기초중화학공업 육성은 국제수지 개선, 공업 간의 균형있는 발전, 구색을 갖춘 공업구조의 실현, 산업연관도의 제고, 외화가득률의 제고 등을 초래하기도 하며 또 기업의 경영합리화와 결부되어 물가안정을 가져오는 소지도 마련해 준다. 두 부문의 개발이 원자재와 나아가 자본재의 국제시세의 상승이나 환율인상에 기인하는 제조원가의 상승·물가상승을 상당히 막아줄 것임은 틀림없다고 할 수 있다.

현재 한국에서 절실히 요청되는 중화학공업화는 기초중화학공업에 중점을 둔 또는 그것을 항상 염두에 둔 그것이라고 할 수 있다. 그리고 그것은 어디까지나 내자동원의 극대화와 결부된 것이며 장기에 걸쳐서 그 해결이 추구되어야 함은 재론의 여지가 없다.

14

기술개발은 노동생산성의 향상, 가공도의 제고, 자원절약·자원이용의 효율화, 공해제거 등을 가능하게 한다. 그러나 그동안 기업은 선진국의 기술에 크게 의존했다고 해도 과언이 아닐 것이다. 그리고 한국의 기술개발투자의 대GNP비율은 매우 낮다. 그 비율은 1982년에는 0.95퍼센트에 불과하다. 미국은 1982년에 2.53퍼센트, 일본은 1981년에 2.11퍼센트나 된다.

기술개발에 의한 기술수준의 향상이야말로 경제성장, 국제수지 개선, 물가안정을 동시에 달성하기 위해서 가장 절실히 요청되고 있는 것이다. 따라서 정부는 기술개발투자의 비율을 높이는 외에 기업에 의한 기술개발을 적극적으로 장려하고 추진시킴은 물론 기업에 대한 지원을 지속해 가야 할 것이다. 그리고 해외기술은 외자도입의 경우와 마찬가지로 엄선해서 도입하도록 해야 할 것이다.

그러나 기술개발은 오랜 기간의 경험과 자본의 축적 그리고 종합성과 일관성을 필요로 하므로 기술개발의 추진에 앞서 체계화된 장기 기술개발정책의 수립이 필요하다는 것을 잊어서는 안 된다.

15

경제적 집중화를 완화하기 위해서는 1980년 12월에 제정되어 1981년 4월부터 시행되고 있는 〈독점규제 및 공정거래에 관한 법률〉의 적용을 엄격히 해야 하겠지만 중소기업의 육성 또한 필요하다. 중소기업의 육성은 다음과 같은 의의를 갖고 있기도 하다.

중소기업의 육성을 위해서는 중소기업에 대한 투자를 증가하는 한편, 중소기업을 전문화하고 대기업과의 기술적 보완관계를 강화해야 한다. 또 중견규모화해야 한다. 중견규모 기업은 자본 및 의사결정의 독립성을 갖고 있고 자본시장을 통한 자금조달이 가능하고 개인회사 및 동족회사의 비능률성을 경영합리화로 극복하고 있으며, 또 제품의 차별화(기술·설비·고안) 능력을 가지고 있으며, 대량생산에 성공해서 대기업에 대항할 정도의 시장점유율을 갖고 있는 중소기업을 말한다.

그리고 중소기업을 다양화시켜 중소 수출공업, 중소 기계공업, 농촌공업의 형태 등으로 육성할 필요가 있다. 중소기업은 제조업에서 1982년 현재로 부가가치의 36.3퍼센트의 비중을 차지하고 있으면서도 종업원 수에 있어서는 53.6퍼센트를 차지하고 있다. 따라서 중소기업의 육성은 내수시장의 육성과 직결된다고 할 수 있다.

1982년 4월에 발표된 〈중소기업진흥장기계획〉(1982~1991)에 따르면 1960년대와 1970년대에 30.0퍼센트를 차지하고 있던 중소기업에 대한 투자의 비중을 1980년대에는 40.0퍼센트로 높이고, 1991년에는 종업원 수에서 45.0퍼센트, 부가가치에서 54.0퍼센트를 차지하도록 되어 있다. 그러나 미국의 경우 종업원 수 5백 명 이하의 중소기업은 1977년에 사업체 수의 99.4퍼센트, 종업원 수의 72.5퍼센트, 부가가치의 65.8퍼센트를 차지하고 있다는 점을 감안하면 한국의 중소기업의 비중은 낮다고 아니할 수 없다(〈표 5〉 참조).

16

소득균점을 위해서는 농가소득을 계속 지지해줄 필요가 있는데 그러기 위해서는 농산물가격을 지지해주는 것은 물론 비료와 농약 가격 인상을 적절히 억제해주고 농촌물가, 조세, 교육비 등에서 지역적 고려를 해야 할 것이다.

도시의 빈민층을 위해서는 그들이 실업상태이거나 행상과 노점 등의 위장실업 상태로 저소득에 시달리고 있으므로 고용기회의 창조, 교육훈련의 지원, 공적부조의 강화 등의 조치를 취해야 할 것이다.

그리고 소득균점을 위한 실제의 분배정책에 있어서는 그 적용대상을 고용 중 또는 실업 중에 있는 임금노동자와 고용부적격자로 나누어서 대책을 취할 필요가 있다. 전자를 위해서는 직접적인 임금인상을 비롯하여 실업보험 등의 실업대책, 직업안정대책, 최저임금제, 의료보험제, 연금, 퇴직금제도 등의 노동정책 및 사회정책이 앞으로의 과제라 할 수 있다. 후자를 위한 대책으로는 재활교육의 대상자에게는 적절한 재활교육을 공공의 부담으로 실시토록 하고 기타 노동불능자는 구휼 등 공공부조를 확대·강화하여야 할 것이다.

이 밖에 각종 필요한 조세수단이 동원되어야 함은 말할 필요가 없다.

《상호신용금고》(1985. 7)

구조문제의 실상과 대책방안

1. 서언─구조문제란 무엇인가

구조라는 개념을 의식적으로 경제학에 도입한 사람은 하름스(B. Harms)로 알려져 있다. 그에 따르면 구조는 "여러 부분이 하나의 통일적인 전체로 결집되어 있는 모습"이라고 한다. 이에 따라서 탈하임(K. C. Thalheim)은 경제구조, 즉 국민경제의 구조를 "국민경제에서 분기한 각 부분의 상호 간 또는 전체와 관련된 모습"이라고 정의하기도 한다.[1]

그러나 오늘날의 관점에서 볼 때에는 그가 경제구조의 구성요소라고 부르고 있는 "국민경제의 분기체의 전체에 대한 결합관계를 나타내는 비례성의 총체"[2]가 도리어 경제구조의 정의로서 알맞다고 생각된다.

---

1) 赤松要 편, 《經濟政策槪論》, 1954, p. 223. B. Harms는 *Strukturwandlung der deutschen Volkswirtshaft*, in Weltw. Archiv, 24Bd, 1926, Ⅱ에서 그리고 K.C. Thalheim은 *Aufriss einervolkswirtschaftlichen Strukturlehre*(Zeitschrift für die gesamte Staatswissenschaft, 99Bd, Heft 3, 1939)에서 각각 구조관념을 다루고 있다고 한다.

2) 위의 책, pp. 223~224.

　이렇게 정의되는 경제구조의 일면을 나타내는 것이 곧 산업구조, 생산구조 또는 자본구조, 무역구조, 취업구조 등이라고 볼 수 있다. 왜냐하면 국민경제의 전체는 산업구조, 자본구조, 무역구조, 취업구조 등의 총체로서 파악될 수 있기 때문이다. 그런데 산업구조의 경우처럼 경제구조의 일면을 나타내는 구조는 다시 공업구조라든가 농업구조와 같은 부분구조를 가지며, 또 이 공업구조라는 부분구조도 중화학공업구조와 같이 더 범위가 좁은 부분구조를 가질 수가 있다. 그와는 다른 기준으로 파악해 보면, 동일 산업의 생산단위인 기업의 재무구조와 같은 것도 부분구조가 될 수 있다.

　알려진 바에 따르면 경제를 구조론적으로 파악하여야 한다고 자각된 것은 제1차 세계대전 이후의 일이며, 그 주된 이유 중의 하나는 전쟁에 기인하는 경제현상의 대변혁으로 인해 종래의 경기변동론 또는 경기순환론으로서는 파악되지 않는 문제가 제기되었기 때문이라고 한다.[3] 말하자면 제1차 세계대전은 일정한 주기로 호경기(호황)와 불경기(불황)가 교대되는 반복적인 변동인 순환변동의 과정에서 야기되는 문제와는 판이한 문제, 즉 커다란 경제구조의 변동과정에서 야기되는 문제에 대한 관심을 환기시킨 셈이다. 사실상 구조적 실업, 구조적 인플레, 또는 구조대책이라는 말이 등장하게 된 것도 대체로 세계 제1차 대전 이후의 일이다.

　구조문제는 일단 이 경제구조의 변동과정에서 야기되는 문제이다. 따라서 순환변동의 과정에서 야기되는 문제를 표면적인 현상에서 순환문제라고 말할 때 구조문제는 비순환문제이다.

　그러기에 순환변동을 다루는 경기변동론으로만은 파악될 수 없으

---

3) 위의 책, p. 232.

며, 순환문제에 대한 대책인 경기정책 또는 경기순환정책으로서는 해결될 수 없는 문제라고 할 수 있다. 또한 그 문제는 순환문제가 주기적이고 반복적인 데 반하여 비주기적이고 누적적인 문제라고 할 수 있다.

달리 표현하면 순환변동은 주로 $3\sim3\frac{1}{3}$년을 주기로 하는 단기파동(단기순환)과 8~10년을 주기로 하는 중기파동(중기순환)을 뜻하고, 경우에 따라서 적게는 1년 이상 3년 미만을 주기로 하는 파동을 뜻하기 때문에 순환문제가 일시적이고 단·중기적인 문제인 데 대하여 구조문제는 장기적인 문제라고 할 수 있다. 한편 그것은 경제구조의 변동과정에서 야기되는 문제이므로 경제구조의 개편 또는 전환을 필요로 한다.

이러한 성격을 갖는 구조문제는 경제정책의 장기적인 효과에 의해 누적되어 나타난 것이므로, 경제정책론의 입장에서 보면 경제정책의 장기적 목표 또는 그 기조라는 면에서 다루어야 할 문제이다. 즉 경제정책이라는 의식적인 작용에 의해 오랜 기간 쌓여온 결과의 총체로서 경제구조에 관심을 돌리지 않을 수 없는 것이다.

우리나라의 구조문제를 이러한 경제정책의 기조와 관련시켜 볼 필요가 생긴 것도 이 때문이다. 사실상 1979년부터 겪어오고 있는 우리나라의 경제난국을 해결하는 방안을 고려하면서 당초에는 경기변동론적 접근을 취하여 경기정책(금융정책, 경기조절적 재정정책, 가격안정정책, 경기조절적 무역정책 등)의 추진을 도모하는 안이한 태도를 취하다가 최근에 들어서서 구조론적 접근이 필요하다든가, 구조문제로서 경제를 관찰해야 한다는 등의 주장이 대두된 이유도 여기에 있다.

이하에서 우선 우리나라의 1960년대 이후 경제개발전략 또는 정책을 다루어 보려는 것도 바로 이에 연유한다.

2. 경제개발전략과 경제구조

1) 경제개발전략과 구조

1960년대 이후 우리나라의 경제개발전략 또는 정책이 무엇이었는가에 대한 해답은 그동안 우리의 체험이나 갖가지 글 또는 말을 통해서도 얻어지겠지만, 여기에서는 이를 그동안의 실적을 나타내는 주요 경제지표를 통해 알아보기로 한다.

(1) 〈표 1〉을 보면 연평균(실질) 경제성장률은 1차 계획기간에는 7.8퍼센트, 2차 계획기간에는 9.7퍼센트, 3차 계획기간에는 10.1퍼센트, 4차 계획기간에는 5.8퍼센트이다. 그리고 농림어업의 그것은 각각 5.9, 1.6, 6.2, 0.9퍼센트, 제조업의 그것은 각각 15.1, 21.8, 18.8, 10.2퍼센트, 사회간접자본·기타의 그것은 각각 8.5, 12.7, 8.5, 5.7퍼센트이다.

부가가치가 아니고 생산액으로 보아도 제조업의 연평균 증가율은 1차 계획기간에는 16.2퍼센트, 2차 계획기간에는 22.4퍼센트, 3차 계획기간에는 20.0퍼센트, 4차 계획기간에 속하는 1977~1979년에는 15.2퍼센트이다. 그리고 경공업의 그것은 각각 11.9, 19.1, 17.0, 10.1퍼센트이고, 중화학공업의 그것은 27.3, 27.6, 23.5, 19.7퍼센트이다.

한편 총수출의 연평균 증가율은 1차 계획기간에 속하는 1964~1966년에는 42.4퍼센트, 2차 계획기간에는 33.8퍼센트, 3차 계획기간에는 51.0퍼센트, 4차 계획기간에는 22.6퍼센트이다. 그리고 1차산품의 그것은 각각 26.3, 12.3, 47.4, 17.2퍼센트이고, 공산품의 그것은 각각 55.4, 40.9, 52.2, 23.3퍼센트이다. 공산품을 다시 경공업제품과 중화학공업제품으로 나누어서 보면, 경공업제품의 그것은 75.3, 40.6, 45.0, 17.5퍼센트이고 중화학공업제품의 그것은 각각 19.9, 46.6, 79.4, 32.3퍼센트

〈표 1〉

(1) 경제성장률(불변)   (단위: %)

	연평균성장률	농림어업	광 공 업	제 조 업	사회간접 기타
1962~1966	7.8	5.9	14.3	15.1	8.5
1967~1971	9.7	1.6	19.9	21.8	12.7
1972~1976	10.1	6.2	18.2	18.8	8.5
1977~1981	5.8	0.9	9.9	10.2	5.7

(2) 제조업 생산액 증가율(불변)

	제조업	경공업	중화학공업
1962~1966	16.2	11.9	27.3
1967~1971	22.4	19.1	27.6
1972~1976	20.0	17.0	23.5
1977~1979	15.2	10.1	19.7

(3) 수출증가율

	총수출	1차산품	공산품	경공업제품	중화학공업 제 품
1964~1966	42.4	26.3	55.4	75.3	19.6
1967~1971	33.8	12.3	40.9	40.6	46.6
1972~1976	51.0	47.4	52.2	45.0	79.4
1977~1981	22.6	17.2	23.3	17.5	32.3

출처:(1) 경제기획원, 《한국경제지표》, 1980. 9, p. 8에서 계산.
　　(2) 경제기획원, 《주요업무지표》, 1980, p. 282에서 계산.
　　(3) 경제기획원, 《한국경제지표》, 1982. 9, pp. 66~69에서 계산.

이다.

　여기에서 우리나라가 1962년 이후 특히 1964, 5년경부터 계속해서
수출확대→공업생산 증대→고도성장, 바꾸어 말하면 급속한 수출증대
에 의해서 주도되는 급속한 공업성장을 통한 고도성장, 즉 '수출주도
적' 공업화를 통한 고도성장의 경제개발전략 또는 정책을 추진해 왔음
을 알 수 있다.

그리고 공업화에서는 2차 계획까지는 경공업 중심이었고 3차 계획부터는 중화학공업 중심이었다. 즉 3차 계획부터는 중화학공업 중심의 '수출주도적' 공업화를 통한 고도성장의 경제개발정책이 추진되어 온 셈이다.

결국 성장이냐 안정이냐 또는 성장이냐 분배냐에서는 성장 그것도 고도성장이, 농업개발이냐 공업화냐에서는 공업화가, 수출(혹은 외향적)이냐 내수(혹은 내포적)냐에서는 수출이, 경공업 중심이냐 중화학공업 중심이냐에서는 2차 계획까지는 경공업이, 3차 계획부터는 중화학공업이 각각 우선적으로 채택된 셈이다.

(2) 그런데 이러한 경제개발전략에 깔린 기본적인 생각으로는 대체로 다음과 같은 것을 들 수가 있다.

① 경제발전과 경제성장은 동일한 것이다. 다시 말하면 GNP 또는 1인당 GNP의 양적 증대야말로 모든 국민이 잘살 수 있는 유일한 길이며, 따라서 경제성장은 다른 정책목표를 희생하고서라도 달성되지 않으면 안 될 최우선의 목표이다.

② 고고용을 위해서는 고성장(고도성장)은 불가피하며 고성장을 위해서는 인플레는 감수해야 한다. 그리고 분배는 성장이 된 뒤에 고려될 수 있다.

③ 여러 가지 여건상 공업화를 통해서 경제성장을 실현하는 것이 바람직스럽다.

④ 여러 가지 여건상 판로(시장)를 수출(해외시장)에서 찾는 것이 당연하고 불가피하다.

⑤ 경제개발에 필요한 투자재원은 해외저축과 인플레를 통한 강제저축에서 주로 구할 수밖에 없다.

⑥ 수출을 위한 국제경쟁력의 기반은 값싼 노동력의 존재에 있으며, 따라서 저임금정책은 지속되지 않을 수 없다. 그리고 국제경쟁력의 또 다른 기반은 양산체제에 의한 비용 저하에 있으므로 공장의 규모는 대규모화하지 않을 수 없다.

⑦ 수출을 위해서는 중화학공업이 육성되어야 한다. 물론 이것은 다른 저개발공업국과의 수출경쟁에서 우위를 확보하려는 데 그 의의가 있다.

⑧ 수출을 위해서는 정부의 경제활동에 대한 개입과 지원이 있어야 하며 이것은 경제의 효율과 공평을 왜곡시킬지라도 지속되어야 한다.

(3) 이러한 내용의 경제개발전략을 추진한 결과 〈표 2〉에서 보듯이 1981년에는 GNP에서 제조업의 비중은 경상가격 기준으로 29.5퍼센트, 1975년 불변가격 기준으로 34.3퍼센트, 제조업에서 중화학공업의 비중은 각각 53.0, 54.0퍼센트, 공산품 수출이 총수출에서 차지하는 비중은 91.3퍼센트, 중화학공업제품 수출이 공산품 수출에서 차지하는 비중은 48.8퍼센트로 각기 높아졌다.

말하자면 산업구조의 고도화(제조업 비중의 증대), 공업구조의 고도화(중화학공업 비중의 증대), 수출상품구조의 고도화(공산품 수출비중 및 중화학공업제품 수출비중의 증대)가 크게 실현된 셈이다.[4]

---

4) 물론 이 밖에도 1인당 GNP의 증가, 고용증대(실업률 저하), 고용구조(취업구조)의 개선(제조업 취업인구 비중 증대), 투자재원의 국내조달률의 제고(국민 저축 비중 증대) 등이 실현되기도 했다. 1981년에는 1인당 GNP는 1,636달러(1962년 87달러), 실업률은 4.5%(1963년 8.2%), 제조업 취업인구의 비중은 20.4%(1963년 8.0%), 국민저축의 비중은 70.7%(1962년 23.5%)이다.

〈표 2〉

(1) 산업구조·취업구조 (단위: %)

	산 업 구 조							
	농림어업		광 공 업		제 조 업		사회간접 기타	
	경 상	불 변	경 상	불 변	경 상	불 변	경 상	불 변
1962	36.6	43.3	16.2	11.1	14.2	9.1	47.1	45.6
1966	34.4	42.5	20.2	13.4	18.4	11.5	45.4	44.1
1971	27.0	28.8	22.4	20.9	21.0	19.4	50.6	50.3
1976	23.8	24.0	28.8	29.5	27.6	28.2	47.4	46.5
1981	18.0	18.1	30.9	35.6	29.5	34.4	51.1	46.3

	취 업 구 조			
	농림어업	광 공 업	제 조 업	사회간접 기타
1963	63.1	8.7	8.0	28.2
1966	57.9	10.8	9.9	31.3
1971	48.4	14.2	13.3	37.4
1976	44.6	21.8	21.3	33.5
1981	34.2	21.3	20.4	44.5

(2) 중화학공업 비율 (단위: %)

		1962	1966	1971	1976	1977	1978	1979	1980	1981
생산액 기준	경상	26.8	32.5	37.7	49.5	50.4	51.4	53.4	55.9	56.3
	불변	26.5	36.2	44.2	50.6	52.9	55.2	56.8	55.8	56.8
부가가치 기준	경상	28.6	34.1	39.3	49.8	48.5	48.8	51.2	52.6	53.0
	불변	25.8	34.2	41.8	48.6	50.8	53.2	54.7	53.2	54.0

(3) 공산품수출 구성비 (단위: %)

	총 수 출	(1)	(2)	경공업 제 품	중화학공업 제 품
1963	100.0	51.7	(100.0)	(58.6)	(41.4)
1966	100.0	66.6	(100.0)	(83.5)	(16.5)
1971	100.0	86.2	(100.0)	(82.4)	(17.6)
1976	100.0	88.5	(100.0)	(65.5)	(34.5)
1981	100.0	91.3	(100.0)	(51.2)	(48.8)

출처: (1) 경제기획원, 《한국경제지표》, 1982. 9, p. 9 및 pp. 18~19.
　　　(2) 경제기획원, 《주요경제지표》, 1982, p. 123.
　　　(3) 〈표 1〉(3)과 동일.

2) 경제구조의 실상과 특징

앞 항에서는 '수출주도적' 공업화를 통한 고도성장정책이라는 경제개발전략을 추진한 결과 산업구조, 공업구조, 수출상품구조 등이 고도화되었음이 밝혀졌다. 그러나 다른 한편에서는 그 결과로 다음과 같은 성격을 지닌 산업구조, 생산구조(혹은 자본구조), 공업구조, 수출구조, 기업재무구조, 물가구조 등이 형성되었음도 부인할 수 없다.

(1) 농업·공업의 상호보완취약형의 산업구조

대체로 농업이 공업에 대해서 행하는 역할로는 시장, 노동력, 식량, 원료, 자본 등의 공급이 제시된다. 이 중에서 원료, 자본의 공급원으로서의 역할까지 기대하는 것은 무리한 일일는지 모르겠으나, 우리나라의 농업이 노동력의 공급원으로서만의 역할에 그치지 않고 식량과 시장의 공급원으로서의 역할을 할 수 있어야 한다고 생각된다.

그러나 〈표 3〉에 나타난 식량자급도를 보면 쌀의 경우 1980년에 88.8퍼센트, 1981년에 66.2퍼센트, 보리쌀의 경우 각각 57.6, 72.7퍼센트, 그리고 전체로서는 각각 54.3, 43.2퍼센트로 되어 있으므로 농업이

〈표 3〉 식량자급도 · 양곡도입액

	식량자급도(%)			양곡도입액(억 달러)	
	쌀	보 리 쌀	전 체	쌀	전 체
1966	99.1	109.7	94.7	0.054	0.454
1971	82.5	91.8	71.2	1.546	2.684
1976	100.5	97.9	74.1	0.441	4.803
1978	103.8	119.9	72.6	−	4.657
1979	85.9	57.6	59.8	1.638	9.449
1980	88.8	72.7	54.3	2.488	10.196
1981	66.2	86.2	43.2	10.600	20.970

출처: 농수산부, 《농업수첩》, 1982, p. 202.

식량공급원으로서의 역할도 제대로 하지 못했음을 알 수 있다. 게다가 최근에는 물가안정을 이유로 한때 내걸었던 고미가정책도 오히려 후퇴하고 있는 경향이 짙어지고 있다.

(2) 대기업지배형의 생산구조

수출증대를 위해서는 국제경쟁력을 경시할 수 없으므로 국제단위규모의 공장을 건설하지 않을 수 없었다. 그런데 그동안 대규모의 공장을 특징으로 하는 중화학공업을 중심으로 수출증대가 도모되어 왔다. 따라서 중화학공업 중 철강공업, 조선공업, 석유화학공업, 기계공업의 경우에는 1981년 현재 총생산능력에서는 말할 것도 없고 최대 규모의 공장의 생산능력에서 보아도 국제적인 경쟁규모에 달한 것으로 알려져 있다.

그리고 자동차공업, 비철금속공업의 경우에는 그 생산능력은 최대 규모의 공장으로 볼 때 국제적인 경쟁규모의 절반에 불과하지만 총생산능력에서는 거의 국제수준에 도달했다고 해도 과언이 아니다. 이 밖에도 국제적인 경쟁규모에는 미치지 못하지만 대규모의 생산능력을 갖고 있는 공장은 상당히 많다.

이렇게 중화학공업공장을 중심으로 공장의 규모가 대규모화하다 보니 대기업이 많이 등장하게 되고, 따라서 대기업의 비중은 커지지 않을 수 없게 되었다. 〈표 4〉에서 보면 종업원 수 3백 인 이상의 대기업은 1980년 현재로 사업체 수에서 제조업 전체의 3.4퍼센트를 차지하고 있는데 불과하지만, 종업원 수와 부가가치에서는 각각 50.4, 64.8퍼센트를 차지하고 있다.

〈표 4〉 중소기업의 비중(제조업)

(단위: %)

		1963	1969	1977	1980
사업체 수	중소기업	(98.7)	(97.4)	95.9(93.5)	96.6(94.3)
	대기업	(1.3)	(2.6)	4.1 (6.5)	3.4 (5.7)
종업원 수	중소기업	(66.4)	(51.8)	46.0(37.6)	49.6(41.1)
	대기업	(33.6)	(48.2)	54.0(62.4)	50.4(58.9)
부가가치	중소기업	(52.8)	(29.7)	32.4(25.4)	35.2(26.9)
	대기업	(47.2)	(70.3)	67.6(74.6)	64.8(73.1)

주: ( ) 안은 5~2백 인 미만으로 보았을 경우의 비중임.
출처: 중소기업은행.

(3) 각 부문 간 상호보완 취약형의 공업구조

한국은행의 산업연관 분석자료에 따르면 1978년 현재의 자급자족도는 전 산업의 평균으로는 91.3퍼센트이다(〈부표 1〉 참조). 그러나 그 비중이 70.0퍼센트 미만을 일단 자급자족도가 낮은 것으로 간주할 때 5. 임산물(50.8%) 7. 석탄(58.9%) 8. 금속광석(19.9%) 9. 비금속광석(14.0%)을 제외하고는, 자급자족도가 낮은 산업은 39. 일반기계(26.6%) 37. 비철금속괴 및 동 1차제품(32.1%) 25. 유기기초화학제품(38.3%) 35. 제철 및 제강(38.3%) 36. 철강 1차제품(57.3%) 43. 정밀기계 및 광학기구(58.8%) 32. 석탄제품(62.0%) 30. 기타 화학제품(62.8%) 26. 무기기초화학제조품(69.7%) 등이다.[5] 말하자면 대체로 공업의 타 부문을 지원해주어야 할 중화학공업의 소재 및 자본재 생산부문이 자급자족도가 낮은 셈이다.

---

[5] 이 밖에 91.3%보다 작은 자급자족도를 갖고 있는 산업으로서는 3. 공예작물(77.0%) 10. 도살, 낙농 및 과일가공(89.3%) 47. 전력 및 도시가스(83.4%) 58. 사무용품(37.7%) 60. 분류 불명(80.5%) 등이 있다.

〈표 5〉 내수형 산업·수출형 산업

	경공업	중화학공업
수 출 형	7. 신발 (1.079, 4.4) 5. 의복(0.938, 20.5) 16. 고무제품(0.489, 3.6) 8. 나무·코르크(0.403, 4.4) 4. 섬유(0.294, 13.1)	25. 전기기계기구(0.377, 13.6) 23. 조립금속제품(0.353, 4.4) 26. 수송장비(0.301, 8.2) 21. 제1차 철강(0.267, 7.9) 12. 산업용화학물(0.199, 4.0)
내 수 형	6. 가죽모피제품(0.474, 1.9) 9. 가구(0.128, 0.2) 10. 종이 및 종이제품(0.065, 0.6) 1. 식료품(0.051, 1.7) 11. 인쇄·출판(0.023, 0.1) 3. 연초(0.002, 0.0) 2. 음료품 (0.001, 0.0)	27. 기타 전문기기(0.439, 1.6) 18. 도자기, 토기(0.426, 0.4) 24. 기계(0.142, 2.0) 20. 기타 비금속 광물(0.100, 1.4) 17. 기타 플라스틱(0.085, 0.6) 22. 제1차 비철금속(0.067, 0.4) 19. 유리 및 유리제품(0.057, 1.4) 15. 기타 석유석탄(0.044, 0.2) 13. 기타 석유화학(0.023, 0.3) 14. 석유정제(0.004, 0.2)

주: ( ) 안은 수출-산출 비율과 수출구성비임.

한편 수출-산출비율을 이용하여 그 비율이 작은 제조업을 내수형 산업, 큰 제조업을 수출형 산업으로 분류하고, 다시 그들을 경공업과 중화학공업으로 분류하여 보면 〈표 5〉와 같다.[6] 다만 여기서 일단 수출-산출비율이 제조업평균인 0.252 이상이며 수출구성비가 3.0퍼센트 이상인 경우를 수출형 산업, 그렇지 않은 경우를 내수형 산업으로 하였다. 물론 경공업과 중화학공업의 분류방법은 관례에 따랐다. 그러나 업종별 분류가 불분명한 기타 제조업(수출-산출비율 0.752, 수출구성비 4.2%)은 제외하였으며 수출-산출비율은 0.199에 불과하지만 수출구성비가 4.0퍼센트인 산업용화학물 제조업은 수출구성비가 3.0퍼센트 이상이므로 수출형 산업으로 분류했다.

6) 김적교, 〈내수·수출의 조화와 시장기반 확충〉의 〈표 9〉 참조.

여기에서 내수형 중화학공업은 말할 것도 없고 수출형 중화학공업도 자급자족도가 매우 낮은 데다가 내수형 경공업, 내수형 중화학공업 할 것 없이 수출형 경공업의 지원부문으로 보기 어려우므로 내수형과 수출형 산업 사이에는 밀접한 관계가 없음을 알 수 있다.

그런데 1967년에서 1979년까지의 산출증가율을 보면 여기에서의 분류와 약간 차이가 있기는 하지만 내수형 산업에 비해서 수출형 산업의 증가율이 더 크다. 내수형 산업의 증가율은 평균해서 22.9퍼센트인데 수출형 산업의 그것은 26.1퍼센트이다.[7] 또 같은 기간의 총생산성 증가율에서도 수출형 산업의 증가율이 내수형 산업의 그것보다 크다. 내수형 산업의 증가율은 평균해서 4.7퍼센트[8]인 데 비해서 수출형 산업의 그것은 7.2퍼센트에 이르고 있다.

(4) 해외의존형의 공업구조

원래부터 자본, 기술, 자원이 빈약한 상태에서 공업화를 시작했으므로 공업구조는 해외의존형이 되지 않을 수 없다고 말할 수 있다. 그러나 정도의 문제가 있다. 〈표 6〉에서 나타나듯이 제조업은 1981년 6월 말 현재로 차관에서는 확정 기준으로 전체의 0.8퍼센트, 도착 기준으로는 37.2퍼센트를, 외국인 직접투자에서는 건수 기준으로 84.2퍼센트, 금액 기준으로는 72.2퍼센트를, 기술도입에서는 1981년 말 현재 건수 기준으로 89.5퍼센트를, 로열티 지급 기준으로는 83.2퍼센트를 각각 차지하고 있다.

---

7) 앞의 논문의 〈표 9〉에서 계산한 것이다. 총생산성 증가율의 그것도 마찬가지이다.
8) 산업(공업)용화학물 제조업의 그것을 제외하고 계산하면 7.5%가 되며 내수형 산업의 경우에는 석유정제업의 그것을 제외하고 계산하면 5.2%가 된다.

〈표 6〉

(1) 산업별 차관(1981. 6)

	확 정	도 착
농 림 수 산 업	9.6	
광 업	0.2	
제 조 업	30.8	37.2
경 공 업	5.5	6.8
중 화 학 공 업 *	25.3	30.4
사 회 간 접 기 타 서 비 스	59.4	52.6
합 계	100.0(244.27)	100.0(194.27)

* 화학, 요업, 금속, 수송장비 제조, 전기·전자기계.

(2) 산업별 외국인 투자(1981. 6)

	건 수	구성비	금 액	구성비
농 림 수 산 업	41	5.0	0.13	1.1
광 업	10	1.2	0.01	0.2
제 조 업	692	84.2	8.83	72.2
경 공 업	185	22.5	1.35	11.1
중 화 학 공 업	507	61.2	7.48	61.1
사 회 간 접 기 타 서 비 스	79	9.6	3.24	26.5
합 계	822	100.0	12.22	200.0

(3) 산업별 기술도입, 로열티 지급(1981.12)

	기 술(건수)	로열티 지급
농 림 · 축 산	0.6	1.2
제 조 업	89.5	83.2
경 공 업	7.0	7.1
중 화 학 공 업 *	82.5	76.2
기 타	9.9	15.6
합 계	100.0(1,973)	100.0(5.65)

* 요업·시멘트·석유화학·금속기계.
  ( ) 안은 실수임. 단, 단위는 %, 로열티 지급액은 억 달러.
출처: 경제기획원.

〈표 7〉 수입(구성비)

	총수입	원 유	자본재	원자재	수출용 원자재	수출용 원자재사용액
1962	100.0	6.6	16.6	–	–	–
1963	100.0	5.7	20.7	–	–	–
1966	100.0	5.7	24.0	41.4	–	–
1967	100.0	5.9	31.1	50.0	–	12.3
1971	100.0	7.3	28.6	43.3	–	21.1
1976	100.0	18.3	27.7	42.4	24.4	33.7
1971~1981	(24.3)	(32.8)	(24.3)	(23.3)	(21.8)	(31.1)
1978~1981	100.0	19.9	27.9	40.2	17.8	25.9
1978	100.0	14.6	33.9	41.1	19.7	27.9
1979	100.0	15.2	31.0	42.3	16.9	24.3
1980	100.0	25.3	23.0	39.7	17.0	25.2
1981	100.0	24.4	23.6	37.7	17.6	26.2

주: ( ) 안은 증가율을 나타냄.
출처: 경제기획원,《한국경제지표》, 1982. 9, pp. 74~75 및 p. 81.

　한편 형태별 수입을 보면 〈표 7〉에서 보듯이 원자재 수입은 1976년 현재로 총수입의 42.4퍼센트를, 1981년 현재로 37.7퍼센트를, 원유 수입은 각각 18.3퍼센트와 24.4퍼센트를, 자본재 수입은 각각 27.7퍼센트와 23.6퍼센트를 차지하고 있다. 그리고 1978년에서 1981년까지의 연평균으로는 원자재 수입은 총수입의 40.2퍼센트, 원유 수입은 19.9퍼센트, 자본재 수입은 27.9퍼센트를 각각 차지하고 있다.

(5) 다자원소비형·다석유소비형의 공업구조

　일반적으로 중화학공업은 다자원소비적·다석유소비적인 산업으로 알려져 있다. 그런데 3차 경제개발계획부터 중화학공업 중심으로 공업화가 추진된 결과, 앞에서 본 것처럼 중화학공업 비율이 크게 높아졌으며, 그 비중도 현재 50퍼센트를 넘고 있다. 중화학공업의 본격적인 추진은 1970년대 초까지의 풍부하고 저렴한 에너지 및 자원시대를 전제로 한 것이었다.

또한 자원이 비효율적으로 이용되고 있다는 것, 즉 낭비되고 있다는 것은 총생산성 증가율이 자본집약도 증가율보다 작다는 것을 통해서 알 수 있다. 예컨대 1967년에서 1979년까지 사이의 우리나라 총생산성 증가율은 5.0퍼센트이고 자본집약도 증가율은 9.5퍼센트이다.[9]

한편 중화학공업화가 본격적으로 추진된 3차 계획기간을 포함하는 1970~1979년에는 석유소비 증가율은 연평균 14.1퍼센트이었으며 같은 기간의 연평균 경제성장률로 나눈 석유소비의 탄력성은 1.47이나 되었다.[10] 이것은 일본의 경우 1972~1981년에 석유소비 증가율 0.4퍼센트, 석유소비의 탄력성 0.09에 견주면 매우 큰 수치이다.

(6) 중화학공업 비대형의 공업구조

그동안 중화학공업화를 추진하면서 자유경쟁의 원리를 내세워 비슷한 크기의 국제규모 공장들을 건설해 왔다. 이와 같은 중복투자의 대표적인 예는 발전설비 및 건설중장비, 자동차, 선박용 엔진, 중전기기, 전자교환기, 동제련 등에서 찾아볼 수가 있다. 그리하여 1979년부터 중화학공업 투자조정이 이뤄지기 시작했다.

이러한 사실 자체는 중화학공업 투자가 과대함을 말해주는 것이기도 하다. 그러나 그뿐 아니다. 1981년 11월 현재로 은행대출금에서 중화학공업이 차지하는 비중은 36.1퍼센트나 되며, 한국산업은행의 대출금만을 본다면 그 비중은 46.1퍼센트나 된다. 그리고 한국산업은행 조사결과에 따르면 1982년에 이들 397개 주요 업체의 자금필요액은 시설자금으로서 1조 3,980억 원, 운영자금으로서는 5조 2,830억 원으로

---

9) 김적교, 앞의 논문의 〈표 9〉 참조.
10) 한국은행, 《주간내외경제》, 1982. 10. 23, p. 10.

모두 6조 6,810억 원이나 된다고 한다. 그 중 70퍼센트를 자체 조달하고 나머지 30퍼센트를 외부자금에서 조달하기로 되어 있다. 약 1조 5,880억 원을 외부자금으로 충당해야 하는 셈이다. 6조 6,810억 원은 1982년 7월 말의 총통화가 17조 3,210억 원임을 감안할 때 얼마나 큰 규모인가를 알 수 있다. 더욱이 이런 규모의 자금이 1년 동안에 단지 397개 업체에서 집중적으로 필요하게 되어 있다.

또한 중화학공업은 경제기획원 자료에 따르면 1981년 6월 말 현재로 차관에서는 확정 기준으로 25.3퍼센트, 도착 기준으로는 30.4퍼센트의 비중을, 외국인 직접투자에서는 건수에서는 61.7퍼센트, 금액에서는 61.1퍼센트의 비중을 각각 차지하고 있다.

1972년에서 1979년까지의 투자(고정자본형성 기준)의 산업별 배분의 실적(1980년 불변가격 기준)을 통해서 볼 때에도 중화학공업에 대한 투자는 총투자의 14.5퍼센트(제조업의 62.7%)나 된다. 이것은 통신·수송이 24.5퍼센트이고, 주택이 15.8퍼센트인데 이어서 세 번째의 크기이며, 농림어업·광업이 10.0퍼센트인데 그것보다도 큰 것이다. 또 한국산업은행 자료에 의해 중화학공업이 전 산업설비투자(경상가격 기준)에서 차지하는 비중을 보면 1975년과 1976년에는 40.0퍼센트 선, 1977~1979년에는 50.0퍼센트 선, 1980년 이후에는 40.0퍼센트 선에 이르고 있다.

(7) 해외원자재 가공형의 수출구조

수출용 원자재 수입의 공산품 수출에 대한 비율은 1981년에는 23.4퍼센트이고 수출용 원자재 사용액의 그것은 35.0퍼센트이고 원유 수입이 총수입에서 차지하는 비중은 24.4퍼센트이다. 그리고 공산품 수출의 외화가득률은 1981년에는 65퍼센트이다.

한편 수출-산출비율도 상대적으로 낮다. 1979년에 그 비율은 제조업 전체로는 25.2퍼센트며 1975년의 26.3퍼센트와 대동소이하다. 공산품 생산에 필요한 원료와 중간재의 거의 전부를 수입하여 이를 완제품으로 가공하는 생산방식을 채택하는 경우에는 이 비율은 낮은 것으로 알려져 있다. 가공무역형의 수출을 하고 있는 홍콩의 경우에는 수출산업의 비율은 제조업 전체로 1973년에는 16.2퍼센트, 1977년에는 17.6퍼센트라고 한다.[11]

(8) 수입유발형의 수출구조

한국은행의 산업연관 분석자료에서 뽑은 〈표 8〉에 따르면 수출의 수입유발계수는 1970년에 26.0퍼센트이던 것이 1975년과 1978년에는 다 같이 36.0퍼센트로 되었다. 이 수준은 앞으로도 당분간 유지될 것으로 전망되고 있다.

〈표 8〉

(1) 수출의 수입유발도 (단위: %)

	1970	1974	1975	1976	1977	1978	1979	1980	1981
(1)		35.7	35.8	36.1	36.0				
(2)	26.0		36.0			36.0			
	(0.26)		(0.36)			(0.36)			
(3)						35.2	35.9	36.6	36.4

주: ( ) 안은 퍼센트로 표시하기 전의 수치(수입유발계수)임.
출처: (1)은 한국은행 조사 제2부, 《수출효과의 산업연관분석(1974~1977)》, 1978. 9, p. 23.
　　　(2)는 동 별도 유인물. (3)은 한국무역협회의 분석 결과.

(2) 중화학공업의 수입유발도 (단위: %)

1970	1973	1975	1978
39.75	47.25	52.11	49.09
(0.3974)	(0.4725)	(0.5211)	(0.4909)

출처: 한국은행 조사 제2부.

11) 김수용, 〈한국무역의 성장과 구조변화〉, 1982, pp. 70, 73.

중화학공업의 비중이 커지거나 중화학공업제품의 수출비중이 커져
도 수입은 커지게 되어 있다. 왜냐하면 중화학공업의 수입유발계수는
1975년에는 52.1퍼센트, 1978년에는 49.1퍼센트나 되기 때문이다. 한
국산업은행 자료를 보아도 전반적으로 산업의 수입유발효과는 큰 것
으로 나타나고 있다.

(9) 타인자본 의존형의 기업재무구조

한국은행의 기업경영 분석자료인 〈표 9〉에 의하면 제조업기업의 자
기자본비율은 1979년에는 21.0퍼센트, 1980년에는 17.0퍼센트, 1981년
에는 18.0퍼센트이며, 부채비율은 각각 377.1, 487.9, 451.5퍼센트, 차
입금의존도는 48.4, 49.3, 49.4퍼센트이다.

〈표 9〉 제조업(종합) 경영지표(1)

(단위: %)

	1979	1980	1981
1. 자　　　　　　산	100.0	100.0	100.0
유　　동　　부　　채	49.3	52.0	52.0
단 기 외 국 차 관			1.1
단 기 은 행 차 입 금	16.1	17.4	16.0
고　　정　　부　　채	29.7	31.0	29.7
외　　국　　차　　관	9.1	10.1	9.1
장 기 은 행 차 입 금	11.8	11.0	11.9
2. 원　　　　　　천	100.0	100.0	100.0
자　　기　　자　　금	27.3	16.8	37.1
감 가 상 각 비	15.5	12.5	21.5
타　　인　　자　　금	72.7	83.2	62.9
은 행 기 타 차 입	36.2	33.4	35.8
3. 기　　타			
자 기 자 본 비 율	21.0	17.0	18.1
부　　채　　비　　율	377.1	487.9	451.5
차 입 금 의 존 도	48.4	49.3	49.4

주: 1978년의 자기자본비율, 부채비율, 차입의존도는 각각 21.4%. 366.8%, 48.0%이다.
출처: 한국은행, 《기업경영분석》, 1980 및 1982.

〈표 10〉 물가상승률(1980=100)

(단위: %)

연 도	도매물가	소비자물가	수입물가
1965	10.3	8.7	
1966	8.6	11.2	
1967	6.5	10.9	
1968	8.1	10.8	
1969	6.9	12.3	
1970	9.4	15.9	
1971	8.6	13.5	
1972	13.8	11.7	5.2
1973	7.4	3.1	23.8
1974	41.9	24.3	26.8
1975	26.1	25.3	−5.8
1976	12.2	15.3	3.0
1977	9.0	10.1	0.9
1978	11.6	14.4	4.4
1979	18.8	18.3	26.7
1980	38.5	28.7	27.6
1981	20.4	21.3	4.0

출처: 경제기획원, 《한국경제지표》, 1982. 9, pp. 88, 90, 93.

그리고 유동부채는 자산의 49.3, 52.0, 52.0퍼센트이며, 고정부채는 29.7, 31.0, 29.7퍼센트이며, 따라서 부채는 79.0, 83.0, 81.7퍼센트며 자기자금은 자금의 27.3, 16.8, 37.1퍼센트, 타인자금은 72.7, 88.2, 62.9퍼센트이다. 1981년에는 자기자금의 비율이 크게 높아졌는데 그 원인의 하나는 감가상각비의 비중이 커진 데 있다.

한편 고정부채의 하나인 외국차관은 자산의 9.1, 10.1, 9.1퍼센트이다. 이 외국차관의 비중은 중화학공업이 높은 편이다. 그것은 각각 2.4, 14.3, 11.3퍼센트나 된다. 산업을 대분류로 구분할 때에는 9개가 되는데, 제조업은 외국차관의 비중에서 전기업, 운수창고업에 이어 제3위를 차지하고 있다.

(10) 해외의존형의 물가구조

앞에서 본 것처럼 해외원자재 수입이 전체 수입에서 차지하는 비중은 1970년에는 42.4퍼센트, 1981년에는 37.7퍼센트이고, 원유 수입의 비중은 각각 18.3퍼센트, 24.4퍼센트이다. 그러므로 양자를 합치면 각각 60.7퍼센트, 62.1퍼센트나 된다. 따라서 원자재와 석유의 국제가격의 변동이 우리나라 물가에 커다란 영향을 미치게 되어 있다. 이 사실은 〈표 10〉에서 알 수 있듯이 1년 시차를 두고 볼 때 수입물가 상승률이 도매 및 소비자 물가상승률과 대체로 비슷하다는 점에서 방증된다.

3. 구조문제와 그 대책방안

1) 구조문제

앞의 2절에서 우리나라의 산업구조, 공업구조, 수출상품구조 등의 고도화과정에서 어떤 성격의 산업구조, 생산구조(혹은 자본구조), 공업구조, 수출구조, 기업재무구조, 물가구조가 형성되었는가를 살펴보았다. 그런데 이들 구조는 다음과 같은 여러 가지 구조문제들을 야기한 것으로 생각된다.

(1) 농업의 상대적 위축 및 식량의 해외의존

농업과 공업의 상호보완 취약형의 공업구조는 농업의 상대적 위축과 식량의 해외의존을 초래했다. 농가소득은 1975년과 1977년 사이에는 도시근로자 가구소득보다 높았다. 즉 도시근로자 가구소득을 100으로 할 때 농가소득은 1975년에는 101.6, 1976년에는 100.4, 1977년에는 102.0으로 그것을 약간 상회했다. 그렇지만 1978년부터 이 비율은 역전되어 1978년의 98.3, 1979년의 84.7, 1980년의 84.0으로 점점 낮아지고 있다.

패리티율을 보아도 농업의 상대적 위축이 뚜렷이 나타난다. 1973년
에 101.3까지 되었던 것이 1976년 이후 계속해서 100.0을 밑돌고 있을
뿐만 아니라 점차로 악화되어 1980년에는 94.5, 1981년에는 86.6을 나
타내고 있다. 이와 같은 농업의 상대적 위축은 내수시장으로서의 농업
의 역할이 상대적으로 약화되었다는 사실을 의미한다.

한편 쌀의 도입액은 〈표 3〉에서 보듯이 1980년에는 2.5억 달러,
1981년에는 10.6억 달러이며, 양곡 전체의 도입액은 각각 9.5억 달러,
20.97억 달러이다. 이러한 양곡도입액의 확대는 무역수지적자의 만성
화를 가져오고 나아가서 외채부담을 가중시키는 요인이 된다.

(2) 중소기업의 상대적 위축

대기업지배형의 생산구조는 중소기업의 상대적 위축을 초래했다.
〈표 4〉에서 보았듯이 중소기업은 1977년에 사업체 수에서는 95.9퍼센
트를 차지하는데, 종업원 수에서는 46.0퍼센트, 부가가치에서는 32.4퍼
센트를 차지하고 있고 1980년에는 각각 96.6, 49.6, 35.2퍼센트를 차지
하고 있다.

한편 경제기획원 자료에 따르면 1980년 현재로 3개사의 시장점유율
이 50.0퍼센트 이상인 독과점형 업종의 비중은 90.0퍼센트나 된다고
하는데, 이는 1974년의 70.1퍼센트에 견주어 상당히 큰 수치이다. 또
한 재벌기업의 시장점유율은 1970년의 43.9퍼센트에서 1980년 현재
47.2퍼센트로 증가하였다.

이러한 중소기업의 상대적 위축은 중소기업의 판매처인 내수시장과
수출시장이 모두 대기업에 의해 잠식되었음을 의미한다.

(3) 자본재 수입의존 및 내수산업의 상대적 위축

각 부문 간의 상호보완 취약형의 공업구조는 자본재 등의 해외의존, 내수산업의 상대적 위축을 초래했다. 〈표 7〉에서 보았듯이 1981년에는 자본재 수입은 총수입의 23.6퍼센트, 1978~1981년의 평균으로는 27.9퍼센트이고, 원자재 수입은 1981년에는 37.7퍼센트, 1978~1981년 평균으로는 40.2퍼센트이다. 한편 자본재 수입증가율은 1978~1981년에는 평균 24.3퍼센트로서 같은 기간의 총수입 증가율과 원자재 수입 증가율을 약간 웃돌고 있다.

한국은행의 자료에 따르면 수출형 산업에 속하는 섬유, 의복, 제재·코르크 및 나무제품, 공업용 화학제품, 고무제품, 제1차 철강·금속제품, 전기기기, 수송용기기는 합쳐서 볼 때 제조업 생산액(1975년 가격 기준)에서 차지하는 비중이 1970년에 40.0퍼센트, 1975년에 54.2퍼센트, 1980년에 55.3퍼센트로 높아지고 있는 반면, 내수형 산업에 속하는 가구 및 건구(建具) 등의 나머지(단, 기타 제조업 제외)는 합쳐서 볼 때 각각 57.5, 43.7, 41.2퍼센트로 그 비중이 점차 떨어지고 있다(〈부표 2〉 참조). 이는 내수시장의 약화와 내수형 산업의 상대적 위축이 상호작용적으로 영향을 미쳐 일어난 결과라고 볼 수 있다.

(4) 무역수지적자·경상수지적자의 만성화

농업과 공업 및 공업 각 부문 간의 상호보완 취약형의 산업구조 및 공업구조, 다자원·다석유소비형 및 해외의존형의 공업구조, 해외원자재 가공형 및 수입유발형의 수출구조는 각각 무역수지적자·경상수지적자의 만성화를 초래하였다.

원래 우리나라는 〈표 11〉에서 보듯이 입초(入超)형의 무역구조를 갖고 있는데, 이와 같은 공업구조와 수출구조 등으로 인해 그동안 급속

〈표 11〉 무역수지 · 경상수지

(단위: 억 달러)

	무역수지		경상수지
	(1)	(2)	
1962	-3.67	-3.35	-0.56
1963	-4.74	-4.10	-1.43
1964	-2.85	-2.45	-0.26
1965	-2.88	-2.40	0.09
1966	-4.66	-4.30	-4.03
1967	-6.76	-5.74	-1.92
1968	-10.08	-8.36	-4.40
1969	-12.01	-9.92	-5.49
1970	-11.49	-9.22	-6.23
1971	-13.27	-10.49	-8.48
1972	-8.98	-5.74	-3.71
1973	-10.15	-5.66	-3.09
1974	-23.93	-19.37	-20.23
1975	-21.93	-16.71	-18.87
1976	-10.59	-5.91	-3.14
1977	-7.64	-4.77	0.12
1978	-22.61	-17.81	-10.85
1979	-52.83	-43.96	-41.51
1980	-47.87	-43.84	-53.21
1981	-48.78	-34·19	-44.36

주: (1)은 통관 기준, (2)는 국제수지 기준임.
출처: 경제기획원,《한국경제지표》, 1982. 9, p. 62 및 한국은행,《주요경제지표(속보)》,
    1982. 9. 25, pp. 5~6.

한 수출증대가 있었음에도 불구하고 무역수지·경상수지적자는 좀처럼
해소되지 않았다고 생각된다.

무역수지적자는 1981년에는 통관액 기준으로 47억 8,700만 달러이
며 경상수지적자는 44억 3,600만 달러이다. 이러한 무역수지·경상수지
적자의 만성화가 외채누증을 초래했음은 말할 나위도 없다.

(5) 중화학공업의 부실화

중화학공업 비대형의 공업구조는 중화학공업의 부실화를 초래하고 있다.[12] 경제기획원 자료에 따르면 가동률은 1980년 12월과 1981년 7월의 두 시기를 놓고 볼 때, 농업용 트랙터의 경우에는 11.5, 38.9퍼센트, 선반의 경우에는 23.4, 32.0퍼센트, 기계의 경우에는 28.8, 33.7퍼센트, 크레인의 경우에는 41.2, 6.7퍼센트, 변압기의 경우에는 37.4, 38.4퍼센트, 승용차의 경우에는 45.4, 36.4퍼센트 등이라고 한다. 이것은 중화학공업 중 중공업의 가동률이 얼마나 저조한가를 말해 준다고 할 수 있다. 업체별로 본 가동률의 실태도 이와 대동소이하다.

그리고 상공부의 〈중화학공업의 업종별, 주요 업체별 1981년도 가동률 및 경영실적〉이란 조사결과에 따르면 조사대상 74개사 가운데서 34개사가 도합 2,609억 원의 적자를 냈고, 42개사가 도합 1,430억 원의 흑자(순이익)를 낸 것으로 나타났다. 이러한 중화학공업의 부실화는 외채부담을 더욱 가중시키고 있다고 볼 수 있다.

(6) 기업재무구조의 악화

타인자본 의존형의 기업재무구조는 기업재무구조의 악화라는 결과를 가져왔다.

〈표 12〉에서 보듯이 제조업기업의 경우 경상이익과 순이익은 1980년과 1981년에는 감소하고 있으며 총자본순이익률과 매출액순이익률도 마이너스를 보이고 있다. 즉 그들은 1980년에는 −1.35, −1.06퍼센트, 1981년에는 −0.9, −0.72퍼센트이다.

그런가 하면, 금융비용은 1979년에는 제조원가의 6.0퍼센트, 부가가

---

12) 경공업과 중화학공업 사이의 상호보완취약형의 공업구조, 타인자본의존형의 기업재무 구조도 이에 가세하고 있다고 할 수 있다.

〈표 12〉 제조업(종합)경영지표(2)

(단위: %)

	1977	1978	1979	1980	1981
1. 매 출 액			100.0	100.0	100.0
인 건 비			12.5	10.6	9.9
금 융 비 용			6.0	7.4	8.0
외 환 차 손			0.1	2.1	1.0
2. 성 장 률					
경 상 이 익 증 가 율		56.72	−24.21	−108.44	−101.49
순 이 익 증 가 율		57.33	−21.51	−187.93	−47.33
3. 손 익 관 계 비 율					
총 자 본 순 이 익 률	2.62	2.71	1.89	−1.35	−0.9
기 업 순 이 익 률	8.84	8.76	9.27	8.02	9.0
매 출 액 순 이 익 률	2.05	2.17	1.53	−1.06	−0.7
금융비용대총비용비율	4.87	4.88	5.93	7.09	7.7
금융비용 대 매출액비율	4.87	4.83	5.95	7.39	8.0
4. 부 가 가 치	100.0	100.0	100.0	100.0	100.0
인 건 비	47.6	51.2	50.3	51.0	47.0
금 융 비 용	16.1	15.9	19.2	28.7	32.0

출처: 〈표 9〉와 동일. 단 금융비용은 한국은행, 《조사통계월보》, 1982. 7, p. 8.

치의 19.2퍼센트, 1980년에는 각각 7.4, 28.7퍼센트, 1981년에는 각각 8.0, 32.4퍼센트로 높아지고 있다. 그리고 금융비용 대 총비용비율과 금융비용 대 매출액비율은 1979년에는 5.93, 5.95퍼센트, 1980년에는 각각 7.09, 7.39퍼센트, 1981년에는 7.78, 8.01퍼센트를 각각 나타내고 있다.

한편 외환차손은 1980년에는 매출의 2.1퍼센트, 1981년에는 1.0퍼센트이다. 이것은 외국차관이 자산의 10.0퍼센트나 차지하고 있음으로 인해 국제금리의 변동이나 환율 변동의 영향을 크게 받게 되어 있는 데 기인한다.

(7) 코스트 푸시 인플레의 정착화

해외의존형의 물가구조는 코스트 푸시 인플레의 정착화를 초래하고 있다. 수입원자재와 석유가 총수입에서 차지하는 비중이 매우 크므로 이들의 국제가격의 변동이 우리나라 물가에 커다란 영향을 미치게 되어 있으며, 게다가 환율의 변동도 물가에 영향을 미치게 되는 요인이 된다. 한편 물가를 자극할 통화팽창 등의 수요측의 요인이 가세할 때에는 인플레율이 더 커지게 됨은 두말할 필요도 없다.

(8) 외채누증

중화학공업 비대형의 공업구조와 타인자본 의존형의 기업재무구조는 직접적으로, 또한 앞에서 열거한 산업구조, 공업구조, 수출구조는 무역수지·경상수지에 영향을 줌으로써 간접적으로 외채누증을 초래하고 있다. 외채잔액은 1981년 말 현재로는 325~330억 달러이며 1982년 9월 말 현재로 342~358억 달러에 이른다.

2) 대책방안

앞 항에서 구조문제로서 생각할 수 있는 것들이 무엇인가가 일단 밝혀졌다. 이들을 해소하는 방안으로서는 다음과 같은 것들이 있다.

(1) 농업의 육성

농업에 대한 투자를 증가시키도록 해야 한다. 또한 가격인상을 통해 식량증산을 자극하도록 해야 한다. 한편 중소기업을 농촌에 유치하여 농촌공업을 육성하는 방법을 고려해 볼 수 있다.

농림어업은 〈표 2〉의 (1)에서 보듯이 1981년에 경상가격 기준으로 GNP의 18.0퍼센트, 1975년 불변가격 기준으로는 18.1퍼센트에 불과하지만, 취업인구 전체의 34.2퍼센트를 차지하고 있어서 여전히 광공업의 21.3퍼센트를 크게 상회하고 있다. 게다가 농가인구는 1980년에는 29.0퍼센트, 1981년에는 25.8퍼센트를 차지하고 있지만 이에 농산물의 가공, 판매 및 비료, 농기구 등의 관련산업에 종사하는 인구까지 합치면 훨씬 그 비중이 크다.

농업육성은 농가소득의 증가를 위해서, 농촌으로부터 인구유출을 방지하기 위해서, 또한 식량도입의 감소를 위해서도 필요하다. 식량증산과 식량절약이 결부된다면 식량도입을 감소시키는 효과는 더 커질 것이다. 그리고 농업의 육성은 곧바로 국내(내수)시장의 육성과 직결된다.

(2) 중소기업의 육성

중소기업에 대한 투자를 증가시키는 한편, 중소기업을 전문화시키고 대기업과의 기술적 보완관계를 강화시켜야 한다. 그리고 중소기업을 다양화시켜 중소수출공업, 중소기계공업, 농촌공업의 형태 등으로 육성할 필요가 있다.

중소기업은 〈표 4〉에서 보듯이 제조업에서 1980년 현재로 부가가치의 35.2퍼센트의 비중을 차지하고 있으면서도 종업원 수에 있어서는 49.6퍼센트를 차지하고 있다. 따라서 중소기업의 육성은 국내시장의 육성으로 연결될 가능성이 크다.

상공부의 〈중소기업진흥장기계획(안)〉에 따르면 1960년대와 1970년대에 30.0퍼센트를 차지하고 있는 중소기업에 대한 투자의 비중을 1980년대에는 40.0퍼센트로 높이고 1991년에는 종업원 수에서 45.0퍼센트, 부가가치에서 54.0퍼센트를 차지하도록 계획하고 있다. 그렇지만 미국의 경우에 중소기업을 종업원 수 500인 이하로 규정할 때 그것은 업체 수의 97.0퍼센트, GNP의 43.0퍼센트, 도매액의 57.0퍼센트 전체 건설공사의 76.0퍼센트, 비농업부문 민간취업자의 58.0퍼센트를 차지하고 있는 데 비해 우리나라 중소기업의 비중은 수치 그대로 비교는 되지 않는다고 하더라도 낮은 것으로 여겨진다.

(3) 자본재·소재생산부문의 육성

중화학공업의 자본재·소재생산부문을 단계적으로 육성해가도록 해야 한다.이 부문의 육성은 자급자족도를 높이기 위해서, 자본재·소재의 수입가중을 방지하기 위해서, 또한 해외원자재 가공형 및 수입유발형의 수출구조를 개선하기 위해서도 절실한 것이다. 다시 말하면 무역수지적자의 만성화를 해소하기 위해서 반드시 필요한 것이다. 그리고 이것이 경영합리화와 결부된다면 물가안정에도 기여하는 바가 클 것이다.

(4) 내수산업의 육성

내수산업에 대한 투자를 증가시키도록 해야 한다. 이를 위해서는 상대적으로 수출에 유리한 산업지원제도를 지양할 필요가 있다. 내수기반을 가진 뒤에 수출산업으로 전환할 수 있게 하기 위해서이다. 내수산업의 육성은 국내시장의 육성과 밀접하게 연결되어 있다.

(5) 자원절약형·석유절약형의 공업구조로의 개편

다자원소비형·다석유소비형의 공업구조를 저자원소비형·저석유소비형의 공업구조로 꾸준히 개편해 가도록 해야 한다. 이 개편은 무역수지·경상수지적자의 만성화를 해소하는 데 필요하다. 특히 자원 및 석유절약이 결부될 때 그 효과는 커질 것이다.

(6) 중화학공업의 정상화

투자조정을 통해서 이것이 불가능한 경우에는 시설의 스크랩화를 통해서라도 중화학공업을 정상화해 가도록 해야 한다. 중화학공업의 정상화는 중화학공업의 부실화의 방지를 위해서, 금융에 주는 압박을 감소시키기 위해서도 외채누증의 방지를 위해서 필요하다. 그러나 이 때 정상화의 길의 하나로서 강조되고 있는 중화학공업제품의 연불수출은 사실상 막대한 자금지원을 필요로 하므로 주의 깊게 시행되어야 함을 잊어서는 안된다.

(7) 수출증대

수출증대를 지속하되 주로 경영합리화, 생산성 향상, 기술개발을 통해서 수출이 확대될 수 있도록 해야 한다. 수출증대는 무역수지·경상수지적자의 만성화의 개선을 위해서 그리고 나아가서는 외채누증의 방지를 위해서 필요하다. 그러나 앞에서 언급된 수입감소 노력이 결부될 때에 그 효과가 더 크게 나타남은 말할 나위도 없다.

(8) 경영합리화·생산성 향상·기술개발

경영합리화·생산성향상·기술개발을 적극적으로 추진해야 한다. 이것은 기업재무구조의 개선뿐만 아니라 국민경제적 차원에서 수출확대, 수입감소 및 물가안정을 위해서 필요한 일이다. 이렇게 되면 나아가서 무역수지·경상수지적자의 만성화와 외채누증을 방지할 수 있게 된다.

(9) 내자동원의 극대화·외화절약

자발적 저축증대를 통한 내자동원을 극대화하도록 하는 한편 외화를 절약하도록 해야 한다. 이것은 외채누증을 방지하는 직접적인 방법

〈표 13〉 저축률 비교

(단위: %)

	1970	1971	1972	1973	1974	1975	1976	1977	1978	1979	1980	1981
	(1) 국민저축률(경상)											
한 국	17.3	15.4	15.7	23.6	20.5	18.6	23.1	25.1	26.4	26.6	19.9	20.0
대 만	25.5	28.8	32.1	34.6	31.7	26.9	32.5	33.0	35.2	34.6	33.3	30.9
필 리 핀	20.8	19.7	18.6	23.9	23.8	23.8	23.8	24.1	26.1	26.9	24.5	25.2
태 국	20.8	19.8	22.0	26.3	25.0	23.2	22.1	22.7	24.4	23.2	22.7	22.5
	(2) 가계저축률(경상)											
한 국	3.4	2.5	3.0	9.8	6.1	3.4	6.0	8.6	10.0	9.7	5.5	−
대 만	10.9	13.1	13.6	16.1	13.5	11.0	11.7	13.5	13.6	13.5	12.4	−
필 리 핀	4.7	5.6	6.4	9.7	12.8	12.7	16.4	20.7	19.2	−	−	−
태 국	10.1	9.0	11.1	16.0	12.2	12.2	13.5	11.0	10.3	−	−	−

자료: 한국은행.

이다.

그동안 투자재원의 국내조달 비중이 높아져온 것은 사실이다. 그렇지만 아직도 우리나라는 국민저축률에서나 가계저축률에서 대만에 견주어서는 물론 태국, 필리핀에 견주어도 낮은 편이다. 〈표 13〉에서 보듯이 우리나라의 국민저축률은 1970~1979년에는 연평균으로 21.0퍼센트인데 대만, 필리핀, 태국의 그것은 각각 27.4, 23.4, 22.9퍼센트이며, 우리나라의 가계저축률은 1970~1978년에는 연평균 5.5퍼센트인데 대만, 필리핀, 태국의 그것은 각각 13.0, 12.0, 12.3퍼센트이다.

한편 현재의 외채잔액과 앞으로 예상되는 그 규모를 감안할 때 외화절약은 절실하므로, 외화절약을 위해 실질적인 노력도 지속적으로 뒤따라야 한다.

(10) 기 타

이외에 경제개발전략의 밑바탕이 되는 기본적인 생각에 대한 반성도 있어야 한다. 경제성장과 경제발전은 동일한 것이 아니며, 경제발

전은 구조변화가 수반된 경제성장을 의미한다. 고성장은 결코 만능이
아니다. 고성장·고물가, 고성장·고고용, 선성장·후분배란 주장도 잘못
된 것이다. 공업화와 수출은 경제발전을 위한 수단에 불과함은 누차
지적되어온 바이다. 경영합리화에 의해 뒷받침되지 않은 양산체제는
별로 효과가 없다. 또한 수출증대를 위해서라고는 해도 중화학공업에
대한 과대한 투자는 삼가야 하며, 아울러 이러한 비효율적 자원배분을
가져올 소지를 갖고 있는 정부의 지나친 개입도 자제되어야 한다.

4. 결 언

(1) 1960년대 이후로 한정하고 볼 때에 우리나라 경제의 구조문제
는 산업구조, 공업구조, 수출상품구조 등의 고도화과정에서 누적된 문
제이다. 그리고 그러한 고도화가 경제개발전략 내지 경제개발정책의
산물이라고 한다면 그것은 경제개발전략에서 야기된 것이라 할 수 있
다.[13] 물론 그동안의 경제운용방식의 경직화, 산업지원제도 등도 가세
한 것이 사실이다. 따라서 우리나라 경제의 구조문제는 산업구조, 공
업구조, 수출상품구조 등의 개편 또는 전환과 경제개발전략, 경제운용
방법, 산업지원제도 등의 전환을 필요로 하는 문제이기도 하다.

또한 그것은 일시적인 것도, 주기적·반복적인 것도 아니고 장기적
인 문제이고 누적적인 문제이다. 그러기에 그것은 경기변동론적 접근
으로는 파악할 수 없으며, 우리에게 잘 알려져 있는 금융정책, 경기조
절적 재정정책, 가격안정정책, 경기조절적 무역정책 등을 내용으로 하

---

13) 《제5차 경제사회발전 5개년계획서》(1981. 8)에 "양적 팽창정책에서 누적된
　　문제"(p. 8)라는 표현이 있는데 이것이 여기에서의 구조문제에 가깝다고 보아
　　도 무방할 것이다.

는 경기정책으로는 해결할 수 없다. 그것은 어디까지나 구조론적으로 파악하며 별도 정책으로 해결해 가야 하며, 그 해결을 위해서는 오랜 기간이 필요한 것이다. 따라서 구조문제의 해결을 위해서는 올바른 진단 및 처방과 그 처방의 지속적인 추진이 무엇보다도 절실하다.

(2) 우리나라의 구조문제로서는 다음을 생각할 수 있다.

① 농업의 상대적 위축 및 식량의 해외의존, ② 중소기업의 상대적 위축, ③ 자본재 등의 수입의존 및 내수산업의 상대적 위축, ④ 무역수지·경상수지적자의 만성화, ⑤ 중화학공업의 부실화, ⑥ 기업재무구조의 악화, ⑦ 코스트 푸시 인플레의 정착화, ⑧ 외채누증 그리고 그 해소방안으로서는 다음을 들 수 있다.

① 농업의 육성, ② 중소기업의 육성, ③ 자본재·소재생산부문의 육성, ④ 내수산업의 육성, ⑤ 자원절약형·석유절약형의 공업구조로의 개편, ⑥ 중화학공업의 정상화, ⑦ 수출증대, ⑧ 경영합리화·생산성 향상·기술개발, ⑨ 내자동원의 극대화, ⑩ 기타(경제개발전략에 깔린 기본 생각의 반성).

〈부표 1〉 자급자족도 추이

(단위: %)

부문명	1970	1973	1975	1978
1. 곡 물 류	85.3	81.6	80.2	88.7
2. 야 채 및 과 일 류	94.0	90.0	98.3	98.3
3. 공 예 작 물	78.3	88.8	79.4	77.0
4. 축산·양잠 및 농업서비스	97.9	101.3	102.2	93.2
5. 임 산 물	63.9	55.6	56.8	50.8
6. 수 산 물	141.3	153.3	182.5	150.0
7. 석 탄	79.5	62.7	57.9	58.9

8. 금　　속　　광　　석	80.5	38.2	36.4	19.9
9. 비 금 속 　광　　석	31.0	23.1	9.4	14.0
10. 도살·낙농 및 과일가공	98.9	101.5	99.4	89.3
11. 수　　산　　가　　공	202.6	282.5	230.0	177.9
12. 도　　　　　　　　정	89.0	90.5	80.2	88.7
13. 제　　　　　　　　분			92.0	88.1
14. 기　 타　 식　 료　 품	80.1	84.7	82.8	79.9
15. 음　　　료　　　품	96.8	102.3	99.3	95.9
16. 연　　　　　　　　초	99.7	100.3	99.7	99.8
17. 섬　　　　유　　　　사	144.4	229.2	215.6	259.4
18. 직　　　　　　　　물	124.1	195.0	185.2	229.2
19. 섬　 유　 제　 품	153.6	237.9	201.8	243.0
20. 제 혁 및 혁 제 품	104.6	147.3	175.6	234.0
21. 제 재 및 합 판	165.1	317.0	177.3	162.0
22. 목제품 및 목제가구	95.4	172.9	125.7	129.1
23. 펄 프 및 지 류	59.1	68.8	71.1	71.6
24. 인 쇄 출 판	92.5	115.1	100.6	97.2
25. 유기 기초 화학제품	10.5	27.9	42.4	38.3
26. 무기 기초 화학제품	36.8	43.2	49.9	69.7
27. 화　 학　 비　 료	88.6	75.7	53.8	118.8
28. 의약품 및 화장품	84.3	91.6	91.1	92.6
29. 합성수지합성고무및화학섬유			141.1	118.8
30. 기 타 화 학 제 품	58.3	80.4	54.0	62.8
31. 석 유 제 품	98.1	98.7	85.3	82.1
32. 석 탄 제 품	87.6	92.5	83.2	62.0
33. 고 무 제 품	111.3	181.6	201.2	195.4
34. 비 금 속 광 물 제 품	87.1	96.2	99.3	98.0
35. 제 철 및 제 강	13.7	21.1	35.5	38.3
36. 철 강 1 차 제 품	46.5	55.0	61.3	57.3
37. 비철금속괴 및 동1차 제품	36.9	27.5	36.9	32.1
38. 금　 속　 제　 품	55.5	89.3	100.6	130.1
39. 일　 반　 기　 계	20.6	26.3	25.8	26.6
40. 전　 기　 기　 계	59.1	73.5	68.9	71.3
41. 전 자 및 통 신 기 계			105.1	103.4
42. 수 송 용 기 계	53.5	54.5	64.2	85.5

43. 정 밀 기 계 및 광 학 기 구	40.2	62.5	61.4	58.8
44. 기 타 제 조 업	188.4	222.7	207.8	236.8
45. 건 축 및 건 축 보 수	99.6	99.9	99.9	99.6
46. 토 목 및 기 타 건 설	103.9	102.9	101.2	100.8
47. 전 력 및 도 시 가 스	75.1	81.0	82.2	83.4
48. 수 도	93.1	102.4	97.9	96.6
49. 상 업	97.4	112.6	106.0	106.9
50. 음 식 점 및 숙 박			104.2	105.0
51. 운 수 및 보 관	107.6	126.5	121.2	125.5
52. 통 신	95.6	103.7	101.8	100.7
53. 금 융 및 보 험	85.3	100.7	89.8	93.5
54. 부 동 산	100.0	100.0	100.2	99.8
55. 정 부 서 비 스	100.0	100.0	100.0	100.0
56. 사 회 서 비 스	99.5	100.1	99.9	99.9
57. 기 타 서 비 스	99.3	107.6	99.7	98.9
58. 사 무 용 품	86.2	94.1	89.4	87.7
59. 가 계 외 소 비 지 출	90.8	102.9	93.1	94.9
60. 분 류 불 명	109.7	151.6	94.9	80.5
전 산 업 평 균	82,961.66	99,096	99,826.66	102.47

자료: 한국은행.

〈부표 2〉 제조업 생산액(1975년 불변가격 기준)

(단위: 백만 원, %)

부문명	1970		1975		1980	
	생산액	구성비	생산액	구성비	생산액	구성비
31. 음 식 료 및 담 배						
311-2 식 료 품	682,574	16.3	1,082,692	11.0	1,960,347	10.5
도 정	54,214	1.3	60,848	0.6	57,689	0.3
기 타	628,360	15.0	1,021,844	10.4	1,902,658	10.2
313 음 료 품	189,200	4.5	259,450	3.7	648,640	3.5
314 담 배	161,083	3.9	293,520	3.0	441,458	2.4
32. 섬 유 의 복 및 가 죽						
321 섬 유	551,637	13.2	1,531,731	15.6	2,337,502	12.6
322 의 복	202,810	4.9	613,411	6.2	857,101	4.6
323 가 죽 및 가 죽 제 품	17,554	0.4	117,684	1.2	152,673	0.8

324 가 죽 신	12,937	0.3	48,204	0.5	62,685	0.3
33. 제재업, 나무제품 및 가구						
331 제재콜크 및 나무제품	122,404	2.9	224,288	2.3	217,866	0.2
332 가 구 및 건 구	19,493	0.5	21,806	0.2	46,493	0.3
34. 종이, 종이제품 및 인쇄출판						
341 종이 및 종이제품	103,791	2.5	203,967	2.1	441,160	2.4
342 인 쇄 및 출 판	80,455	1.9	132,530	1.4	251,573	1.4
35. 화학, 석유, 석탄, 고무 및 플라스틱						
351 공업용화학제품	226,568	5.4	827,893	8.4	1,683,529	9.1
비 료	77,008	1.8	165,077	1.7	273,895	1.5
기 타	149,560	3.6	662,816	6.3	1,409,634	7.6
352 기 타 화 학 제 품	112,817	2.7	293,970	3.0	650,243	3.5
353 석 유 정 제 업	637,980	15.3	900,265	9.2	1,425,171	7.7
354 석유 및 석탄의 잡제품	80,008	1.9	113,443	1.2	139,562	0.8
355 고 무 제 품	55,088	1.3	183,269	1.9	500,605	2.7
356 기 타 플라스틱제품	50,373	1.2	104,372	1.1	144,298	0.8
36. 비금속광물제품						
361 도자기 및 점토제품	7,407	0.2	11,246	0.1	32,550	0.2
362 유리 및 유리제품	24,588	0.6	56,783	0.6	88,816	0.5
363 기 타 광 물 제 품	141,266	3.4	273,447	2.8	450,407	2.4
37. 제 1 차 금 속						
371 제 1 차 철 강	168,963	4.1	726,362	7.4	2,042,429	11.0
372 제 1 차 비철금속	30,366	0.7	99,020	1.0	319,741	1.7
38. 금속제품기계 및 장비						
381 금 속 제 품	62,784	1.5	162,331	1.7	360,918	1.9
382 기 계	46,390	1.1	174,701	1.8	304,759	1.6
383 전 기 기 기	116,232	2.8	935,568	6.5	1,734,027	9.3
384 수 송 용 기 기	164,681	3.9	424,712	4.3	847,207	4.6
철 도 차 량						
기 타						
385 과학계측 및 조정용 기기	12,884	0.3	63,267	0.6	152,685	0.8
39. 기 타 제 조 업	94,341	2.3	162,942	1.7	300,378	1.6
제 조 업 합 계	4,176,668	100.0	9,842,826	100.0	18,594,643	100.0

출처: 한국은행.

《한국경제연구》(1986)

'긴축' 인정하나 방법에 문제 있다
: 정부 · 재계 · 학계 통화논쟁 가열

경제개발계획의 진정한 뜻은 경기의 심한 기복 없이 안정을 이루는 데 있다. 정부는 62년부터 적극적인 경제개발정책을 추진해 왔지만 인플레의 단절에는 실패했고 안정적인 성장기반을 다지지 못한 채 오늘에 이르렀다. 인플레 억제가 수없이 제창되어 왔음에도 확대 일변도의 성장론에 가려져 변변한 긴축정책을 한 번도 쓰지 못했던 것이다.

안정기반을 다지기 위한 긴축정책의 강행은 한국경제의 어제에도 필요했던 것이고, 지금까지 없었기 때문에 오늘의 시점에서는 더욱 필요한 것이다. 기업의 입장에서 긴축은 괴로운 일이지만 참을 수밖에 없는 것이 현실이다. 비단 통화와의 관계뿐만 아니라 우리나라 경제는 과잉시설의 문제를 지니고 있다. 내수기반이 확고하게 다져져 있지 않기 때문에 수출이 제대로 안 될 경우 경제의 흐름에 이상이 생기는 것이다. 최근의 자금난도 여기에서 비롯되는 것이다. 그렇다고 과잉된 시설에 맞추어 통화를 공급할 수는 없다. 안정기반의 구축과 더욱 거리가 벌어지기 때문이다.

긴축의 1차 목표는 과잉시설 쪽에 두어야 한다. 대기업이라고 해서,

또 수출업체라고 해서 살려야 한다는 논리는 성립될 수 없다. 약을 주어야 할 때에는 약을 주고 수술해서 잘라버려야 할 것은 잘라내야 한다. 선별기능이 강조되는 것은 바로 이 때문이다.

정부는 긴축을 통한 안정기반 구축까지 1년 또는 1년 6개월을 잡고 있는 듯 하지만 적어도 3년 정도는 걸릴 것으로 보인다. 물가상승률이 10퍼센트 선을 계속 넘으면서 진정한 안정기반이라고는 말할 수 없다 기업이 정부나 은행에 지나치게 의존해서는 안 된다는 사실을 실감할 때까지 긴축 정책이 지속돼야 한다. 그것만이 기업의 체질을 강하게 하는 길이고 한국경제의 체질을 튼튼히 다질 수 있는 길이다.

긴축이 강행되면서 국제수지 쪽이 어떻게 움직일 것인가는 큰 관심거리다. 새로운 경제팀이 안정화시책을 표방하고 나선 이후 국제수지 쪽이 불안한 움직임을 보이고 있다. 수지적자가 통화환수에 기여하더라도 외환 쪽의 불안요인이 생긴다면 경제의 안정기반은 기대할 수 없다. 탄력적인 정책운용이 뒤따라야 하는 것이다.

《경향신문》(1979. 5. 10)

서평

《한국경제의 구조와 논리》[*]
: 한국경제에 대한 통일된 인식

새뮤얼슨 앞세운 관변 이코노미스트

새뮤얼슨은 우리나라에도 널리 알려진 미국의 대표적인 경제학자이다. 그런데 그의 경제학 혹은 그의 말을 빌면 '주류의 경제학'(신고전학파경제학 또는 신신고전학파경제학이라고도 한다)은 그에 따르면 "미국, 스칸디나비아, 영국, 네덜란드에서 지배적이며 일본, 프랑스, 서독, 이탈리아 및 서방세계의 거의 모든 나라에서 그 지배적 지위를 증대시켜가고 있으며"[그의 《경제학》11판(1980), p. 789] "……장래에 있어서도 번창할 것이라"(위와 같음)고 한다.

그의 말대로 그의 경제학이 장래에도 지배적 지위를 누리게 될지는 두고 보아야 할 일이지만 어떻든 현재까지는 지배적인 것인 만큼은 사실이라고 할 수 있다. 그러나 다른 한편에서는 그와 그를 내세우는 사람들은 현실에서 유리된 가정적 조건설정에 의한 모델의 구성, 분석

---

* 이 책은 박현채가 쓴 책으로 1982년에 풀빛에서 출간되었다.

기술의 끝없는 정치화, 통찰력을 전혀 결하고 있는 낙관주의·조화관에 뒷받침된 성장이론의 형성, 그들의 공통적인 수학적 장식의 과시 등으로 '지적 퇴폐'라든지 '빈 상자'라고 불리는 상황, 다시 말하면 과학의 현실적용성, 실천성이라는 관점에서 볼 때 '걱정스러운 현상'을 빚어냈다는 비난을 받고 있는 것이 사실이다. 그리하여 그동안 그와 그를 내세우는 사람들과 그에 반대하는 사람들 사이에 활발한 논쟁이 벌어져오고 있다. 그러나 여기서는 그 많은 반대자들 가운데서 갤브레이스(J. K. Galbraith)와 라디칼스 혹은 라디칼 이코노미스트에 대해서 새뮤얼슨이 어떤 비판을 하는지에 대해서만 알아보기로 한다.

그는 갤브레이스의 《풍요한 사회》(1957)와 《새로운 산업국가》(1967)에 대해 언급하면서 "20년 전…… 나는 경제학자가 아닌 사람들은 갤브레이스를 매우 심각하게 받아들일 것이지만 우리 전문가들은 그다지 심각하게 받아들이지 않는다고 말했다. ……지식이 있는 사람들이면 갤브레이스의 아이디어가 전혀 독창적인 것이 아니라고 말할 것이다"(앞의 책, pp. 791~792)라고 비판하고 있다. 새뮤얼슨은 말할 것도 없고 그를 내세우는 사람들은 흔히 갤브레이스나 뮈르달(G. Myrdal) 같은 사람들을 경제학자가 아니고 사회학자라고 매도하는 것이 보통이다. 그러나 그럼에도 갤브레이스는 1972년에 미국경제학회장이 되었고 뮈르달은 1974년에 노벨경제학상을 수상했다.

라디칼스 혹은 래디칼 이코노미스트에 대해서는 그는 MIT 동료이자 충실한 협력자인 솔로(R. M. Solow)를 내세워 다음과 같이 말하고 있다.

"우선 나는 라디칼 이코노미스트가…… 쿤(T. Kuhn)의 과학적 패러다임(paradigm)이라는 개념을 부패시켰다고 생각한다는 말을 하고 싶다. 쿤의 예—물론 자연과학의 모든 것—를 보면 우리는 그들이 잘 전개된 모델 혹은 사고를 위한 틀(framework)을 나타낸다는 것을 알 수 있을 것이다……. 이런 의미에서 신고전학파 경제학은 상당히 뚜렷한 과학적 패러다임이다. 그것은 나쁜 것일는지도, 피로에 지쳐 있는 것인지도, 또 자본가계급의 이익을 증진하는 데 유용했을는지도 모른다. 그러나 그것은 쿤이 의미하는 종류의 과학적 패러다임이다. 내가 아는 한에서는 라디칼한 정치경제학(라디칼 이코노믹스—인용자)은 그런 것은 아니다. 그것은 '정상과학'(normal science)을 위한 과학적 틀이라기보다는 자세와 수사학의 문제라는 편이 좋을 것이다. 그러나 라디칼한 정치경제학이 정상과학의 일파를 형성할 수 있다는 증거는 거의 없으며 또 그것을 원한다는 증거조차 없다."(p. 793)

프리드먼(M. Friedman)과 그를 내세우는 사람들도 갤브레이스나 라디칼스를 보는 눈은 같다고 할 수 있다. 이에서 새뮤얼슨을 내세우는 사람들(또 프리드먼을 내세우는 사람들)이 그들과 다른 입장에 선 사람들을 어떻게 보는가를 어느 정도 짐작할 수 있으리라고 생각된다.

그런데 우리나라에서도 새뮤얼슨 혹은 프리드먼을 내세우는 사람들이 이른바 관변 이코노미스트를 중심으로 해서 경제정책의 수립에 커다란 영향을 끼치고 있는 것이 사실이다. 또 사실은 그동안의 경제개발전략은 '주류의 경제학'을 이론적 지주로 삼고 있는 경제개발론에 따르고 있는 것에 불과하다. 그렇다면 현재 경제정책의 수립에 영향을 끼치고 있는 사람들이 그들과 다른 입장에 서서 한국경제를 논하는 사람들을 어떻게 볼 것인가에 대한 해답은 자명하다고 할 수 있을 것이다. 아마 그들에게는 사회학자로 보일는지도 모른다.

객관적 실재에 기초한 민중적 각성

이 책의 저자는 새뮤얼슨 혹은 프리드먼을 내세우는 사람들과는 전혀 입장을 달리 하는 사람이다. 그는 넓은 의미에서 '구조론자'라고 할 수 있다. 그는 또 우리 민족의 내일에 대한 낙관론과 이 다음에 오는 역사적 시기가 갖는 중요성을 강조하는 입장에 서는 사람이기도 하다.

따라서 이 책은 바로 저자와 이런 입장을 반영한 것임에 틀림없다. 저자는 분명히 책머리에서 "역사가 누적적인 나선형적 발전의 과정으로 되는 한, 이 뒤에 오는 나날이 우리 민족에게 그리고 우리에게 갖는 의미는 보다 큰 것으로 되리라는 마음은 지나간 나날 못지않게 내일을 소중한 것, 긴장에 찬 것으로 하게 하고" 있으며 "분단 상황에 대한 인식, 우리의 경제상황에 대한 인식의 심화는 우리 역사에서 일찍이 체험하지 못한 민중적 각성을 낳게 하고 있다"고 말하고 있다.

그리고 그는 이어서 "이와 같은 민중적 각성은 단순한 주관적 확신이 아니라 객관적 실재에 기초하여 민족의 역사를 낙관케 하는 것"으로 된다고 말하고 있기도 하다.

이 책은 4부 17편으로 구성되어 있다. 제1부 '경제사상과 논리'는 비교적 최근의 글인 〈신자유주의 경제사상과 민주주의〉, 〈우익자본주의의 향방〉, 〈복지국가와 민주주의〉를 수록하고 있다. 이 제1부의 첫째와 셋째 글은 국가 독점자본주의적 성장정책의 또 다른 반영인 복지국가적 지향과 경제의 정부개입의 증대에서 민주주의의 위기를 보는 신자유주의의 경제사상을 보고, 복지국가적 상황의 극복에서 민주주의의 실현을 본 뮈르달의 분권적인 계획된 민주주의에로의 길을 제시하고 있는 것이다. 그리고 둘째 글인 우익자본주의의 향방은 자본주의의 생존에의 길을 역사의 후퇴에서 추구하려는 미국의 신보수주의에 대한 소개와 비판을 담고 있는 것이다. 따라서 이 글들은 오늘의 상황에 대한 인식에서 약간의 중요한 암시를 주는 것이라고 말할 수 있다.

제2부 '한국경제의 역사적 구조'는 한국경제의 역사적 전개과정에 대한 인식과 그것에 대한 비판의 기준을 주기 위한 것이다. 첫째의 글인 〈일본제국주의의 한국지배〉는 식민지 종속하의 한국경제의 전개를 일본 자본주의의 대한(對韓)진출의 관점에서 본 것이고, 둘째의 글인 〈공업의 지역적 편재와 불균형발전의 요인분석〉은 식민지 종속형의 한국 자본주의의 전개가 산업구조 및 공업구조에서 국민경제의 불균형으로 되는 일제식민지화 과정과 해방 후의 역사적 과정에 대한 분석을 한 것이다.

그리고 마지막 글인 〈한국경제에 있어서 진보의 의미〉는 역사에서 진보의 의미가 경제적으로 어떻게 규정되어야 하는가를 밝히면서 그동안의 경제개발계획에 따른 경제성장 과정에 대해서 이것을 진보라는 가치전제 위에서 평가하려고 한 것이다.

한국경제와 민주주의적 절차 확립

제3부 '한국경제의 구조와 논리'는 〈경제성장이 귀결한 것〉, 〈공업구조 고도화의 전개〉, 〈한국농업의 현상과 문제점〉, 〈사회적 불균형의 확대〉, 〈경기변동과 물가〉의 5편을 수록하고 있다. 〈경제성장이 귀결한 것〉은 그동안의 국민경제와 성장과정상의 귀결을 재생산구조의 왜곡, 경제구조의 취약성이라는 기준에서 다룬 것이며 〈공업구조 고도화의 전개〉는 공업화 과정에 대한 분석에서 그것이 귀결한 것을 공업구조에서 보면서 중화학공업화에 대한 방향제시를 시도한 것이다. 〈한국

농업의 현상과 문제점〉은 한국농업의 현상을 분석한 것인바 여기서는 한국농업을 그 구조적 특질과 변화에서 동태적으로 파악하고 그것에 의거해서 한국농업이 당면한 여러 문제들을 제시하고자 하고 있다. 〈사회적 불균형의 확대〉는 그동안의 경제성장 과정에 있어서 경제성장성과의 국민적 확산 메커니즘의 결여 원인을 제시하고 사회적 빈곤의 심화를 지적한 것이다. 경기변동과 물가는 경기변동이론에 대한 약간의 일반론적 분석과 함께 여러 국가경제의 순환적 변동과 스태그플레이션 현상의 구체화를 논하고 있는 것이다.

제4부 '자기경제에의 길'은 이 책의 주제가 한국경제의 구조와 논리로 되어 있기는 하지만 가장 역점이 두어지고 있는 것이라고 할 수 있다. 수록된 글은 6편으로서 가장 많으며 〈한국경제의 활로〉, 〈자원무기화와 국제경제의 전망〉, 〈반성장론〉, 〈한국농업의 상황과 농업혁명에의 길〉, 〈계층조화의 조건〉, 〈민간주도형 경제의 경제학〉이다.

〈한국경제의 활로〉는 1978년 이래의 한국경제의 불황의 심화에 대해서 자립경제의 확립이라는 입장에서 세계경제의 만성적 불황에서 살아남는 길을 원칙적인 논의에서 제시한 것이다. 〈자원무기화와 국제경제의 전망〉은 자원민족주의를 남북 간의 차원에서 인식하고 자원민족주의에 의해서 촉진되고 있는 낡은 국제경제질서의 붕괴 그리고 새로운 경제질서의 수립을 둘러싼 모순 속에서 내일의 국제경제질서를 전망한 것이다. 〈반성장론〉은 경제의 고도성장에 대한 반론을 역사적으로 추적하면서 경제성장이 이제 소재적 한계에까지 이르고 있다는 것을 지적하고 현재 우리 사회에서도 이와 같은 반성장에 대한 요구는 국민적 복지와 상관없는 경제성장 과정에서 이미 잉태되고 있다는 것을 밝힌 것이다. 〈한국농업의 상황과 농업혁명에의 길〉은 제3부의 '한국농업의 현상과 문제점'이라는 현상인식에 의거해서 한국경제의 자립적 기반 확보와 2중구조 청산을 위한 길로서 농업혁명의 방향을 제시한 것이다.

저자는 여기에서 한국 농업혁명의 길, 즉 소농민경영의 청산과 대규모농경영 실현의 길을 농민적인 밑으로부터의 진화의 길, 생산협동화=협업의 길에서 추구하고 있다. 〈계층조화의 조건〉은 민족적 통합에의 방향을 자립경제에서 제시한 것이다. 이 글은 저자의 초기의 글로서 그 후에 전개된 그의 평론활동에서 중요한 근간을 이루어 온 것으로 생각된다. 저자는 여기에서 국민경제의 성장과 부조화의 현상을 밝히고 부조화의 경제적 요인을 한국경제의 식민지 종속형적 전개, 그리고 해방 후의 식민지 유제의 미청산과 외국자본의 논리의 관철 과정으로 된 경제성장 과정에서 찾으면서, 특히 마지막 절인 국민경제의 자립의 내용과 계층조화의 조건에서는 경제자립, 상대적 자급자족체계의 국내적 분업관계의 심화에 의한 자율적 재생산구조의 실현에서 민족적 이해의 조화의 길을 제시하고 있다. 〈민간주도형 경제의 경제학〉은 한국경제에서 그동안의 정부개입의 실체를 밝히면서 제1부에서 제시된 신자유주의의 민주주의의 위기에 대한 우려가 한국경제에서 현실화될 수 있는 가능성을 보면서 정치적인 민주주의적 절차의 확립에 의해서만이 민간주도형 경제의 논리가 성립될 수 있다는 것을 밝힌 것이다.

가난 · 민주주의 · 역사 · 복지국가……

이 책의 구성내용은 이상과 같다. 분명히 필자는 이 책을 통해서 한국경제에서 제기되고 있는 여러 문제들에 대해서 나름의 해답과 해결책을 제시하려고 노력하고 있다고 볼 수 있다. 그리고 이 책의 진가는 서(序) 〈신자유주의의 경제사상과 민주주의〉 및 〈한국경제에 있어서 진보의 의미〉의 1, 〈사회적 불균형의 확대〉의 3과 4, 〈계층조화의 조건〉의 2와 3 및 〈경기변동과 물가〉의 3, 〈공업의 지역적 편재와 불균형발전의 요인분석〉 및 〈자원무기화와 국제경제의 전망〉, 〈경제성장이 귀결한 것〉 및 〈한국경제의 활로〉 등에서 찾아볼 수 있지 않을까 생각된다. 왜냐하면 그것들은 앞에서 말한 바와 같은 신념과 기대로 저작활동을 계속해 오고 있는 저자의 생각, 주장 등의 에센스를 알려 주는 것이라고 할 수 있기 때문이다. 분명히 그들은 우리로 하여금 가난·민주주의·역사, 복지국가, 진보, 자립경제 혹은 경제자립과 민족경제, 계층 간 부조화, 경기변동과 물가 등에 대한 저자의 생각, 한국경제를 옳게 이해하는 데 있어서 불가결한 예비적 지식으로서 요청되는 일제 유산과 국제경제환경에 대한 저자의 견해, 그동안의 고도성장의 부작용에 대한 견해, 한국경제의 나아갈 길에 대한 저자의 주장 등의 기본적인 줄거리가 무엇인지를 이해할 수 있게 해준다고 할 수 있다. 그것들은 평자에게 전적으로는 아니더라도 많은 공감을 주는 것이기도 하다.

물론 이 책도 평론집이 흔히 갖는 한계가 있는 것이 사실이다. 즉 수록된 글은 1967년 10월에 쓴 것에서부터 1982년 1월에 쓴 것까지 여러 잡지에 발표된 것이기 때문에 그들 가운데에는 시차에서 오는 차이를 갖고 있는 것이 있는가 하면 중복된 부분을 갖고 있는 것도 있다. 그러나 바로 앞에서 말한 것들을 먼저 읽고 다른 것들을 읽어 가기만 하면 이러한 본서의 한계는 극복될 수 있으며 나아가서 한국경제에 대한 통일된 인식을 얻을 수 있을 것으로 생각된다.

앞에서 저자는 새뮤얼슨 혹은 프리드먼을 내세우는 사람들의 눈에는 사회학자로 보일는지도 모른다는 말을 했다. 그러나 현재 한국경제가 심각한 경제난국을 겪고 있는데도 여전히 그렇게 보는 것(만약 보고 있다면)이 옳다고 할 수 있을는지 여기서 한번 묻지 않을 수 없다. 모름지기 많은 이론들을 잘 수렴해서 정책에 반영하도록 하는 것이 진정으로 바람직스러운 일이라는 것이 이제까지 경제개발계획의 실시 과정에서 얻어진 우리들의 체험이 주는 귀중한 교훈이 아닐까?

《월간조선》(1983. 1)

해방 40년의 경제[*]
: 성장 우선의 경제냐, 분배 우선의 경제냐?

변형윤 일제의 속박에서 벗어난 지가 올해로 벌써 40년이 됐습니다. 40년이란 기간이 기간인 만큼 그동안 우리 사회는 각 부문에서 놀라운 변화를 겪게 됐는데요. 그 가운데에서도 가장 커다란 변화는 경제부문에서의 그야말로 경이롭다 할 만한 양적 팽창을 들 수 있을 겁니다. 국민 총생산액의 급격한 성장, 대외 교역의 급증, 노동자 계층의 형성, 국제적 규모의 재벌기업의 등장 등, 그야말로 40년 전에는 상상하기조차 힘든 변모를 했죠. 하지만 이런 변화에도 40년 전 해방 때 제기된 자립적인 민족경제의 건설, 공평한 분배구조의 확립이라는 과제는 그대로 남아 있다고 봅니다.

그러므로 해방 40년을 맞이하는 오늘날, 지나간 40년을 돌이켜 본다는 것은 지금 우리가 당면하고 있는 수많은 과제를 어디서부터 풀어야 할 것인가 하는 물음에 대한 답을 구하는 작업이라고도 할 수 있겠죠. 그러면 우선 해방 당시 우리나라의 경제적 상황이 어떠했는지에

---

[*] 1985년 7월 월간 《마당》에서 신태환(전 서울대 총장·경제학)과 나눈 대담.

대해 신 선생님께서 얘기를 시작해 주시죠.

신태환 해방 후의 경제이야기를 하려면 우선 일제 치하에서 우리 경제 사정이 어땠는지를 알아봐야 할 겁니다. 흔히 일본인들은 자신들이 한반도를 통치함으로써 이 땅을 근대화시켰고 자본주의로 발달시켰다고들 하지만, 그것은 전혀 말도 안 되는 소리예요. 일제 치하에서 근 40년을 지냈건만 이 땅에서 바뀐 것은 아무것도 없었어요. 구한말의 전(前)자본제사회가 그대로 이어져 왔죠. 합방이 되면서 단 한 가지 바뀐 것은 이씨왕조의 전제군주 대신에 총독이 이 나라의 통치자가 되었다는 사실입니다. 구왕당파나 지주들은 전혀 변화를 주지 않았죠. 일인들은 한국민의 정치적·국민적 통일을 방해하고, 국민 간의 분열·상쟁을 조장하기 위해 한국사회의 기성세력을 이용한 것이지요.

그네들은 우리나라를 식량·원료 공급지와 상품 판매시장으로만 생각했던 것이죠. 비싼 일본 공업제품의 가격과 값싼 한국의 쌀, 공업원료 간의 가격차는 일제의 한국 착취의 전형이었습니다.

그러니 1945년에 해방이 되기는 했지만 낙후된 농업사회라는 틀은 그대로 전해지게 되었습니다. 말하자면 일제 치하에서 수십 년을 지냄으로써 우리나라는 딴 나라에 비해 발전이 매우 뒤지게 된 거고, 이런 상황이 해방 후 우리에게 무거운 짐으로 작용하게 된 겁니다.

변형윤 일제 치하 36년 동안 우리 경제는 진정한 의미의 발전을 거의 하지 못했었다고 할 수 있겠지요. 그것은 일제하에 우리 경제가 단지 일본 자본주의의 일환에 지나지 않았기 때문입니다.

원래 일본 자본주의라는 것도 서구의 자본주의를 이식한 변종적인 자본주의인데, 그런 변종적인 자본주의의 일환이 당시 우리 경제의 실상이었으니 진정한 의미의 발전이라는 것은 애당초 기대하기조차 어려웠죠. 물론 일제 말기에 일본이 태평양전쟁을 계속하기 위해 우리나라에 군수공업을 유치함으로써 외형적으로는 마치 자본주의적인 발전을 한 것처럼 보이기는 했죠. 물론 이로 인해 근대적인 대규모 중화학 공장이나 노동자 계층이 부분적으로 형성되기는 하였습니다만 이것은 어디까지나 일제의 필요에 따라 만들어진, 우리와는 아무런 상관도 없는 이식된 자본주의의 도입에 불과한 것이었습니다.

우리가 자본주의 발달사에서도 볼 수 있듯이 진정한 자본주의의 확립이라는 것은 외형적인 대규모 기계생산제의 확립이라든가 근대적 노동자 계급의 형성만을 의미하는 것이 아니라, 이 밖에도 민족자본의 형성이라는 것이 필수적인 조건으로 되어 있죠. 즉 민족자립적인 경제 구조를 갖추고 있느냐 아니냐가 중요한 판단기준이 되는 겁니다. 그런 면에서 본다면 해방 후 우리가 직면한 가장 큰 과제는 진정한 민족경제의 건설이 아니었나 합니다만.

신태환 내가 알기로 일제 치하에서 유일한 민족자본은 김성수 씨가 만든 경성방직밖에 없었어요. '경방'에서는 최초로 '1인 1주'라는 근대적인 주식회사 양식을 도입했었죠. 그만치 해방 이후의 우리 경제는 낙후되어 있었습니다.

분단이 몰고 온 경제혼란

변형윤 하지만 더욱더 커다란 불행은 해방을 맞이하여 뒤늦게나마 이식된 일본 자본주의의 틀을 청산하고 진정한 민족경제를 건설하려 하던 차에 미·소 양국이 진주하여 삼팔선으로 국토가 두 동강이 남으로써 이 계획이 완전히 물거품이 되고 말았다는 거지요. 그 결과 남한의 경우를 보면 정치적으로는 독립국이 되었으나, 경제적으로 보면 미국 자본주의의 일환으로 예속되게 되었죠. 쉽게 말하면 그동안 일본

자본주의가 하던 역할을 미국 자본주의가 대신하게 되었다고 할 수 있는 겁니다.

그만큼 분단이 우리에게 가한 타격은 컸습니다. 아까도 말했듯이 일제가 물론 자기들의 필요에 의한 것이었기는 했으나, 어찌했건 간에 이 땅에 세워놓았던 산업시설마저 제대로 활용하지 못하게 되었죠. 당시 산업분포 상황을 보면 남쪽에는 주로 경공업과 농업이 발달했고, 그리고 북쪽에는 중화학공업이 발달하고 전력·광물 등의 자원이 풍부했었는데, 분단으로 인해 둘 다 어려움을 겪게 된 거지요. 제가 보기에 분단이야말로 우리가 민족경제 건설을 실패하게 만든 가장 큰 주범인 것 같습니다.

신태환 예, 옳으신 지적이십니다. 하지만 저는 분단이라는 정치적 이유 외에도 경영이라는 측면에서 보더라도 민족경제 건설은 어렵지 않았나 합니다. 방금 얘기하신 일제가 남기고 간 산업시설이라는 것, 당시에는 적산이라고 부르던 건데요. 이 적산 문제만 하더라도 당시 이것을 경영할 만한 인력이 없었기 때문에 거의 활용을 못하게 된 것 아닙니까. 그것은 일제하에서 경영은 대부분 일본인들이 하고 우리나라 사람들은 대개가 그 밑에서 막노동이나 했기 때문에, 해방 후 일본인들이 자기들 나라로 쫓겨가고 난 뒤에는 그것을 경영할 인력이 없었던 까닭이죠.

변형윤 적산을 제대로 활용하지 못한 데에는 신 선생님 말씀대로 경영에도 문제가 있었으나, 제가 보기엔 정치적으로 적산불하 과정에 문제가 있었기 때문이 아닌가 합니다. 물론 일제 때 대부분의 공장 경영인은 일본 사람들이었으나, 조그마한 영세기업을 갖고 있던 우리나라 사람들도 꽤 있었다고 보는데요. 만일 이들에게 불하되었다면 경영문제가 어느 정도는 해결이 되지 않았을까요? 그런데 미군정에서는 자신들과 친분이 있는 이들에게만 헐값으로 불하를 해줌으로써 신 선생님께서 말씀하신 대로, 시설을 제대로 활용하지 못하게 된 거죠.

또 적산불하 외에 토지개혁도 상당히 중요한 문제였던 걸로 알고 있는데, 거기에 대해서는 어떻게 생각하시는지요.

신태환 토지개혁은 당시 국민 대부분이 토지가 없는 소작농이었던 만큼 문자 그대로 최대 관심사였습니다. 또 토지개혁은 산업발전을 위해서도 필수적인 것이었습니다. 왜냐하면 당시 산업자본이 전혀 없었기 때문입니다. 따라서 토지개혁을 통해 당시 지주들이 갖고 있던 토지를 산업자본화시킬 필요가 있었죠. 이런저런 필요에 의해 토지개혁을 하게 되었는데, 그 방식은 '유상몰수·유상분배' 방식이었죠. 즉 정부가 토지증권을 발행해 가지고서 지주에게서 땅을 사서 땅이 없는 농민에게 분배해 주는 식이었습니다. 그러다가 도중에 6·25가 터져 모든 것이 차질이 생기고 말았습니다. 토지증권을 갖고 있던 이들이 전쟁통에 우선 먹고 살기 위해, 싼값에 토지증권을 팔아버렸기 때문이죠. 이런 까닭에 산업자본을 형성할 수 있는 절호의 기회를 상실하게 되었습니다.

유상분배를 받은 농민의 경우도 마찬가지였습니다. 과거에는 지주들이 영농자금을 대 주었는데, 이들이 없어지자 막막해지게 된 거죠. 정부가 주겠다던 영농자금도 말뿐이니 그들이 영농자금 결핍을 메우는 방법은 고리채밖에 없었습니다. 그래서 누적된 농촌고리채 아래서 농업생산성을 올릴 수 없었고, 게다가 미국에서 들여온 잉여농산물은 그런 양상을 가속화시켰습니다. 그러기에 나는 토지개혁이 완전히 실패작이었다고 보고 있습니다.

변형윤 해방 후 남쪽이나 북쪽 모두 토지개혁을 하였는데, 방식은 서로 달라 남쪽은 '유상몰수·유상분배', 북쪽은 '무상몰수·무상분배'를 했지요. 남쪽은 자본주의 방식에 따른 거고, 북쪽은 사회주의 방식에 따른 거지요.

북쪽의 사정은 잘 모르겠으니 말하지 않기로 하고, 남쪽에서는 미군정 당시 이 문제가 제기됐다가 본격적인 작업은 1948년에 남한에 정부가 들어서면서부터 시작됐죠. 그런데 진행과정이 그리 원활하지는 못했는데, 그것은 농민과 지주 모두가 반발을 했기 때문이죠. 즉 유상분배를 받을 만큼 여유가 없는 농민들이 반발을 한 것은 물론이요, 지주들 또한 불만이 대단했습니다. 그 때문에 1949년 6월에 공포된 농지개혁법이 수정을 보게 되어 6·25 나기 석 달 전에야 간신히 실시하게 되지 않았습니까. 그만치 토지개혁을 둘러싼 진통은 심했지요.

신 선생께서는 6·25로 인해 산업자본을 형성할 수 없었다고 하셨는데, 저는 그런 점 말고도 다른 이유들이 있지 않았나 합니다. 즉 수십 년, 수백 년 동안 땅을 갖고 온 사람들이 과연 하루아침에 근대적인 산업자본가가 될 수 있는지도 생각해 볼 점이겠고, 또 그들이 공장을 세웠다고 가정할지라도 사실상 당시 토지개혁이 제대로 안 된 상황에서 과연 대다수 빈농이었던 국민들에게 구매력이 얼마나 있었는지도 의문입니다.

'대규모 예찬론'이 중공업 부실화 원인

신태환 예, 그런 점도 있겠지요. 어쨌든 간에 설상가상 격으로 6·25까지 터져 결과적으로 토지개혁도 적산불하도 모조리 실패하게 되었죠. 통계를 보면 6·25로 인해 입은 재산상의 피해만 해도 30억 달러가 넘질 않았습니까. 요즈음에는 그리 큰 액수가 아니겠으나 당시로는 어마어마한 피해였습니다.

변형윤 6·25는 그때까지의 산업시설 거의를 잿더미로 만들었을 뿐만 아니라 그 후 우리 경제의 앞길까지 결정해 버렸다고 할 만큼 치명적이었습니다.

신태환 6·25가 끝나자 뭐 당장 먹고 살 게 있었습니까. 그러니 미국에서 주는 무상원조에 의존하게 될 수밖에요. 어떻게 보면 50년대에는 미국의 무상원조 덕분에 굶어죽지 않았다고도 할 수 있죠. 어떤 이들은 무상원조의 내용이 대부분 잉여농산물 같은 소비재였고 생산재는 없었기에, 미국의 원조가 우리나라의 경제발전에 도움이 되기는커녕 오히려 해가 되었다는 비판을 하기도 하지만, 당시에는 우선 당장 먹고 살기에 급급했기에 어쩔 수가 없었던 거지요.

변형윤 미국의 무상원조가 농민들은 몰락시켰지만 반대로 몇몇 특정인들에게는 떼돈을 벌게 해줬죠. 50년대 대기업들은 대개가 이른바 '3백'산업에 속하는 기업들이라고 해도 과언이 아닐 것입니다. 물론 유통부문을 장악한 상업자본가들도 있었지만 또 하나의 변화를 든다면 서비스를 포함한 유통부문이 기형적으로 비대하게 발달했다는 겁니다. 그 가운데에서 기업인들이 정상적인 생산활동에서보다는 유통과정에서 부를 축적했다는 것과 유통부문에 종사하는 인구가 기형적으로 많다는 것은 그 후 6, 70년대까지 계속 전해지게 되었습니다.

이같이 원조에만 의존하다가 나름대로 계획을 세워가지고 공업화의 길을 걷기 시작한 것은 60년대 들어서 경제개발계획이 실시되면서부터라고 할 수 있겠습니다.

신태환 경제개발이 본격적으로 추진되기 시작한 것은 1962년이니 지금부터 23년 전의 일이죠. 그런데 지금 와서 그 기간을 돌이켜 보면, 경제개발계획의 공과에 대해서는 보는 관점에 따라 각기 다른 평가를 내릴 수는 있겠으나, 그것이 우리 경제에 놀랄 만한 변화를 가져왔다는 데에는 이견이 있을 수 없을 겁니다. 겨우 4반세기만에 산업혁명을 한 셈이죠. 딴 나라에서 1백 년, 2백 년에 걸쳐 간신히 이룩한 것을 겨우 20여 년 만에 후딱 해치운 겁니다. 이는 어떤 나라에서도 찾아보기 힘든 변화입니다. 더욱이 우리는 6·25라는 끔찍한 전란을 치른 뒤가 아니었습니까?

변형윤 대부분의 사람들이 경제개발계획이 5·16 이후에 세워진 것으로 알고 있으나, 우리나라에서 맨 처음 경제개발계획이 작성되기 시작한 것은 자유당 말기인 1958년 무렵이었죠. 그 작업은 당시 부흥부 산하의 산업개발위원회가 담당한 줄 압니다. 한 가지 재미있는 일은 원래 그 부서 이름을 '경제기획위원회'인가로 하려고 했지만, 대통령이던 이 박사가 '경제개발계획'이라는 말은 소련 같은 공산주의 국가에서나 쓰는 말로 이해하고 있었던 탓에 그런 명칭으로 바뀌게 되었다는 점이죠.

경제개발계획이 작성되기 시작한 것은 원조를 주기 위한 근거 자료가 필요했던 미국 정부의 요청이 강했고, 이미 1951년부터 경제개발계획이 시행되어 나름대로 성과를 거두고 있던 인도를 모델로 삼아 다른 저개발국들도 이에 따를 것을 국제기관들이 권유했기 때문이죠. 그 때만 해도 작성방법을 제대로 알고 있는 국내 경제학자들이 거의 없었기에 정부는 미국 오리건 대학 교수팀의 자문을 받았죠. 이렇게 작성된 것이 3개년 경제개발계획이었는데, 이것이 우리나라 최초의 경제개발계획이었습니다. 그러나 4·19로 자유당 정부가 무너짐으로써 그 계획은 빛을 못 보았죠. 하지만 민주당 정부가 수립된 뒤에도 산업개발위원회는 존속하고 있었으므로 그 위원회가 새로이 5개년 경제개발계획 작성작업을 계속하긴 했습니다.

이런 사정에 대해서는 신 선생님께서 5·16 이후 건설부장관을 역임

하셔서 자세히 알고 계실 듯한데요.

신태환 변 선생 말씀대로 60년대에 시행된 경제개발계획의 원안은 50년대 말에 만들어졌죠. 당시 대학에 있을 적인데 외국인들이 내게 찾아와서는 우리 경제의 실태에 대해 여러 가지를 묻곤 했죠. 그 당시만 해도 외국인들은 경제에 대해 아무것도 몰랐었습니다. 그러다가 자유당 말기에 산업개발위원회에서 3개년 개발계획을 세웠는데 실행이 되진 못했죠.

그 후 5·16이 나고서 내가 건설부장관 직을 맡으면서 다시 경제개발 계획을 세우게 되었는데, 이때의 건설부는 요즈음같이 토목공사를 하는 건설부가 아니라 국가경제 건설을 하기 위해 만든 기구였죠. 장관이 되니까 박정희 최고회의 의장이 어떻게 해서든 계획을 세우기는 해야 할 텐데 당시 혁명 직후의 사정으로는 어려웠고, 또 그런 것이 최고회의가 요구하는 대로 단시일 안에 되는 것도 아니었지요. 그래서 당시 차관이던 차균희 박사와 의논한 결과, 자유당 때 송인상 장관이 만들어 놓은 3개년 산업경제개발계획을 토대로 하여 5개년계획을 만들기로 하였습니다.

나는 한 달 뒤에 그만두고 나왔는데, 내가 있을 때 손을 댄 것이 등사판으로 해서 두어 치 두께의 것으로 나왔더군요. 그 뒤 건설부가 없어지고 경제기획원이 생긴 뒤 새로 입안하여 집행되기 시작했습니다.

변형윤 당시 계획을 세울 때 중화학공업 우선론도 강력한 편이었습니다만 아직 그럴 만한 경제여건이 조성되지 않았다는 주장이 더욱더 강력한 데다가 미국 측에서도 반대를 해서 경공업과 기간산업 우선으로 방향을 돌리게 된 겁니다.

신태환 경공업이고 기간산업이어서 개발하기가 그리 쉽지는 않았습니다. 당시 기술이 있었습니까, 아니면 자본이 있었습니까. 그러니 영어나 일본어 하는 비지니스맨들이 외국에 나가 교섭을 해, 외상으로 플랜트를 한두 개씩 얻어 올 밖에요. 그러다 보니 우리 기존산업과는 연관이 없는 게 되고, 또 당시만 해도 산업건설 초기인지라 플랜트를 들여온 회사는 독점체가 되었습니다. 더구나 그 플랜트가 요구하는 원자재를 해외에서 들여오게 됨에 따라 국내산업의 외국에 대한 종속성이 강하게 나타나게 되었지요.

변형윤 일단 계획을 세우기는 했으나 그것을 집행하려 하니 막상 자본이 문제가 되었죠. 국내자본이 있었나 하면 그것도 아니고 더욱이 63, 4년도에는 5·16 이후의 확대정책으로 경제적으로 매우 큰 어려움을 겪게 되지 않았습니까. 이러니 정부에서는 외자를 끌어다 써야 한다는 소리가 높아지게 되었고, 그 결과 맺게 된 것이 한·일협정이죠. 이 한·일협정에 대해서는 당시 학생들이나 국민들의 반대가 상당히 심했죠. 물론 경제건설을 하기 위해서는 자본이 필요하다는 것은 누구나 알고 있었으나, 일본에서 굴욕적으로 돈을 구걸해서는 안 된다는 게 당시의 여론이었습니다.

신태환 한·일협정은 배상금조로 무상원조 3억 달러와 유상재정차관 2억 달러를 10년에 걸쳐 공여한다는 게 그 내용이었는데, 실제 그들이 우리에게 가져다준 것은 물론 우리의 필요 때문이긴 하지만, 그들이 만든 기계와 원자재 값으로 대부분 돌아갔습니다. 그것도 짧은 기간 동안에 말입니다.

변형윤 그렇습니다. 한·일협정 때 국민들이 우려한 것이 바로 그겁니다. 민족적인 감정도 작용했겠지만 자칫 잘못 하다가는 다시 일본의 속국이 될지도 모른다는 예측을 했기 때문입니다. 사실 지금 와서 그때의 우려가 결코 기우가 아니었다고 할 수 있을 것 같습니다.

여하튼 이렇게 진행된 경공업을 기반으로 해서 70년대에 들어서서는 본격적으로 중화학공업화 정책을 펴게 되는데요. 그로 인해 경제규모도 급속히 비대해졌고 한때는 국민들이 장래에 커다란 기대를 갖기도 했죠. 하지만 요즈음 와서는 눈에 확 띄듯이 그같이 무리한 정책이 실패작이라는 것이 판명되지 않았습니까.

신태환 그동안의 공업화 과정에 대해 좀더 말을 하면 우리는 60년대 중반까지 보호주의 정책을, 즉 바꿔 말하면 수입대체 정책을 주로 경공업에 썼는데 상당히 성공을 했지요. 이처럼 노동집약적 경공업이 성장을 하게 된 데에는 농촌에서 유입되어 온 저임금 노동력의 공(功)이 컸지요.

그러나 한국의 공업화는 점차 늘어나는 원자재·기계류의 압력에서 벗어나기 위해 노동집약적 소비재 중심의 수출 지향에서 중화학공업에 주력을 하기 시작했는데, 이것이 본격적으로 시작된 것은 1972년의 제3차 경제개발 5개년계획이었습니다. 그런데 이 과정에 위정자들이 지나친 욕심을 부려 많은 부분이 실패를 함으로써 국민경제에 막대한 손실을 끼치게 된 것도 사실입니다. 위정자들이 자기 시대에 모든 것을 다 이뤄 놓으려고 서두른 데에 문제가 있었던 것이지요. 게다가 사업가들도 마찬가지였는데, 정부가 떠맡기는 사업을 하나 맡으면 정부가 거의 자동적으로 돈을 주니까 마구 덤빈 거지요. 그런 까닭에 오늘날에 와서 문제가 되게 된 겁니다.

변형윤 그렇습니다. 중화학공업이 부실화하게 된 것은 무조건 크게 벌려 놓기만 하면 좋은 걸로 아는 '대규모 예찬론자'들 때문이죠. 그들은 산업의 내적 연관이나 소득 분배 같은 내용을 완전히 무시하고 일단 벌려 놓고, 크게 키우면 만사가 해결된다고 생각했던 것 같습니다.

이런 대규모 예찬론의 덕을 가장 많이 본 것은 다름 아닌 재벌들이었습니다. 이들은 세금, 금융 등의 특혜와 인플레정책에 의해 급성장을 하게 됐죠. 인플레 한 가지만 보더라도 70년대에 얼마나 심했습니까. 인플레가 심하면 당연히 득을 보는 것은 물건을 만들어내는 재벌들이죠. 정부의 논리에 따른다면 이렇게 대기업을 키워 놓아야 국제경쟁력도 생기고, 그래야 국민 모두가 잘살 수 있다는 건데요. 어디 결과가 그렇습니까. 대기업들 중에는 이런 특혜를 정상적인 생산활동에 이용하는 게 아니라 부동산 매입·돈놀이 등의 비생산 부문에 투기하여 폭리를 취하거나 중소기업의 영역까지 문어발식으로 침범하여 자신들의 배만 불려 온 기업들이 대부분이질 않습니까.

신태환 다른 면에서 보면 저는 그 같은 정부의 재벌 지원이 본의와는 다르게 우리나라 기업들을 취약하게 만들었다고 봅니다. 정부가 지나치게 기업을 지원하여 기업으로 하여금 자본주의경제의 기본 특징인 상호경쟁을 통한 발전과 성장을 저해하게 된 거죠.

미국만 보더라도 정부는 정부고 기업은 기업이 아닙니까. 한 예로 요즈음 미국에서는 지방은행들이 백여 개씩이나 문을 닫는다고 합니다. 어느 나라에서나 금융부문은 국가경제의 심장이지요. 그런데도 미국 정부는 부실한 기업은 당연히 문을 닫아야 한다는 논리에 따라 구경만 하고 있어요. 이게 외국과 우리나라 사이의 큰 차이예요. 우리나라도 외국처럼 하루바삐 경제주도권을 민간에게 넘겨줘야 합니다. 물론 처음에야 어려운 일을 많이 당하겠지만 말입니다.

서로 납득할 만한 성실성 보여야

변형윤 중화학공업 입국정책이 빚어낸 또 다른 문제로는 엄청난 외채를 들 수 있을 겁니다. 지금 공식적인 외채만 하더라도 450억 달러가 되고, 건설업체들 등이 중동지역에서 쓴 현지금융이 60억 달러나 되니 이미 5백억 달러를 넘지 않았습니까. 경제개발을 하기 전인 자유당 정부 말기만 하더라도 외채는 거의 없었고 원조 덕으로 국제수지도 흑자였지요. 그런데 경제개발을 시작하면서부터 늘어나기 시작해 지금은 감당하기 힘들 만큼 커졌죠. 그런데도 공화당 정부는 1980년을 전후해서는 국제수지도 흑자로 돌아서고, 채무국에서 채권국으로 탈바꿈한다는 소리를 했죠. 그렇게만 됐다면 얼마나 좋았겠습니까. 요즈음 정부에서 1987년 전후해서 국제수지가 흑자상태로 바뀔 것이라고 하는데 두고 봐야죠.

신태환 갈수록 늘어나는 외채문제는 심각합니다. 하지만 중남미 국가들같이 지불불능이나 지불연기를 주장한 일은 없습니다. 한 나라의 신용도를 가리키는 컨트리리스크를 보더라도 아직은 괜찮습니다. 하지만 이 이상 증가해서는 안 되겠지요. 요즈음같이 세계경기가 침체했을 때에는 원리금 상환에 차질이 올지도 모릅니다. 따라서 당분간은 외채를 줄이는 노력을 과감히 해야겠지요.

변형윤 하지만 제 생각은 좀 다릅니다. 제가 심각하게 보는 까닭은 지금 외채가 많다고 해서가 아니라 앞으로 계속해서 늘어날 전망이기 때문입니다. 실제로 1980년 이후 외채가 순식간에 배 이상으로 늘어나지 않았습니까. 또 올해만 하더라도 연초에 설정했던 국제수지적자 예상선을 벌써 넘어서지 않았습니까. 이런 점을 보면 결코 낙관하긴 힘들다고 하겠지요.

신태환 지금까지 우리가 나눈 얘기대로 우리 경제가 당면한 문제는 적지 않은 것 같습니다. 해외시장에만 의존하고 있는 국가경제의 재편, 관 주도에서 민간 주도로의 경제주도권 이전, 생산활동을 통한 기업들의 정상적인 이윤추구 등 실로 한두 가지가 아닙니다. 이 또한 일제 36년 동안의 식민지 경험, 해방 후 정치적 혼란과 6·25 동란, 그 후

잘못된 경제정책 등의 원인 때문일 텐데 변 선생께서 끝으로 우리가 풀어 나가야 할 과제 혹은 전망에 대해 말씀해 주시죠.

　변형윤 지금 우리 경제는 줄기가 이리저리 뒤엉킨 콩 넝쿨과 같습니다. 수출과 내수, 대기업과 중소기업, 농촌과 도시, 기업주와 근로자 간에 갈등과 불균형이 날로 심화되고 있는 실정이죠. 문제는 어디서부터 줄기를 풀어 가느냐 하는 건데요. 그러기 위해서는 양쪽의 노력과 조화가 필요하다고 봅니다.

　한 예로 요즈음 날이 갈수록 심해지는 노사 간의 대립만 해도 그렇습니다. 얼마 전 세간을 떠들썩하게 했던 대우자동차 노사분규 때 근로자 대표가 김우중 회장보고 했다는 말이 있지 않습니까. "우리가 올려 달라고 하는 임금은 하룻밤에 회장이 술을 마시며 뿌려대는 팁 값도 안 된다." 이 얼마나 우리 사회가 안고 있는 문제점을 단적으로 분명하게 나타내주는 말입니까. 기업주들이 불황이니, 기업사정이 안 좋으니 하면서 임금을 동결시키거나 거의 올리지 않고 있는데 근로자들 눈에는 그것이 모두 거짓으로 보이는 것이죠. 그도 그럴 것이 날이 갈수록 늘어나는 게 향락산업이고, 도심의 초호화 빌딩이니 말입니다.

　여기에서도 알 수 있듯이 우리가 당면한 문제를 풀기 위해서는 서로가 상대편이 납득할 수 있을 만큼 성실한 자세를 보여야 합니다. 그중에서도 특히 여태껏 특권을 누렸던 쪽에서 말입니다. 그렇게 돼야만 서로가 조화를 이루어 우리 눈앞에 쌓인 무수한 과제들을 하나씩 풀어 갈 수 있을 겁니다.

《마당》(1985. 8)

산업구조의 변화

페티-클라크법칙이라는 것이 있다. 이것은 현재 선진국의 경험에서 도출한 것으로서 대체로 경제발전 또는 경제성장이 이뤄짐에 따라서 노동력이 제1차산업에서 제2차산업으로 다시 제3차산업으로 이동한다는 것이다. 바꾸어 말하면 제1차산업이 총취업인구에서 차지하는 비중이 가장 크다가 경제성장에 따라서 작아지고 그 대신 제2차산업의 비중이 커지고 마침내는 제3차산업의 비중이 가장 크게 된다는 것을 말하는 것이라고 할 수 있다. 여기서 제1차산업·제2차산업·제3차산업은 각각 농업·제조업·상업이 대표할 수 있을 것이다.

분명히 쿠즈네츠도 통계자료를 통해서 영국을 제외하고서는 오늘날의 주요 선진국(미국·서독·프랑스·일본·이탈리아)이 대체로 처음에는 총취업인구에 있어서 제1차산업이 가장 큰 비중을 차지하고 있었지만 경제성장에 따라서 제2차산업의 비중이 커져서 가장 크게 되었다가 다시 제3차산업이 가장 큰 비중을 차지하게 되는 경험을 갖고 있음을 실증하고 있다.

영국의 경우에는 처음(1801~1811)에는 근소한 차이기는 하지만 제3차산업의 비중이 제1차산업의 비중보다 컸다고 한다. 그러나 경제성장에 따라서 제2차산업의 비중이 가장 커졌다가 제3차산업의 비중이 가장 크게 되는 경험을 겪은 것은 말할 나위도 없다.

세계은행 자료에 따르면 총취업인구에서 제1차산업·제2차산업·제3차산업의 비중은 1960년에는 영국 4.0, 48.0, 48.0퍼센트, 미국 7.0, 36.0, 57.0퍼센트이고, 1980년에는 영국 2.0, 42.0, 56.0퍼센트, 미국 2.0, 32.0, 66.0퍼센트이다. 여기에서의 제3차산업은 협의의 서비스산업으로 보면 된다.

다시 말하면 서비스산업은 광의로 제3차산업과 동의어로 사용되기도 하지만 협의로 사용되기도 한다. 협의의 서비스산업은 우리나라 국민계정상의 산업분류에서의 '기타 서비스', 즉 도·소매업, 금융·보험, 부동산업, 서비스업, 정부부문을 말한다.

이처럼 협의의 서비스산업의 비중이 이미 1960년에 미국의 경우에는 50퍼센트를 웃돌고 있고, 영국의 경우에는 50퍼센트에 가깝다. 1980년에는 영국은 말할 것도 없고 다른 주요 선진국의 경우도 그 비중이 50퍼센트를 웃돌고 있다. 이런 현상이 다름 아닌 서비스경제화 또는 경제의 서비스화이다. 따라서 현재 주요 선진국은 서비스경제화가 실현된 셈이다.

그러기에 흔히 총취업인구에서 제2차산업과 제조업의 비중이 커지고 서비스산업의 비중이 커지는 것을 산업구조의 고도화, 나아가서 선진경제화 또는 고도산업사회화하는 것으로 해석된다.

물론 그것은 GNP나 GDP에서의 제2차산업과 제조업의 비중, 서비스산업의 비중이 커지면서 주요 선진국의 비중에 접근하는 뜻으로 확대 해석되기도 한다.

우리나라에서도 그동안 경제성장에 따라서 총취업인구에서의 제2차산업과 제조업의 비중이 커졌으며 또 서비스산업(협의)의 비중도 마찬가지이다. 1963년에는 총취업인구에서의 제1차산업·제2차산업(제조업), 제3차산업의 비중은 63.1퍼센트, 11.3퍼센트(8.0%), 25.6퍼센트이었다.

즉 1963년에는 각 산업의 비중의 크기는 제1차산업＞제3차산업＞제2차산업이었다. 그러던 것이 1980년과 1982년에는 제1차산업 34.4, 32.1퍼센트, 제2차산업(제조업) 28.5(21.7%), 28.3퍼센트(21.1%), 제3차산업 37.3, 40.2퍼센트이다.

결국 과잉인구의 압력을 반영하여 애초부터 컸던 제3차산업의 비중이 1980년부터는 이제까지 가장 컸던 제1차산업의 비중보다 커짐으로써 각 산업의 비중의 크기는 제3차산업＞제1차산업＞제2차산업으로 된 셈이다. 서비스산업을 협의로 볼 때에도 1982년부터는 마찬가지로 그 비중은 제1차산업의 비중보다도 크다. 제1차산업의 비중은 1980년 34.4퍼센트, 1981년 34.2퍼센트, 1982년 32.1퍼센트인 데 대해서 서비스산업의 비중은 32.5, 33.6, 35.8퍼센트이다.

위에서 알 수 있는 것처럼 우리나라에서는 그동안 경제성장은 주요 선진국에서처럼 제1차산업＞제2차산업＞제3차산업(단 영국 예외)에서 제1차산업→제2차산업→제3차산업으로 노동력의 이동을 초래하지 않고 제1차산업＞제3차산업＞제2차산업에서 제1차산업→제2차산업, 제3차산업으로의 노동력의 이동을 초래하여 비중의 크기를 제3차산업＞제1차산업＞제2차산업으로 바꾸어 놓았다고 할 수 있다. 제1차산업의 비중이 작아지고 제2차산업과 제3차산업의 비중이 커졌다는 뜻에서는 그동안의 경제성장이 산업구조의 고도화를 초래했다고 할 수 있지만 그것은 주요 선진국식의 산업구조의 고도화, 바꾸어 말하면 페티-클라크 법칙의 반영은 아니라고 할 수 있다.

현재 저개발국 산업구조의 특징 하나가 제3차산업 또는 서비스산업의 이상 비대화라고 한다면 그동안의 산업구조의 고도화는 바로 이 특징을 두드러지게 한 것임을 알 수 있다. 게다가 그 산업구조의 고도화는 큰 규모의 외채잔액을 수반하고 있다. 즉 그것은 국내재원에 뒷받침된 것이 아니고 외자에 뒷받침된 것이다. 물론 그것은 우리나라 기업의 재무구조가 타인자본 의존형인 데 기인한다.

따라서 우리나라의 산업구조의 고도화를 운위할 때에는 적어도 이 두 가지 점에 특별히 유의할 필요가 있을 것이다. 어떻든 우리나라의 산업구조의 고도화에는 반드시 액면 그대로 받아들일 수 없는 점이 있음을 알아야 한다.

《신용경제》(1986. 1)

올바른 농업문제 해결을 위해

비교우위원리·클라크 법칙·식생활 개선. 60년대 이후 우리나라 농업과 농민을 생각할 때마다 내 머리에 떠오르는 몇 가지 용어들이다.

비교우위원리에 비추어 보면 우리나라 농업은 틀림없이 열위산업이다. 따라서 비교우위원리를 우리나라에 그대로 적용하게 되면 우리나라 농업은 보호나 육성을 할 필요가 전혀 없는 사양산업으로 되고, 농민은 그와 함께 몰락하지 않을 수 없는 무시무시한 결과를 낳게 한다. 한 나라의 산업을 제1차산업, 제2차산업, 제3차산업으로 분류할 때 클라크 법칙에 따르면, 경제성장에 따라서 노동력의 비중은 제1차산업→제2차산업→제3차산업으로 이동해가는 경향(이 경향을 산업구조의 고도화 경향이라고 하기도 한다)이 있다. 즉 경제가 성장함에 따라 제1차산업의 비중은 상대적으로 작아지고 제3차산업의 비중이 가장 크게 된다는 것이다.

물론 노동력 비중의 이동은 그에 상응하는 생산액 비중의 이동을 초래하므로 이러한 산업구조의 변동은 생산액 기준으로도 해석될 수 있으며 종종 그렇게 되기도 한다.

실제로 미국, 영국, 서독, 일본 등 선진 자본주의국가들의 경우를 보면, 84년 현재 1차산업이 총취업인구에서 차지하는 비중은 10퍼센트 이하로 가장 적으며 국민생산에서의 비중도 5퍼센트 이하로 가장 적다(노동력 비중으로 볼 때 1차산업의 비중은 미국 3.5%, 영국 2.7%, 서독 5.5%, 일본 9.7%이며 생산액 비중으로 볼 때 그것은 각각 2.8, 2.3, 2.1, 3.5%에 불과하다).

우리나라의 경우에도 1차산업이 총취업인구와 국민생산에서 차지하는 비중은 63년 각각 62.0, 43.1퍼센트에서 87년 21.9, 11.4퍼센트로 급격히 낮아졌다. 그에 반해 3차산업의 비중은 63년 25.8, 37.8퍼센트에서 87년 44.2, 48.9퍼센트로 급격히 증대하였다. 또한 전체적으로도 1차산업은 2차산업보다, 2차산업은 3차산업보다 적은 형태를 취하고 있다. 결국 지표상으로 보면 우리나라에서도 그동안 이른바 산업구조의 고도화가 진행된 셈이라고 할 수 있을 것이다.

그렇다면 우리나라에서도 농업을 중심으로 하는 1차산업의 비중 저하가 선진 자본주의국가들과 동일한 의미에서 산업구조의 고도화를 반영하는 것일까.

선진 자본주의국가들의 경우 농업(및 그것을 중심으로 하는 제1차산업) 비중의 저하는 농업 외부의 '끌어당기기 효과'와 농업혁명의 진행에 따른 농업 내부의 '밀어내기 효과'가 결합하여 작용한 결과라고 할 수 있다. 이와 달리 우리나라의 경우에는 농업혁명이 제대로 진행되지 못하여 '밀어내기 효과'보다는 '끌어당기기 효과'가 강하게 작용하여 (밀어내기 효과와 별로 관계없이) 야기된 결과라고 볼 수 있다. 이를 실증해주는 것 중 하나로서 농가인구의 두드러진 고령화 현상을 들 수 있을 것이다.

한편 식생활 개선 문제도 이미 언급한 바의 비교우위원리나 클라크 법칙과 밀접한 연관을 갖는다. 정부는 그동안 식생활 개선이라는 미명 아래 우유·육식 장려, 분식 장려 등의 운동을 추진해 왔다. 그것이 선진 자본주의국가들의 식생활 패턴을 모방한 것이냐, 주곡 부족을 예상한 것이냐는 분명치 않다. 그렇지만 아직도 주곡(쌀, 보리 등)이 우리 식생활에서 큰 비중을 차지하고 있음을 감안할 때 식생활 개선 문제는 다시 고려될 필요가 있다. 즉 대다수 주곡을 생산하는 농민들에 대한 대책이 마련되지 않았다든가, 국내생산을 통한 식생활 개선의 추진이 아니라면 그것은 곧 농업·농민의 몰락을 의미하는 것이기 때문이다. 수입증대만을 야기하는 식생활 개선이 농민들에게 결코 환영받을 수 없다는 것은 너무나 당연하다. 사실 주곡자급률을 보면 65년에 93.9퍼센트이던 것이 88년에는 38.4퍼센트로 떨어졌으며, 사료용 곡물을 제외한다 하더라도 그것은 88년 65.2퍼센트로 떨어지게 되었다. 특히 분식을 장려하면서도 밀의 자급률은 27.0퍼센트(1965년)에서 0.2퍼센트(1988년)로 거의 수입에 의존하고 있다. 그렇다면 식생활 개선(정책)에 문제가 있다고 아니할 수 없지 않을까. 우리나라의 농업·농민문제를 생각할 때 비교우위원리·클라크 법칙·식생활 개선과 같은 용어들이 떠오르는 것은 이러한 이유에서이다. 결국 그러한 용어들이 우리나라의 경우 어떤 의미를 갖는 것이며, 그 한계 및 문제점이 무엇인가를 파악하는 것이 중요하고 절실하다는 것이다.

어쨌든 지금은 비교우위원리나 클라크 법칙, 혹은 식생활 개선의 맹신에서 벗어날 때이다. 그럼으로써만이 우리나라의 농업·농민문제는 올바로 해결될 수 있을 것이며 또 곧 실시될 '농어촌 개발종합대책'도 실효가 있을 것이다. 나아가서 올바른 농업·농민문제의 해결은 오직 그들의 입장에 서야만 가능하다는 것도 정책담당자나 우리 모두가 잊어서는 안 될 중요한 것이다.

《서울경제신문》(1989. 4. 4)

불타는 농촌갱생에 대한 의욕

이번 여름방학 중에 전남 함평군 함평면의 외대화부락의 실태조사를 한 바 있다. 함평군의 외대화부락을 택한 것은 때마침 부흥부 산업개발위원회가 행한 농업노동력 조사에 동원된 곳이 함평면인 데 기인한다. 따라서 이번 실태조사는 작년의 경우와 같이 그곳만을 위한 것이 아니었고 동원된 학생 4명(전부가 졸업반에 있는 통계반원임)과 함께 농업노동력 조사를 하면서 그 틈을 이용한 것이라고 하겠다. 이 부락은 약 6백 년의 연혁을 갖고 있으며 한때는 군내에서 1, 2위를 다투는 부촌이었다고 한다. 현재 53호의 농가와 약 3백 명의 인구를 갖고 있는데 대략 전답의 비율이 4대 6인 혼작지대에 속하는 부락이기 때문에 농업은행의 농가경제조사의 조사대상 부락으로 지정되어 있다. 이제 이 부락에 대해서 실시한 조사결과를 주요 조사항목별로 간단히 적어보면 다음과 같다.

머슴 · 임금노동자

1석서 5석까지의 머슴이 있었다. 이들은 대개 부채로 인해서 농토를 잃은 자 또는 그들의 자제였다. 군청소재지에서 가까운 부락인 관계로 일용노동자 부락이 있었다. 이들은 품앗이를 좋아하지 않는 중농 이상의 농가에 의해서 주로 고용되고 있었다. 이들의 임금은 1일에 2식을 주고 4천5백 원이었다. 머슴노동, 일용노동 이외에 봄에 고지를 먹은 대가로 행하는 노동과 품앗이를 볼 수 있었다.

토지매매 · 소작

토지매매가 행해지고 있었다. 토지를 파는 자는 부채정리자이고 토지를 사는 자는 대개 겸업자 또는 공무원이었다. 그리고 소작도 이루어지고 있었는데 소작을 주는 자는 대개 겸업자 또는 공무원이었고, 소작자와는 친척 또는 친구의 관계에 있는 자였다. 소작률은 5대 5 내지 4대 6(지주 편이 6임)이었다.

농기구 · 역축(役畜)

탈곡기를 제외하고서는 전부 원시적 농기구였다. 탈곡기의 사용료는 1일 나락 대두 1두라고 한다. 다음에 역축이라고 해도 소(牛)를 말하겠는데 이 부락에는 2, 3가구밖에 갖고 있지 않았다. 소의 사용료는 3회 갈아주고 1두락당 밭의 경우에는 5백~6백 환이고, 논의 경우에는 1천 환이라고 한다.

수리시설

천수답이 50퍼센트를 차지하고 있는 관계로 수리시설의 확장이 이 부락에는 급선무이다. 그러나 부락민은 대부분 대규모의 것보다도 소규모의 저수지 여러 개를 요구하고 있었다.

비 료

비료의 배급사정은 올해에는 좋은 편이어서 고품(高品)비료와 배급 비료의 비율은 약 1대 3이었다. 그리고 퇴비의 증산은 전 농가가 상당히 열심히 하고 있었다. 풋거름의 재배는 장려되기는 하지만 여러 가지 사정으로 성과를 못 올리고 있었다.

부 채

부채는 결국 비용을 보장해 주지 못하는 곡가정책에 기인하겠지만 그곳의 특수한 원인으로서는 교육비, 관혼상제비, 의료비, 조세공과, 잡부금, 도박 등을 들 수 있었다. 이 부채를 정리하는 방법은 임금노동, 입도선매, 추수, 토지 및 기타 재산의 매각 등이었다.

절량(絶糧)

단경기(端境期)에는 상당히 많은 농가가 절량 상태에 빠졌었다고 하는데 그들은 고리채의 일종인 색거리로, 또 고지와 심지어는 초근목피로 그것을 극복했다고 한다.

미곡담보융자

담보융자를 찬성하는 계층은 1.5정보 이상의 농가이고 그 이하의 농가는 찬성하지 않았다. 그것은 담보융자의 혜택을 받지 못하는 데 기인했다.

영농자금

전혀 없는 것은 아니었으나 가구당 3백~5백 정도였다. 좀 여유 있는 계층은 액수가 좀 크고 지속성이 있다면 그것을 예상해서 농기구 등의 농업용품을 구입하겠는데, 그렇지 못해 딱하다고 말하고 있었다.

입도선매

'나락쓴다'는 말로 통용되는데 실제 행해지고 있었다. 이것은 매년 대략 8월초서 10월말까지 이루어진다고 한다. 이것을 하는 농가의 계층은 주로 1정보 미만의 농가였다. 실제 매매는 나락 시가의 약 6할의 가격으로 이루어지고 있었고 그 목적은 생활을 위해서, 부채상환을 위해서, 교육비를 위해서, 관혼상제비를 위해서, 납세를 위해서, 비료구입을 위해서 등 여러 가지가 있었다. 그리고 구입자는 대개 미곡상, 비료상, 대금업자, 주조업자, 공무원 등이었다.

농촌금융

색거리 등이 횡행하고 있었다. 이것은 봄에 보리쌀 1두를 빌리면 가을에 쌀 1두를 반환하는 차입형태를 말한다. 이 밖에 소규모의 대금업자가 있었다. 농업은행의 활동이 기대되었음에도 불구하고 농가의 농업은행에 대한 인상은 좋은 편이 아니었다.

협동조합

협동조합은 아직 조직되지 않고 있었다. 그러나 이의 필요성은 인식하고 있었다.

농촌갱생의 의욕

함평면에 농업고등학교가 있는 관계로 3, 4명의 젊은이가 그 학교를 나왔는데 이들은 모두 자기 집을 도와 농업에 종사하고 있었다. 이들은 사치와 나태를 증오·배척하고서 한편 농사를 짓는 데서 지도적 역할을 하고 있었고 다른 한편 부락갱생운동의 선봉으로 나서고 있었다. 이들은 여러 가지 구상을 갖고 있었으며 그 의욕은 매우 강했다. 이들이 주동이 되어 '영농의 다각화', '부업의 대대화'를 목표로 이 부락은 이미 특용작물인 박하재배를 하고 있었으며 또 농업은행이 지불하는 사례금(가구당 1천 환임)을 기금으로 해서 양계와 양돈을 시작하려고 하고 있었다. 그러나 한결같이 자금의 부족을 말하고 있었다.

그들의 요망사항

여러 가지 있었으나 중요한 것만 몇 가지 추려보면 첫째로 적기·적량·염가의 비료배급, 둘째로 적기·적액의 영농자금의 방출, 셋째로 농업은행을 중심으로 한 부채정리, 넷째로 농약·농기구의 알선, 다섯째로 단경기에 적량의 양곡대여, 여섯째로 도시의 사치생활의 배척을 들 수 있다.

이상이 주요 조사항목별로 본 농촌의 실태인데 어떻든 이번 조사를 통해서 필자는 이 부락은 다행히도 젊은이들이 농촌에 남아서 지도적 역할을 하고 있었지만, 그래도 농업기술의 개량, 수리시설의 확장, 생산비를 '환수'할 수 있는 곡가정책 등 적어도 젊은이들이 농촌에 붙어 있을 수 있는 여건을 우선 마련해주어야 하겠다는 것, 현재 불타고 있는 그들의 농촌갱생에 대한 의욕을 그대로 살려가는 방향으로 나가야 하겠다는 것, 도시의 사치생활은 농촌에 대해서는 특히 해악이 된다는 것을 똑바로 인식하여야 하겠다는 것 등을 절실히 느꼈다. 모름지기 이를 위한 시책이 강구되어야 하겠다.

《상대월보》(1991. 11. 1)

우리나라 제조업의 모습

어떤 산업의 한 나라에서의 무게 또는 힘은 보통 국내총생산(GDP)이나 총취업자에서의 비중으로 파악된다. 그런데 우리나라 총취업자에서 제조업의 비중은 1989년을 정점으로 하는 곡선을 그리고 있다. 다시 말하면 그 비중은 1989년까지 계속 커지다가 그 이후부터 작아지고 있다(1988년 27.7%, 1989년 27.8%, 1990년 27.2%).

그런가 하면 그 비중은 1993년부터 서비스산업의 한 부분인 도·소매, 음식·숙박업의 그것보다도 작아지고 있다(각각 24.2%, 25.1%). 그 결과 1993년에 제조업 취업자는 도·소매, 음식·숙박업 취업자보다 18.5만 명 적었는데, 그 차가 점점 벌어져서 1998년에는 168.1만 명이나 적다. 즉 도·소매, 음식·숙박업 취업자가 제조업 취업자보다 168.1만 명이나 많다.

UN 자료에 따르면, 독일의 경우 제조업의 비중은 1980~1990년에 평균 34.7퍼센트나 되어 같은 기간 우리나라의 평균 24.2퍼센트는 말할 것도 없고 정점의 해인 1989년의 27.8퍼센트보다도 크다.

그리고 일본의 경우도 같은 기간에 평균 27.2퍼센트이며, 1993년, 1994년을 보아도 우리나라의 그것보다 약간 작다(1993년 일본 23.7%,

한국 24.2%). 이 평균 27.2퍼센트는 우리나라 1990년의 비중과 같다.

한 나라의 산업을 농림수산업, 광공업, 서비스업으로 삼분할 경우 물론 오늘의 선진국에서는 서비스산업의 비중이 가장 크며, 그것도 50.0퍼센트를 크게 웃돈다. 따라서 어떤 나라의 서비스산업의 비중이 커지는 것은 흔히 선진국형화로 받아들여진다.

그러나 독일이나 일본의 산업화의 역사는 1백 년을 넘어서 우리나라의 그것보다 훨씬 길다. 그리고 서비스산업은 농업, 제조업 같은 재화산업의 지원부문이라고 할 수 있는데, 도·소매, 음식·숙박업은 그런 서비스산업의 한 부문이다.

그렇다면 우리나라 제조업은 분명히 조로현상(早老現象)을 나타내고 있으며, 또 비정상적이라고 할 수 있지 않은가.

우리는 이런 사실을 심각하게 받아들여 하루속히 우리나라 제조업의 조로현상을 방지하며, 또 그것의 정상화를 도모해야 할 것이다. 이 제조업의 조로현상 방지(즉 제조업의 활성화)와 정상화는 강조되어야 할 우리 경제의 중요한 과제이기도 하다.

잘 알다시피 우리나라는 계속해서 수출증대를 꾀하지 않으면 안 된다. 하지만 우리나라의 경우 아직도 서비스 수출증대에는 어려움이 많다. 따라서 수출증대를 위해서는 여전히 제조업제품(공산품) 수출증대에 의존하지 않을 수 없다.

사실 우리나라의 경우 제조업제품이 전체 수출품의 거의 대부분을 차지하고 있기 때문에 제조업 수출증대는 곧 총수출의 증대를 뜻하며, 또 제조업의 활성화·정상화의 길이라고 할 수 있다. 그러기에 제조업의 활성화·정상화를 위해서는 제조업제품의 수출증대가 우선 강조된다.

이 밖에 소재·부품의 국산화 촉진, 외국 제조업체의 합작 혹은 단독 투자 유치 등도 강조된다. 소재·부품의 국산화에는 중소기업과 벤처기업을 적극적으로 참여시켜야 한다.

제조업제품 수출증대를 위해서는 품질개선을 서둘러야 한다. 즉 기술수준의 향상을 도모해야 한다. 기술수준의 향상을 위해서는 국내 기술개발에 역점을 두어야 한다.

그러나 기술개발의 성과가 나타나려면 시간이 오래 걸릴 수도 있고, 또 성과가 나타나지 않을 수도 있다. 그러므로 새로운 기술을 선진국에서 도입하는 일도 필요할 것이다. 수출증대를 위해서는 사회간접자본을 계속 정비·확충해 나가야 함은 말할 나위도 없다.

우리나라는 독일이나 일본의 경우를 좋은 본보기로 삼아야 한다. 그리고 '제조업론' 혹은 '제조업 우위론'은 여전히 강조되어야 한다. 결코 미국의 경우를 본받아 '서비스산업론' 혹은 '서비스산업 우위론'이 미화되어서는 안 된다. 서비스산업의 비중 증대는 어디까지나 견실하고 활력 있는 제조업의 뒷받침 아래 실현되어야 한다.

미국은 농업 최강국이고 서비스산업 최강국이지만, 제조업에 있어서는 독일이나 일본과 경합 상태에 있는 나라라고 할 수 있다. 다시 말하면 제조업에서는 3대 강국 중 상대적으로 미국은 약한 편이고 독일과 일본은 강한 편이다. 물론 이들 세 나라의 서비스산업은 자기 나라 제조업의 공고한 뒷받침을 받고 있다. 따라서 우리나라에서도 서비스산업의 비중 증대가 견실한 제조업에 기초하여 실현될 때 비로소 정상적이고 바람직하다고 할 수 있다.

그렇지 않을 때에는 외국 제조업제품의 수입증대를 초래함으로써 무역수지, 나아가서 경상수지가 악화될 것이다. 제조업의 활성화·정상화가 우리 경제의 중요한 과제로 강조되는 이유가 바로 여기에 있다.

《경제를 되새기며》(1999. 6)

제2편
인구와 산업구조

과잉인구의 압력
: 한국의 경우를 중심으로

1. 서 언

인구학자 슈펭글러(O. Spengler)에 따르면 인구성장은 (1) 토지와 자원에 대한 압력의 증가 (2) 자본이 축적될 수 있는 비율의 감소 (3) 자본형성률이 주어졌을 때에는 노동력이 증가될 수 있는 비율의 감소 등을 통해서 인간의 물질적 조건의 개선을 저지시킨다고 한다.[1]

과잉인구에 허덕이고 있는 인구과잉국의 경우에는 그 정도는 더 강할 것이다. 바로 우리나라가 인구과잉국이다. 따라서 우리나라의 경우에 인구문제는 심각한 문제가 되지 않을 수 없다.

이 글은 바로 이 점에 착안하여 우리나라에서 과잉인구의 압력이 어떤 현상을 야기하고 있는가를 구명하고, 나아가 과잉인구대책에 대해서 언급하기 위해서 시도된 것이다. 확실히 과잉인구의 압력은 여러 가지 현상을 야기한다. 간단히 한두 가지만 생각하더라도 대도시에의

---

1) S. Enke, *Economic Development*, p. 355.

비정상적인 집중, 식량 부족 등을 들 수 있다. 그러나 이 글에서는 경제학적인 관점에서 무엇보다도 우선해서 다룰 필요가 있다고 생각되는 방대한 불완전취업자의 존재, 중소기업·영세경영의 높은 비중, 비근대적인 농업구조, 저임금과 심한 임금격차의 네 가지만을 다루기로 한다.

이하에서는 이들 네 가지를 간단히 차례로 다루고 끝에 가서 보통 들어지는 과잉인구대책에 대해서 언급하고자 한다.

2. 방대한 불완전취업의 존재

과잉인구의 압력은 우선 완전실업 현상을 야기한다. 우리나라의 완전실업자 수는 경제기획원의 《경제활동인구조사》에 따르면 〈표 1-1〉에서 보는 바와 같이 1968년에는 496천 명, 1969년에는 471천 명으로 되어 있다. 이와 같이 정부의 공식통계에 의해서 표시되는 완전실업자 수는 적으며 또 〈표 1-2〉에서 보는 바와 같이 완전실업률도 외국에 비해 그다지 큰 편은 아니다. 그러나 여기서 말하는 완전실업자는 "조사기간 중 1시간도 일에 종사하지 않았으나 일할 의사와 능력을 가지고 있으며 구직운동을 행하고 있는 자"라는 것을 잊어서는 안 된다.[2]

경제활동인구 중 완전실업자가 아닌 자는 취업자로 나타난다. 따라서 완전실업자 수가 작다는 것은 많은 경제활동인구가 다소(多少)를 불문하고 어떤 일에 종사하고 있다는 것을 말해준다. 그러나 그 중에는 〈표 1-1〉에서 보는 바와 같이 1968년에 505천 명, 1969년에 320천 명이나 되는 18시간 이하의 단시간취업자가 포함되어 있음을 잊어서

---

2) 우리나라의 완전실업자가 무엇을 의미하는가는 서울대학교 상과대학 한국경제연구소, 《경제논집》(1967. 9) p. 10 참조.

〈표 1-1〉 완전실업자와 18시간 미만 취업자

(단위: 천 명)

	경제활동 인구(A)	실업자(B)	실업(B/A)	18시간미만 취업자(C)	18시간미만 취업자율(C/A)
1963	8,652	705	8.1	693	8.0
1964	8,894	683	7.1	763	8.6
1965	9,199	677	7.4	674	7.3
1966	9,325	666	7.1	760	8.1
1967	9,504	590	6.2	632	7.1
1968	9,757	496	5.1	505	5.2
1969	9,818	471	4.8	320	3.3

자료: 경제기획원,《경제활동인구조사》, 1969.

〈표 1-2〉 세계 각국의 실업자와 실업률(1967)

(단위: 천 명)

국 명	실업자	실업률
한 국	590	6.2
일 본	630	1.2
미 얀 마	89.4	–
인 도	2,706.3	–
파 키 스 탄	184.1	–
영 국	599.1	2.5
독 일	444.6	2.1
프 랑 스	196.1	–
이 탈 리 아	689.0	3.5
스 웨 덴	28.8	1.7
미 국	2,975	3.8
캐 나 다	315	4.1
필 리 핀	961	7.2

자료: 경제기획원,《경제활동인구조사》, 1968.

는 안 되며 또 〈표 1-3〉에서 보는 바와 같이 1963년에서 1969년까지
의 7년간을 평균해서 볼 때 6월과 12월 사이에 취업자 수에 3,139천
명이나 차이가 생기고 있음을 잊어서는 안 된다. 〈표 1-3〉에서 알 수
있는 바와 같이 이 차이를 만들고 있는 인구는 주로 가족종사자이며
또 여성취업자이다.

불완전취업자 또는 잠재실업자의 정의에는 여러 가지가 있다. 또 측

〈표 1-3〉 종사상의 지위별 · 계절별 · 성별 취업자

(단위: 천 명)

	총 수			자영업주			가족종사자		
	전 체	남 자	여 자	전 체	남 자	여 자	전 체	남 자	여 자
1963.6.- 1969.6.(A)	–	–	–	3,381	2,728	653	3,699	1,121	2,578
1963.12.- 1969.12.(B)	–	–	–	2,618	2,107	511	1,427	547	880
(A)-(B)	3,139	1,151	1,998	763	621	142	2,262	574	1,698

	상 고			임 고			일 고		
	전 체	남 자	여 자	전 체	남 자	여 자	전 체	남 자	여 자
1963.6.- 1969.6.(A)	1,329	1,063	266	593	412	181	1,226	795	431
1963.12.- 1969.12.(B)	1,484	1,170	314	613	423	190	937	721	216
(A)-(B)	△155	△107	△48	△20	△11	△9	289	74	215

자료: 경제기획원, 《경제활동인구조사》

정방법에도 여러 가지가 있다.3) 그러나 3,139천 명을 일단 불완전취업 자로 간주해도 대체로 무방하지 않을까 생각한다. 말하자면 우리나라 에는 3,139천 명의 불완전취업자가 존재하는 셈이다. 그러나 완전실업 자를 제외한 경제활동인구는 모두 취업자로 간주하고 있다는 점과 자 영업주 중 그 소득만으로는 생활을 유지할 수 없는 자가 상당수 존재 한다는 점 등을 고려한다면 불완전취업자 수는 3,139천 명보다 훨씬 더 많으리라고 말할 수 있을 것이다.

이와 같이 방대한 불완전취업자가 존재하는 원인을 인구 혹은 경제 활동인구의 증가에 비해서 경제성장이 불충분한 데서 찾을 수 있다면, 방대한 불완전취업자의 존재는 과잉인구의 압력이 초래한 현상이라고

---

3) 불완전취업의 정의와 측정방법에 대해서는 앞의 글, 《경제논집》(1967. 9) p. 10 참조.

할 수 있다.

결국 과잉인구의 압력은 완전실업과 더불어 불완전취업의 현상도
초래하고 있는 셈이다.

3. 중소기업, 영세경영의 높은 비율

〈표 2-1〉에서 보는 바와 같이 농가 1호당 경지면적은 9단보에 불과
하며 1정보 미만의 농가는 농가 전체의 65퍼센트나 차지하고 있다.

우리나라의 농업은 자본부족으로 기계를 이용하는 일이 적은, 말하
자면 주로 수족(手足)의 노동에 의존하는 경향이 있으며, 따라서 주어
진 경지면적에 대해서 투하하는 노동량을 자유로이 조절할 수 있다.
또 벼농사를 중심으로 하는 관계로 그것의 경영은 계절적으로 번한(繁
閑)이 심하다. 그리고 또 농민의 이농(離農)이 불완전하고 철저하지 못
하다. 따라서 이농하여 노동자가 된 자라고 해도 그 대부분은 농촌과
관계를 끊고 있지 않으며, 일자리를 잃거나 병에 걸린 경우에는 귀농
하는 수가 많다. 거기에 또 낡은 가족제도와 상부상조하는 낡은 사회
조직이 완전히 붕괴되어 있지 않다. 끝으로 우리나라의 농업은 〈표
2-4〉에서 보는 바와 같이 가(家)·자(自)·일고형이며 특히 가족종사자
의 비중이 큰 형이다. 따라서 과잉인구의 압력은 농가의 분할, 즉 경작

〈표 2-1〉 경지규모별 농가(1968)

	전 국	경지규모	
		5단보 미만	1정보 미만
농 가 호 수	2,578,526	857,803	1,677,976
비 율(%)	100%	33%	65%

농가호당 경지면적: 9.07 단보
자료: 농림부, 〈농림통계연보〉, 1969

〈표 2-2〉 중소제조업의 사업체 수, 종업원, 생산액(1968)

	제조업 전체	중소제조업(5~199인)
사 업 체 수	24,109	23,555
비 율 (%)	100.0	97.7
종 업 원 수	748,307	404,906
비 율 (%)	100.0	54.1
생 산 액(100만 원)	769,077	275,261
비 율 (%)	100.0	35.8

자료: 한국산업은행, 《광공업센서스보고서》, 1968.

〈표 2-3〉 소유별 상점수(1964)

(1)

	총 계	법인기업	개인상점
상 점 수	419,638	1,584	418,054
비 율 (%)	100.0	0.38	99.62

(2)

당시 고용인의 규모	개인상점 수	비 율(%)
전 체	276,770	100.0
4 인 미 만	271,281	98.0
4~49 인	5,471	2.0
50 인 이 상	18	0.0

자료: 경제기획원, 《상업센서스》, 1968.

규모의 세분화와 주어진 경작규모에의 과중한 의존 현상을 초래하게
된다.

다음에 〈표 2-2〉에서 보는 바와 같이 제조업에서는 1968년에 200
인 미만의 것은 사업체 전체의 97.7퍼센트, 종업원 전체의 54.1퍼센트,
생산액 전체의 35.8퍼센트를 차지하고 있다.

기타의 산업에 대해서도 대세는 그다지 다르지 않다. 상업에 관해
살펴보면 〈표 2-3〉에서 보는 바와 같이 1968년에는 41만 9,638개의

〈표 2-4〉

(A) 종사상의 지위별 농림업 취업자 (단위: 천 명)

	총계(A)	총계(B)	가족종사자	자영업주	일 고	(B)/(A)×100
1963. 6~1969. 6	6,703	6,537	3,386	2,347	804	97.5
1963.12~1969.12	2,893	2,734	1,128	1,328	278	94.5

(B) 종사상의 지위별 제조업 취업자

	총계(A)	총계(B)	상 고	자영업주	임 고	(B)/(A)×100
1963. 6~1969. 6	799	664	328	182	154	83.1
1963.12~1969.12	1,038	836	417	246	173	80.5

(C) 종사상의 지위별 상업 취업자

	총계(A)	총계(B)	자영업주	가족종사자	상 고	(B)/(A)×100
1963. 6~1969. 6	971	902	648	169	85	92.9
1963.12~1969.12	1,108	1,026	730	209	87	92.6

자료: 경제기획원, 《경제활동인구조사》.

상점 가운데 개인상점이 99.6퍼센트를 차지하고 있고, 또 그 중에서 상시종업원 4인 이하의 상점이 98퍼센트를 차지하고 있다. 그리고 성질이 비슷한 개인 서비스업에 대해서도 동일한 말을 할 수 있을 것이다.[4]

상술한 바와 같이 중소기업, 영세경영은 우리나라 경제에 있어서 큰 비중을 차지하고 있다. 이것은 어떤 직업에서 추방되거나, 또 어떤 직업에 취업할 수 없는 인구가 가장 쉽게 직업을 구할 수 있는 곳이 중소기업, 영세경영인 까닭이다. 즉 자본이나 기술이 없어도 생활할 길을 찾을 수 있는 곳이 중소기업, 영세경영인 데 기인한다. 물론 중소기업은 그 특수한 성격으로 인해 중소기업에 머물러 있는 것이 있다. 그러나 어떻든 중소기업이 존재하는 한 과잉인구는 항상 여기에 압력을 가하게 된다.

---

4) 광업·운수업의 규모에 대해서는 상공부, 중소기업은행, 《중소기업백서》 참조.

결국 중소기업, 영세경영의 높은 비중도 과잉인구의 압력이 초래한 현상이라고 할 수 있다.

앞에서 농업을 가·자·일고형이라고 했다. 이에 대해서 〈표 2-4〉에서 알 수 있는 바와 같이 제조업은 상고·자·임고형이며 상업은 자·가·상고형이다. 그러나 〈표 3-1〉에서 알 수 있는 바와 같이 농업과 상업은 어디까지나 가·자형 또는 자·가형이라는 점과 제조업에서도 자영업주가 비교적 큰 비중을 차지하고 있는 점을 잊어서는 안 된다.

4. 비근대적인 산업구조

앞의 2와 3에서 방대한 불완전취업자의 존재와 중소기업, 영세경영의 높은 비중이 과잉인구의 압력에 기인함을 살펴보았다. 〈표 3-1〉에서 알 수 있는 바와 같이 방대한 불완전취업자는 농림업, 제조업, 상업을 중심으로 중소기업, 영세경영에 깃들어서 가족종사자를 주로 하여 자영업주, 고용자의 형태로 모든 산업에 걸쳐 존재하고 있다.

〈표 3-1〉 각 산업과 종사상의 지위별 취업자

(단위: 천 명)

산 업		총 수	자영업주	가족종사자	상 고	임 고	일 고
농림업	1963. 6~1969. 6(A)	6,703	2,347	3,386	68	98	804
	1963.12~1969.12(B)	2,893	1,328	1,128	83	76	278
	(A)-(B)	3,810	1,019	2,258	△15	22	526
제조업	1963. 6~1969. 6(A)	799	182	70	328	154	65
	1963.12~1969.12(B)	1,038	246	110	417	173	92
	(A)-(B)	△239	△64	△40	△89	△19	△27
상 업	1963. 6~1969. 6(A)	971	648	169	85	33	36
	1963.12~1969.12(B)	1,108	730	209	87	32	50
	(A)-(B)	△137	△82	△40	△2	1	△14

자료: 경제기획원, 《경제활동인구조사》.

　〈표 3-3〉에서 보는 바와 같이 농림업, 제조업, 상업은 합쳐서 취업
인구의 70퍼센트 이상을 차지하고 있다. 그리고 앞에서 밝힌 바와 같
이 그들은 각각 가·자·일고형, 상고·자·임고형, 자·가·상고형이다. 그
러나 〈표 3-1〉에서 알 수 있는 바와 같이 6월과 12월의 취업자 수의
차이에서 볼 때에는 농림업은 가·자·일고형, 제조업은 자·가·상고형,
상업은 자·가·일고형이며 합쳐서 볼 때에는 그들은 〈표 3-2〉에서 알
수 있는 바와 같이 가족종사자형인 동시에 자영업주형이다.

〈표 3-2〉 농업, 제조업, 상업의 종사상의 지위별 취업자 비율

(단위: 천 명)

	자영업주			가족종사자			상 고			임 고			일 고		
	전 체 (A)	농+제+상 (B)	(B)/ (A) ×100	전 체 (A)	농+제+상 (B)	(B)/ (A) ×100	전 체 (A)	농+제+상 (B)	(B)/ (A) ×100	전 체 (A)	농+제+상 (B)	(B)/ (A) ×100	전 체 (A)	농+제+상 (B)	(B)/ (A) ×100
1969. 6	3,573	3,325	93.1	3,627	3,571	98.5	1,755	721	41.1	491	285	58.0	1,287	946	73.5
1969.12	2,762	2,415	87.4	1,392	1,269	91.2	2,412	1,172	48.6	40.5	173	42.7	963	402	41.7

자료: 경제기획원, 《경제활동인구조사》.

〈표 3-3〉 산업별 취업자 비율

(단위: %)

연	전 산업	1차산업			2차산업				3차산업				
		소계	농림업	수산업 및 수렵	소계	광업 및 채석업	제조업	건설업	소계	전기, 가스, 수도 및 위생	상업	운수, 보관 및 통신업	서비스업
1963	100.0	63.2	60.7	2.5	11.2	0.8	7.9	2.5	25.6	0.3	9.9	1.5	13.9
1964	100.0	61.9	59.8	2.1	11.2	0.7	8.2	2.3	26.9	0.2	10.5	2.0	14.2
1965	100.0	58.7	56.2	2.5	13.2	0.9	9.4	2.9	28.1	0.2	11.5	2.4	14.0
1966	100.0	58.2	56.0	2.2	13.0	0.9	9.9	2.2	28.8	0.3	19.3	2.1	15.1
1967	100.0	55.2	52.8	2.4	15.8	1.1	11.7	3.0	29.0	0.3	12.3	2.2	14.2
1968	100.0	52.5	50.1	2.4	17.4	1.2	12.8	3.4	30.1	0.3	13.1	2.5	14.3
1969	100.0	51.3	49.9	1.4	17.9	1.2	13.1	3.6	30.8	0.3	12.8	2.9	14.8

자료: 경제기획원, 《경제활동인구조사》.

<표 3-4> 1인당 실질소득 수준별 산업구조

		I	II	III	IV	V	VI	VII
		\multicolumn{7}{c}{1인당 실질소득[1]}						
(1) 나 라 수		1	7	6	5	5	4	4
(2) 비 율(%)								
A 그 룹[2]		14.4	3.43	27.9	51.1	49.7	57.5	61.2
M 그 룹[3]		40.3	34.52	0.3	20.7	22.0	16.4	15.1
S 그 룹[4]		45.3	41.7	41.8	28.2	28.3	26.1	23.7
(3) S그룹 안의 소그룹								
① 나 라 수		7	6	5	5	4	7	4
② 비 율(%)								
T 소 그 룹[5]		8.6	7.6	6.4	4.0	4.0	3.5	2.6
C 소 그 룹[6]		51.1	11.4	11.5	8.0	8.2	6.1	5.8
T + C 소 그 룹		23.7	18.9	17.8	12.0	12.1	9.6	8.3
O S 소 그 룹[7]		21.7	22.8	24.0	16.2	16.2	16.6	15.3

1) I—1,700, II—1,000, III—600, IV—400, V—200, VI—100
2) 농업 및 수렵, 수산업 등 포함.
3) 광업, 제조업, 건설업 포함.
4) 모든 서비스 활동 포함.
5) 교통통신 포함.
6) 상업 은행업.
7) 그 밖의 서비스자영업 정부서비스 포함.
자료: S. Kuznets, *Six Lectures on Economic Growth*(일역) pp. 54~55

쿠즈네츠(S. Kuznets)에 따르면 1인당 실질국민소득이 높은 나라들에서 낮은 나라들로 옮겨 감에 따라서 취업자에 관한 A부문(제1차산업)의 구성비는 상승하고 M부문(제2차산업)과 S부문(제3차산업)의 구성비는 저하한다(S부문의 소부문의 구성비도 저하한다).[5] 그리고 1인당 실질소득이 높아질수록 구성비는 A-S-M형에서 S-M-A형으로 바뀌게 된다.

그에 따르면 A부문이나 M부문의 상승은 특히 M부문에서 정교한

---

5) S. Kuznets, *Six Lectures on Economic Growth*(일역). pp. 52~58

자본설비를 갖는 대규모의 단위로 생산이 집중하는 것에 따라서, 또 생산물당 비용이 낮은, 따라서 노동투입당 높은 산출에 불가결한 대규모조업의 계속에 의해서 달성된다. 규모에 있어서의 그와 같은 집중과 시간에 있어서의 그와 같은 계속은 운수·통신·배급 등의 보조적 서비스를 대량으로 필요로 한다. 그들은 (1) 계절적 혹은 기타의 영향을 받는 농산원료품의 공급과 생산 과정에서 그들을 사용하는 것 사이, 또 (2) 계절적인 혹은 기타의 영향을 받는 최종생산물의 수요와 생산조직에서 그들이 계속적으로 유출하는 것 사이에 있는 시간적·장소적인 간격을 메워 준다. 또 도시화의 증진은 정부서비스의 증대를 필요로 한다. 즉 교육을 받은 주민이나 노동력의 수요는 교육에 관한 서비스 활동을 증가시키고 경제조직이 일반적으로 더욱더 복잡해짐에 따라서 그 규제·통제·관리라는 방식으로 정부의 감독이 더욱더 필요하게 된다. 따라서 1인당 실질소득의 상승에 따라서 발생하는 서비스에 대해서 최종소비자의 수요가 이행하게 되는 이상으로 A부문과 M부문의 집중화되고 전문화된 생산성이 높은 조직에게 필요한 보완물인 서비스 활동에 대한 수요의 면에서 아마 더욱 중요한 증대가 있을 것이다. S부문의 생산물에 대한 수요가 더욱더 증가하고 S부문의 많은 소부문에서 취업자 1인당 생산성의 상승이 A부문이나 M부문보다 약간 작다고 하면 노동력이 이동하여 S부문의 구성비를 더욱더 높이는 것은 쉽게 설명된다. 결국 발전한 나라에서 노동력이 S부문으로 이동하는 것은 경제 전체의 생산성이 더욱 높은 수준으로 발전하면서 불가피하게 발생하게 되는 부수적인 현상이다.[6]

우리나라의 산업구조는 〈표 3-3〉에서 보는 바와 같이 A-S-M형이

---

6) S. Kuznets, 앞의 책, pp. 77~78.

다. 제조업에 불완전취업자가 많다는 자체부터가 우리나라의 산업구조가 비근대적이라는 것을 나타내지만, 어떻든 우리나라의 산업구조는 저개발국형, 다시 말하면 비근대적인 것만은 사실이다.

그리고 또 방대한 농림업인구가 정체하고 있고 제조업과 상업인구가 점증하고 있는 것이 또 다른 특징이라 할 수 있다. 서비스업 인구 중에 포함되어 있는 관계로 명확치는 않지만 개인 서비스업 인구도 상업과 유사한 성질의 것이라는 점에서 미루어 보아 점증하고 있을 것이다. 이것은 시골에서 올라오는 일자리가 없는 여자들이 일단 식모로 가는 것을 통해서도 어느 정도 짐작할 수 있다. 또 현재 도시생활에 대한 동경심이 많다는 것에서도 짐작할 수 있다.

물론 이들 상업과 개인 서비스업을 포함하는 제3차산업 인구도 점증하고 있다. 그러면 이 점증은 A부문과 M부문에서의 높은 기술이나 생산성의 수준에 기인하는 수요에 의해서 요구된 증가라고 할 수 있는가? 물론 그런 면도 있을 것이다. 그러나 쿠즈네츠가 이 면과 엄연히 구별하고 있는 다른 면, 즉 토지에 대한 인구압력[7]에서 비롯된 증가라고 보는 것이 상술한 바로 미루어 보아 더 타당할 것이다.

이와 같이 과잉인구의 압력은 불완전취업의 형태로 제3차산업 인구도 증가시키며 또 나아가서 비근대적인 산업구조를 초래하기도 한다.

5. 저임금과 심한 임금격차

이미 2에서 본 바와 같이 우리나라에는 완전실업자와 방대한 불완전취업자가 존재한다. 이와 같은 방대한 과잉노동력의 존재는 노동시

---

7) S. Kuznets, 앞의 책, pp. 76, 79 참조. 그는 이 토지에 대한 인구압력에서 비롯된 증가 외에 M부문에서의 고용기회의 제약에서 비롯된 증가를 더 들고 있다.

장을 항상 구매자시장으로 만듦으로써 우리나라의 임금을 낮은 수준에 머무르게 한다. 방대한 과잉노동력의 존재는 과잉인구의 압력에서 비롯되었다. 따라서 저임금도 주로 과잉인구의 압력에 의해서 초래된 것이라고 할 수 있다.

광업과 제조업의 평균 값을 보면 1968년에 노동자의 임금은 〈표 4-1〉에서 보는 바와 같이 대체로 월 평균 9천 원이다. 따라서 1개월을 일해도 겨우 쌀 2가마도 못 버는 셈이다. 그뿐 아니다. 1966년 1월 12 일자 《경향신문》 사설, 1968년 7월 25일자 《동아일보》 6면 등을 보면 노동자의 임금 수준이 얼마나 낮으며 따라서 그들의 생활이 얼마나 비참한 것인가 쉽게 알 수 있다. 어떻든 우리나라의 노동자들의 대부분은 현재 자기 혼자만의 생활조차 지탱해 나갈 수 없는 정도의 저임금을 강요당하고 있다. 원칙적으로 말한다면 한 국민의 사회적·문화적 수준이 있기 마련이며 임금은 이 수준의 생활을 유지할 수 있게 하는 정도로 정해지는 것이 당연하다. 우리나라의 일반적인 생활수준은 미국과 유럽, 일본 등에 비해서 훨씬 낮다.

그런데 이렇게 낮은 수준을 보장할 만한 임금조차도 지불되고 있지 못한 것이 오늘날의 실정이다.

그러나 우리나라의 저임금이 의미하는 바는 이에 그치지 않는다. 우

〈표 4-1〉 광업과 제조업의 월평균 임금

(단위: 백 원)

	광 업	제조업	광업 제조업 평균
1963	52	35	38
1966	87	58	61
1967	108	74	77
1968	100	89	90

자료: 한국산업은행, 《광공업센서스보고서》, 1963, 1966, 1967, 1968.

리나라의 임금은 국제적으로 보았을 때도 현저하게 낮은 수준에 있으며 또 상대적으로 보아도 낮다.[8]

우리나라의 임금은 저수준인 동시에 규모별로도 격차가 심하다. 이 격차는 바로 중소기업·영세경영의 존재에 기인한다. 앞의 3에서 본 바와 같이 많은 중소기업·영세경영의 존재는 주로 과잉인구의 압력에 기인한다. 따라서 심한 규모별 임금격차도 저임금과 더불어 과잉인구의 압력에 의해서 주로 초래된 것이라고 할 수 있다.

우리나라의 규모별 임금격차를 보면 〈표 4-2〉에서 보는 바와 같이 1968년에는 소기업의 임금은 대기업의 그것의 약 46.3퍼센트밖에 안 된다. 일본을 제외하고서는 제조업의 경우에는 대기업에 대한 소영세경영의 임금은 90~89퍼센트인 나라가 많다.[9] 이에서 우리나라의 임금격차가 크다는 것을 알 수 있다.

〈표 4-2〉 규모별 업체의 월평균 임금(1968)

(단위: 원)

규 모	광 업	제조업	전 체
5~9인	2,711(21.1)	5,242(48.7)	5,111(46.3)
10~19인	3,618	6,886	6,671
20~49인	5,288	7,067	6,877
50~69인	8,426	7,677	7,724
100~199인	8,086	8,506	8,518
200~499인	10,409	9,760	9,833
500인 이상	12,864(100.0)	10,768(100.0)	11,046(100.0)

자료: 한국산업은행, 《광공업센서스보고서》, 1968.

---

8) 앞의 글, 《경제논집》(1967.9) pp. 13~14.
9) 앞의 글, 《경제논집》(1967.9) p. 19.

6. 결 언

지금까지 살펴본 것처럼 과잉인구의 압력은 방대한 불완전취업자의 존재, 중소기업·영세경영의 높은 비중, 비근대적인 산업구조, 저임금과 큰 임금격차를 초래하고 있다.

완전실업자와 불완전취업자의 수를 줄이는 일은 우리 모두가 바라는 바다. 따라서 이것을 가능케 할 만큼의 고도의 경제성장이 지속적으로 요청된다. 그러나 고도 경제성장의 달성은 그리 쉬운 일이 아니다. 그렇다면 그것을 초래한 요인인 과잉인구의 압력으로부터 해방되기 위한 노력을 서둘러야 할 것이다.

현재 각국에서는 각종의 과잉인구대책을 강구·실시 중에 있다. 일반적으로 가장 간단히 효과를 나타내는 직접적인 과잉인구대책으로서는 해외이민의 추진을 들 수 있다. 우리나라에서도 그간 계속해서 해외이민을 추진해 왔다. 그러나 얼핏 보아 쉬운 것 같지만 많은 성과는 기대하기 어렵다. 해외로 이민하는 경우에는 그것을 받아들이는 상대국의 여러 가지 사정, 예컨대 인종문제 등으로 인해 외국의 이민을 환영하지 않는 경우가 적지 않다. 보사부 통계에 따르면 1970년 6월 말 현재로 이민자 총수는 4만 1,979명에 불과하다. 따라서 별로 크게 기대할 것이 못 된다고 할 수 있다.[10] 결국 이렇게 보면 이민의 효과는 도리어 증가인구의 배출구를 찾는다고 하는 정신적인 것이거나 혹은 그것에 부수해서 이입국(移入國)과의 친선관계를 더하여 문화 교류를 촉진하며 자본 이동을 원활하게 하며 무역을 촉진시키는 부차적인 것인 셈이다. 이런 의미에서는 물론 해외이민의 촉진을 도모하여야 할

---

10) 이와 동일한 의견은 인구문제연구소, 《인구문제논집》 창간호. pp. 10~11에서도 찾아볼 수 있다.

것이다.

또 다른 직접적인 과잉인구대책으로서는 가족계획을 들 수 있다. 우리나라에서도 이 계획은 성행하고 있고 또 성공한 나라의 하나로 일컬어지고 있다. 그러나 가족계획의 성과를 올리기 위해서 서두르는 것도 좋지만 그것을 보완하는 대책을 소홀히 해서는 안 될 것이다. 예를 들면 약 루프 등의 장치의 보급을 서두르는 것도 좋지만 그와 병행해서 일반 보건지식의 보급도 서둘러야 한다. 왜냐하면 위생관념이 희박한 상태에서 이루어지는 가족계획은 도리어 다른 병을 유발시킬 가능성이 많기 때문이다. 따라서 루프 등 장치의 보급 숫자와 함께 일반 보건교육의 보급 정도도 가족계획의 실시 성과를 표시하는 지표로서 사용되어야 할 것이다.

일반적으로 인구에 대한 대책은 세워진다고 해도 곧 그 효과를 기대할 수 있는 것이 아니고 10년, 20년 후에 가서야 비로소 기대할 수 있는 것이며, 또 인구는 매우 광범위하게 관련을 갖고 있는 것이라고 한다면 인구대책을 설정할 때 정치·경제·사회에 대해서 갖는 인구의 의의를 국민 각자로 하여금 의식케 하여 스스로 그것에 대처하도록 이끄는 것이 가장 중요한 일이다. 각국의 인구대책이 직접 인구에 대처하는 면에 있어서는 도리어 소극적이고 인구와 관련을 갖는 외부조건에 대해서 적극적인 것은 이 때문이다. 사실 현실적으로 볼 수 있는 인구대책은 인구 그 자체에 대한 대책이기보다는 인구의 과잉편재에서 발생하는 문제의 해결을 도모하려는 것이 많으며, 또 인구의 압력과 관련해서 일어나는 사회적·경제적 문제에 대한 대책인 경우가 많다. 예를 들면 식량증산, 실업대책, 사회정책상의 시설 강화 등이 그런 것이다.

그러나 과잉인구의 압력을 완화하기 위해 이민이나 가족계획 등 소극적인 대책에 집착하기 이전에 적극적으로 고려해야 할 문제가 있다. 그것은 과잉인구에게 취업기회를 제공해 줄 수 있는 고도성장과 아울러 식량부족을 완화해 주기 위한 농업생산력의 증진이 앞서 추구되어야 한다는 점이다. 과잉인구 압력이 식량부족과 토지에 대한 인구압력 면에서 어려운 문제를 야기하는 것이 사실이나 농업의 정체성을 극복하는 노력의 여하에 따라 이 문제는 크게 완화될 수 있다는 것이다. 클라크는 한 논문11)에서 세계의 농업생산력이 현재 덴마크의 수준으로만 높아진다면 세계의 식량문제나 토지에 대한 인구압력은 쉽게 해소될 것이라는 점을 지적한 바 있다. 현재 우리나라의 농업생산력이 매우 정체해 있는 점을 감안할 때 클라크의 이 지적은 과잉인구 문제에 대처하는 적극적인 해결책을 모색하는 데 중대한 시사점이라고 하겠다.

요컨대 과잉인구에 대처할 주된 정책수단은 높은 수준의 경제성장률의 지속적인 달성과 농업 발전의 방향에서 추구되어야 하며, 가족계획이나 이민 등의 정책수단은 기껏해야 보완적이며 부수적인 성격을 벗어나지 못한다는 것이다.

《경제논집》(서울대, 1970. 6)

---

11) Colin Clark, "*Population Growth and Living Standards*," *International Labour Review*, August 1953.

기업투자전략과 인구문제

1. 인구변동과 기업여건

기업투자와 사회경제조건

인구의 변동은 가장 중요한 기업여건의 변화를 의미합니다. 시장이라는 개념은 인구의 존재를 전제한 것이며 시장이 없으면, 기업이 존재할 수 없음은 두말할 필요조차 없습니다. 인구의 증가 및 연령별 구조의 변화, 그리고 인구의 지역적 이동은 한 나라 시장의 규모와 기타특성을 새로이 규정함으로써 기업여건에 변화를 일으키는 것입니다.

기업여건이란 개별 기업으로 볼 때 통제 불가능한 요소들이며 이는의사결정 과정에서는 하나의 제약조건으로 간주되어야 합니다. 기업경영자의 의사결정이란 재무, 생산, 조직 및 인사의 어느 분야를 막론하고 주어진 외부의 제약조건하에서 그 기업이 선택할 수 있는 여러대안 중 기업목적(이윤 혹은 다른 목적)에 최대로 기여할 수 있는 방안을 선택하는 것이라 하겠습니다. 그러므로 기업 내부의 합리적인 의사결정에 도달하기 위하여 의사결정모델의 제약조건인 기업여건의 정확한 판단은 반드시 필요한 것입니다. 항상 미래에 관한 것만이 의사결정의 대상이 되기 때문에 미래의 기업여건에 대한 정확한 판단이 현재나 과거의 기업여건을 파악하는 것보다 더욱 중요한 의의를 갖는 것입니다. 이러한 의미에서 앞으로의 인구변동은 경영자 의사결정모델의 중요한 제약조건의 변화를 뜻하므로 기업의 투자, 정책결정에 있어서도 예외가 될 수는 없습니다.

인구의 변동은 일차적으로 인구 절대수의 증감을 의미하지만 연령별 인구분포의 변화 및 지역적 이동도 이에 포함된다고 하겠습니다. 인구성장률과 연령별 인구분포의 변화는 서로 밀접한 관계가 있는 것입니다. 대개의 경우 인구성장률의 변화는 연령별 인구구조를 변화시키며 또 반대로 연령별 인구구조가 인구성장률을 좌우하기 때문입니다. 이 밖에도 인구의 변동은 넓은 의미에서 인구의 질적 특성의 변화까지도 포괄적으로 의미한다고 하겠습니다.

인구의 규모 및 연령별, 지역별 변동뿐만 아니라 소비성향이나 구매패턴의 변화 등 인구의 질적 특성의 변화 등도 모두 기업투자 정책방향을 설정하는 데 이를 종합적으로 고려하여야 합니다.

2. 인구변동과 기업의 판매시장

시장규모 결정의 요인

인구 절대수의 증감은 일차적으로 기업제품의 시장규모에 영향을 주게 됩니다. 시장이라는 단어가 여러 가지 의미로 쓰이고 있어 그 크기나 범위가 불분명할 때가 많습니다. 그러나 엄격한 의미에서 볼 때 시장의 규모는 인구(Population: p1), 1인당 소득(per Capitta Income: p2) 및 소비성향(Propensity to Consume: p3)의 세 가지 요소의 곱, 즉 p1·p2·p3에 의하여 결정된다고 하겠습니다. 소비인구의 존재는 물론 특정 재화나 용역에 대한 소비자의 구매의사($p3$)와 그 구매의사를 현재화할 수 있는 소비지출의 재원($p2$)이 있어야 개념상 하나의 시장이 존재한다고 합니다. 특정 제품시장의 소비인구 규모 및 소득은 성질상 직접적인 측정이 가능하다고 하겠으며, 소비성향의 크기도 간접적으로 파악할 수 있으므로 위와 같이 시장의 규모를 파악하는 것은 매우 유익하다고 생각하는 것입니다.

국가별 소비시장의 크기를 논할 때 인구는 해당 국가의 국민 전체를 의미하나 특정한 국가의 부분시장의 크기를 측정하는 경우에는 적용되는 인구의 범위는 훨씬 축소되기도 합니다. 예를 들어 유아식품의 시장은 유아로, 여성용 화장품의 경우는 여성으로, 남자 중·고등학생 교복의 시장은 남자 중·고등학생으로 그 인구의 범위가 축소됩니다. 그러므로 특정 기업이 그 판매시장의 구성원인 인구의 변동을 명확히 파악하려면 무엇보다도 기업가가 그 시장을 구성하고 있는 소비인구의 계층과 그에 따른 특성에 밝아야 하는 것입니다.

세대 간의 소비패턴, 구매관습 및 구매충동이 다르기 때문에 연령별 인구분포의 변화는 시장성격을 변화시키게 됩니다. 새로운 상품은 젊은 세대에 더욱 잘 받아들여지는 경향이 있습니다. 예를 들어 액체로 된 세탁용 비누는 미국의 경우 35세 이하의 젊은 층에 잘 팔렸습니다. 아이가 아직 없는 젊은 부부들의 경우 식료품비에 대한 지출은 상대적으로 적은 반면 내구소비용품 마련에 비교적 많은 지출을 하게 됩니다. 미국의 자료에 따르면 가장의 연령이 35세~44세의 경우에 식료품과 교육, 의료 등에 대한 지출이 상대적으로 많고 일반적으로 55세가 넘으면 의료비, 오락비 등의 지출이 증대한다고 보고되어 있습니다. 이러한 연령별 소비패턴의 차이가 있으므로 기업가는 인구의 절대수의 변동뿐만 아니라 자기 기업제품의 목표시장이 주로 어떠한 연령층의 인구인가를 고려하여 투자 및 판매정책을 설정하여야 합니다.

국내시장 변동의 전망

우리나라의 경우 최근 20년 동안에 인구증가율이 하향추세였지만 출생률이 아직도 높은 편이므로, 앞으로 젊은 층을 목표로 판매시장을 개척하는 것은 비교적 안전할 것 같습니다. 현재 중·고등학생 연령층이 1980년대에는 주 소비자인 젊은 층이 될 것이므로 기업가는 이들의 구매성향이나 기호를 파악하여 이에 알맞은 방향으로 미래의 투자계획을 설정하는 것도 바람직합니다.

인구의 지역적 이동도 기업의 판매시장 여건에 많은 변화를 가져다 주게 됩니다. 우리나라의 경우 인구가 농촌에서 도시로 집중되는 경향이 있었으며, 또 농촌과 도시의 소득 차로 말미암아 구매력이 도시로 집중된 것이 사실입니다. 그러나 고속도로의 건설로 지역 간 거리가 좁아지고 정부의 인구분산책과, 지역 간의 소득평준화 노력이 성공한다면 농촌도 도시에 못지않는 소비시장으로 등장하게 될 것입니다.

현재로서는 기업의 생산시설과 판매시설 투자가 대부분 도시에 집중되어 있으나, 앞으로 인구와 구매력이 지방으로 많이 분산된다면 이에 따라 기업의 투자정책도 수정되어야 할 것입니다. 운송비 등 원가절감을 위한 생산시설의 위치 선정에 있어서 그 기업제품의 성격이 고려되어야 합니다. 일반적으로 생산공정에서 원료의 무게가 많이 감소되는 제품을 생산하는 기업은 되도록 원료공급지 근처에 입지해야 수송비 면에서 유리하게 됩니다. 제품의 무게가 적어 전체 원가 중에서 수송비가 차지하는 비중이 작은 경우에는 판매정보 수집 등의 이유로 소비시장에 가까울수록 유리하기도 합니다.

정부의 인구분산책과 대도시의 심각한 공해로 위성도시가 개발되고

머지않은 장래에 주택의 교외화 붐이 있을 것이므로 교통, 통신비에 대한 지출이 앞으로는 더욱 증가할 것 같습니다. 소득수준의 상승은 교통수단의 고급화를 더욱 요구하게 될 것입니다.

산업별 인구변동도 기업의 판매시장에 많은 영향을 주게 됩니다. 제2차산업의 발달로 앞으로도 농업인구의 비율은 계속 감소될 것이므로 이에 따라 소비패턴도 많은 변화를 보일 것으로 예상됩니다. 직업이 구매충동이나 습관에 주는 영향은 여러 조사에 잘 나타나 있으므로 부연할 필요가 없겠습니다.

여성의 지위향상으로 여성의 사회진출이 현저해지는 경향이 있습니다. 이와 관련하여 맞벌이 부부가 많아진 것도 특기할 만하다고 하겠습니다. 주부의 직장생활로 자연스럽게 가사에 적은 시간을 할당하게 되므로 선진국의 예에서 볼 수 있듯이 음식이나 의복 등 기성품에 대한 수요는 앞으로도 계속 증대할 것이기 때문입니다. 또한 맞벌이로 증대된 소득은 내구소비재 등에 대한 더욱 많은 소비여력을 가져다주므로 이에 대한 시장 규모는 앞으로 더욱 확장된다고 하겠습니다.

일반적으로 인구의 변동은 소득수준 등 여러 경제여건 뿐만 아니라 사회 전반에 걸친 많은 변화를 수반하므로 앞서 언급된 p_1, p_2, p_3의 크기가 모두 변동하게 됩니다. 따라서 기업 판매시장의 규모 자체가 변동하므로 경영자는 기업의 투자정책의 방향 설정뿐만 아니라 판매정책 등 모든 기업경영 면에서 인구변동이 기업여건에 미치는 영향을 파악하여야 할 것입니다.

인구증가로 특정 재화나 용역의 시장규모가 확대 또는 축소되는가 하는 것은 그 기업이 속해 있는 산업의 성격과 인구증가의 1인당 소득에 대한 영향에 따라 주로 결정됩니다. 경제학적으로 말하면 인구변동은 한 나라의 소비함수, 순투자뿐만 아니라 정부지출에까지 질적, 양적인 영향을 줌으로써 국민 총수요의 변화는 또 국민소득과 고용, 물가 등을 변화시키므로 인구변동의 효과는 궁극적으로 국민경제 전반에 그 영향이 파급됩니다.

구매력과 인구의 규모 및 질적 구조

총국민소득이 일정하다고 가정하면 인구증가는 1인당 소득수준을 저하시키게 됩니다. 이러한 경우에도 특정 산업에의 투자는 다른 산업부문과 비교하여 적은 위험부담만을 가질 수도 있습니다. 제품에 대한 수요가 인구수에는 아주 민감하지만 평균 소득수준에는 비교적 민감하지 않은 산업의 경우입니다. 식량 및 기타 생활필수품이 이 범주에 속한다고 하겠습니다. 이런 산업에 대한 투자는 인구의 증가율이 높을수록 유망하다고 하겠습니다.

혹자는 인구증가가 일반적으로 대부분의 기업에게 좋은 투자여건을 제공한다는 주장을 합니다. 경제학적인 관점에서 볼 때 자본의 한계효율이 이자율을 초과하면 추가 투자가 정당화됩니다. 다른 말로 표현하면 자본구입으로 기대되는 순수입이 그 비용을 초과하는 한 추가 투자는 바람직하게 됩니다. 그렇다면 문제의 초점은 인구가 증가하면 자본재의 추가구입으로 발생하는 기대이익이 커지는가에 집중된다고 하겠습니다. 더욱 높은 기대수익은 단순한 인구의 증가가 아니라 그 상품이나 용역에 대한 더욱 높은 수요에 의하여 좌우된다고 하겠습니다.

일반적으로 1인당 소득의 증가가 기대국민소득을 높이며 더욱 높은 기대국민소득이 기대총수요를 증가시키기 때문에 인구증가가 없어도 총국민소득은 증가할 수 있으며, 여타 조건이 동일하다면 몇몇 업종을 제외하고는 단순한 인구증가보다 1인당 개인소득의 증가가 투자여건을 좌우하는 데 더 큰 의의를 갖는다고 하겠습니다.

〈그래프〉 연령 및 성별
인구의 구조

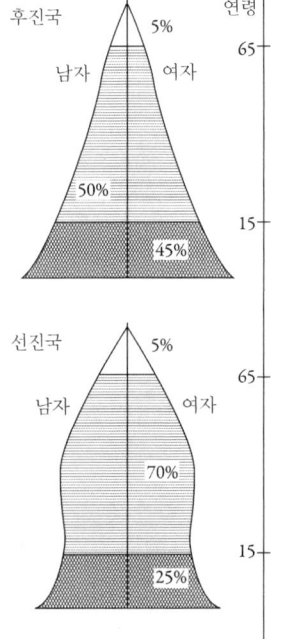

따라서 인구성장의 결과는 국가별 상황에 따라서 다르다고 합니다. 경제선진국들에게는 인구성장이 일반적으로 기업에게 더욱 확대된 시장을 제공함으로써 더욱 좋은 투자기회가 될지 모르나 저개발국에서는 고도의 인구성장으로 평균소득이 오히려 감소할 수도 있으므로 반드시 그런 논리가 타당한 것은 아닙니다.

후진국과 선진국 간의 인구증가율의 차이와 연령별 인구분포의 차이는 다음의 각기 다른 두 유형의 인구피라미드에 단적으로 잘 나타나고 있습니다.

후진국의 인구피라미드는 선진국의 그것과 비교하여 아랫변이 넓은데 이는 상대적으로 높은 후진국의 출생률을 반영하는 것입니다. 선진국의 인구피라미드는 옆면이 불룩하며 이는 후진국과 비교하여 낮은 유아 사망률을 나타냅니다. 따라서 후진국의 경우 선진국과 비교하여 경제활동인구의 상대적 비율이 낮은 반면에 비생산적인 연령에 있는 인구가 상대적으로 많으므로 경제활동인구의 1인당 부양자 수가 많게 됩니다. 이는 후진국의 낮은 1인당 국민생산과 적은 소비여력을 가져온 원인의 하나라고 하겠습니다. 이러한 후진국형 인구분포에서는 식품비나 피복비가 차지하는 비중이 커지게 되므로 여타의 생산이나 마케팅에 대한 범위는 많은 제한을 받게 마련입니다.

저개발국인 우리나라 연령별 인구구조도 현 시점에서 볼 때는 후진국 유형에 가깝다고 하겠습니다. 대부분의 우리나라 인구 예측을 보면 가족계획의 보급으로 1960년대의 인구추세가 보여준 바와 같이 인구 성장률이 앞으로 계속 점진적인 하향추세를 보일 것 같습니다. 그렇다 면 머지않은 장래에 우리나라 연령별 인구분포도 선진국유형에 접근 하리라고 생각됩니다.

연령 및 성별인구의 구조

국민경제가 최근의 추세로 성장을 계속한다면 1인당 국민소득은 인 구증가율을 훨씬 웃돌며 계속 상승할 것이므로 국민 1인당 구매력은 크게 신장될 것입니다. 연령별 인구분포의 변화와 국민소득의 상승에 따라 소비패턴에도 많은 변모를 보일 것이며, 이에 따라 기업가는 항 상 새로운 투자기회를 개발·포착하는 데 노력을 게을리하여서는 안 될 것입니다.

3. 인구증가와 식량 · 주택

인구증가와 관련하여 가장 많이 논의되는 소비지출 대상으로 식량 과 주택을 들 수 있겠습니다. 식량은 인간에게 없어서는 안 될 에너지 를 공급하므로 인구증가와 식량의 소비는 직결되어 있습니다. 한 가구 를 소비단위로 볼 때 식료품비에 영향을 주는 요인으로 가구당 가족 수, 가장의 소득, 가장의 연령 및 주거장소(도시, 농촌 등)를 열거할 수 있습니다. 미국의 경우에는 인종(흑인, 백인 등)의 차이도 식료품비 지 출에 매우 중요한 영향을 주는 것으로 알려져 있습니다. 상기한 여러 요인은 서로 연관이 되어 있으므로 각각의 개별적인 영향을 분리하기 는 어려우나 가족 수와 소득에 따라 식료품비의 절대 지출액이 상승한다는 점은 거의 반론의 여지가 없을 것입니다.

식량 및 주택수요의 형태들

우리나라의 경우 최근 민간소비지출 구성비의 변화에서 찾아볼 수 있듯이 소득의 상승으로 식료품비가 차지하는 비중은 앞으로도 계속 줄어들 것이며 음료 및 유흥오락비와 내구소비재에 대한 지출은 인구증가와 일반적인 소득수준의 향상으로 앞으로도 계속 증가할 것으로 전망되고 있습니다.

인구가 늘어나면 추가된 인구의 주거장소가 마련되어야 하므로 새로운 주택수요를 유발하게 됩니다. 인구증가로 인한 주거장소의 수요증가는 일반적으로 두 가지 형태로 충족될 수 있습니다. 그 하나는 새로이 별도의 주거단위를 마련하는 것이고, 또 다른 한 가지 방법은 현존하는 주거단위를 개량하거나 이에 새로운 주거시설을 부착하는 방법입니다.

이 두 가지 수요형태의 구별은 인구증가의 양태와 관련하여 미래의 주택수요를 예측하는 데 중요한 의의를 갖는 것입니다. 인구증가에 따라 가구 수도 증가한다면 전자의 방법으로 주택수요의 대부분이 충족되어야 하므로 주택의 신설이 많이 요구될 것이며, 대가족제도에서와 같이 인구증가가 직접적으로 가구 수를 증대시키지 않는 경우의 인구성장은 후자의 방법으로 주택수요가 충족될 수가 있기 때문에 훨씬 적은 주거단위가 요구되는 것입니다. 따라서 한 가구의 평균 가족 수가 일정하다면 주택의 수요는 인구에 거의 비례하여 증가하는 경향을 나타낼 것이며, 반면에 가구 수가 일정하다고 한다면 주택의 수요는 인구증가율에 훨씬 뒤지리라고 생각됩니다.

일반적으로 한 가구당 평균 가족 수와 새로운 가구형성률을 결정하

는 요인으로 열거되는 것은 국민소득, 결혼 연령이나 가족 간의 유대
감 등의 생활전통이나, 습관 및 연령별 인구분포 등이라고 하겠습니
다. 우리나라의 경우 핵가족화하는 경향으로, 한 가구당 평균 가족 수
는 점점 줄어들 것으로 예상되기 때문에 주택수요는 인구증가율을 훨
씬 앞지를 것으로 예상됩니다.

국민소득이 일정할 때는 인구증가와 비례하여 상대적으로 적은 면
적의 주거장소에 만족할 수밖에 없으나 우리나라의 경우 국민소득의
상승으로 주택수요는 앞으로 더욱 가속화할 것으로 생각됩니다. 그러
므로 우리나라의 경우 주택과 관련된 산업부문에의 투자는 인구증가
와 더불어 더욱 유망할 것 같습니다.

4. 요약 및 결론

인구의 변동은 가장 중요한 기업여건의 변화를 의미합니다. 시장이
라는 개념은 인구의 존재를 전제한 것이며 시장이 없으면 기업이 존
재할 수 없음은 두말할 필요조차 없습니다. 인구의 증가, 연령별 구조
의 변화, 지역별·산업별 이동 및 기타 인구의 특성의 변화는 한 나라
시장의 규모와 성격을 새로이 규정함으로써 기업여건에 변동을 주게
되는 것입니다.

인구증가와 관련하여 가장 많이 논의되는 것은 식량과 주택이지만
모든 재화나 용역에 대한 수요가 질적·양적인 면에서 인구증가의 영
향을 받게 됩니다. 시장규모가 인구의 수, 1인당 소득 및 소비성향에
의하여 결정되므로 시장규모는 인구변동의 직접적인 영향을 받습니다.
시장규모뿐만 아니라 소비패턴이나 구매습관도 인구증가의 간접적인
영향을 받으므로 기업가는 이에 대처하여 새로운 투자기회를 개발·포

착하여야 합니다.

결론적으로 인구와 기업의 투자정책 방향설정의 문제에 있어 기업가에게 가장 핵심이 되는 것은 미래의 인구변동과 이의 1인당 소득수준에의 영향이 자기 기업여건을 어떻게 변화시키는가에 대한 평가입니다. 따라서 기업가는 우리나라 인구가 앞으로 어떻게 변동하고 우리나라의 소득수준이 얼마나 향상될 것인가에 대한 예측을 계속하지 않으면 안 됩니다.

투자에 관한 의사를 결정하기 위해서는 미래에 대한 예측이 필요하며, 예측은 미래에 관한 것이므로 의사결정에 있어 기업가는 항상 불확실성에 직면하게 됩니다. 따라서 모든 기업투자에는 반드시 위험이 따르는 것입니다.

확실성을 가정한 선형계획 등이 기업경영의 물량적인 배분의 경우를 제외한 대부분의 투자의사결정에 실용성이 적은 것은 이 때문입니다. 불확실성 아래서 가장 합리적인 투자의사결정에 도달하기 위해서는 가능한 모든 투자결과에 대한 평가와 각각의 가능성에 대한 주관적 확률을 부여하는 것이 필요하다고 봅니다. 주관적 확률의 부여는 심리학과 통계학의 기법이 많이 개발됨에 따라 점차 과학적인 근거를 갖게 되었습니다.

각각의 가능한 투자결과에 대한 평가액에 주관적 확률을 곱하면 특정 투자계획의 기대수익이 나오며, 이 기대수익이 그 기업에 합당한 것인가는 그 기업주의 기대수익에 대한 평가에 의하여 결정된다고 하겠습니다.

그리고 특정 투자계획의 위험부담률이 어느 기업가에게 많은가 적은가 하는 문제는 그 기업가의 모험감당에 대한 기호에 따라 달라집니다. 즉 그 기업가가 모험감수(risk-love), 모험회피(risk-averse), 모험

중립(risk-neutral)의 어느 유형에 속하는가에 따라 좌우된다 합니다. 현재의 기업자산 상태도 모험감당 능력에 영향을 주므로 이에 대한 평가도 아울러 필요하다고 생각하며, 이 모든 것이 궁극적으로 기업가 각자의 기호와 판단력에 의존함은 물론입니다.

〈부표 1〉 인구 · 소비지출 · 투자

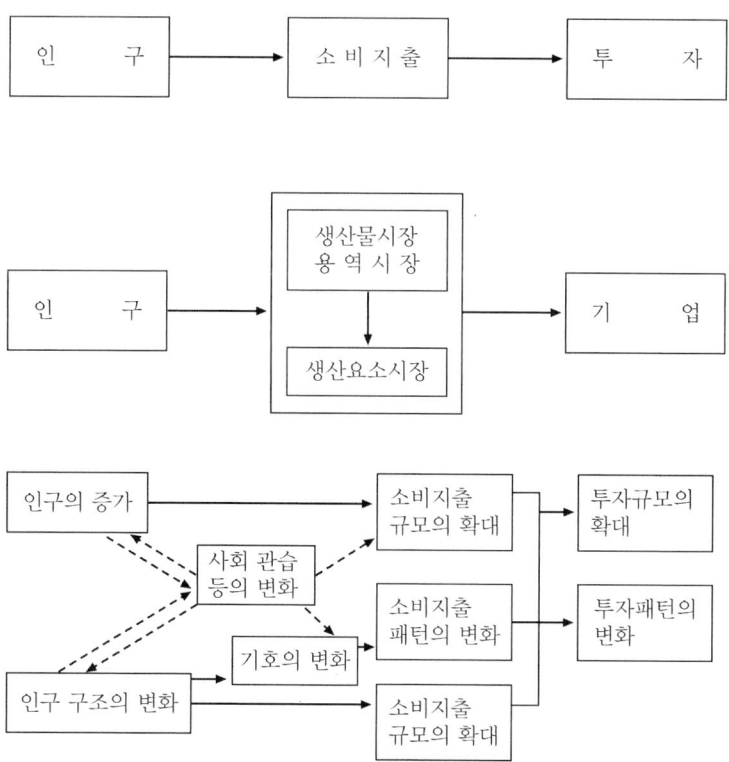

<부표 2> 상품의 성장요인(1)

성장요인 / 품목	기업측						소비자측				
	이노베이션	품질향상	재료혁신	보급가격화	저가격	판매촉진	생활의 고급화	생활의 합리화·간편화	생활의 향락화	소득의 상승	기호의 변화
트랜지스터라디오	◎	○	○	○		○				○	○
분말주스	○				◎					○	
소형승용차	○			○			○		○	◎	
전기냉장고	◎	○		○			○	○	○		
에어컨	◎			○			○	○		○	
LP레코드	◎	○	○		○					○	
통조림주스											◎
TV	◎					○		○		○	○
냉동식품	◎								○		

◎는 그 상품의 성장에 가장 많이 기여한 요인을 나타냄.
출처: 阿部美紀夫, 《成長商品》(日經新書 82), 1868, p. 53 참조.

<부표 3> 상품의 성장요인(2)

기업측		소비자측	
요인	빈도	요인	빈도
이노베이션	24	생활의 고급화	10
품질향상	13	생활의 합리화·간편화	15
재료혁신	8	생활의 향락화	15
보급가격화 (양산에 의한 코스트다운)	16	소득의 상승	21
저가격	10	기호의 변화	8
판매촉진	22		
소계	93	소계	69

출처: 앞의 책, p. 54 참조.

〈부표 4〉 기업환경의 변화와 내용 또는 영향

변 화	내용 또는 영향
고액소득층 증가	고급상품의 보편화
자산 증가	금융자산·동산·부동산 증가
소득격차 감소	남녀 간·연령 간·도시 농촌 간
화이트칼라의 증가	
생활의 서구화	의식주의 서구화 생활양식의 서구화
여가시간 증대	여가·시장의 확대 여가활동의 옥외화·능동화· 고급화 교양시장의 증대
핵가족화	주택수요의 증대
결혼 수 증대	결혼시장의 확대
노·장년층의 증대	
청소년층의 증대	
진학률 상승	교육시장의 확대
유치원교육 증가	
대학·고교교육 증가	
이공계학생 증가	
직업교육 증가	
승용차 대량보급	주택교외화 자동차관련지출 증가 구매관습의 변화
할부이용 증대	
신용판매 보급	
소비자신용 증가	소비자금융시장
개인수표이용 증가	
전분식률 저하	
단백식률 증가	식육·유제품·달걀
기호식품 증가와 다양화	과실·주정음료·과자 등
외식기회 증가	차(茶)·외식시장
섭취열량 증가	
간이식품·가공품 증가	식생활의 간편화 및 인스턴트 (기성조리식품, 속성조리식품, 인스턴트식품)
냉동식품 증가	
주택수요 증대	주택시장
차용가옥비율 상승	
임대주택비율 상승	
조립주택화	

주택규모 증대	
주택 고급화	
제2의 주택(별장)	
가정전화(電化)	가정전화시장
내구소비재 구매 증가	
보험지출의 증가	

출처: 앞의 책, pp. 201~202.

《경영과 노동》(1973. 6)

인구증가와 경제성장

　　인구학자는 세계인구의 형태를 여러 가지로 구분한다. 그러나 여기
서는 인구학자의 구분을 참고로 하여 작성한 경제학자 히긴스(B.
Higgins)의 구분을 일례로서 들기로 한다. 그는 그의 저서인 《경제발전
론》에서 세 가지 형태를 들고 있다. 제1형은 잠재적 저증가형, 제2형
은 잠재적 고증가율, 제3형은 과도형이다. 제1형에는 동구를 제외한
전 구주, 미국 및 캐나다, 오세아니아가 속하고 제2형에는 아시아(일본
제외), 아프리카가 속하고, 제3형에는 소련 및 동구, 남아메리카, 일본
이 속한다. 이 가운데에서 인구폭발을 초래하는 형은 제2형이다. 왜냐
하면 이 형태는 감소하고 있는 사망률과 높은 출생률을 보이기 때문
이다.

　　여기서 사망률의 감소는 공중보건위생 사상과 시설의 발달, 근대의
학의 발달과 같은 생활환경의 점차적인 개선에서 비롯됐다.

　　분명히 표에서 알 수 있는 바와 같이 제1형에 속하는 서구 국가들
(미국 포함)에 비해서 다른 아시아 그리고 아프리카 국가들의 인구증
가율은 매우 높다.

　　인구증가와 소득증가의 연계는 싱거(H. Singer)의 식 $h = sp - n$에 의

해서 어느 정도 밝혀지리라 생각한다. 여기서 h는 1인당 국민소득의 증가율, s는 저축률(저축을 국민소득으로 나눈 값), p는 한계자본계수(투자를 국민소득의 증가분으로 나눈 값)의 역수 즉 자본의 생산성, n은 인구증가율을 각각 표시한다.

지금 국민소득의 증가율(즉 경제성장률)을 g라 하면 h, n의 정의에서 $g = h + n + nh$가 유도된다. n과 h는 각각 작은 값이므로 nh는 무시할 수 있는 값이 될 것이다. 따라서 nh를 무시하면 $g = h + n$이 된다. 이 것을 해러드의 성장모형 $gc = s$에 대입해 c(즉 한계자본계수)의 역수를 p로 하여 정리하면 싱거의 식이 얻어진다.

이 식은 결코 인과관계를 표시하는 것은 아니다. 그러나 어떻든 이 식에서 h는 n이 커짐에 따라서 작아진다는 것을 알 수 있다.

인구학자 슈펭글러(O. Spengler)는 그의 논문 〈경제개선에 대한 인구 장애〉에서 다음과 같이 말하고 있다.

요컨대 인구증가는 네 가지 방법으로 인간의 물적 조건의 개선을 저지한다. 첫째로 일단의 토지와 자원에 대한 수적 압력을 증가시킨다. 둘째로 그것은 한정된, 그리고 대체가능한 자원자원(自源資源)이 사용되고, 그 사용 비용의 증가율을 가속화함으로써 이 압력을 강화하는 경향이 있다. 셋째로 그것은 자본축적률을 감소시키며, 이 감소는 많은 잠재적 자본이 생산년도에 이르기 전에 죽을 어린이들을 2~3년간 생존시키는 데 이용될 때에는 크게 촉진된다. 넷째로 자본형성률이 주어져 있을 때에는 노동력의 장비(裝備)가 증가될 수 있는 율이 감소된다.

이와 같이 인구증가는 1인당 국민소득의 증가를 저지한다. 인간의 물적 조건의 개선이 1인당 국민소득의 증가를 의미하는 것과 다름없다면 슈펭글러의 이러한 말은 바로 이와 같은 사실을 입증해 주는 것에 불과하다고 할 수 있다.

결국 싱거의 식은 1인당 국민소득의 증가를 위해서는 인구의 억제가 필요하다는 것을 제시해 주는 셈이다. 현재 대부분의 과잉인구국에서 가족계획의 필요성이 제창되고 또 그것이 실시되고 있는데, 이것은 이 식이 제시해 주는 바와 부합하는 움직임이라고 볼 수 있다.

그러나 싱거의 식은 더 나아가서 1인당 국민소득의 증가를 위해서는 저축률을 높이거나, 자본의 생산성을 높이거나 혹은 두 가지를 다 높일 필요가 있다는 것도 제시해 주고 있다. 왜냐하면 h는 s, p 중의 어느 하나, 또는 g, p의 두 가지가 다 커짐에 따라서 커지기 때문이다.

어떻든 이 식의 sp항이 n항보다 커지고 또 양자의 차가 커지면 커질수록 h가 커지는 것은 사실이다.

따라서 이 식에 따른다면 1인당 국민소득을 증가시키기 위해서는 인구증가를 억제하거나 혹은 저축률과 자본의 생산성을 높여야 한다는 결론이 나오게 된다.

그러나 이 싱거의 식은 앞에서 설명한 바와 같이 해러드(R. F. Harrod)의 모형에 인구증가율을 명시적으로 도입한 것에 불과하다. 따라서 해러드의 모형이 갖는 결함을 갖고 있다.

해러드의 모형은 원래가 선진경제에 관련을 갖고 있으며, 일정한 경제성장률을 유지하기에 충분한 투자를 유인하려면 얼마만큼 국민소득이 증가할 필요가 있는가에 대한 해답을 주기 위한 것이다. 저개발국이 당면하고 있는 문제는 일정한 경제성장률의 유지의 문제가 아니라, 그 이전의 문제인 높은 경제성장률의 발생의 문제이다. 또 선진경제에서는 자본과 협동하는 모든 기타 생산요소는 자본이 증가할 때 증가한다고 한정할 수 있으며 경제개발을 위한 제도적, 정치적 및 사회적 요건도 이미 충족되어 있다.

그러나 저개발국에서는 협동적인 생산요소가 공급부족 상태에 있고 경제개발을 위한 요건이 충족되어 있지 않다. 따라서 저개발국에서는 자본의 증가를 국민소득의 증가를 위한 충분조건으로 간주하는 것은 타당하지 않다. 싱거의 이 식과 관련해서 이 점을 특히 유의해야 할 것이다.

〈표〉 인구증가율(1958~1964)

	국 가	증가율		국 가	증가율
아 시 아	스리랑카	2.6	아 프 리 카	남 아 공	2.4
	대 만	3.4		모 로 코	2.8
	인 도	2.3		아랍에미리트	2.7
	인도네시아	2.2	서 구 (미국 포함)	서 독	1.3
	이 란	2.5		미 국	1.6
	이스라엘	3.6		영 국	0.7
	한 국	2.9		이 탈 리 아	0.7
	파키스탄	2.1		프 랑 스	1.3
	필 리 핀	3.3			
	태 국	3.0	출처: 경제기획원 조사통계국, 《한국통계연감》, 1996에서 작성.		
	터 키	2.8			
	미 얀 마	2.0			
	베 트 남	3.3			

《대학신문》(1963. 5. 8)

'70년대에의 제언
: 인구와 생활

선후진국을 막론하고 오늘날 인구문제는 커다란 경제적·사회적 관심사로 등장하고 있다.

이는 인구가 노동인구, 소비인구란 양면적인 성격을 지녀 이의 증감 여부는 한 나라의 경제발전과 소득수준의 향상 여부를 결정하는 중요한 변수로서 작용하기 때문이다.

경제발전이 급속한 나라에서 인구의 증가는 노동력 공급의 원활화와 유효수요의 창출에 따른 소비증대에 의하여 지속적인 경제발전의 계기를 마련해 주고 있으나, 이와는 대조적으로 공업화가 성숙하지 못한 채 그 개발이 정체된 후진국에 있어서는 인구의 압력은 부존자원의 결핍과 실업 및 과소생산의 문제와 직결됨으로써 경제성장과 소득수준 향상에 하나의 제약요인으로 부각되고 있다.

인구증가가 경제발전에 저해요인으로 작용하는 일면을 경제지표를 통해 보면 지난 62~68년간의 국민총생산은 연평균 9.1퍼센트나 증가했으나 1인당 국민총생산의 증가율은 인구증가율 2.6퍼센트의 영향을 받아 겨우 6.4퍼센트의 성장에 그치고 있음을 미루어 알 수 있다.

이같이 인구의 증감 여부가 경제발전의 촉진적 또는 저해적 요인으로 작용하고 있기 때문에 근래 이에 대한 정책지향은 경제순환의 출발점인 동시에 종착점이라고까지 인식되고 있는 것이다. 최근에 개발도상국가들은 생산력 수준을 더욱 높이고 사회적·경제적 안정과 발전의 기틀을 굳히기 위한 선결 과제로서 인구 압력 완화에 정책의 초점을 두고 있는 실정이다.

우리나라도 이 같은 목표지향에 따라 인구 압력의 완화책으로 가족계획사업을 실시, 이를 강조하고 권장하여 성공했다고 할 수 있으나 앞으로 더 어렵다고 할 수 있다.

우리나라는 과잉인구형의 불완전취업자 또는 잠재실업자가 약 3백만 명에 이르고 있는데 이들이 노동생산력에 '플러스'되도록 당분간 인구증가를 억제해야 할 것이다. 3차 계획의 목표년도인 76년도의 1.5 퍼센트의 인구증가율보다 더욱 낮추는 방향으로 시책을 강구해야 할 것이다.

특히 인구의 도시집중을 막기 위해 공업의 지방 분산과 소비 위주의 행정은 억제돼야 할 것이다.

경제개발로서의 성장달성과 고용증가는 비례하여 병행한다. 그러나 과잉인구를 해소하면서 새로운 노동력으로 흡수하는 일은 쉽지 않다. 1, 2차 5개년계획 수행에 따라 사업별 취업구조가 다소 개선되기는 했으나, 68년 1차산업부문인 농림·수산업의 비중이 52.4퍼센트나 되는 높은 수준을 보이고 있다. 이는 우리의 생활력 수준이나 공업화 과정이 다른 선진국들에 비해 미흡할 뿐 아니라 노동수급의 구조적 불균형이 크게 체내에 잠재하고 있음을 보여주고 있는 것이다.

그동안 이룩된 경제성장보다 고용의 증가 속도가 늦다. 따라서 단기적인 고용증대 방안보다도 고용증가와 구조개선이라는 장기적인 안목에서 장기적인 방향을 설정해야 한다.

장기적인 안목에서 국내저축을 통한 지속적인 성장을 꾀해야 하며 국내저축을 최대한으로 확대, 자본축적으로 고용을 흡수, 점차 해결해 나가야 할 것이다.

경제안정은 일반적으로 지속적인 경제성장의 전제조건이 된다. 인플레가 강제저축을 통하여 자본형성에 이바지하고 나아가서는 경제발전에 기여한다는 주장도 있기는 하나, 지나친 물가상승은 화폐가치의 불안정으로 민간의 자발적인 저축의욕을 떨어뜨리고 소비를 조장하여 비생산적인 부문으로 투자를 유인할 뿐만 아니라 국제수지의 불균형을 가져옴으로써 정상적인 발전을 저해한다.

한국의 물가상승요인은 디맨드 풀과 코스트 푸시로 설명된다. 최근의 과도한 고도성장, 투자활동, 수요자극, 차관, 현금차관 등은 디맨드 풀의 요인이고, 쌀값, 공공요금, 독과점가격 조작, 임금상승 등은 코스트 푸시의 요인으로 작용했다.

수급의 주요 요소는 국내생산과 수입이다. 공급 부족은 수입으로 메워야 한다. 그러나 수입은 국제수지의 악화를 가져온다. 종래의 물가정책은 수입을 촉진한다. 체화현상이 일어나면 수송을 강화하고 쌀값이 오르고 공공요금이 인상되면 그때그때 두드려 내리는 식의 사후대책을 강구해왔다.

앞으로 근본적인 대책은 장기적으로 초과수요를 억제하고 성장 위주를 지양, 안정적인 성장을 꾀해야 하며 물가예방 위주의 정책을 강구해야 한다.

독과점가격, 임금이 인상된다면 실제 조사지표를 검토·보완하여 되도록 현실물가를 반영할 필요가 있으며, 예방적인 물가정책으로 이를 전담하는 항구적인 연구기관을 정부가 주도하여 활용해야 할 것이다.

고도성장을 이룩했으나 물가가 뛰고 농공 격차, 근로소득자의 소득은 크게 늘지 않아 국민생활이 크게 개선됐다고는 할 수 없다.

이는 무엇보다도 말뿐인 농공병진과 고도성장의 실효를 거두는 대책이 강구돼야 하며 생산비가 정확히 파악되고 생산비를 보완하고 이윤이 가산되는 미가(米價)정책이 궁극적으로 농촌의 피폐를 회복하고 농림생산이 유복해지는 계기를 마련할 수 있을 것이다.

《현대경제일보》(1969. 12. 14)

고무적인 증가율 둔화

정부가 발표한 70년도 인구총조사 잠정보고서만을 두고 우리나라 인구문제에 대한 종합적이고도 과학적인 분석을 시도해 본다는 것은 성급한 일이라고 우선 강조하고 싶다.

그러나 이번 인구조사가 정확했다는 것을 전제로 한다면 인구증가율이 정부가 당초 목표했던 것보다 적은 1.92퍼센트로 둔화됐다는 사실은 참으로 다행한 일이 아닐 수 없다.

통계에 따르면 우리나라 인구추세는 해방 전(1930~1940년)의 인구 자연증가율이 1.5퍼센트였던 것이 1955~1960년 사이에 2.9퍼센트로 급격히 상승했으며 지난 62년 정부에서 가족계획사업을 벌인 4년 뒤인 66년 간이 인구총조사 때만도 2.7퍼센트로 머물렀던 것이다. 그러던 것이 70년도의 인구증가율은 정부가 잡았던 평균 증가율 2.3퍼센트보다 훨씬 밑돌았으며 목표점 2.1퍼센트보다도 0.18포인트를 낮추어 예상인구수 3,179만 3천여 명에서 대전시 인구 정도인 33만 2천여 명이 적은 3,146만 994명으로 집계된 것이다.

이 같은 현상은 생활환경 개선과 가족계획사업 등 인구억제정책의 성공적인 반증으로 받아들여도 좋을 것 같다. 또 이 같은 추세로 나간다면, 76년에 3,740만 명, 86년에는 5천만에 이를 것이라는 우려를 76년에 3,580만, 86년에는 4,060만 명으로 묶어놓을 수 있다는 정부 계획을 밝게 해주기도 한다.

사실 인구팽창이 세계의 고민거리로 대두된 것은 오래전 일이다. BC 6천 년 무렵에는 전 세계의 인구가 서울 인구의 절반도 되지 않는 불과 250만 명 정도밖에 되지 않았지만, 오늘날에는 37억에 이르렀으니 그 무서운 질량감에 공포감까지 드는 것이다.

특히 선진국에서는 수십 년 동안 낮은 출생률로 사회적·경제적 발전을 기하여 왔지만, 개발도상국가들은 출생률이 높은 반면 의료기술의 발달로 사망률은 낮아 이제 "수많은 인구에게 삶의 고통을 주고 있으며 개인의 존엄과 안일을 방해하고 있다"고 지적하고 있다.

따라서 혹자는 군사적인 면이나 국력의 최대자원이라는 점에서 인구억제책은 지양해야 한다는 논리를 주장하지만, 우리 같은 경제학도들은 가족계획사업 등 강력한 인구억제로 수많은 실업자들을 구제해야 한다고 고집하고 있는 것이다.

그런데 이번 인구조사 결과에서 드러난 인구의 도시집중화는 좋은 현상이라고 볼 수 없다. 1920년의 도시인구비는 겨우 3.4퍼센트지만 지난 66년에는 33.6퍼센트, 이번 조사에서는 인구의 도시편재가 더욱 심화된 것으로 보인다.

이와 같은 도시집중 현상은 다른 나라에서도 발생하고 있다. 유엔 자료에 따르면 선진국의 도시인구는 49퍼센트, 후진국은 43퍼센트로 오히려 선진국에서의 도시편재가 심하다는 것을 알 수 있다. 그것은 바로 경제·사회·문화 면에서 도시의 인구유인력이 강하게 작용하고 있기 때문이라고 풀이되고 있다. 그리고 이것은 또 산업화 과정에서 일어나는 현상이기도 하다.

그러나 우리나라의 도시 유인력은 공업화에서 발생되고 있다기보다는 도시와 농촌의 극심한 소득격차에서 비롯된다고 볼 수 있다. 많은 식자들이 도시집중화를 우려하고 있는 것도 바로 이 같은 이유 때문인 것이다. 도시집중은 교통난, 공해, 사회범죄 등 수많은 도시문제를 더욱 가중시킨다는 점에서 큰 골칫거리라 할 수 있다.

농촌인구의 감소현상도 도시집중 문제와 같은 논리로 풀이된다. 인구의 도시집중에 따른 농촌의 인구감소는 얼핏 보아 좋은 현상처럼 보인다. 그러나 이것은 농촌에서 인구를 밀어내는 힘과 외부의 공업부문에서 끌어들이는 힘이 조성됐을 때의 얘기다.

말하자면 농촌 내부에서 농업생산성의 향상을 위한 농촌근대화 과정이 수반될 때 농촌인구 감소현상이 있어야 된다는 것이다. 이러한 상태가 아닌 농촌에서의 인구감소는 결국 농촌에 유년자·부녀자·노인층들만 퇴적되기 때문에 농번기에 일손이 모자라게 되고, 잠재실업자는 그대로 남겨져 농촌문제는 결국 해소되지 않는다는 결론이다.

정부는 이러한 맥락에서 도시와 농촌 간의 격차를 줄이기 위해 농업혁명을 위한 정책을 펴야 함은 물론이다.

끝으로 이번 인구조사에서 인구의 연령구조 실태 등이 밝혀지면 경제학적인 면에서 인구문제를 더욱 명확히 분석할 수 있음을 덧붙인다.

《경향신문》(1970. 11. 26)

학현 변형윤 약력

1927년 1월 6일 황해도 황주읍 예동리에서 출생

학 력

경기중(5년제) 졸업(1944). 서울상대 졸업(1951). 경제학 박사(서울대, 1968).

현 직

서울대 명예교수(1992~). 대한민국 학술원 회원(1993~). 서울사회경제연구소 이사장 (1993~). 한국경제발전학회 이사장(2007~).

전 직

서울상대 강사·교수(1955~75) ; 학장(1970~75).

경제개발5개년계획 평가교수(1966~80).

UN 경제개발연수원 강사(1968).

서울대 사회과학대학 교수(1975~80, 1984~92) ; 해직(1980), 복직(1984).

서울대 교수협의회장(1980, 1987~89).

한국계량경제학회장(1986). 한국경제학회장(1989).

경제정의실천시민연합 공동대표(1989). 한겨레신문사 이사(1991). 포항공대 이사(1996 ~2005). 한겨레통일문화재단 이사장(1996). 서울시정개발연구원 이사장(1996). 통일 부 통일고문(1998). 한국외대 이사장(1998~2001). 제2건국위 대표공동위원장·고문 (1998~2003). 상지대 이사장(2004~07).

상 훈

다산경제학상(1985), 서울특별시 문화상(2001), 국민훈장 무궁화장(2000).

주요 저서

《경제수학》(1957), 《통계학》(1958), 《한국경제론》(편저, 1977), 《한국경제의 진단과 반성》(1980), 《반주류의 경제학》(편역, 1981), 《분배의 경제학》(1983), 《현대경제학연구》 (1985), 《한국경제연구》(1986), 《경제를 되새기며》(2000).